中国社会科学院创新工程学术出版资助项目

国际因素与斯大林的社会主义建设理论与实践

苑秀丽 著

中国社会科学出版社

图书在版编目（CIP）数据

国际因素与斯大林的社会主义建设理论与实践／苑秀丽著 . —北京：中国
社会科学出版社，2015.12
ISBN 978 - 7 - 5161 - 7599 - 6

Ⅰ.①国… Ⅱ.①苑… Ⅲ.①国际共产主义运动—研究②斯大林，J. V.
（1879～1953）—社会主义建设—研究 Ⅳ.①D1②A831.64

中国版本图书馆 CIP 数据核字（2016）第 025318 号

出 版 人	赵剑英
责任编辑	田　文
特约编辑	丁　云
责任校对	张爱华
责任印制	王　超

出　　　版	中国社会科学出版社
社　　　址	北京鼓楼西大街甲 158 号
邮　　　编	100720
网　　　址	http://www.csspw.cn
发 行 部	010 - 84083685
门 市 部	010 - 84029450
经　　　销	新华书店及其他书店

印　　　刷	北京君升印刷有限公司
装　　　订	廊坊市广阳区广增装订厂
版　　　次	2015 年 12 月第 1 版
印　　　次	2015 年 12 月第 1 次印刷

开　　　本	710×1000　1/16
印　　　张	20
插　　　页	2
字　　　数	338 千字
定　　　价	78.00 元

目　　录

下　篇

导　　论

　　历史为什么最终选择了斯大林？这不是用斯大林的个人权谋和品性所能解释得了的，应该从更广阔的国际背景去理解。有研究者在肯定中国特色社会主义顺应了和平与发展的时代潮流的同时，认为斯大林时期封闭地进行社会主义建设对苏联造成了极大的负面影响，从而对斯大林作出了基本否定的评价。我认为这种评价并不科学合理。这两个理论形成于完全不同的国际背景之下。国际因素对一个国家及其领导人制定对内对外政策有着重要影响。应当承认斯大林的社会主义建设理论与实践存在失误甚至错误，对苏联及世界社会主义事业造成了极大的负面影响，但是，脱离当时的国际因素一味地否定斯大林，假设历史，就有失公允了。斯大林执政长达 30 年之久，期间国际风云变幻，国际共产主义运动的高潮与低落、国际局势的和平与紧张、西方资本主义与苏联的关系状态、资本主义世界的经济危机、苏联社会主义的伟大成就及其对世界的影响、第二次世界大战后苏联国际地位的空前提升等都对斯大林的思想与实践产生了重大影响。本书在对斯大林时期面临的国际因素进行全面阐述分析的基础上，着重对斯大林的"一国建成社会主义"理论、斯大林与新经济政策的终结、斯大林的社会主义工业化和农业集体化理论、社会主义与资本主义关系思想进行了深入的研究。可以看出，每一重大理论政策的产生都是当时国际形势、苏联国内的社会政治经济条件的产物。本书从国际的广阔视角探讨和理解斯大林的社会主义建设理论与实践，力图全面认识和评价斯大林，总结和借鉴国际共产主义运动的历史经验和教训，期待能给读者以新的启迪。

一　研究目的、主要内容及意义

（一）研究目的

关于斯大林的研究中假设的观点颇有市场。有人认为，列宁活着的话苏联可能是走另一条工业化的道路；有人认为，如果历史选择了布哈林的模式就可以避免斯大林模式所造成的弊病；也有人认为，如果选择了布哈林的渐进式发展方案，苏联的社会主义制度很可能早已在战争的炮火中归于灭亡。总之，关于斯大林的研究与评价一直充满争议甚至根本对立。怎样才能较为全面地认识和评价斯大林的社会主义建设理论与实践呢？怎样才能使研究更有说服力呢？本书从国际因素这样一个较为广泛的视角展开研究。在当前中国理论界，对于斯大林的认识，全盘否定的声音占有相当比重。在肯定的评价中，有一些研究又存在全盘肯定的问题，一些研究侧重于政治式的语言进行界定和评价，结论往往难以服人。一位学者说："在世界历史天平上斯大林代表的绝不是孤立个人，而是一种社会存在，尽管带有根本缺憾，但毕竟还是社会主义的社会存在，也属于马克思主义范畴的一种思想符号。"① 本书试图从国际背景这样一个较为广泛的视角展开研究，期望本书的探讨能够引起进一步的思考。

本书的研究要实现三个主要目的：

目的一：全面地研究国际因素对斯大林思想与实践的影响。

本书认为包括时代特征、国际格局、革命形势在内的国际因素对斯大林的社会主义建设理论与实践产生了至关重要的影响。理论界对于战争与革命的时代形势对斯大林的影响，基本上是认同的。许多研究指出，受到资本主义包围以及战争阴云笼罩的影响，斯大林的社会主义建设理论与实践具有强烈的备战目的，深深地打上了时代的烙印。在战争的阴云下，随时准备抵御可能到来的外来侵略，巩固和捍卫社会主义制度，是斯大林和其他苏联领导人最为关注的现实问题。但相关研究略显欠缺的是，研究大多只是考虑到战争逼近的危险及第二次世界大战的爆

① 王东：《系统改革论——列宁遗嘱，苏联模式，中国道路》，吉林人民出版社 2014 年版，第 282 页。

发的影响，对于其他国际因素着墨甚少。特别是对于 20 世纪 20 年代末至 30 年代中期斯大林模式形成过程中这个极为重要的阶段，国内外学术界的研究甚少，对这一时期国际因素对斯大林的内政外交思想的影响关注不多。20 年代，苏联作为社会主义的孤岛，又刚刚在资本主义的武装干涉的艰难斗争中生存下来，这一切使斯大林及其他党的领导人不得不保持高度警惕，对外部世界充满强烈的疑虑和不信任。这样的认识和判断必然反映到他们对世界形势的判断、外交政策的形成和国家发展战略的制定。斯大林一再讲到苏联社会主义建设所处的国际环境："我国是在资本主义包围的环境中生存和发展的。我国的外部状况不仅以我国内部力量为转移，而且以这种资本主义包围的情况、以包围着我国的各资本主义国家的状况为转移，以这些国家力量的强弱、以全世界被压迫阶级力量的强弱、以这些阶级的革命运动力量的强弱为转移。"① 他在很多次报告中总是从苏联所处的国际形势，从说明各资本主义国家的状况和世界各国革命运动的状况讲起。本书将剖析这一时期斯大林的思想和实践，力求从另一个侧面探寻斯大林模式的形成，期望有助于对斯大林的全面理解和评价。

同时，本书认为战争只是影响斯大林的因素之一，还有其他国际因素对斯大林造成了深刻的影响。国际共产主义运动从高潮走向低落的变化、20 世纪 20 年代西方资本主义与苏联的紧张关系状态、第二次世界大战酝酿时期的战争阴云笼罩、资本主义世界的深陷经济危机之时苏联的伟大成就、社会主义从一国走向多国的胜利形势、第二次世界大战后苏联成为与美国相抗衡的两极中的一极、两大阵营的形成与冷战对峙格局等都对斯大林的思想与实践产生了重大影响。目前的相关研究中并未见到对这些因素的全面考察。比如，关于资本主义对待苏联的态度和做法对斯大林的影响，研究大多在关于国际关系问题的研究之中才有所涉及，总体而言，相关研究多为对历史事件的描述，鲜有对斯大林思想影响的深入分析。

我认为，国际因素对斯大林的理论与实践有较深的影响，应该历史地分析，即把斯大林社会主义建设的理论、方针和政策放到当时的国际国内的政治经济环境中进行评价，切忌从现在的、已经变化了的条件出

---

① 《斯大林全集》第 10 卷，人民出版社 1954 年版，第 231 页。

发来评价历史上的事情。有许多事情，如果用现在的眼光来看是不尽合理的，然而就当时的具体条件而言，却是必要的。历史地看问题和与时俱进并不矛盾，不能把与时俱进用来否定历史，不能用现代的条件去衡量历史，去评判古人。对于历史事件和历史人物的评价，一定要把它们放到当时当地的历史背景之中，根据当时历史所具备的客观基础，根据当时人们所能够达到的认识水平去分析研究。时代条件不同，思想氛围必然不同，对事物的认识程度和处理方式也必然不同。有学者在谈到如何评价斯大林建设社会主义的理论与实践时，提出："对于这些已经对20世纪世界历史产生巨大影响的历史事实，我们不能回避；不能陷入幻想或假设，回过头再设想如果这样或那样将如何如何；更不能一味去揭露和谴责。只有面对这种历史事实进行科学冷静的分析，弄清世界历史上第一个社会主义模式究竟对苏联历史和整个人类历史有些什么进步和推动作用，给马克思主义增添了什么内容，为无产阶级和共产党人提供了什么新的经验；当然也不能回避它有什么弊病、错误和局限，有些什么教训，为什么没有能够跟着苏联和世界形势的发展而改变和完善自己，以致最后为不肖子孙所断送。"①

本书对于理论界的一些观点提出了自己的看法。有研究者认为，在当时的历史条件下优先发展重工业的发展战略并没有必要性，更多的是斯大林一种主观的选择，是错误的选择。他们认为当时并没有战争的信号，不存在战争的威胁，是斯大林看不到世界各国的共同利益，过分强调两种制度的对立性，加深了西方国家对苏联的不信任，造成了紧张局势。针对这种认识，本课题将研究重点放在了西方对待苏联的态度和行为的分析上，相信通过对几个时期英美等资本主义国家对待苏联的态度和行为的回顾和分析，会有助于人们更清楚地认清这段历史。

目的二：着重探讨斯大林的社会主义观念在其理论与实践中的影响。

很多人认为，斯大林的失误与错误主要在于没有搞清"什么是社会主义、怎样建设社会主义"这个基本问题。我并不赞同这种认识，我认为，没有搞清楚社会主义理想与社会主义现实的关系才是最根本的问

---

① 卢之超、王正泉主编：《斯大林与社会主义——世界第一个社会主义模式剖析》，社会科学文献出版社2002年版，第4页。

题。世界社会主义事业的曲折发展也显示出，在现实社会主义建设中如何看待社会主义的理想，如何解决现实社会主义面临的问题关系到社会主义的前途命运。

十月革命胜利后苏联建立的社会主义与马克思所说的社会主义显然是不同的。二者之间存在着巨大的差异，而且事实证明此种差异决不是短时间就能消除的。遗憾的是，斯大林忽视了这一区别。1928 年，斯大林在"答库什特谢夫"的信中，针对库什特谢夫对列宁的一句话的理解，阐述了他对共产主义与苏维埃俄国现实之间关系的认识，信中这样写道："列宁说'共产主义就是苏维埃政权加电气化'，既不是要说明在共产主义制度下将有怎样一种政权，也不是要说明如果我们认真地实行国家电气化，就等于已经实现共产主义了。列宁讲这句话是要说明什么呢？在我看来，他不过是要说明：要走向共产主义，单靠苏维埃政权是不够的；要走向共产主义，苏维埃政权必须使国家电气化，把整个国民经济转到大生产的基础上；为了达到共产主义，苏维埃政权决心沿着这条道路前进。列宁的这句名言只是表明苏维埃政权有决心通过电气化走向共产主义。我们常常说，我们的共和国是社会主义共和国。这是不是说我们已经实现了社会主义，消灭了阶级，并废除了国家（因为社会主义的实现意味着国家的消亡）？或者，这是不是说在社会主义制度下还会有阶级、国家等等存在？显然不是这个意思。既然如此，我们有没有权利把我们的共和国叫做社会主义共和国呢？当然有。这是从什么样的观点来看的呢？这是从我们决心和准备实现社会主义、消灭阶级等等的观点来看的。"① 但是随着国内国际形势的变化，斯大林并未能始终坚持这一科学认识。

在斯大林那里始终饱含着对社会主义理想的热烈追求。斯大林高度关注社会主义目标，重视社会主义理想的实现，但是，他的问题在于教条式地看待马克思主义关于未来社会的科学预测，急于实现理想，没能处理好在经济文化相对落后国家在社会主义建设过程中理想与现实、手段与目的之间的关系。至于这种思想认识的偏差为什么会产生，我以为，主要在于没有正确把握住马克思、恩格斯所设想的社会主义与苏联现实社会主义之间的差异，机械地照搬马克思、恩格斯未来社会的科学

① 《斯大林选集》下卷，人民出版社 1979 年版，第 110—111 页。

预测所致。如斯大林宣布停止实行新经济政策，过急过快地推进农业集体化，从思想根源上看，就是想尽快建成他理想的社会主义。斯大林没有深入思考马克思主义理论和本国现实条件之间的巨大差距，不像列宁那样去寻找二者之间的过渡环节。斯大林照搬马克思、恩格斯关于未来社会的预测，以实行公有制、按劳分配和计划经济为目标。因此，不能将斯大林与马克思对立。正因为斯大林以马克思、恩格斯关于未来社会的预测为指导，它在当时影响了党内外大多数人，并极大地调动了苏联人民的积极性，鼓舞人民为实现社会主义而奋斗。斯大林以实现马克思、恩格斯关于未来社会的科学预测并没有错，问题在于斯大林为了实现社会主义，一方面降低了社会主义的标准，企图人为地缩短实现社会主义的历史进程；另一方面采用了不恰当的手段，不顾生产力发展水平比较低下的现实，试图用不断变革生产关系的办法来推动社会主义的实现。

目的三：总结斯大林的社会主义建设理论与实践的特点。

理论界对于斯大林的研究始终是一个热点问题，且存在激烈争论。在激烈的争论中，双方各执一词，各有论据。我认为，对于斯大林这样一个复杂的历史人物，必须看到他的多重特性，从多个角度理解。时代性、现实性、理想性、政治性是斯大林社会主义建设理论与实践的鲜明特点。正是这些特性的交织使斯大林的理论与实践充满着矛盾性，使斯大林备受争议。仅仅抱住其中的一方面特点加以发挥，必然难以真正理解。对于特殊的历史条件下的斯大林的理论与实践应当给予全面的理解。如，斯大林的理论与实践有强烈的现实性特征。在经济文化相对落后的、处于世界资本主义包围之中的一个国家单独建设社会主义的现实条件下，如何坚定党和人民建设社会主义的信心、迅速增强国家的经济实力和国防实力、保持住社会主义政权都是斯大林面临的迫切需要解决的现实问题。"一国建成社会主义"的提出，以重工业为核心的工业化发展战略，农业集体化战略的提出都是为了解决现实社会发展面临的最紧迫的问题而提出的。

斯大林的理论与实践还有一个重要特征是具有强烈的政治性。斯大林过分重视政策方针的政治意义，对政治性的强调，重于政策方针的科学性，这就使一些理论政策偏离了社会现实。当时以斯大林为代表的联共（布）领导人对国内外资本主义复辟和进攻的危险始终怀有强烈的危机感，这导致在建设工作中出现一种倾向，即往往更多地从政治角度，而不是从经济发展本身的现实需要出发来分析和解决当时经济建设中存在的问题。如在 1927—1928 年国内爆发粮食危机之时，主持经济工作的斯大林、古比雪夫等联共（布）领导人对农村中富农经济在一定程度上增长的危险以及富农在粮食危机中的破坏作用估计得过于严重，从而在国内阶级斗争问题上也得出了不符合实际的结论。在党内在对富农的让步和农村中资本主义复辟的可能性、新经济政策时期建立起来的工农结合形式以及作为中介环节的市场的作用等一系列问题上发生较大分歧时，斯大林考虑和解决问题的角度也往往上升到政治高度，而不是切实地考察经济的需要。在当今中国处于全面深化改革的关键时刻，从多个角度深入认识和评价斯大林的社会主义建设理论与实践将有益于中国特色社会主义伟大事业的发展。

（二）主要内容

本书包括导论、上篇、下篇和结语。上篇包括七章；下篇包括五章。上篇探讨国际因素对斯大林的社会主义建设理论形成的影响。从七个方面分析了斯大林时期所面临的复杂的国际因素：世界革命从高潮转入低潮、20 世纪 20 年代西方资本主义的态度和行为对斯大林的影响、资本主义经济危机与苏联社会主义的优势对照、新的世界战争阴云笼罩的危机感、社会主义从一国走向多国的鼓舞、第二次世界大战后苏联国际地位的提升对斯大林的影响、冷战对峙的新格局。

第一章，世界革命从高潮转入低潮的影响。在欧洲无产阶级革命转入低潮的新形势下，"一国建成社会主义"给予苏联人民极大的希望和精神慰藉，鼓舞了苏联人民建设社会主义的信心和热情。

第二章，20 世纪 20 年代西方资本主义的态度和行为对斯大林的影响。在 20 世纪 20 年代，尽管未爆发大规模反苏战争，但英法美对苏联的敌视对立立场并未改变，国际上常常是反苏高潮迭起。这在一定程度上促使斯大林以非常手段在国内开展国家工业化和农业集体化以加快建设，增强应付不测事件的能力。

第三章，资本主义经济危机与苏联社会主义的优势对照。在西方世界面临巨大危机之时，苏联五年计划的伟大成就向全世界表明，社会主义制度拥有巨大的活力和潜力，并为人类开创了新的通向未来的道路。

第四章，新的世界战争阴云笼罩的危机感。为转嫁经济危机，德国、日本及意大利等国家的民族沙文主义和军国主义情绪迅速发展，国家日益军事化。受到战争笼罩的国际环境的影响，为了国家的安全和生存，斯大林认为必须集中一切力量来快速发展重工业，来加强国防力量。

第五章，社会主义从一国走向多国的鼓舞。社会主义在多国的胜利大大增强了社会主义的力量，苏联开始依靠联合起来的社会主义阵营的力量来反对西方资本主义阵营。

第六章，二战后苏联国际地位的提升对斯大林的影响。苏联国际地位和影响力的提高给斯大林以莫大的鼓舞。在二战中取得辉煌战绩的苏联、成为世界大国的苏联、处于世界社会主义阵营中领军地位的苏联、作为世界一极的苏联不甘心受美国的遏制和摆布，而是要与之一争高下。苏联影响了全世界的战略和政治局势。

第七章，冷战对峙的新格局对斯大林的影响。二战后两种不同社会制度国家能否和平相处并不只取决于苏联，还取决于以美国为首的西方国家。冷战的对峙局面下斯大林提出了"两大阵营"、"两个平行的世界市场"等理论。

在苏联社会主义建设过程中存在过各种不同的思路和方案，但最终斯大林的路线和方案获得了党内外多数的支持。历史为什么最终选择了斯大林？不能归因于斯大林的个人品性或个人权谋。本书认为包括时代特征、国际格局、革命形势在内的国际因素对斯大林的社会主义建设理论与实践产生了至关重要的影响。本书将全面地研究这些国际因素对斯大林的影响，从而从广阔的国际视野科学认识斯大林的社会主义建设理论与实践。同时，本书指出，历史的发展也证明了一个国家的发展模式的选择必须符合现实，随着现实的发展变化应当作出调整和改变。当战争与革命的形势已经发生着改变时，斯大林及其后的党和国家领导人的停滞与僵化，最终给苏联社会主义事业的发展造成了危机，这一教训应当深入总结并记取。

下篇对斯大林的社会主义建设理论与实践进行了阐述和分析。分五章分别对斯大林的"一国建成社会主义"、斯大林与新经济政策的终结、社会主义工业化、农业集体化、斯大林对资本主义的认识等思想进行了深入的阐述和分析。在研究中，着重于对理论产生的国际背景、思想理论渊源的分析，可以看出，每一理论政策的产生都是国际因素、苏联国内的社会政治经济条件共同作用的产物。也可以看出，斯大林及其当时苏联领导人的社会主义观念在路线方针政策的制定中发挥着重要的影响。斯大林与反对派之间的权力斗争、斯大林的个人品格、政治权谋等因素并未起到根本作用。

第一章，"一国建成社会主义"理论评析。理论界对于斯大林的"一国建成社会主义"历来有不同的评价。我认为，这一理论之所以能够为党内外广泛接受，一个重大的原因是它在苏联人民因欧洲革命迟缓而对革命前景感到迷惘的时候，它强调不依赖世界革命，阐述依靠本国人民独立自主地建设社会主义的必要性和可能性，给人民以希望和心理上的安慰。它符合当时苏联的现实需要，满足了党内外革命群众的期待。这一理论发挥了极大的精神激励作用。但是，从这一理论提出和形成过程看，由于"一国建成社会主义"更多的是一种发挥巨大政治作用的理论而非经济理论，包含着更多的理想含义，也由于这一理论是在党内激烈的斗争中产生的，导致这一理论的不足之处也是很显然的。比如，对于什么是社会主义，经济文化落后国家建设社会主义的道路和方法，新经济政策的本质及意义这些社会主义建设进程中必须给予回答和解决的重大理论问题并未作出科学的阐释。

第二章，斯大林与新经济政策的终结。新经济政策是列宁对经济文化相对落后的俄国的社会主义建设道路的探索。理论界普遍对新经济政策予以较高评价，但是，这一政策在20世纪20年代后期就被斯大林取消了。为什么苏联没有沿着新经济政策这条道路走下去？它的结束有怎样的理论、实践背景？斯大林起了什么样的作用呢？鉴于当前中国的改革开放与当年苏俄的新经济政策有一定的相似，出发点都是对落后国家社会主义建设道路的选择、探索，因而研究上述问题有着特别的意义。一些研究者把新经济政策在20世纪20年代末被中止完全归咎于斯大林，认为是斯大林没有正确领会列宁的思想，把新经济政策当成了权宜之计。我认为这是不公正也是不全面的，新经济政策被中止的原因是多方面的，新经济政策的提出背景及争议、列宁对新经济政策退却性质的认识、新经济政策与斯大林的社会主义观之间的矛盾、新经济政策实施后出现的新问题，这都是导致斯大林最终中止新经济政策的重要原因。

第三章，斯大林的工业化理论与实践。苏联是在资本主义占优势的世界上建设社会主义的，无论是为了维护自身的安全，还是为了改变经济落后状况都需要完成工业化的任务。斯大林强调，社会主义建设必须从工业化开始，实现社会主义工业化，建立强大的物质基础，才能逐步战胜资本主义经济成分，保证经济的独立，增强国防，有效地防止帝国主义入侵。在斯大林的领导下，苏联在较短时间内赶上并超过了主要资本主义国家的工业发展水平。苏联人民的物质和文化生活都有了显著改善，并为反法西斯战争的胜利奠定了坚实的物质基础。但在具体发展道路上，斯大林过分强调社会主义工业化与资本主义工业化的不同，过分强调以重工业为中心和基础，也存在明显的弊端和造成了一些问题，如国民经济中轻重工业比例严重失调，经济建设中不注重效益等，对苏联的经济发展造成了巨大的不良影响。

第四章，斯大林的农业集体化理论与实践。斯大林时期的农业集体化一直是国内外理论界存在很大分歧的问题。我认为，它是在特定历史条件下展开的一场运动，曾解决了当时面临的问题，取得了一定的成就，也付出高昂的代价，留下深刻的教训。本章将探究斯大林实施农业集体化的深层原因，以期得到深层的理论认识。斯大林时期的农业集体化运动，开创了农业社会主义改造的道路，在一定程度上促进了农业的发展，为迅速改变当时苏联内外交困的被动局面，巩固新生的苏维埃政权，起到了积极作用。但是，由于农业集体化是在不成熟的社会条件下开展的，由于斯大林教条式地理解马克思主义理论，由于农业集体化带有强烈的政治性目的等因素的影响，这对苏联农业发展造成了深远的负面影响。

第五章，斯大林对资本主义的认识。当代中国改革开放伟大事业的成功，使人们认识到，社会主义国家必须进行对外开放、善于同资本主义世界合作，积极利用资本主义才能使社会主义焕发勃勃生机。许多研究者从这一视角对斯大林的有关思想与实践进行了研究，指出斯大林在社会主义与资本主义关系上过分强调两者的根本对立，提出"两个阵营"、"两个平行市场"，关起门来搞建设，不积极发展与资本主义国家的交往对苏联的社会主义事业造成了极大危害，不利用资本主义也是最终导致苏联解体悲剧的重要原因。本书认为这样的观点有其合理之处，但是存在不尽符合历史的问题，斯大林对资本主义的认识有局限甚至错误，但是，在某种程度上又可以说斯大林别无选择。他执政时期始终处在西方资本主义的强大压力之下，西方资本主义的敌视、遏制及冷战对峙是这一时期的主旋律。本章认为斯大林关于资本主义的思想主要体现在三个方面：利用资本主义思想、"两个平行的世界市场"理论、资本主义总危机理论。

回顾历史，斯大林的社会主义建设理论与实践，在一定程度上适应了当时以战争与革命为主题的时代要求，有助于社会主义国家依靠自身的力量，通过高度集中的计划体制和经常性的社会动员及政治思想工作，既保持社会主义政权的稳固，又得以在特定的时期内推动国民经济的高速增长。它曾经有效地调动了苏联的人力、物力和财力，在社会主义建设和反法西斯卫国战争中建立了不可磨灭的历史功勋。在世界反法西斯战争中，它以强大的凝聚力、高效的动员组织力激发苏联人民以强韧的困难承受力赢得了战争的胜利；战争结束后，它使苏联不但迅速恢复了经济，而且发展成世界上足以同美国抗衡的又一个超级大国。第二次世界大战后，苏联对于新生的社会主义国家恢复经济，初步建立工业基础，也起过积极的历史作用。在世界社会主义凯歌行进的时候，斯大林时期的苏联代表着现实社会主义的形象，在全世界产生了巨大的影响力和吸引力。但随着时代主题由战争与革命转变为和平与发展，体制的缺陷和弊端也日趋显露，成为经济和社会继续发展的障碍。历史告诉我们，对于斯大林的社会主义建设理论与实践首先应该置于当时当地的现实环境中去分析，才能得出正确的结论。历史还告诉我们，从来没有一种一劳永逸、一成不变的发展模式，应随着经济社会发展的不同阶段的不同特点，根据具体历史条件进行相应的变革。

（三）理论价值和现实意义

在马克思主义发展史和国际共运史上，对斯大林及苏联社会主义模式的评价是一个充满争议的疑难问题。斯大林在世时对他的个人崇拜几乎遮蔽了所有的问题；斯大林去世以后，特别是苏联东欧剧变后，对斯大林的毁誉和对苏联模式的批判又几乎否定了他所有的历史贡献和作用。21世纪，随着以中国为代表的社会主义国家改革的深入以及对苏联剧变深层次原因的思考，斯大林问题一直没有离开人们的视线。人们在分析社会主义国家进行改革的必要性和苏联解体的原因时不可避免地会追溯到斯大林，并且在许多问题上存在尖锐的分歧。在当前中国理论界，关于斯大林的研究中全盘否定的声音占有相当比重。在肯定的评价中，有一些研究又存在全盘肯定的问题，一些研究侧重于政治式的语言进行界定和评价，结论往往难以服人。本书认为，对于这样复杂的历史人物及其所谱写的历史，对于这样一个对社会主义事业造成深远影响的历史人物，简单地肯定与否定都是难以服众的。本书的研究侧重于对斯大林的理解，侧重于对理论及实践的原因分析，从理想性、时代性、政治性、现实性等多角度分析理论的产生及实践影响，期望本书的探讨能够引起进一步的思考。

本书具有现实针对性。书中针对理论界的一些观点提出自己的看法，使研究的现实性更强。本书反对以今非古，切忌从现在的、已经变化了的条件评价历史。人们在历史上所提出来的解决他们那个时代问题的方案、主张及其所采取的行为及其实践中效果，只能放进当时当地的历史环境中去分析，才能得出正确的结论。有研究者认为，如何走向社会主义、如何保持社会主义基本经济制度构成斯大林经济思想的主题。"斯大林首先必须回答的两个重要课题，即经济文化都落后的国家如何走向社会主义、如何保持社会主义基本制度，这像一根红线贯穿于斯大林经济思想的始终。""人们在研究斯大林经济思想时之所以会形成不同观点，甚至是截然相反的看法，除了阶级立场、研究方法等因素外，就因为人们往往忽视斯大林经济思想的主题，或者是在主题定位上出现差异。斯大林经济思想着力探讨的经济文化落后的国家在特定时代如何走向社会主义、如何保持社会主义基本经济制度，这本来具有鲜明的时代特征。但是，后来一些人却将其泛化，如将苏联为保持社会主义基本经济制度而采取加速工业化的战略概括为一般规律等。"[①] 这种认识是有道理的。当前关于斯大林的评价依然有许多分歧，这说明想要科学认识历史、正确评价历史，汲取历史教训是很不容易的。有人把苏联解体、东欧社会主义的失败归因于斯大林模式。有人断言苏联建立的社会主义不是真正的社会主义，并进而断言马克思关于社会主义、共产主义的理论是不能实现的空想。凡此种种，都需要我们认真研究，从中总结出正确的经验和教训来。

---

① 郑吉伟：《斯大林经济思想研究——兼评西方学者的观点》，北京出版集团公司北京出版社 2010 年版，第 11 页。

　　本书的研究坚持科学性与政治性的结合。斯大林时期是苏联历史上一个极其重要的时期,理论界对这段历史的评价一直存在着严重的分歧。苏联解体后,这些分歧变得尤为尖锐并具有强烈的政治色彩。关于斯大林的评价难在哪里?我认为主要的不是难在缺乏历史资料上,而是在其他方面。这不仅仅是历史研究,它具有强烈的政治性和现实性。有研究者认为,关于斯大林的评价过分注重政治性了,应该将科学性与政治性分开,才能作出正确的评价。本书认为,评价斯大林不能抛开政治尺度。苏东剧变的悲剧反映出如何评价斯大林及社会主义建设的历史,不仅是一个学术问题,更是一个关系到共产党和社会主义前途命运的政治问题,必须作出理性的、科学的分析和评价。苏东剧变的现实告诉我们,评价是否得当至关重要,关系到世界社会主义的生死存亡。1988年苏共十九大以后,在一片批判声中,“斯大林模式”成了要彻底抛弃的对象。这种彻底否定历史的舆论造成了十分恶劣的后果,否定苏联人民曾为之骄傲的历史,导致彻底败坏了社会主义的形象,从而动摇了人民对社会主义的信念,最终苏联走向解体。当前理论界关于斯大林的争论依然相当热烈。透过理论界的种种争论可以看出,理论界的分歧和争论并不简单,也不可小视。正确认识斯大林及社会主义的历史,正确认识苏联解体的原因与教训非常重要。对斯大林的评价,对这一时期重大历史事件的评价不仅是对斯大林个人的功过是非的评价,而是关系到对苏联共产党和社会主义实践的评价,必须立足于历史事实,对斯大林的社会主义建设思想与实践作出理性的、科学的分析和评价。

　　本书的研究有重要理论价值。现实社会主义在经济文化落后国家的首先胜利,带来了一系列的理论难题,需要在理论上进行深入的分析阐释。理论界在对“什么是社会主义”的问题上,存在“传统社会主义”与“新社会主义”的提法。有人以中国的改革开放取得了举世瞩目的成就而认为中国在“新社会主义观”的指引下开辟了成功的道路,并认为“新社会主义观”不同于斯大林等人的“传统的社会主义观”,在一些人那里,“传统的社会主义观”这个提法带有否定含义。斯大林的社会主义观就是“传统的社会主义观”,在这种提法中,更多的是对斯大林的全盘否定。面对将“传统社会主义观”与“新社会主义观”理解为对立的颇为流行的观点,显示出讲清楚马克思的社会主义观是不是科学的、马克思的社会主义与我们今天的社会主义究竟是一种什么样的关系，以及坚持马克思的社会主义观在当今时代的意义，具有重要理论意义。本书认为制造"传统社会主义观"与"新社会主义观"的对立是对马克思主义的误读。在一些人那里，在社会主义观的理解上，存在过度迎合现实而导致的对理论含混不清的理解甚至错误的理解，这是一个不可忽视的重大问题。相对落后国家建设社会主义是漫长的征途，在这一征途中，必须以科学的社会主义观为指导，才能保证社会主义理想和价值目标不致淡化、丢弃。

二　近年来国内关于斯大林研究述评

近年来，在俄罗斯，不仅理论界在讨论斯大林的功过是非，而且连国家领导人梅德韦杰夫、普京都接连发表见解。我国理论界对斯大林也是相当关注，对他的评价争论多多。应该说，从 1956 年苏共二十大以来，围绕斯大林的争论就没有停息过。21 世纪，随着以中国为代表的社会主义国家改革的深入以及对苏东剧变深层次原因的思考，斯大林依然没有离开人们的视线。人们在分析社会主义国家进行改革的必要性和苏东剧变的原因时不可避免地会追溯到斯大林，并且在许多问题的理解上存在尖锐分歧。近年来理论界围绕俄罗斯是否存在重新评价斯大林现象，中国特色社会主义与"斯大林模式"的关系等问题又展开了热烈的争论。

（一）关于"斯大林模式"与中国特色社会主义

人们在分析社会主义国家进行改革的必要性时常常会追溯到斯大林，随着以中国为代表的社会主义国家改革的深入，斯大林、"斯大林模式"及其与中国特色社会主义的关系问题成为新的热点。

对于斯大林功过是非评价的现实影响，一些研究者认为，有的人想通过彻底否定斯大林和"斯大林模式"来否定科学社会主义基本原则，进而否定中国的社会主义道路。因而，在当今中国正处在深化改革的关键时刻，对斯大林以及"斯大林模式"的评价，直接关系到当代中国应该举什么旗、走什么路。

有一些研究者则认为，关于"斯大林模式"的争论，反映出一些人颂扬"斯大林模式"，否定中国的改革开放。这种认识维护从本质上、在主要方面不体现科学社会主义的"斯大林模式",这在客观上必然阻碍中国的改革与中国特色社会主义道路的进一步发展。有研究者指出,把"斯大林模式"那种一党高度集权、个人专权视为唯一正宗的社会主义,影响着中国改革开放的历史进程。该研究者认为,中国的改革开放已经证明,中国特色社会主义是对"斯大林模式"社会主义的全面突破。中国特色社会主义同包括苏联体制模式在内的过去的旧体制模式完全不同。中国改革开放的过程,探索中国特色社会主义道路的过程,实际上就是不断解放思想,不断突破斯大林教条主义和苏联模式的过程。有研究者赞同这样的观点,比照中国改革开放的成功实践,这样说道:"中国改革开放取得的伟大成就,从一定意义上说,就是革除斯大林模式的弊端取得的。我们这么说,并不是否定斯大林模式曾经取得的成就;我们只是不赞成把它当成唯一的社会主义模式,把任何对这个体制、模式的改革视为'反马'、'非马','杂音'、'噪音','是想重演苏联剧变的悲剧'。实际上,苏联悲剧的发生,既是戈尔巴乔夫错误的改革思维、方针、政策造成的,也是其前几任的体制改良始终没有实现模式转变的结果。这才是苏联的历史事实。"①

有研究者提出,斯大林的社会主义理念,并不是真正意义上的科学社会主义。随着中国改革开放的进展,社会实践已经从斯大林的理论中解脱出来了。该研究者认为,将斯大林所设置的社会主义制度,作为社会主义的基本制度来捍卫,既不符合马克思主义原理,脱离实际,又束缚了中国的发展。我国前30年和后30年的对比,足以证明斯大林所创造的社会主义制度已经成为历史。该研究者认为,当前有人以捍卫"科学社会主义"和"社会主义基本制度"为名,实际上是维护斯大林的社会主义模式,阻碍改革前进,为既得利益权贵服务。中国的巨大变化,足以说明改革"斯大林模式"的必要性,中国的改革是在纠正斯大林理论的误导,获得了思想解放,才推动了社会主义的发展。②

有研究者持类似观点,十月革命后,在苏联建立的是不符合科学社会主义本质要求的,斯大林按照他的社会主义观建立的社会主义。这种

① 黄宗良:《实践是最权威的评价——从斯大林模式到中国模式是世界社会主义发展史上的大飞跃》,《探索与争鸣》2010年第7期。

② 何伟:《突破对斯大林的"两个凡是"》,《探索》2009年第4期。

社会主义模式，不论是从政治还是从经济上看，与马克思主义经典作家设想的相距甚远，它不可能到达科学社会主义彼岸。而中国特色，就是不要苏联特色、扬弃"斯大林模式"的社会主义。在中国正在通过深化改革来解决改革过程中出现的问题之际，如果还出现美化早已被历史证明失败了的"斯大林模式"的倾向，那么这样做的结果，不管其主观愿望如何，其客观作用只能是干扰我们沿着中国特色社会主义道路前进的步伐。[①] "斯大林模式是以高度集中的政治经济体制为核心的社会主义建设模式，在和平与发展的环境下社会主义建设亟须突破这种模式的局限。20 世纪 70 年代后期，通过以解放思想为先导的改革开放，中国走上了中国特色社会主义的建设道路，实现了对斯大林模式的突破，并不断进行社会主义的理论和制度创新。"[②] 有研究者认为，当今中国一些人对斯大林体制辩护，是否定中国的改革，是抱残守缺，为旧体制大唱赞歌。[③] 持这种观点的研究者认为，对斯大林的肯定，反映出一些人从总体上不承认改革开放挽救了中国的社会主义，使中国社会迈进了一个崭新的发展阶段。这些人不能平心静气地把改革开放前后的中国作一客观的比较。在他们看来，现在这一套都是违反社会主义原理的。

一些研究者不同意这种认识，这种观点认为，中国特色社会主义与"斯大林模式"是继承和扬弃的关系。中国改革开放的宏伟蓝图，正是在总结苏联东欧社会主义国家改革的经验教训基础上，结合中国的实际的结果。断言中国特色社会主义是对"斯大林模式"的根本否定不符合事实。中国的改革是社会主义历史的延续，不是社会主义事业的断裂。中国特色社会主义理论的提出与推进，既与反思中国自己的社会主义建设的经验和教训有关，在很大程度上，也与重新认识"斯大林模式"并且突破这一模式的弊端紧密相关。正确对待苏联模式是探索中国特色社会主义道路的起点，同时也是保证改革的社会主义方向的关键。有研究者指出，苏联模式中体现的社会主义基本原则为中国特色社会主

---

① 陆南泉：《扬弃"斯大林模式"坚持走中国特色社会主义光明大道》，《探索与争鸣》2009 年第 2 期。

② 郭春生：《论中国特色社会主义对斯大林模式的突破与创新》，《廊坊师范学院学报》2014 年第 5 期。

③ 左凤荣：《片面解读苏联教训的又一"力作"——评〈苏联亡党亡国 20 年祭：俄罗斯人在诉说〉》，《探索与争鸣》2013 年第 1 期。

义提供了基本原则。那种认为对苏联模式否定得越彻底，抛弃得越彻底，就越是显得具有改革精神的认识，是形而上学的认识，在实践中是十分危险的，这是造成苏联社会主义制度灭顶之灾的思想认识方面的原因之一。①

有研究者提出应该从另一个角度看待中国特色社会主义与苏联模式。该研究者认为，对中国特色社会主义的原创性估计不足，就容易走"老路"。从马克思主义基本原理同当代中国实践和时代特征相结合的角度，从对于人类社会发展规律、社会主义建设规律以及共产党执政规律新认识、新发展的高度，才能真正深刻认识到中国特色社会主义理论体系，确实是邓小平理论才真正开创的。而"左"和右的错误思潮之所以发生了共同的误判，就在于它们都以某种现成的模式（"苏联模式"或"瑞典模式"）为参照系来评判中国特色社会主义。②

理论界的尖锐争论表明，在中国改革开放的关键时期，在我们取得伟大成就的同时又面临一系列亟待解决的重大问题时，人们都在思考并提出不同主张，许多研究涉及的已经不是局部的、枝节的问题上的具体的政策主张，而是深切地切入了根本理论主张和重大发展道路问题了。如何总结苏联社会主义建设的经验和教训，关系到如何进一步探索和完善具有中国特色的社会主义建设事业等一系列带有根本性的重大问题。

（二）关于斯大林的重新评价问题

我国理论界曾围绕俄罗斯到底是否存在"重新评价"斯大林，围绕俄罗斯社会怎样评价斯大林，是否存在"重新评价"、"重新肯定"斯大林的问题展开了一场持续了长达七八年的重要争论。关于这一问题的争论主要集中在两个问题上：一是在俄罗斯经历了对斯大林、对苏联历史的根本否定后，是否出现了重评斯大林思潮；二是俄罗斯重评苏联历史和斯大林问题的实质。

理论界在俄罗斯是否出现了重新评价斯大林思潮这一问题上存在两种对立认识。一些研究者提出，经历了赫鲁晓夫时期的"非斯大林化运

---

① 刘书林：《社会主义的"苏联模式"与中国特色社会主义》，《思想理论教育导刊》2009 年第 3 期。

② 侯惠勤：《改革开放是决定当代中国命运的关键抉择》，《北京大学学报》2009 年第 1 期。

动"、戈尔巴乔夫时期对斯大林、对苏联历史的全盘否定，当前，俄罗斯开始出现重评历史、重评斯大林的思潮；另一些人则认为，虽然近年来俄罗斯各界对斯大林的讨论开始变得多了，但并不意味着重新肯定斯大林，也并没有出现所谓"重新评价斯大林的热潮"。俄罗斯对斯大林的态度是该肯定的肯定、该否定的否定，因此不存在对斯大林认识的变化、不存在重新评价，甚至当今否定斯大林的资料实际上还更多些。

对于俄罗斯重评苏联历史和斯大林问题的实质性的理解，理论界存在不同见解。一些研究认为，苏联解体之际，由于受到戈尔巴乔夫等人全盘否定苏联历史的影响，当时社会舆论对苏共执政的历史和苏联历史大多持否定态度。所以人们似乎比较"平静"地接受了苏联解体这个事实。但由此带来的俄罗斯社会毁灭性的后果，造成了意识形态领域的变化：人们开始怀念苏联时期的稳定生活，并对苏联社会、对苏共领导人特别是斯大林给予了辩证的评价。① 当前，俄罗斯朝野兴起的重新评价斯大林是要正本清源，"给斯大林以应有的评价，还斯大林以伟大的马克思主义者的形象"，体现了历史的公正、人民的公正。② 有研究揭示了俄罗斯重新评价斯大林的社会和政治的原因：苏联的解体和俄罗斯在今日世界的处境迫使民众反思历史，怀念斯大林时代的大国地位；俄罗斯现实社会秩序的混乱，迫使人民群众追求秩序与安定，呼吁以有效的铁腕维护制度，这也必然导致对斯大林时期政策的理解；重新评价斯大林时代是出于对未来俄罗斯社会发展的希望。希望国家迅速振兴、摆脱困境的思想使人民重新怀念斯大林时代。③

有一些研究者则认为，在俄罗斯国内有人为斯大林唱赞歌，也有人否定斯大林。苏联解体后出现的种种问题，造成在俄罗斯社会上，在其特定群体或一部分人当中，发出了呼唤斯大林的声音。但是，这不是重新肯定、重新评价。俄罗斯出现的有关斯大林的评价和言论，并不是要改变对斯大林体制的评价，而是把斯大林作为一个建立俄罗斯稳定和秩

① 吴恩远：《俄成立反对篡改俄罗斯历史委员会》，《俄罗斯中亚东欧研究》2009 年第 4 期。

② 刘书林：《社会主义的"苏联模式"与中国特色社会主义》，《思想理论教育导刊》2009 年第 3 期。

③ 刘书林、蔡文鹏、张小川：《斯大林评价的历史与现实》，社会科学文献出版社 2009 年版，第 154、155 页。

序、体现"强国"和"铁腕"的符号来谈论的，是期望建立强大国家，彰显的是大国主义、强国意识和民族感情。并不是作为苏联共产党的政治领袖、苏联社会主义创造者和实践者来呼唤和评价的。"俄罗斯人积极评价斯大林主要是从强国主义出发的"，俄罗斯出现的颂扬斯大林的风潮的重要原因是，"俄罗斯要恢复大国地位，需要增强民众的民族自豪感和自信心，苏联时期的辉煌和成就自然是进行爱国主义教育的好素材"。①

2013 年，又有学者围绕这一主题撰文。该研究者认为"重评"问题，提出了一个我们目前对斯大林体制和苏联模式的态度问题：对它是革，还是保；是继续超越、突破苏联模式，还是维护、受制于苏联模式；是革除苏联模式的弊端，还是把"中国道路"、中国模式混同于苏联模式。这是当前摆在我国思想理论界和全党全国面前的一个尖锐问题，实际上也成了对待改革态度的分水岭，成了是继续改革，把改革推向前进，还是停滞改革、阻挠改革、甚至反对改革的试金石。该研究者认为，一些人是借对斯大林和苏联模式这个历史问题的评价，提出了我国当前社会的一个现实问题，即：我国目前改革的方向和道路问题。在他们看来，我国的改革方向和道路错了，偏离了苏联模式这一"科学社会主义"的轨道；中国特色社会主义道路也错了，偏离了苏联模式的方向。在他们看来，我国的改革只应依循传统社会主义原则而行，而苏联模式就是这种传统社会主义的范本和榜样。该研究者认为，中国改革开放伟大事业与中国特色社会主义道路和理论体系的探索，始终是同对斯大林体制的扬弃，同克服苏联模式的弊端联系在一起的。过去是这样，现在是这样，在可预见的未来也是这样。所以在面临改革任务的当今中国，是不能"重新评价"、"重新肯定"斯大林的，具体说，是不能像改革开放以前那样"肯定"、"评价"斯大林及其社会主义模式的。如果"重新肯定"斯大林及其模式，那就要恢复过去那一套做法，中国就要回到 60—70 年代，"四人帮"就要上台，我国人民在党领导下所取得的改革的辉煌成就，就要付诸东流，这恐怕是我国绝大多数民众所不愿看到的。②

---

① 左凤荣：《普京有没有为斯大林大唱赞歌?》，《同舟共进》2010 年第 2 期。

② 马龙闪：《俄罗斯是否存在"重评"斯大林思潮》，《探索与争鸣》2013 年第 10 期。

有研究者则持不同看法，主张全面地科学分析斯大林和苏共的历史。他认为，对苏联解体问题的认识，对斯大林模式的批评，反映了一种否定苏共、苏联的虚无主义历史观。其背后的原因是持这种观点的人对直接否定毛泽东、否定中国共产党、否定中国特色社会主义事业有所顾忌，于是便借否定斯大林及斯大林模式，甚至借否定列宁及其领导的十月革命，来否定毛泽东、毛泽东思想以及中国革命，借彻底否定斯大林模式甚至否定列宁主义，割裂中国特色社会主义与苏联模式社会主义本质上的联系，甚至以苏联剧变证明了列宁主义的破产为由要求取消列宁主义在我们党的根本指导地位。①

理论界的热烈讨论反映出准确把握俄罗斯社会情绪的变化，把握俄罗斯对苏联社会主义建设历史、历史人物评价等方面的变化，并准确理解这些变化，有助于分析苏联解体的原因、后果，有助于总结苏联解体的教训。

（三）关于斯大林及“斯大林模式”的评价

对于如何认识斯大林的社会主义理论，理论界存在对立的观点。有研究者认为，现在有些人所坚持的“科学社会主义”实际内容是斯大林所创建的社会主义制度，这并不是“科学社会主义”。斯大林主义不同于马克思主义，因而不能作为“科学社会主义”的内容。该研究者认为：“斯大林是社会主义理论的最大误导者。斯大林所杜撰的社会主义理论和制度有许多是似是而非，经不起推敲的（如全民所有制、商品和价值规律等），但却披上马克思主义的外衣，被后人误认为是‘科学社会主义’和‘社会主义基本制度’。”“斯大林创建社会主义所依据的理论，是早期的马克思主义，强调阶级斗争，无产阶级专政，将其空想的社会主义，‘从外部强加于社会’，因而背离了历史唯物主义，脱离了本国实际，最后导致失败”。②

一些研究者认为只有深入细致地透视斯大林的错误，才能认清苏联解体、苏共灭亡的深层原因。斯大林的错误可分为五个层次：思想作

---

① 汪亭友：《如何解读苏联亡党亡国这一重大历史事件——兼答左凤荣教授》，《探索与争鸣》2013 年第 8 期。

② 何伟：《“斯大林模式”今天怎样影响我们》，《炎黄春秋》2010 年第 8 期。

风、方针政策、发展战略、理论观点和具体体制。体制又可分为政治、经济、文化、社会管理和对外关系五个方面。该研究者着重分析了苏联的政治体制，他认为，斯大林权力过度集中的政治体制为苏联解体埋下了祸根。该研究者认为正是斯大林开创的个人集权制、职务终身制、指定接班人制以及他实行的一党专政制、以党代政制、官员特权制等权力过度集中的政治体制为苏联留下了祸根。苏共几代领导人一而再、再而三地沿袭斯大林的政治体制，延误体制内的政治体制改革，为叶利钦击溃苏联和苏共提供了口实和机遇。吸取苏联剧变教训，必须加快政治体制改革。①

有研究者对斯大林模式进行了批判，认为斯大林模式在 20 世纪 30 年代最终确立。斯大林模式包含三个层面。第一个层面是 1936 年宪法所规定的体制。第二个层面是联共（布）党纲党章所规定的体制。党领导一切，党政不分，以党代政。第三个层面是不成文的规定，斯大林个人行为所体现的体制。这三个层面有机地组成一体，构成斯大林的社会主义建设体制。斯大林模式的具体内容有：高度集权的政治体制，以俄罗斯为主体的民族共和国联盟制，国家垄断的高度集中的计划经济体制，为维护个人绝对统治的镇压机制，官方全面控制的文化思想体制，等等。②

有研究者提出，赫鲁晓夫并没有全盘否定斯大林，从赫鲁晓夫到勃列日涅夫、戈尔巴乔夫的苏共领导人都一脉相承地坚持斯大林建立的社会主义模式，并把苏联社会主义制度推入了绝境。一个建立了 74 年之久、有两亿多人口的大国的社会主义制度，很容易地被几个人摧毁，正好说明其体制已经衰朽、模式已经走到尽头。还有斯大林开创的个人集权制、职务终身制和指定接班人制，斯大林实行的破坏社会主义民主的一党专政制、消灭异己制、监视干群制、以党代政制、等级授职制、控制选举制、官员特权制等一整套的政治体制，深深地埋下了苏联解体的祸根。③

①　高放：《苏联解体、苏共灭亡与斯大林的关系》，《马克思主义与现实》2010 年第 3 期。
②　徐天新：《历史漩涡中的斯大林——〈苏联史〉第四卷〈斯大林模式的形成〉的特色》，《探索与争鸣》2014 年第 9 期。
③　奚广庆：《明鉴苏联兴亡之道，夺取改革开放社会主义圆满成功——读高放〈苏联兴亡通鉴〉》，《中共四川省委省级机关党校学报》2013 年第 6 期。

有研究者认为，赫鲁晓夫、戈尔巴乔夫否定斯大林，"都是改革的需要，这与我们否定十年'文革'，探索中国特色社会主义新路是一个道理，只不过他们没有成功。无论是政治体制改革，还是实行'公开性'，走向市场经济，都是苏联摆脱危机，探索社会主义新路所要求的"。"斯大林的社会主义模式不能代表人类发展的未来，社会主义改革必须抛弃这个模式，重新探索新的模式。"① 还有研究者也认为，斯大林模式在将近60多年的发展后，就好像一个人到74岁了，一身重病，一上手术台，就完蛋了。戈尔巴乔夫充其量就是给苏联最后做手术的那个人，没做好，结果它上了手术台就没下来，但这病并不是他给的。"苏联解体是斯大林模式社会主义的失败"。②

针对有研究者提出要"突破对斯大林的'两个凡是'"，有研究者认为，这个观点很难站得住脚。斯大林是伟大的社会主义理论家和伟大的社会主义制度的创立者，他的一生是辉煌的、成功的，尽管有失误和错误，但他创立的斯大林社会主义模式所昭示的方向和原则是永存的。斯大林的社会主义模式必须坚持和发展，突破不得。"斯大林的社会主义理论的核心和根本，仍然是马克思恩格斯的社会主义理论，总体上并没有突破马克思。如果彻底否定斯大林，必然是连马克思一起否定掉。"③

一些研究者高度重视如何评价已有的社会主义实践，指出这不仅是学术问题，而且是关系共产党和社会主义国家前途命运的重大政治问题。"正因为如何评价斯大林以及'斯大林模式'，关系到社会主义有没有前途、马克思主义灵还是不灵等一系列带根本性的原则是非，所以，不同阶级、不同政治派别以及不同思潮的代表人物有着不同的看法，甚至完全对立的看法。"④ 持这种观点的研究者认为，苏联演变的惨痛教训表明，敌对势力从彻底否定苏联社会主义实践出发，提出"彻底抛弃'斯大林模式'"、"要炸毁过去的一切"等等，搞乱了广大党员

---

① 左凤荣：《片面解读苏联教训的又一"力作"——评〈苏联亡党亡国 20 年祭：俄罗斯人在诉说〉》，《探索与争鸣》2013 年第 1 期。
② 沈志华：《斯大林模式的症结与终结》，《北京青年报》2013 年 4 月 14 日。
③ 曾昭禹：《斯大林的"科学社会主义"、"社会主义基本制度"能突破吗——兼与何伟先生商榷》，《探索》2010 年第 4 期。
④ 辛程：《怎样评价斯大林以及"斯大林模式"》，《中华魂》2010 年第 4 期。

和人民群众的思想，乱中夺取政权，最后复辟了资本主义制度。有研究者这样问道："在社会主义实践是失败的、一无成就的舆论成为主流的情况下，敌对势力宣布解散共产党、推翻社会主义制度，还会有谁能站出来捍卫共产党和社会主义呢？总结这一教训，我们对斯大林以及'斯大林模式'进行评价时，必须慎之又慎，严格依据事实，科学地进行分析和判断，不要轻言'失败'，不要轻易否定。"①

一些研究者认为"对斯大林模式不应彻底否定，它在苏联初期工业化、第二次世界大战期间适应战争需要和赢得战争胜利方面功不可没。赫鲁晓夫和勃列日涅夫时期的零星变革没有触动这一模式的本质。这一模式有严重缺陷，但是把苏联解体诿过于40年前就去世的斯大林有点牵强附会，起码是不够厚道的。"② 有研究者对片面解读、全盘否定苏联的历史、斯大林这些苏共领袖提出了批评。有人提出，不是说斯大林没有错误，也不是说斯大林的错误不可以批判，但事实上，赫鲁晓夫是在反对个人崇拜的幌子下，开启了全盘否定斯大林的先河。③ 有研究者认为，不能抓住苏联社会主义实践中犯的错误、体制上存在的弊病大做文章，而认为苏联社会主义模式坏透了。对斯大林要"三七开"，他们的主要的、大量的东西，是好的、有用的；部分的东西是错误的。④ 有研究者提出，在对斯大林模式的评价上，不仅要反对全盘否定，也要反对功过平分的态度和观点，应当用辩证唯物主义观点历史地评价斯大林模式，要坚持"三七开"，肯定主要的、大量的东西，是好的、有用的；部分的东西是错误的。如若不是这样，就会给历史虚无主义留下空隙。该研究者认为，如何评价斯大林模式的确有一个态度和感情问题，我们评析苏联模式，既不能站在其对立面，也不能站在国际共产主义运动之外，指手画脚，而应学习毛泽东同志的态度：第一，保护斯大林；第二，批评斯大林。因为，斯大林问题不是个别人、个别国家的事情，而是整个国际无产阶级事业中的事情。要坚持实事求是的思想路线，分

---

① 辛程：《怎样评价斯大林以及"斯大林模式"》，《中华魂》2010年第4期。

② 冯绍雷：《苏联解体的原因及思考》，时事出版社2013年版，第61页。

③ 吴恩远：《苏联历史几个争论焦点的真相》，社会科学文献出版社2013年版，第11页。

④ 辛程：《如何看待科学社会主义基本原则和评价苏联社会主义模式——关于我们同沈志华的分歧》，《中华魂》2013年第9期（下）。

清主流和支流，坚持真理，修正错误，发扬经验，吸取教训，在这个基础上把党和人民事业继续推向前进。[1] 没有马克思主义为指导，社会科学的研究，尤其是对评价苏联社会主义模式这样复杂而政治性又十分强烈的问题的研究，必然得不出科学的结论。[2]

　　一些研究者一再指出，正确认识"斯大林模式"对于社会主义事业至关重要，"戈尔巴乔夫迎合帝国主义的需要，提出'全人类利益高于一切'，用抛弃斯大林模式、反对无产阶级专政的办法来'改善社会主义形象'，结果不仅葬送了社会主义，而且使俄罗斯跌入万劫不复的境地"。[3] 赫鲁晓夫、戈尔巴乔夫全盘否定斯大林的结果，导致马克思列宁主义的伟大思想遭到践踏，社会主义制度被颠覆，这个惨痛的历史教训告诉我们，反对全盘否定斯大林的斗争，实质上是一场捍卫马克思列宁主义和社会主义制度的政治斗争。苏联对斯大林的全盘否定引起了国内全面的思想混乱，瓦解了人民群众的思想武装。在社会主义国家进行改革的历史上，都出现过这样或那样的否定社会主义国家实践历史的极端的历史虚无主义的思潮。它往往从否定无产阶级的领袖起步，进而一步一步否定社会主义实践的历史，最终全盘否定社会主义根本制度。

　　关于"斯大林模式"的评价是老问题了，可以说理论界关于这一问题的阐述也比较充分了，但是依然难以达成一致意见，关于这一主题的研究还将持续下去。

（四）关于斯大林、"斯大林模式"与苏东剧变

　　苏东剧变后，斯大林及"斯大林模式"与苏联解体的关系问题一直是理论界讨论的热点，理论界在对这一问题的认识上针锋相对。

　　一种观点认为，苏联解体的原因应当从制度中去找，不能归结为某些领袖人物如赫鲁晓夫和戈尔巴乔夫，正是"斯大林模式"最终成为苏联社会经济发展的障碍，成为导致苏联剧变的主要原因。有研究者指出，苏联发生剧变是日益走进死胡同的"斯大林模式"长期以来未能

---

　　① 周新城、梅荣政：《关于苏联模式研究的两个问题》，《思想理论教育》2013 年第 8 期（上）。

　　② 辛程：《如何看待科学社会主义基本原则和评价苏联社会主义模式——关于我们同沈志华的分歧》，《中华魂》2013 年第 9 期（下）。

　　③ 周新城：《意识形态工作要"敢于亮剑"》，《贵州师范大学学报》2014 年第 1 期。

进行根本性改革的结果，而不是对其进行批判、进行根本性改革和扬弃的结果。苏联体制经过历次改革，按照斯大林理论建立起来的社会主义模式，并没有发生实质性的变化。正是这一基本原因，使苏联模式积弊太多，已走不下去了，已走进死胡同，失去了动力机制，并最后成为导致苏联剧变的一个根本性原因。①

许多研究者反对"斯大林模式"是苏联剧变的根本原因的观点，他们认为"斯大林模式"的一些弊端，如政治上的个人崇拜、"大清洗"对社会法治的破坏、经济上过分集中的体制、对农业生产的削弱等，对苏联解体有深层次的影响。但同样是斯大林时期为苏联奠定了强大的工业基础，只注意到"斯大林模式"对苏联社会发展的负面而完全忽视其正面的影响是不可能准确认识苏联解体原因的。有研究者这样说道："苏联历史以苏共二十大为界，分为发展方向相反的两个时期，前期的斯大林时代是社会主义苏联走向繁荣强大的历史，后期从赫鲁晓夫开始到戈尔巴乔夫是苏联衰落下来直至亡党亡国的历史，因而不存在一个一概而论的'斯大林模式'或'苏联模式'。苏联的亡党亡国恰恰是赫鲁晓夫到戈尔巴乔夫这样一批人，全盘否定斯大林的思想理论，走的是一条与斯大林背道而驰的道路的结果。"②

有研究者提出，在苏共亡党苏联亡国这一问题上，有的派别总是把批判的矛头指向斯大林，认为苏联剧变的根本原因是"斯大林模式"，苏共亡党苏联亡国"问题的总根子则是斯大林种下的"，而对其他原因谈得不多，甚至不怎么谈。这一思想现象和社会现象，是耐人寻味的。该研究者认为，持这种观点的人发现了苏共亡党苏联亡国之根，只不过他们的论述是头足倒置而已。"有的派别如此一致地否定斯大林，从反面非常直白而清晰地提示我们，导致苏共亡党苏联亡国的原因虽然很多，但是否定斯大林是其中最根本的原因，其他原因都是第二位、第三位的，都是由否定斯大林而衍生或派生出来的。"苏共苏联悲剧的根本原因是放弃和否定了斯大林坚持和捍卫的马克思列宁主义，放弃和否定了斯大林领导苏联人民曾经开辟出来的社会主义道路的实践和理论。③

① 陆南泉：《不扬弃"斯大林模式"是导致苏联剧变的根本原因》，《探索与争鸣》2010年第7期。

② 李伟：《斯大林与二十世纪》，《探索》2009年第4期。

③ 李伟：《否定斯大林是苏联亡国的根本原因》，《探索》2010年第1期。

有研究者进一步指出，苏联解体是斯大林逝世后数十年发生的，把苏联解体归罪于斯大林，是不公平的，无异于为赫鲁晓夫、戈尔巴乔夫开脱责任。正是从赫鲁晓夫到戈尔巴乔夫，相继发动的"非斯大林化"运动，从全面否定斯大林到全面否定苏联的历史，全面否定社会主义制度，这股思潮的发展成为导致苏联崩溃的重要力量。①

有研究者提出，对于"斯大林模式"的评判，应当从苏联当时所处的历史环境来认识，"我们要衡量一个体制的好坏很重要的就是两条：第一个是当时面临什么问题；第二个它是否解决了问题"。该研究者认为，斯大林时期的苏联面临着两个生死抉择：旧俄国是一个落后的国家，必须尽快实现国家的工业化、现代化，否则"落后就要挨打"；同时面临着法西斯入侵的威胁，必须保卫国家的主权和领土完整。能否渡过这两个生死关是检验和评价"斯大林模式"历史地位的唯一的实践标准。该研究者认为，当时斯大林所确定的发展模式是成功的。苏联解体的主要原因是由于戈尔巴乔夫在政治上推行了新思维和多党化，在经济上搞了自由化和私有化，以及西方长期推行和平演变战略。②

苏东剧变是 20 世纪国际共运史上重大的事件之一，斯大林对苏联及世界的巨大影响，将使其长期处于讨论的热点。透过理论界的种种争论可以看出，正确认识斯大林，正确认识苏联解体的原因与教训非常重要。苏联解体的悲剧反映出如何评价斯大林及社会主义建设的历史，不仅是一个学术问题，也是一个关系到共产党和社会主义前途命运的政治问题，对世界社会主义的历史、现实和未来都有着重大影响。

（五）关于"大清洗"问题

围绕斯大林肃反问题，在俄罗斯乃至世界范围都存在争议，特别是关于肃反期间被处死的人数有很多种说法。在俄罗斯乃至世界范围都有争议，随着近年来俄罗斯档案材料的不断公布，为研究斯大林时期的镇压事件提供了新的视角，也促使人们展开新的思考。

关于斯大林时期肃反到底镇压了多少人，不仅国内学术界争论激

---

① 刘书林、蔡文鹏、张小川：《斯大林评价的历史与现实》，社会科学文献出版社 2009 年版，第 86 页。

② 吴恩远：《苏联解体与意识形态领域的斗争》，《新重庆》2009 年第 11 期。

烈，俄罗斯学者们对此也是众说纷纭，各种说法相差悬殊，有说 1000 万人、1500 万人的，有说 2000 万人、2500 万人的，甚至还有说 4500 万人、5000 万人的。"在斯大林统治时期，苏联的大清洗连续不断，受害者难以计数，被杀和被判刑者保守估计也在 2000 万—3000 万，成为苏联社会难以愈合的伤口。党内知名领袖、有才干者多被杀害，造成人才的严重损失，苏联红军成了一支没有优秀指挥官的乌合之众，导致卫国战争初期的严重失利。"[①] 有研究者提出，"大清洗"运动中到底有多少人被判死刑这个问题，几十年来不同的人出于不同的目的都在谈论这个问题，但是，过去这个数字总的估计是被人为地夸大了。他认为，肃反的人数包括：因政治原因被判刑的总人数和因政治原因被判死刑的人数。"近年来，研究这个问题的俄罗斯著名学者泽姆斯科夫引用解密后的俄罗斯国家档案馆资料，指出在 1937—1938 年因反革命罪被判刑的为 1575259 人。"该研究者认为，因政治原因被判死刑的人数，通过各种权威数据比较，1956 年波斯别洛夫上报苏共中央的 68.8 万人，这个数据比较可靠。[②] 有研究者所持看法基本相同，"由于统计时间上有长有短，不同时期对政治犯的解释也不尽相同，因此，受诸如此类因素影响，上述统计结果并不完全一致。综合起来看，在整个斯大林时期，被官方确认的因反革命罪被判死刑或以政治犯被处死的人数约 78 万人"。[③]

有研究者关注到了中国和俄罗斯对"大清洗"问题研究的新动向，主要表现在几个方面：应当看到"大清洗"事件中大量存在违背法制的行为；纠正了过去对"大清洗"中有关政治犯的数据，包括对被判以极刑、关押及流放者的人数的极度夸大；对"大清洗"似乎"杀掉"了几千万人并造成苏联人口减少的后果，以及关押上千万人的论调予以驳斥。[④] 该研究者指出，即使是当年被镇压的对象，也承认"大清洗"中确实有一批应当被镇压的人，在统计"大清洗"人数时，这些人是不能算作被无辜镇压的。因此，仅仅注意到被"迫害"的人数，而不

①　左凤荣：《斯大林：充满争议的历史人物》，《决策与信息》2013 年第 5 期。

②　吴恩远等：《苏联社会主义研究》，中国社会科学出版社 2013 年版，第 121—122 页。

③　汪亭友：《如何解读苏联亡党亡国这一重大历史事件——兼答左凤荣教授》，《探索与争鸣》2013 年第 8 期。

④　吴恩远：《苏联历史几个争论焦点的真相》，社会科学文献出版社 2013 年版，第 50—51 页。

去注意那些罪有应得的应该被镇压者的数字，无助于查清楚这个问题。①

有研究者指出，苏联 20 世纪 30 年代实行的"大清洗"有客观和主观两方面的因素。客观因素包括：首先，当时在党的官僚中，普遍存在着"右倾"的思想（布哈林和其他一些人），因此，在党内不仅需要进行思想领域的斗争，还有政治方面的斗争。斯大林不知道，攻击来自谁，因此，他发起了对后来熟知的所有反对派和集团的打击。其次，应当注意到当时反对派有针对国家领导人实施恐怖手段的可能，斯大林他们甚至面临着被肉体消灭的危险，所以对基洛夫的暗杀成为"大清洗"进程的催化剂。最后，这些人还被视为在即将来临的战争中是敌方"第五纵队"的潜在力量。主观原因在于：一方面是与布尔什维克党的意识形态和实践的学说特性有关；另一方面与斯大林的个性相关。该研究者认为，"大清洗"问题属于可以少付或者不应当付出的代价。②

在"大清洗"的历史作用问题上，如同其死亡人数，在斯大林去世以后，在苏联乃至世界社会主义范围内存有争议。存在两种截然对立的意见：一种是全盘否定"大清洗"的必要性和历史作用，认为"大清洗"带给苏联的只有灾祸，无丝毫的历史功绩可言。另一种意见认为，斯大林当时发动肃反运动是必要的，因为 20 世纪二三十年代苏联党内国内形势异常严峻，不仅存在复杂尖锐的阶级斗争，而且还存在阴谋破坏和颠覆社会主义政权的反革命分子。与此同时，肃反达到了最初的目的，也起到了应起的作用。持这种观点的研究者也承认："斯大林在肃反工作中，在一方面，惩办了很多必须惩办的反革命分子，基本完成了这条战线上的任务，但是，在另一方面，却冤枉了许多忠诚的共产主义者和善良的公民，造成了严重的损失。"③ 有研究者也表示，肃反运动的确存在扩大化错误，斯大林对此负有责任，但是，"肃反在当时的苏联是必要的。苏联处于帝国主义的包围之中，希特勒上台更使苏联面临着法西斯的威胁，而 1934 年基洛夫被暗杀则引发了苏联对反革命分子

---

① 吴恩远：《苏联历史几个争论焦点的真相》，社会科学文献出版社 2013 年版，第 54—55 页。

② 吴恩远：《苏联历史几个争论焦点的真相》，社会科学文献出版社 2013 年版，第 39—40 页。

③ 汪亭友：《如何解读苏联亡党亡国这一重大历史事件——兼答左凤荣教授》，《探索与争鸣》2013 年第 8 期。

的警觉，肃反运动成为必然。希特勒曾说，苏德战场失败的主要原因之一是斯大林在1937年枪杀了他在俄国的'第五纵队'"。① 肃反在当时的苏联是必要的，特别是在希特勒上台之后，苏联面临危险的时期，肃反的错误只是在于扩大化。斯大林的大规模清洗制度是新社会为对付日益增长的各种犯罪现象的泛滥而发展起来的一种自我保护体系。②

总之，理论界对斯大林、"斯大林模式"等问题的看法分歧依然很大，分歧提出了一系列重大的理论问题和与当前中国的改革密切相关的现实问题，由于中国与苏联的非同一般的关系，当前中国的改革事业又进入一个新的阶段，因此，对"斯大林模式"，对苏联改革、苏联解体的研究和讨论，具有强烈的现实意义，我们应当认真研究，深入总结。

---

① 龙钰、冯颜利：《斯大林评价问题再探讨》，《学校党建与思想教育》2013年第2期。
② 吴恩远等：《苏联社会主义研究》，中国社会科学出版社2013年版，第118页。

上　篇

第一章　世界革命从高潮转入
低潮的影响

十月革命胜利初期，包括列宁在内的许多无产阶级革命家对资本主义的灭亡和欧洲各国工人运动的胜利发展都抱有十分乐观的预期。他们认为，资本主义经过第一次世界大战已面临重重危机，无产阶级应当在欧洲乃至世界范围内发动进攻以赢得世界革命的胜利。但是，世界革命形势并没有按照预期发展反而是从高潮转入低潮，世界革命形势的骤然变化对身临其境的革命者来说，面临的一个首要问题就是如何估量和判断现实形势的变化并制定出合乎现实的革命策略。斯大林及布尔什维克党就面临着这项现实任务。斯大林在坚持世界革命理想的同时，谨慎判断国际形势，明确提出"一国建成社会主义"，为尚处于弱小的苏维埃政权提供了明确的理论指导和思想指南。

一　世界革命高潮的消退

回顾布尔什维克党对世界革命的预期，应该承认，当时这种强烈的、普遍的对世界革命的期待并不是没有根基的。从客观上说，十月革命胜利后初期欧洲一些国家的革命形势还是很鼓舞人的。十月革命的胜利燃旺了欧洲革命运动的烈火，欧洲许多国家接连爆发了无产阶级的革命斗争，掀起了一场蔚为壮观的革命运动高潮。首先是芬兰人民揭竿而起，推翻了资产阶级的统治，建立起芬兰社会主义共和国。1917 年 11 月 13 日，芬兰工人举行总罢工。1918 年 1 月 14 日，在芬兰南部工业区爆发了芬兰革命。28 日，芬兰工人建立了芬兰革命政府，即人民代表委员会。芬兰革命政府执政后采取了许多革命性质的措施。列宁对芬兰革命的到来非常兴奋。31 日，在全俄工兵农代表苏维埃第三次代表大会上，列宁说："芬兰的工人和农民刚一把政权夺到手中，就向我们表示他们对世界无产阶级革命的忠诚，并向我们祝贺，从他们的贺词中可以看出他们沿着'国际'指出的道路同我们一道前进的不可动摇的决心。"① 随后是德匈革命。列宁一直认为德国具备革命的条件和形势。1918 年 10 月 1 日，列宁在给斯维尔德洛夫和托洛茨基的信中就认为，德国事态发展得很迅速，我们也不能落后。"一周以来，国际革命愈来愈逼近，甚至应该作日内就要爆发的估计。"② 列宁指示要全力支援德国工人把业已开始的德国革命推向前去。22 日，德国革命家卡尔·李卜克内西从苦役监狱被释放出来。列宁得知这一消息非常高兴，于 23 日请驻柏林的俄国大使越飞迅速向李卜克内西转达他最热烈的敬意。列宁的判断是："德国革命工人的代表被释放出狱，是新时代即胜利的社会主义时代的征兆，现在，这个时代正展现在德国和全世界的面前。"③ 1918 年 11 月，德国爆发了以无产阶级为主力的资产阶级民主革命，德国工人、水兵举行大规模起义，推翻了德国君主专政。在革命深入发展过程中，1919 年 4 月建立了巴伐利亚苏维埃共和国。这使列宁的革命情绪极为高涨。4 月 27 日，列宁衷心祝贺巴伐利亚苏维埃共和国成立。

1919 年 3 月，匈牙利无产阶级经过革命斗争，建立了匈牙利苏维埃共和国。4 月，列宁在莫斯科工人和红军代表苏维埃全会非常会议上说："匈牙利的革命已经证明我们说过的话：我们进行斗争不仅是为了自己，而且是为了全世界的苏维埃政权；红军战士在这里流血不仅是为了挨饿的同志，而且是为了苏维埃政权在全世界的胜利。匈牙利的例子证明，这不仅仅是一种预见和诺言，这已是看得见摸得着的活生生的现实。"④ 列宁认为，匈牙利革命表明苏维埃运动正在西欧发展起来，它的胜利为期不远了。胜利将属于我们——这将是决定性的和可靠的胜利。"你们进行着唯一合理的、正义的和真正革命的战争，这是被压迫者反对压迫者的战争，劳动者反对剥削者的战争，争取社会主义胜利的战争。全世界工人阶级中的一切正直的人都是站在你们一边的。世界无

---

① 《列宁全集》第 33 卷，人民出版社 1985 年版，第 287—288 页。
② 《列宁全集》第 48 卷，人民出版社 1987 年版，第 359 页。
③ 《列宁全集》第 48 卷，人民出版社 1987 年版，第 383 页。
④ 《列宁全集》第 36 卷，人民出版社 1985 年版，第 249 页。

产阶级革命一月比一月地接近了。"① 1919 年 7 月 15 日，列宁在霍登卡卫戍部队非党红军战士代表会议上关于国内外形势的讲话中也乐观地期待了未来："西欧的无产阶级是拥护我们的。……现在很清楚，高尔察克已经灭亡，对邓尼金的胜利即将来临；这次胜利将以西欧无产阶级的胜利而告完成，因为西欧各地的工人运动都带有布尔什维主义性质。建立了苏维埃政权的俄国起初是孤独的，随后出现了苏维埃匈牙利，德国的政权正在转归苏维埃，全欧洲联合成为一个统一的苏维埃共和国去消灭全世界资本家统治的日子已经不远了。"②

1918 年，在捷克斯洛伐克的许多城市都发生了政治总罢工。1919 年 6 月，斯洛伐克苏维埃共和国成立。1919 年 9 月，保加利亚军队中爆发了武装起义，士兵们宣告推翻王朝并宣布成立共和国。1920 年 7 月，波兰无产阶级建立了一个劳动者自己的政权——波兰临时革命委员会。此外，罗马尼亚、南部斯拉夫、西乌克兰也都爆发了大规模的革命运动。欧洲苏维埃共和国的相继建立以及苏维埃形势不可抑制的发展，使列宁一度认为在国际范围内的胜利是完全有把握的。

在英国、法国和意大利等资本主义国家中也发生了强大的工人运动。政治罢工此起彼伏，游行示威声势浩大，要求停止战争，反对干涉苏俄的群众运动汹涌澎湃。英国工人对苏维埃俄国的命运寄予了莫大的关注，积极反对英国政府的反苏行动。1919 年 9 月，在曼彻斯特成立了"不许干涉俄国"运动全国委员会，负责统一全国广泛开展的反对武装干涉、争取与苏俄建立正常外交关系的鼓动工作和组织工作。英国工厂代表委员会为保卫苏维埃俄国做了大量的宣传工作和组织工作，它组织水手、码头工人和运输工人罢工，以阻止给俄国的白卫军和武装干涉军运送物资。工人运动的发展促进了共产党的成立。1920 年 7 月 31 日，在伦敦召开了英国共产党的成立大会。英国共产党成立后继续领导英国工人开展"不许干涉俄国"的运动。在法国，法国资产阶级政府积极参加了反对苏维埃共和国的武装干涉，而具有光荣革命传统的法国工人阶级则掀起了保卫苏维埃俄国的强大革命运动，沉重打击了资产阶级的干涉行动。1919 年和 1920 年，工人罢工风起云涌，罢工工人特别

---

① 《列宁全集》第 36 卷，人民出版社 1985 年版，第 377—378 页。
② 《列宁全集》第 37 卷，人民出版社 1986 年版，第 103 页。

提出要求停止对苏俄的武装干涉。

一些资本主义国家中的军队的革命情绪、反抗和公开行动使协约国各国政府在派军队去反对革命的俄国时不得不格外小心。反对干涉苏俄的斗争曾发展到了远征俄国的法国士兵和水兵中间。1919 年 2 月，一些步兵团的法国士兵拒绝同苏维埃俄国作战。4 月 16 日，在法国舰队派驻敖德萨和塞瓦斯托波尔的军舰上爆发了水兵起义，反对武装干涉俄国。起义很快就席卷了黑海上几乎所有的法国军舰。起义获得了很大的胜利，迫使法国统帅部不得不从黑海和南俄调回自己的干涉军。革命情绪还深入英国军队中。1919 年 7 月，在波罗的海巡逻的三艘英国军舰的水兵拒绝反对苏维埃俄国。当时在英国军舰"基尔塞得号"就升起了红旗。

欧洲大陆出现的革命风暴，其气势之凶猛、威力之巨大是前所未有的，大有社会主义革命在一系列国家接连胜利之势。在革命斗争不断高涨和"左"派力量迅速壮大的形势下，许多国家的革命力量迫切要求以布尔什维克为榜样建立真正的革命的独立政党。从 1918 年年初到 1919 年 3 月，在欧美七个国家先后建立了共产党。这些共产党是：阿根廷共产党（1918 年 1 月）、芬兰共产党（1918 年 8 月）、奥地利共产党（1918 年 11 月）、匈牙利共产党（1918 年 11 月）、希腊共产党（1918 年 11 月）、波兰共产党（1918 年 12 月）、德国共产党（1918 年 12 月）。这些国家的共产党虽然力量较弱，人数较少，但是在无产阶级斗争的深入发展过程中，它们日益发展和巩固。

在十月革命的影响下，拉丁美洲、亚洲、非洲许多国家的工人运动和民族解放运动也高涨起来。1918 年，巴西工人举行武装起义，阿根廷罢工运动遍及全国，印度接连掀起反对英国殖民统治的民族解放斗争高潮。1919 年，朝鲜爆发"三一"起义，中国爆发五四运动等。在高涨的世界革命形势的鼓舞下，列宁一度认为，国际政局在发生转变，各国工人运动的巨大内在力量产生了令人一向期待的结果：工人革命正在各交战国中不断地成熟，在为帝国主义的必然的彻底失败做准备。世界革命在逐渐成熟，而且一定会爆发。列宁满怀信心地期待着国际革命的到来，"我们是国际无产阶级的政党，无论革命的困难多么大，但是到时候，并且是在决定关头，受国际帝国主义压迫的工人就会对我们表示同情和支持"。[①] 列宁和布尔什维克党对世界革命的发展十分乐观，这种希望和认识也使列宁对社会主义必然代替资本主义充满信心。

到1921年世界革命高潮却开始渐趋消退。1923年，保加利亚、德国和波兰武装起义的失败，宣告欧洲无产阶级革命转入低潮。在保加利亚，1923年6月9日，代表大资产阶级利益的反动军人集团用武力推翻了农民联盟政府。政变首领仓科夫向农民联盟和共产党发起进攻，大肆逮捕革命者。保加利亚共产党迅速改变对军事政变采取的错误的中立态度，8月在第三国际的指示下，准备举行武装起义。9月12日，仓科夫政府在全国范围内对共产党进行搜捕，被捕人数超过2000名。随后各地开始举行罢工并爆发了自发的起义。保加利亚共产党于23日开始起义，在季米特洛夫和B.科拉罗夫的领导下，保加利亚西北部的起义进展顺利，建立了革命委员会，成立了工农政府。全国其他地区也不断发生了起义。但是，到9月底各地起义先后被政府军镇压下去了，近5000名起义者被枪杀或绞死，上万名起义者被捕。这场反政府武装起义，亦称"九月起义"。

第一次世界大战后，波兰的政治、经济危机日益严重，工人失业，通货膨胀，民不聊生，导致了工人运动的新高涨。工人罢工频繁。1923年，罢工人数达85万。在这一年，波兰工人反对通货膨胀和政府迫害而自发起义。9月，上西里西亚矿工首先举行罢工，接着冶金、铁路和电信工人纷纷响应。罢工工人在共产党的领导下成立了一个统一的罢工工人组织。企业主被迫接受了工人提出的增加工资的要求。在罢工运动中，罢工工人不断同警察和军队发生流血冲突。10月，为抗议军警枪杀和逮捕工人，克拉科夫铁路工人举行总罢工。10月13日，皮苏尔斯基政府为了镇压共产党人领导的罢工运动，阴谋制造了"华沙火药库爆炸案"，借机大肆逮捕共产党员，并下令解散革命工会组织。波兰反动当局的蛮横行为激怒了波兰工人阶级，11月5日，波兰工人举行全国总罢工。克拉科夫工人率先停止工作，政府调集大批警察和军队前来镇压。6日清晨，工人在游行时被警察和军队封锁。血腥镇压激起了波兰工人阶级的激烈反抗，镇压士兵中有许多人是西白俄罗斯和西乌克兰的农民，不满政府的民族压迫政策，同情工人，自动放下武器。工人们缴

---

① 《列宁全集》第37卷，人民出版社1986年版，第374页。

获大量枪支，控制了大部分市区。总罢工发展成了武装起义，把波兰的革命斗争推进到一个新的高峰。但是，当起义工人同政府军激战时，波兰社会党和工会领导人却同政府进行谈判，政府宣布取消铁路军事化和设立战地法庭的通令，命令警察和军队从克拉科夫撤退。11 月 7 日，在右派社会党领袖们的指导下，工人们错误地交出了武器，之后斗争的工人遭到反动政府的逮捕和屠杀。一场轰轰烈烈的工人运动就这样被镇压下去了。

1923 年 10 月 23 日，在德国共产党领导人台尔曼的领导下，汉堡工人发动了武装起义，他们收缴了警察的武装，筑起了街垒，与政府军进行了三天的激战。但革命最终被镇压下去了。在这一时期，资本主义国家逐渐摆脱了危机，进入了相对稳定的发展阶段，国际局势的一系列新变化预示着国际共产主义的革命风暴已经过去，世界革命进入了低潮。

二　斯大林对世界革命形势的判断

从俄国来看，虽然取得了十月社会主义革命的胜利，但是从马克思主义理论来讲，社会主义事业是全世界无产阶级的共同事业。因此包括列宁在内的俄国革命家都把爆发世界革命，至少是西欧革命作为苏维埃俄国的社会主义政权能够生存和巩固下去的必要条件。列宁在 1920 年写道："三年前当我们提出关于俄国无产阶级革命的任务及其胜利的条件的问题时，我们总是明确地说：没有西欧无产阶级革命的支持，这个胜利就不可能巩固；只有从国际的观点出发才能正确估价我们的革命。为了取得巩固的胜利，我们必须使无产阶级革命在一切国家或者至少在几个主要的资本主义国家取得胜利。"[①] 马克思主义是俄国进行十月革命的理论指南，因此列宁当时有这样的认识是很自然的。但是，从 1920 年起列宁就逐步认识到世界革命形势的变化。1921 年苏联进军波兰失败了，这标志着以武力推进世界革命的尝试失败了。红军的进入没有引起工人革命而是激起了波兰人的爱国感情。最终俄国和波兰都已疲惫不堪决定缔结和约。1920 年 10 月 12 日双方签订了初步和约。1921 年 3 月 18 日签订了正式和约。列宁开始认识到共产国际和俄国共产党

---

① 《列宁全集》第 40 卷，人民出版社 1986 年版，第 22 页。

需要转变认识和策略。

在生命的晚期，在西方迟迟不能爆发革命的情况下，列宁又将希望转向了东方。但世界革命始终没有在世界上发展起来。列宁是一位坚定的马克思主义者，"他不是不知道物质生产力以及与之相适应的文化水平匮乏对于建立社会主义社会的致命危害。此所以 1917 年十月革命之后，列宁以及几乎所有布尔什维克领导人都反复强调必须把新生的苏维埃国家的命运与世界革命的胜利联系起来的原因"。① 可以说，列宁终其一生都没有放弃对世界革命的期望。列宁在晚期依然满怀着对世界革命胜利的期盼，他十分清醒地估计到敌人力量的强大和自身的严重弱点，十分担心在苏维埃俄国落后的生产条件下、在经济破坏的条件下能不能支持到西欧资本主义发展到社会主义的那一天。但是，现实是只有苏维埃俄国一国取得了社会主义革命的胜利，在这种情况下，除了把战略重心由国际转向国内，列宁再没有别的办法可想，与其把苏维埃政权的生存寄托在西欧革命的胜利上，不如独立地进行自己的国内建设。

起初，斯大林及布尔什维克党的绝大多数领导人和党员同列宁的看法是一致的：俄国单独一国可以首先夺取政权，建立苏维埃政权。俄国革命的胜利应当激起西方无产阶级进行夺取政权的斗争，而西方革命的胜利将给俄国革命以大力支援，使俄国易于建立社会主义经济，取得社会主义的胜利。斯大林指出十月革命的一个伟大的世界意义就在于："在社会主义的西方和被奴役的东方之间架起了一座桥梁，建成了一条从西方无产者经过俄国革命到东方被压迫民族的新的反对世界帝国主义的革命战线"，"这主要也就说明了为什么全世界的帝国主义强盗目前这样疯狂地攻击苏维埃俄国"②。斯大林认为西方革命会进一步推动东方革命运动。在 1918 年发表的《不要忘记东方》中，他这样说道："共产主义的任务就是要打破东方被压迫民族数百年来的沉睡，用革命的解放精神来感染这些国家的工人和农民，唤起他们去反对帝国主义，从而使世界帝国主义失去它的'最可靠的'后方，失去它的'取之不尽的'后备力量。"③ 在 1923 年 11 月发表的《十月革命和中间阶层问

---

① 张光明：《略论"倒过来的革命"——关于列宁的〈论我国革命〉》，《社会主义研究》2009 年第 5 期。

② 《斯大林选集》上卷，人民出版社 1979 年版，第 126 页。

③ 《斯大林选集》上卷，人民出版社 1979 年版，第 128 页。

题》一文中，斯大林指出，十月革命力求把各被压迫民族团结在无产阶级的周围，"由于十月革命，这个争取深远的后备力量的斗争已经开始了，并且它一定会随着帝国主义的发展，随着我们共和国联盟的实力的增长，随着西方无产阶级革命的进展而一步步扩展开来"。① 斯大林提出，十月革命使社会主义成为千百万群众解放的旗帜，促进了同一切反社会主义的偏见作斗争的事业，并给社会主义思想开辟了一条通向被压迫国家最遥远的角落的道路。

在 1924 年 1 月的《悼列宁》一文中，斯大林指出：处在资产阶级国家汪洋大海包围中的俄国，像一座巨大的石山一样屹立着。那么，它的力量何在呢？"我国的力量，它的坚强巩固，就在于它得到全世界工人和农民深刻的同情和坚决的支持。全世界工人和农民都想保全苏维埃共和国，认为这是列宁同志用他百发百中的妙手射入敌人阵营的一枝箭，是他们希望摆脱压迫和剥削的靠山，是给他们指出解放道路的可以信赖的灯塔。他们想保全苏维埃共和国，不让地主和资本家破坏它。我们的力量就在这里。世界各国劳动者的力量就在这里。全世界资产阶级的虚弱也在这里。"② 斯大林认为列宁从来没有把苏维埃共和国看作最终目的。他始终把它看作加强西方和东方各国革命运动的必要环节，看作促进全世界劳动者战胜资本的必要环节。1924 年 4 月发表的《论列宁主义基础》中，斯大林又讲到列宁提出俄国一国获得社会主义革命胜利后的任务就在于"尽力做到在一个国家内所能做到的一切，以便发展、援助和激起世界各国的革命。"③ 斯大林表示，在一个国家内推翻资产阶级政权，建立无产阶级政权，还不等于保证社会主义的完全胜利。在 1924 年底写作的《十月革命和俄国共产党人的策略》一文中，在批判托洛茨基"革命的俄国不能在保守的欧洲面前站得住脚"说法的时候，斯大林再一次表示苏联需要世界人民的支持。斯大林还表示，列宁的革命论不仅是"一国胜利论"还是"世界革命发展论"，他说："社会主义在一个国家内胜利不是独立自在的任务。在一个国家内胜利的革命不应当把自己看做独立自在的东西，而应当看做用以加速世界各

---

① 《斯大林选集》上卷，人民出版社 1979 年版，第 141 页。
② 《斯大林选集》上卷，人民出版社 1979 年版，第 172 页。
③ 《斯大林选集》上卷，人民出版社 1979 年版，第 214 页。

国无产阶级胜利的助力和工具。因为革命在一个国家（这里说的是在俄国）内胜利不仅是帝国主义不平衡发展和日益崩溃的产物，而且是世界革命的开端和前提。"① 斯大林表示："最可能的是，世界革命将经过许多新国家的无产者在帝国主义国家无产阶级的援助下用革命手段使这些国家脱离帝国主义国家体系的道路发展起来。"②

斯大林高度重视世界援助对苏联的重要意义，"第一个脱离出来的国家，第一个获得了胜利的国家，已经取得其他国家的工人和劳动群众的援助。没有这种援助，它就不能支持住"。③ 斯大林认为，毫无疑问，这种援助将会增强和发展起来。此时斯大林依然在说："没有几国无产者的共同努力，第一个获得解放的国家内的社会主义的最终胜利就不可能"④，斯大林高度肯定十月革命的世界意义。"十月革命的世界意义不仅在于它是一个国家在冲破帝国主义体系这一事业中的伟大创举，它是帝国主义国家汪洋大海中的第一个社会主义策源地，而且还在于它是世界革命的第一阶段，它是世界革命进一步发展的强大基地。"⑤ 但现实是欧洲革命形势渐趋消退，对此斯大林也并非毫无了解。1923 年，德国发生了经济危机和政治危机。当时德国国内展开了声势浩大的群众革命运动，工人开始大批地从社会民主党转到共产党方面来。在萨克森和图林吉亚成立了工人政府，在汉堡发生了武装起义。但是，在德国革命运动被镇压下去以后，资产阶级反动势力在整个欧洲猖獗起来，对苏维埃共和国进行新的干涉的危险也增大了。斯大林开始认识到国际局势已经和 1923 年以前的局势相比有本质的区别了。在 1925 年 2 月，斯大林在回答德国共产党党员赫尔措格的提问："你是否认为德意志资本主义民主共和国的政治关系和经济关系必然促使工人阶级在比较不久的将来进行夺取政权的斗争？"这时，斯大林的回答已经表现出他对国际形势变化的判断，"如果讲的是期限而不是趋向，那么要极其肯定地回答这个问题是困难的。用不着证明，不论从国际条件或从国内条件来看，目前的局势和 1923 年的局势是有本质上的区别的。可是，这并不是说，

① 《斯大林选集》上卷，人民出版社 1979 年版，第 305 页。
② 《斯大林选集》上卷，人民出版社 1979 年版，第 307 页。
③ 《斯大林选集》上卷，人民出版社 1979 年版，第 307 页。
④ 《斯大林选集》上卷，人民出版社 1979 年版，第 307 页。
⑤ 《斯大林选集》上卷，人民出版社 1979 年版，第 308 页。

在最近时期内局势不会因外部环境可能发生重大变化而产生有利于革命的急剧转变。国际形势的不稳定就是这种设想很可能成为事实的保证"。①

斯大林看到了国际形势方面具有决定性意义的主要事实：一是资本已经爬出了战后危机的泥潭。一些资本主义国家通货的稳定，世界贸易的增长和个别国家生产的扩大，特别是英美资本向欧洲和亚洲国家的输出和投入，这一切都表明了资本的"建设工作"的成就。《道威斯计划》已经产生了一些效果使局势趋于相对稳定。英国、美国资本投入德国工业，货币的稳定、德国一些最重要的工业部门的改善，以及工人阶级物质生活状况的某些改善，虽然不意味着德国经济的根本好转，但这一切都不能不使德国资产阶级的阵地得到一定的巩固。二是革命的高涨时期已经在欧洲的中心，即德国结束了。在革命的高涨时期，运动势如奔腾的洪流，汹涌澎湃，但这个时期在德国已经过去了。德国的工人运动已经由冲击时期进入了积蓄力量的时期，进入了在共产主义旗帜下组织和训练无产阶级军队的时期，必须迅速地熟悉新的环境，并且按照新的方式开始做革命的准备工作。

斯大林看到这是对社会主义的不利的形势："目前时局的特征不仅是资本主义和苏维埃制度已经稳定，而且这两个阵营的力量已经达到某种暂时的平衡；这对资本稍为有利，而对革命运动稍为不利，因为已经出现的平静现象和革命高涨比较起来，对社会主义无疑是不利的，虽然是暂时的不利。"② 由此，斯大林认为出现了"两种稳定"的新形势：欧洲开始了革命的退潮，出现了资本主义的暂时稳定和苏维埃制度的稳定，并且这两种稳定之间达到了某种暂时的平衡。同时，斯大林认为这种稳定和退潮是一种正常的历史发展现象。十月革命胜利以后，俄国进入了第三个战略时期即革命的第三个阶段。这个阶段的目的是在世界范围内战胜资产阶级，"这个时期会持续多久，——很难说。但是毫无疑问，这个时期无论如何是很长的，同样毫无疑问，这个时期也会包含着来潮和退潮。世界革命运动目前已经进入革命退潮时期"③。

---

① 《斯大林选集》上卷，人民出版社 1979 年版，第 309 页。
② 《斯大林选集》上卷，人民出版社 1979 年版，第 325 页。
③ 《斯大林选集》上卷，人民出版社 1979 年版，第 323 页。

　　革命形势的新变化就使社会主义的俄国面临一系列重要的现实问题：一是资本主义的暂时稳定会怎样影响社会主义的命运呢？这种稳定是不是社会主义建设的末日或是末日的开始呢？二是在其他国家于相当长的时期内保存资本主义的条件下，在俄国这个技术上和经济上落后的国家里，究竟能不能用自身的力量建成社会主义呢？三是在资本主义包围而且是还稳定的资本主义包围的条件下，能不能完全保证免除武装干涉的危险，也就是说完全保证免除旧制度在俄国复辟的危险呢？所有这些问题摆在面前不给予准确而肯定的回答是不行的。斯大林以"一国建成社会主义"和社会主义工业化理论作出了回答。在欧洲革命已经明显处于低潮的情势下，苏联必须坚定"一国建成社会主义"的信心。在斯大林的领导下，苏联人民以高度的热忱和献身精神展开了一场气势恢宏、规模浩大的工业化建设事业。

三　简要评论

　　面对世界革命从高潮转入低潮的形势变化，斯大林主要形成了以下几个方面的认识。

（一）斯大林不得不将世界革命的胜利寄希望于未来

　　斯大林十分重视坚定世界革命必胜的信心，坚信俄国革命就是世界革命运动的整体的一部分。他指出，在其他国家社会主义获得胜利前，在一些人那里，存在着"失去国际革命前途的危险"，这种危险的表现是："不相信国际无产阶级革命；不相信它会胜利；对殖民地和附属国的民族解放运动抱怀疑态度，不了解我们国家如果没有其他国家革命运动的支持就不能抵挡住世界帝国主义；不了解社会主义在一个国家内的胜利不可能是最终的胜利，因为只要革命还没有在若干国家里获得胜利，它就不可能保证不遭受武装干涉；不了解国际主义的基本要求，即社会主义在一个国家内的胜利并不是目的本身，而是发展和支持其他国家革命的手段。"[1] 斯大林指出了这是完全取消无产阶级国际主义的政

---

[1]　《斯大林选集》上卷，人民出版社1979年版，第362页。

策，而失去国际革命前途具有巨大危险："会产生民族主义和蜕化的危险"①，"只有在彻底的国际主义的基础上，只有在十月革命的对外政策的基础上，第一个获得了胜利的国家才能保持住世界革命运动旗手的作用"②。但是，现实世界革命形势从高潮走向低潮使斯大林认识到，世界革命的发展道路已不像以前所能想象的那样简单了。资本主义世界进入相对稳定和发展的时期，社会主义革命在多国的胜利已不可能在短期内实现。资本主义国家暂时不可能凭借武力或其他手段颠覆和扼杀苏维埃国家，苏联也不可能再依靠世界革命或欧洲革命来巩固自己的社会主义阵地。在一个较长的时期内，苏联将是处于世界资本主义包围下的唯一的社会主义国家。虽然斯大林有时依然表现出了对世界革命的追求，但是，他不得不把世界革命的胜利寄希望于未来。苏联怎样才能实现翻转整个世界，解放整个工人阶级的伟大事业呢？斯大林认为，要消灭苏联的落后状况，展开布尔什维克的高度的建设速度，使全世界的工人阶级可以说："看呵，这就是我们的先锋队，这就是我们的突击队，这就是我们的工人政权，这就是我们的祖国，他们把自己的事业，也就是把我们的事业进行得很好，让我们来支持他们反对资本家，让我们来推进世界革命事业吧。"③ 这就将世界革命伟大事业的胜利奠定在坚实的基础之上了。

（二）斯大林赞扬苏联经济的发展，政治威力的增长

斯大林认为虽然欧洲开始了革命的退潮，开始出现了某种平静现象，出现了资本主义的暂时稳定，但是，革命的退潮只是事情的一面，事情的另一面是：欧洲革命退潮的同时，苏联的经济蓬勃发展，苏联的政治威力日益增长。苏维埃制度在巩固它所夺取的阵地并且在继续走向胜利。国际形势出现了两种稳定：资本主义的暂时稳定和苏维埃制度的稳定。世界上再没有单一的无所不包的资本主义了。"世界已经分裂成两个阵营——以英、美资产阶级为首的资本主义阵营和以苏联为首的社会主义阵营。因为国际形势将愈来愈取决于这两个阵营间的力量对

---

① 《斯大林选集》上卷，人民出版社 1979 年版，第 363 页。
② 《斯大林选集》上卷，人民出版社 1979 年版，第 363 页。
③ 《斯大林全集》第 13 卷，人民出版社 1956 年版，第 39 页。

比。"① 资本主义的稳定产生着使资本主义失败的条件，而苏维埃制度的稳定则不断积累着使无产阶级专政巩固、使世界各国的革命运动高涨和使社会主义胜利的条件。斯大林高度赞扬了当时苏联所经历的经济建设和劳动热情的蓬勃高涨，高度肯定了全部工业的发展特别是金属工业的发展对国内及世界革命的巨大意义。在无产阶级专政下金属工业的蓬勃发展，直接证明无产阶级不但能够破坏旧东西而且能够建设新东西，而且能够以自身的力量建成新工业和建成没有人剥削人的新社会。苏联经济在发展，政治威力在增长。苏维埃政权在国内巩固了，资本主义采取的等待苏维埃政权垮台的方针失败了。

（三）斯大林高度重视苏联社会主义的国际影响

斯大林反击了一些人攻击苏联在西欧进行反资本主义宣传的谬论。他认为，苏联根本不需要这种宣传，在欧洲工人中间，苏维埃政权的存在、它的成长、它的物质繁荣、它的无可置疑的巩固就是有利于苏维埃政权的最好宣传。"任何一个工人来到苏维埃国家，看一看我们的无产阶级制度，就会看到什么是苏维埃政权，看到工人阶级一旦掌握政权就能够做出什么来。这才是真正宣传，然而这是用事实宣传，这种宣传对工人的影响比用语言或报刊来宣传要大得多。"② 苏维埃社会主义共和国联盟存在和发展的这一事实的显示和宣传，就不需要任何文字的或口头的宣传了。"用事实而不是用书本上的东西来证明这一点，这就等于有把握地彻底地把国际革命事业向前推进。西欧工人纷纷来我国访问并不是偶然的。这对全世界革命运动的发展有极伟大的鼓动意义和实践意义。工人们到我国来，考察我们工厂的每个角落，——这种情况说明，他们不相信书本，而想用亲身的体验证实无产阶级有建设新工业和创造新社会的本领。你们可以深信，一旦他们确信这一点，国际革命事业就会一日千里地向前推进。"③ 苏联是世界各国革命运动的支柱，维护和加强苏联意味着加速工人阶级对世界资产阶级的胜利。苏维埃政权的威信提高了，它在资本主义国家人民群众中间的声望也增高了。斯大林满

---

① 《斯大林选集》上卷，人民出版社1979年版，第325页。
② 《斯大林全集》第6卷，人民出版社1956年版，第209—210页。
③ 《斯大林选集》上卷，人民出版社1979年版，第352页。

怀信心，认为苏联不仅对本国的工人和农民负有义务，还有更大的义务——对世界无产阶级所负的义务。苏联工人阶级是世界工人阶级的一部分。苏联的胜利离不开苏联工人阶级的努力和世界工人阶级的支持。苏联被称为世界各国无产阶级的突击队。苏联最先投入了对资本主义的战斗，最先建立了工人政权，最先开始建设社会主义。苏联所进行的事业一旦成功，就会推翻整个世界，解放整个工人阶级。

（四）斯大林鼓舞苏联人民坚定"一国建成社会主义"的信心

斯大林认识到，世界无产阶级革命运动已经进入了暂时的平静时期。这说明对西方工人、对东方殖民地、而首先是对世界各国革命运动的旗手苏联的压力在加强，并且对苏联施加压力的准备工作已经在帝国主义者中间开始了。"因爱沙尼亚的起义而进行污蔑性的宣传，因索非亚爆炸事件而无耻地攻击苏联，资产阶级报刊的一致攻击我国，——这一切都是进攻的准备阶段。这是舆论上的炮火准备，其目的是训练庸人来攻击苏联并且替武装干涉创造道义上的前提。"[①] 在这种存在压力和危险的情势下，斯大林认为当时国内存在的一些危险认识是非常有害的。他认为必须反对取消主义（丧失社会主义建设的前途）、民族主义（丧失国际革命的前途）和缩小党的领导等等认识。斯大林认为应当教育人民群众认识到苏联社会主义建设的胜利是完全可能的和必要的，确信这个工人国家是国际无产阶级的产儿，确信它是发展世界各国革命的基地，确信苏联革命的最后胜利是国际无产阶级的事业。

当时国内外对苏联社会主义的前途议论纷纷，一些人说：苏联这个落后的国家不能建成完全的社会主义社会，现实的生产力状况决定了这是一个空想的目的；另一些人说：现在一切取决于国际革命，因为西方无产阶级不预先取得胜利，苏联是不能建成社会主义的。对于这些关系到社会主义前途命运的重大问题，斯大林认为必须明确回答。没有其他国家的社会主义的预先胜利，没有西方胜利了的无产阶级在技术方面和设备方面的直接援助，在苏联有没有可能建成社会主义经济呢？斯大林给出了坚定的回答：有！毫无疑问，如果有西方的社会主义胜利的及时援助，事情就根本好办了，但是，"第一，西方的社会主义胜利的'来

---

① 《斯大林全集》第7卷，人民出版社1958年版，第126页。

临'并不象我们希望的那样快，第二，这些困难是可以克服的，并且大家知道，我们已经在克服他们了"①。斯大林一再明确地告诉人们：在无产阶级专政下，有克服所有一切内部困难而建成完全的社会主义社会所必需的一切条件，能够而且必须用自身的力量来克服这些困难。同时，斯大林将一国社会主义的胜利建立在坚实的基础上。1925 年 5 月的俄共（布）第十四次代表会议的工作总结中明确指出："现在只是高谈'世界政治'，高谈张伯伦和麦克唐纳，是不会有什么成就的。我们已经进入经济建设时期。"② 在武装干涉和封锁消除后的最初两年，苏联的工业就恢复并巩固了。工人的物质和文化状况在这短短的时期内大大地提高了。资产阶级政客所说苏维埃没有能力管理工业的谰言已经遭到彻底的破产。斯大林认为，单是苏维埃国家的存在，对帝国主义来说就已经是致命的危险了。正因为如此，只要苏维埃国家存在于世界上并且日益发展，帝国主义的任何成就都不会巩固。对苏联来说，在这个时期，要集中一切力量来进一步发展工业，来加强国防力量和集合世界各国的革命力量去反对帝国主义。

（五）斯大林清醒认识苏联"一国建成社会主义"面临的危险

斯大林又是从国际视野看待"一国建成社会主义"这个问题的："目前的转变时期会不会以无产阶级的胜利而结束，这首先取决于我国建设的成就，取决于西方和东方革命运动的成就，取决于腐蚀资本主义世界的那些矛盾的发展。"③ 斯大林一方面对社会主义建设充满信心；另一方面也不忽视国际因素的影响，认为社会主义建设事业能否成功不仅取决于苏联自己，"也取决于我们国外的敌人和朋友的强弱。如果让我们建设，如果我们能延长'喘息'时期，如果不发生严重的武装干涉，如果武装干涉不能得逞，如果国际革命运动的力量和实力同我们自己国家的力量和实力都强大得足以使重大的武装干涉企图不能实现，我们就能建成社会主义经济。相反，如果武装干涉得逞而我们被击败，我们就不能建成社会主义经济"④。由于资本主义国家对苏联的敌对，斯大林表示，苏联和这些国家

---

①《斯大林选集》上卷，人民出版社 1979 年版，第 387 页。
②《斯大林选集》上卷，人民出版社 1979 年版，第 349 页。
③《斯大林全集》第 7 卷，人民出版社 1958 年版，第 210 页。
④《斯大林选集》上卷，人民出版社 1979 年版，第 390 页。

相互关系的改善，并不完全取决于苏联。因此，苏联必须采取一切措施保卫我们的国家以防备突然事变，随时准备捍卫我们的国家以抵御侵犯。国内和国际义务都要求苏联必须采取布尔什维克的发展速度。

无产阶级革命暂时只在一个国家内获得胜利，这个国家被那些仇视它的资本主义国家所包围，而且国际资本又不会不帮助这个国家里的资产阶级。这个困难只有靠苏联和所有其他各国革命运动的共同努力才能消除。没有西方工人的援助，苏联未必能抵抗得住包围着的敌人。如果西方革命能够胜利，那就好了。但是，从西方工人的援助到西方革命的胜利是十分遥远的。社会主义在苏联必须切实意识到"一国建成社会主义"面临的危险处境。

第二章 20 世纪 20 年代西方资本主义的
态度和行为对斯大林的影响

20 世纪 20 年代，西方资本主义对苏联的敌视与对立对苏联以重工业为中心的工业化发展战略的形成起到了至关重要的影响。有这样一种观点，就是认为从布尔什维克党在俄国取得革命胜利起，它便把自己置于资本主义的对立面，斯大林更是极力渲染资本主义包围的国际环境，不断宣扬和夸大资本主义世界对苏联武装干涉的危险。斯大林看不到世界各国的共同利益，过分强调两种制度的对立性，加深了资本主义世界对苏联的不信任，才造成了两种社会制度对峙的紧张局面。这种观点认为，斯大林执政初期并没有战争的信号，苏联不存在战争的威胁，在当时的历史条件下优先发展重工业的战略并没有必要性，更多的是斯大林的主观选择，是错误的选择，对苏联造成了极大的负面影响。本书认为这是错误的观点。对斯大林的失误及错误进行分析和批判，从中吸取经验教训是正确的、必要的，但是不能出于为我所用的狭隘目的而歪曲历史。评价斯大林，必须尊重历史事实，才能够作出客观公正的结论。

历史并非如一些人所说的那样，苏联并没有受到西方资本主义的威胁。第一个社会主义国家一建立就被西方资本主义视为笼罩在它们头上的一片乌云。它们发动的武装干涉失败了，之后曾出现了世界承认苏联的热潮。但是西方亡苏之心并没有消亡。西方资本主义依然对苏联持敌视对立立场，谋划建立反苏阵线的阴谋；在 20 年代中后期接连发生了对苏联进行挑衅的严重国际事件。可以说，西方资本主义对苏联的敌视与对立是斯大林作出判断的客观基础，对苏联以重工业为中心的工业化发展战略的形成起到了至关重要的影响。许多西方学者也承认，存在着"真实而又持续很久的敌视苏联的举动"[①]。对斯大林执政初期西方资本

---

① ［美］沃尔特·G. 莫斯：《俄国史（1855—1996）》，张冰译，海南出版社 2008 年版，第 257 页。

主义对待苏联的态度和行为进行回顾与分析，相信会有助于人们更清楚地认清历史。

一　20 年代西方资本主义对苏联的态度和做法

1924 年被称为"世界承认苏联"之年，但事实上以英美为首的资本主义国家对苏联的敌视立场并未改变。在这一时期尽管未爆发大规模反苏战争，但国际上却是反苏高潮迭起。在这一时期曾发生了"索菲亚爆炸事件"。1925 年 4 月 16 日，保加利亚索菲亚的"圣礼拜"大教堂发生了爆炸事件，当时以亚·灿科夫为首的保加利亚法西斯政府的成员和其他政界人士正聚集在这里。事后灿科夫发表声明污蔑苏联政府是爆炸事件的唆使者，各国反动报刊也掀起了反对社会主义苏联的宣传运动。灿科夫政府借机大肆迫害人民群众，有数万人被捕，数千人被杀害。1925 年 5 月召开的苏联苏维埃第三次代表大会发表声明，谴责了灿科夫政府的暴行，揭露了无耻的捏造，驳斥了对苏联的污蔑性攻击。

（一）英国对苏联的态度和做法

1923 年发生了以"寇松通牒"事件为开始的反苏逆流。英国借口苏俄处决了一名以宗教活动为掩护的英国间谍，并扣留了擅入苏俄领海的英国渔船，于 5 月 8 日由外交大臣寇松向苏联发出最后通牒。通牒称苏联进行反英宣传，印度、伊朗、阿富汗的民族民主运动的高涨是受到了苏联的煽动。通牒要求苏联停止反英宣传，召回驻伊朗和阿富汗全权代表，赔偿处决英国间谍的损失，释放被扣渔船等；最后要求不经任何谈判，10 天内必须答复，否则英国将废除《1921 年英苏贸易协定》并断绝两国间一切关系。接着，英国海军开始向黑海、波罗的海和白海调动。5 月 10 日，英国间谍又刺杀了苏联出席洛桑会议的代表沃罗夫斯基。资本主义国家的报刊普遍登载了"寇松最后通牒"，进一步加剧了资本主义世界的反苏运动。① 寇松最后通牒遭到苏联人民的坚决反对和苏联外交的有力反击。同时，英国国内也广泛开展了抗议运动。在人民

---

① 王绳祖主编：《国际关系史（1917—1929）》第四卷，世界知识出版社 1995 年版，第 246—247 页。

的强大压力下，又由于英国统治集团内部存在分歧，最后反苏逆流开始扭转。

1924 年年初，上台执政的英国工党麦克唐纳政府力主承认苏联。2 月，苏联和英国建立了外交关系。8 月，苏英签订了条约，两国的相互要求问题在条约中基本得到了解决。但是，在野的保守党却坚持反苏、反共的方针，竭力阻挠英苏关系正常化。10 月，在野的保守党对工党发难。他们伪造了所谓"季诺维也夫信件"，企图恶化英苏关系。这一事件又被称为"红信事件"。这个事情是这样的：10 月，共产国际执委会主席季诺维也夫的一封公开信在英国正在进行的大选中引起了一场骚乱。在信中季诺维也夫号召英国共产党夺取政权，号召他们加强颠覆活动。这封信后来被证实是伪造的，但却直接影响了选举结果。在大选中，工党败北，保守党上台，由鲍里温组成新政府，他上台后拒绝批准工党政府 8 月与苏联政府签订的两个经贸条约。1926 年夏天起，英国和苏联两国关系不断恶化，美国政府竭力促使英国与苏联断绝外交关系，并怂恿英国工商界对苏联采取更强硬措施。1926 年 10 月，保守党斯卡伯勒大会决定立即撕毁《1921 年英苏贸易协定》，关闭全部苏联在英机构，断绝外交和贸易关系。1927 年，英苏关系急剧紧张起来。2 月，英国政府向苏联发出了一份照会指责苏联资助英国罢工的煤矿工人并威胁要与苏联断绝关系。

在 1927 年，英国保守党在世界范围内对苏联进行了三次公开打击。第一次公开打击是指使中国军阀在北京袭击苏联大使馆。目的是找到证明苏联进行破坏和干涉中国内政的文件。苏联驻北京、天津和上海的外交代表也遭到了袭击。第二次公开打击是英国策划了一起袭击阿尔柯斯和苏联驻英国商务代表处的事件。阿尔柯斯是苏联合作社代表团于 1920 年在伦敦设立的股份公司的简称。5 月 12 日，英国政府以苏联在英国煤矿工人 1926 年大罢工中曾鼓动罢工为借口，英国武装警察在没有任何法律根据的情况下，强行占领阿尔柯斯和苏联商务代表处大楼，进行非法搜查并毒打、拘留苏联外交工作人员。他们试图发现可以指控苏联搞颠覆的证据，同时制造了假材料，引起舆论哗然。5 月下旬，英国议会下院就英苏关系展开了辩论。5 月 27 日，英国外交大臣张伯伦宣布同苏联断绝外交关系，并废除《1921 年英苏贸易协定》。接着资产阶级报刊掀起了猛烈的反苏运动。后来，在 1929 年 10 月，英国与苏联关系才全面恢复，其中缘由，一是一个新的英国工党政府的组建；二是急于与苏联进行贸易的企业家们也在其中起了重要作用。第三次公开打击是苏联驻波兰全权大使沃伊柯夫在华沙被暗杀事件。6月7日，波兰籍白卫分子科维尔刺杀了沃伊柯夫。按照主谋者的计划，这次暗杀主要是起"萨拉热窝暗杀事件"的作用，使苏联和波兰发生军事冲突。挑衅事件激起了苏联人民的反对和世界舆论、进步人士的强烈愤怒。波兰毕苏斯基政府不得不表示道歉，并正式谴责这次暗杀罪行。

（二）美国对苏联的态度和做法

在20世纪20年代，美国从国会到政府都强烈抵制和反对苏联共产党的政权及其制度。美国在政治上采取了一系列反苏政策，试图在许多重大国际事务中孤立它。美国政府不仅在外交上拒绝承认苏联，而且阻挠其他国家与苏联改善和建立外交关系，并要求其他国家追随美国。因此，一些学者认为，美苏冷战从1917年就已经开始。

为了与新一届美国政府改善关系，1923年12月16日，苏联外交人民委员契切林致电美国总统柯立芝表示，苏联政府愿意同美国政府讨论总统咨文中所涉及的一切问题，但双方应以不干涉内政和解决财务问题上的相互要求为基础。但美国国务卿休斯在18日参议院的发言中称，现在还谈不到进行谈判，因为美国政府不打算改变自己在有关苏联政府承认债务、返还被没收的美国公民财产或给予其相应赔偿问题上的原则立场。休斯在发言中还强调，苏联政府一直在不断地进行推翻美国现行制度的宣传活动。[①] 总之，美国认为不可能同苏联保持正常的关系。

美国想方设法破坏1920—1921年苏英之间的贸易谈判。1923年12月，英国承认就在前不久美国还在向英国和一些试图与苏联建立外交关系的国家施加压力，美国还阻挠苏联与中国建立外交关系。1924年，苏联打算和中国建立外交关系。美国统治集团担心苏中接近会加强这两个大国在远东的地位，削弱美国在中国的影响力。在美国的阻挠下，本来已经同苏联签订初步协定的中国政府停止了谈判。美国的干涉引起中国人的强烈反感，在民众的压力下，中国不顾美国的反对同苏联建立了

---

① ［苏］瓦里科夫：《苏联和美国——它们的政治和经济关系》，生活·读书·新知三联书店1966年版，第122页。

外交关系。但是苏中关系在 1927 年 12 月还是破裂了。1924 年在苏法进行外交谈判之际，美国政府也从中作梗，竭力阻挠苏法关系正常化。美国国务卿休斯毫不含糊地声称，法苏接近的任何尝试都是美国所不喜欢的。1924 年夏，休斯还亲自前往法国，干预苏法建交谈判。①

美国还积极阻挠苏联同其他国家、特别是同拉丁美洲国家关系的正常化。1927 年 1 月 12 日，国务卿凯洛格在参议院外交委员会会议上就美国的拉美政策发表讲话，讲话中抨击了苏联共产党的世界革命纲领和政策。在美国的压力下，本来已经和苏联建立外交关系的墨西哥和乌拉圭政府于 1930 年年初同苏联断绝了外交关系。直到 30 年代初期，美国一直持不承认苏联的立场，并采取敌视政策。

（三）资本主义国家对苏联的联合敌对行动

国际上依然是反苏高潮迭起。在 20 年代，维护和巩固苏德关系是苏联的一个重要目标，但是这一基础的稳定性由于欧洲局势的变化，由于英美对德国的政策而经常受到冲击。英、美对苏德合作十分不安。1924 年 8 月在伦敦会议上通过的《道威斯计划》，显示出英美等资本主义对苏联的险恶用心。《道威斯计划》力图把苏联沦为给资本主义国家提供原料的附属地，使它的工业依附于西欧。同时，美国和英国又希望借助于德国经济力量的增强，使它反对苏联。

此外，英法美将《洛迦诺公约》视为维系战后秩序的新保证，认为这标志着一个和平的时代降临了，然而，正是这个《洛迦诺公约》和《道威斯计划》使德国得到了恢复，最终又形成了新的战争策源地。1925 年 10 月，在英国倡议下召开的洛迦诺会议和签订的《洛迦诺公约》明显具有"祸水向苏引"的意图。其直接目的是为了维持凡尔赛体系，同时也反映了帝国主义的反苏倾向。英国倡导签订《洛迦诺公约》的动机之一是阻止德国进一步和苏联接近，极力离间苏德关系。英国希望通过给予德国一些让步和诺言把它拉入反苏联盟。这个公约事实上规定了这些国家在进行反苏战争时互相给予援助。洛迦诺会议的召开使苏德两国的合作关系受到重大挑战。在当时欧洲国际关系格局下，苏

---

① ［苏］伊凡诺夫、列昂尼扬：《为了两国人民的利益：关于 1933 年苏联同美国建立外交关系的问题》，商务印书馆 1965 年版，第 13 页。

联有理由把洛迦诺会议视为对自己安全的威胁。洛迦诺会议表明德国已经褪去了战败国的外衣，在欧洲事务中重新同英、法、意处于一个平等伙伴的地位。

另外，这一时期，从表面上看，资本主义国家想建立和平解决争端，调解冲突的机制，比如 1928 年签订《白里安—凯洛格非战公约》，有 60 多个国家参加。《非战公约》从国际法上规定了战争的非法性，但由于英、法、美等国各自怀着自己的政治目的参与签约，同时都提出了为保护本国利益各国政府有权诉诸武力、进行战争的保留条件，因此公约对缔约国并无实际的约束作用。这些发起国对苏联怀有敌意，因此，在长达一年多的筹划过程中把苏联排除在外。1928 年 8 月 5 日，苏联政府发表声明，严正指责英、法、美等国孤立和反对苏联的企图，迫使它们邀请苏联参加公约签字。苏联于 9 月 5 日正式签字加入公约。但是，一直到 1928 年底，其签字国除苏联外，尚无一国批准。1929 年 7 月 24 日，《非战公约》才最终生效。这一公约在现代国际法的发展中有一定的积极作用，但是不能阻止第二次世界大战的爆发。①

二　斯大林对国际形势的判断

1924 年 6 月 17 日，斯大林在俄共（布）第十三次代表大会的总结中对国际形势的判断还是很乐观的。他认为过去的一年苏维埃俄国在国际地位方面的新变化，一是在欧洲的主要国家里法西斯化的企图都已经失败了，在法国和英国，这些企图的制造者彭加勒和克逊已经被轰下台去了；二是好战的英法帝国主义者几次孤立苏俄的企图都失败了，苏俄在事实上被承认了，苏维埃俄国在国内国际都赢得了相当的威信："我国的威信比某些帝国主义老政客所能想像的要高得多了。"② 1925 年前后，斯大林曾认为世界进入了平静时期，出现了两种稳定：资本主义的暂时稳定和苏维埃制度的稳定，欧洲革命退潮的同时，苏联的经济蓬勃发展，苏联的政治威力日益增长。12 月，在联共（布）第十四次代表

---

① 王绳祖主编：《国际关系史（1917—1929）》第四卷，世界知识出版社 1995 年版，第469 页。

② 《斯大林全集》第 6 卷，人民出版社 1956 年版，第 208 页。

大会的政治报告中，斯大林依然乐观地认为，正在建设社会主义的国家和资本主义世界各国之间已经确立了某种暂时的均势，这种均势决定了苏维埃国家和各资本主义国家间的和平共处阶段。战后的一个短促的喘息时机已经变成整整的一个喘息时期了。斯大林还对资本主义的发展状况作了判断，他认为"资本主义正在摆脱或者说已经摆脱它在战后所陷入的那种生产、贸易以及财政方面的混乱状态"，认为资本主义出现了"局部稳定或暂时稳定"。斯大林对此作了阐释："这就是说，各资本主义国家在战后危机时期（我指的是一九一九年至一九二〇年）曾一度一落千丈的生产和贸易已经开始向前发展，而资产阶级政权已经在一定程度上巩固起来。这就是说，资本主义暂时已经摆脱它在战后所陷入的那种混乱状态。"①

但是，在1926年斯大林开始出现了某些改变。斯大林认为，世界资产阶级企图在经济上包围苏联，在政治上孤立苏联，暗中封锁苏联，并因苏联工人援助西方战斗工人和东方被压迫民族而企图对苏联进行直接的报复，这就给苏联造成了外部的困难。斯大林认为："现在资本主义世界无力对我国进行武装干涉，这并不是说它永远无力这样做。无论如何，资本家们绝没有睡大觉，他们正百般设法来削弱我们共和国的国际地位，创造武装干涉的前提。因此，无论武装干涉的企图或与此关联的旧制度在我国复辟的可能性都不能认为已经消除了。"②

1927年，苏联面临的国际环境趋于紧张。一系列事件的发生使斯大林的危机感不断加强。在这一年，世界主要资本主义国家间的矛盾与争夺更加剧烈，凡尔赛—华盛顿体系摇摇欲坠，英国罢工运动和中国革命相继失败，英苏最终断交，苏联与西方国家之间的关系重归紧张。但是，在1927年3月斯大林回答工人们关心的"今年，今年春天或秋天，我们这里会不会有战争"的问题时，依然表示："无论今年春天还是秋天，我们这里都不会有战争。今年在我们这里不会有战争，并不是因为帝国主义战争的危险根本没有。不，战争的危险是存在的。今年不会有战争，是因为我们的敌人没有作好战争准备，是因为我们的敌人比谁都惧怕战争的后果，是因为西方工人不愿和苏联作战，而没有工人，作

---

① 《斯大林全集》第7卷，人民出版社1958年版，第219页。
② 《斯大林全集》第8卷，人民出版社1954年版，第234页。

战就不可能，最后是因为我们坚定不移地执行和平政策，这种情况使敌人难以和我国作战。"①

斯大林有很多相对乐观的时候，比如他在回答"英国是否会撕毁一九二一年的通商条约呢？它是否会和苏联断绝外交关系呢？"这一问题时表示，"从英国方面来说，绝交并不是不可能的，但我以为这种可能很小。这种可能之所以很小，是因为这种绝交对英国只有坏处，没有好处。更不用说，在苏联实行和平政策的情况下，绝交的责任将是英国政府目前所能担负的一切可能的严重责任中最严重的一项"②。但是，国际形势的不断紧张也使斯大林认为，这些事件虽然都失败了，打击也可能会更加厉害地重复下去，这些事件不是偶然的、孤立的。当英国同苏联断绝外交关系后，斯大林立即认为这是武装干涉苏联趋势加强的表现，"新的帝国主义战争的威胁这一问题是现时的基本问题，这是几乎不能怀疑的了"，存在着"一般新战争特别是反苏战争的真正的实在的威胁"③。斯大林在 1927 年 6 月的《时事问题简评》中分析了新的国际形势。"现在的整个国际环境，英国政府反苏'业务'中的一切事实，它组织对苏的财政封锁，它和列强进行关于反苏政策的秘密商谈，它资助乌克兰、格鲁吉亚、阿捷尔拜疆、阿尔明尼亚等等的流亡'政府'以期在苏联的这些国家内组织暴动，它资助间谍恐怖集团炸坏苏联桥梁、烧毁苏联工厂、恐吓和刺杀苏联驻外使节，这一切都无疑地向我们说明英国保守党政府坚决地走上了组织反苏战争的道路。"④ 这些国家在试图组成反苏同盟。

在 1927 年 12 月召开的联共（布）第十五次全国代表大会的报告中，斯大林指出："帝国主义阵营中武装干涉趋向的加强和战争的威胁（对苏联的威胁）就是目前形势的基本因素之一。"⑤ "如果大约两年前可以说并且应该说当时是苏联和资本主义国家间存在某种均势而'和平共居'的时期，那末现在我们却有充分的根据可以肯定说'和平共居'的时期正在过去，而让位于帝国主义对苏联进行袭击和准备对苏联进行

---

① 《斯大林全集》第 9 卷，人民出版社 1954 年版，第 155 页。
② 《斯大林全集》第 9 卷，人民出版社 1954 年版，第 157 页。
③ 《斯大林全集》第 9 卷，人民出版社 1954 年版，第 291 页。
④ 《斯大林全集》第 9 卷，人民出版社 1954 年版，第 295 页。
⑤ 《斯大林全集》第 10 卷，人民出版社 1954 年版，第 245 页。

武装干涉的时期。"①

在这一时期，斯大林分析，当时存在有两种战争危险。一种是帝国主义国家间的战争危险。由于资本主义国家经济、政治发展不平衡的加剧，由于各国生产能力不断增长与市场相对固定之间的矛盾日益尖锐，各国间彼此争夺市场和霸权的斗争不断激化，上次帝国主义战争所确立的殖民地和势力范围的划分情况已经过时，这一切表明资本主义唯一的出路就是通过武力、军事冲突、新的帝国主义战争来重新瓜分殖民地和划分势力范围。从而使新的帝国主义战争已经成为不可避免的了。"最近一次帝国主义战争所造成的对世界的重新分割和对势力范围的重新割分已经'过时'了。某些新的国家（美国、日本）跑到前面去了。某些老的国家（英国）落在后面了。在凡尔赛几乎被埋葬了的资本主义德国正在复活、成长并日益强大起来。资产阶级的意大利怀着嫉视法国的心理正往上爬。争夺销售市场、争夺输出资本的市场、争夺通向这些市场的海陆道路、争取重新分割世界的疯狂斗争正在进行。美英之间、日美之间、英法之间、意法之间的矛盾正在增长。"②"由于上次帝国主义战争而确立的目前殖民地和势力范围的分配情况已经过时了。这种分配现在不能使美国满意，因为美国不以南美洲为满足而力图侵入亚洲（首先是侵入中国）；也不能使英国满意，因为英国正在丧失它的自治领和东方许多极重要的市场；也不能使日本满意，因为英美两国在中国时常'妨碍'日本的行动；也不能使意大利和法国满意，因为这两个国家在多瑙河沿岸各国和地中海一带有着许许多多的'争端'；尤其是不能使德国满意，因为德国到现在还没有殖民地。"③由此就产生了一种力求重新瓜分市场和原料产地的"共同"趋向。斯大林认为，军备的空前扩张，资产阶级政府实行法西斯管理方法的总方针，对共产党人的十字军讨伐，对苏联的疯狂攻击，在中国的直接干涉，这一切都是准备重新分割世界的新战争的各种不同方面。帝国主义正在准备新的战争，并把它看作解决这个危机的唯一途径。

另一种是帝国主义国家发动反苏战争的危险。帝国主义和苏联的矛

---

①　《斯大林全集》第10卷，人民出版社1954年版，第246页。

②　《斯大林全集》第9卷，人民出版社1954年版，第291页。

③　《斯大林全集》第10卷，人民出版社1954年版，第236页。

盾不是在减弱而是在加深。帝国主义国家所谓的和平只是一种用来掩饰列强准备新战争的幌子，一种用来欺骗人民、欺骗舆论的幌子。在1924年中期之前，两个对立的世界之间，苏维埃世界和资本主义世界之间形成了某种不稳固的均势，而到了1928年，这种均势快要告终了。这个矛盾的增长蕴藏着军事干涉的危险。在1928年，斯大林进一步认为，国内和国外阶级关系的尖锐化暴露得比一两年前更明显了。各资本主义集团正在拼命争夺商品销售市场和资本输出市场。各资本主义国家正在疯狂地扩充军备，缔结新的军事同盟，公然准备新的帝国主义战争。两个巨大的帝国主义国家美国和英国之间的矛盾日趋尖锐，它们竭力把其他一切国家拉进自己的控制范围。在国内发生"沙赫特事件"后，斯大林一再提醒党内格外注意阶级还存在，国际资本还存在，它是不会平心静气地看着一个正在建设社会主义的国家发展的。斯大林的结论是：战争的危险正在增长，苏联安全面临着新的威胁，必须准备应付一切，要准备好自己的军队。这就是国际形势要求我们做的事。

三　简要评论

有学者提出："1927年底以后苏联共产党和斯大林的时代观——对国际形势、时代特点的基本判断，开始发生了'左'的逆转与理论失误。"[1]"今天看来，应当一分为二地具体分析斯大林对于国际形势、世界格局的当时分析：一方面，这里确有洞察战争危机的真知灼见，已为十年之后第二次世界大战的历史实践所证实，西面的德国、东面的日本，确实是挑起战争的两大策源地；另一方面，同时这里的确也有夸大战争威胁紧迫性，夸大国际范围内阶级斗争的思想理论倾向，为夸大国内阶级斗争形势、反对布哈林右倾、用国家强制方式推进苏联模式鸣锣开道，提供理论根据。"[2]笔者则更重视20年代，西方资本主义的敌视与对立对斯大林产生的直接影响。笔者认为应从以下几点认识这一时期斯大林的意图及西方资本主义的影响。

---

① 王东：《系统改革论——列宁遗嘱，苏联模式，中国道路》，吉林人民出版社2014年版，第289页。

② 王东：《系统改革论——列宁遗嘱，苏联模式，中国道路》，吉林人民出版社2014年版，第293页。

（一）斯大林意在推迟战争，保持和平

在这一时期，斯大林的意图是利用帝国主义各国间的矛盾，推迟战争，并采取办法保持与各国的和平关系。斯大林告诫全党：和资本主义国家保持和平关系是我们必须担负的任务。苏联的任务就是"要估计到帝国主义阵营中的矛盾，推迟战争，向资本家'赎买'，并采取一切办法来保持和平关系"①，只有在和平的条件下才能以苏联希望的速度推进社会主义建设。斯大林希望苏联和资本主义世界之间的战争能够"推迟到欧洲无产阶级革命成熟的时候，或是推迟到殖民地革命充分成熟的时候，或是推迟到资本家因瓜分殖民地而互相厮杀的时候"②。苏联对一些反苏事件保持冷静态度，尽量避免事态的扩大。但是，斯大林对于和平的维持也是充满了担忧。苏维埃俄国已经在和平发展的条件下进行了几年的建设，一些人就产生了一种情绪，认为一切都会一帆风顺，沿着轨道将一直向社会主义前进，斯大林一再告诫，在社会主义建设的和平发展条件下，也有可能陷于突然受敌的境地。"只要资本主义的包围存在，总会有武装干涉的危险，而只要武装干涉的危险存在，我们就不得不为巩固国防而每年花费数亿卢布来供养陆军和海军。每年在陆军和海军上花费数亿卢布是什么意思呢？这就是说，相应地缩减了文化建设和经济建设方面的经费。不用说，要是没有武装干涉的危险，我们就可以把这笔款项，至少是把其中大部分用在加强工业，改进农业，实行初等普遍义务教育的改革等等方面。"③斯大林认为，在国内还有阶级、苏联还受资本主义包围的时候，加强无产阶级战斗准备这样一个任务就应该贯穿在全部工作中。

（二）斯大林完成了保卫社会主义国家生存的任务

"由于业已形成的战争威胁，保卫苏联的问题对我们是一个基本问题。"④保卫还十分弱小的苏联不受侵犯，保卫世界上第一个也是唯一的社会主义国家，是斯大林面临的一项重要任务。应该肯定，斯大林出

---

① 《斯大林全集》第10卷，人民出版社1954年版，第246页。
② 《斯大林全集》第10卷，人民出版社1954年版，第246页。
③ 《斯大林选集》上卷，人民出版社1979年版，第391页。
④ 《斯大林全集》第10卷，人民出版社1954年版，第79页。

色地完成了这个任务。他一方面极力避免卷入英法挑动的战争中去；另一方面，积极为可能面临的战争做准备，这关系到苏联这个社会主义国家的生死存亡。斯大林时期的历史反映了他所处的复杂的时代。坦诚地面对历史，我们不能不承认斯大林对争取和维护社会主义的无可辩驳的贡献。"从列宁逝世直到30年代初，在革命领袖中也许只有斯大林一个人最彻底、最坚决地维护党关于确立和加强世界上第一个社会主义国家的方针。他没有那种能取代列宁的天资，但别人也没有。他在智力和道德上不及许多人；但在争取新制度生存的斗争时刻，极端重要的是目标明确和领袖的政治意志。在这个问题上，除了列宁，无人能胜过斯大林。"①

斯大林保卫社会主义国家生死存亡的强烈的使命感和坚定性从党的第十四次代表大会决议中可以清楚地看出，决议指出："苏联无产阶级在俄共领导之下应当现在就开始勇敢而坚决地建设社会主义，应当记住我国革命本身就是世界革命的一部分，我国在建成社会主义经济这一事业中的成就本身就是促使世界无产阶级革命发展的最大因素。"②"作为国际革命主要基地的工人专政的国家，应当把自己看做国际革命最强有力的杠杆和助力；另一方面，在这一国家内执政的无产阶级政党应当竭尽全力去建设社会主义社会，并确信只要能够保卫住国家，不使任何复辟企图得逞，那末这种建设就可能而且必将取得胜利。"③ 在1925年年初，苏联面临发展经济的艰难局面，一些人就提出应当逐渐取消军队，"把军队变成民警。这里指的不是民军制，而是和平的军队，这里指的是把军队变成不能随时对付军事纠纷的普通的民警"④，对此，斯大林斩钉截铁地说要坚决消除这种取消主义的情绪，"因为近年来国际形势已经开始起根本的变化。向我们预示新的纠纷即将发生的一些新的前提正日益成熟，因此，我们必须做好准备，以便对付这些纠纷。武装干涉问题现在又成了现实问题"⑤。为了

---

① 俞邃：《评价斯大林》，《理论探讨》2003年第4期。

② 《苏联共产党代表大会、代表会议和中央全会决议汇编》第3分册，人民出版社1956年版，第49页。

③ 《苏联共产党代表大会、代表会议和中央全会决议汇编》第3分册，人民出版社1956年版，第48页。

④ 《斯大林全集》第7卷，人民出版社1958年版，第12页。

⑤ 《斯大林全集》第7卷，人民出版社1958年版，第12—13页。

应对外部资本主义世界的强大威胁，为了社会主义国家的安全和存活，斯大林时期始终处于备战状态。

（三）斯大林对苏联的实力有清醒的判断，他的目标是有限的

斯大林认为西方资本主义与社会主义的苏联并存对立是当时的现实。"在国际革命和国际反动势力继续发展的进程中将形成两个世界规模的中心：一个是把那些趋向于社会主义的国家集结在自己周围的社会主义中心，一个是把那些趋向于资本主义的国家集结在自己周围的资本主义中心。这两个阵营的斗争将决定全世界资本主义和社会主义的命运。"① 显然，斯大林对社会主义与资本主义的并存与对立有着清醒的认识，并不认为社会主义很快会取代资本主义。

斯大林对苏联的实力有清醒的认识，苏联的现实是物资还不够充裕，力量也还不够强大，苏联的力量尚未强大到足以将社会主义扩展至苏联之外的其他国家。斯大林并没有在行动上着手建立与资本主义对立的社会主义阵营，而只是坚持以保卫苏联一国的社会主义为其内外政策的指导。斯大林认为苏联是社会主义革命的中心，应该首先保住苏联的一国社会主义，然后在有条件的情况下，在苏联的实力所能及的范围内扩展社会主义，而不是进行托洛茨基坚持的世界革命。同时，斯大林也一再表达了绝不会软弱无力的决心。斯大林表示，一些人希望苏联软弱无力，赤手空拳，向敌人屈服，向敌人投降，苏联是绝不会同意的。

（四）以重工业为核心的发展战略在当时是正确选择

资本主义的包围，使斯大林形成了孤岛意识和迫切的危机感，这在一定程度上促使斯大林以非常手段在国内开展国家工业化和农业集体化以加快建设，增强实力，增强应付不测事件的能力。斯大林认为，苏联不能变成资本主义世界经济的附庸。1925年，联共（布）第十四次代表大会确定了苏联社会主义工业化发展方针："使苏联从一个输入机器和设备的国家变成生产机器和设备的国家，从而使苏联在资本主义包围环境下绝不会变成资本主义世界经济的经济附庸，而成为一个按社会主

---

① 《斯大林全集》第10卷，人民出版社1954年版，第118页。

义方式进行建设的独立经济单位，并由于自己的经济增长而能成为使各国工人以及殖民地和半殖民地的被压迫民族革命化的强大工具。"①1927 年这一年的国际形势出现了新的变化，斯大林认识到，由于各资本主义国家与苏联关系的尖锐化，国民经济五年计划必须经得起国际因素的特殊压力，在制订五年计划的时候，必须极力注意使整个国民经济中尤其是工业中的那些能在战时保证国家国防和经济稳定方面起主要作用的部门得到最迅速的发展。必须发展强大的工业以增强防卫能力，保卫国家。而国内面临着为社会主义制度奠定物质技术基础的艰巨任务，必须开足马力，加快建设。在当时，高度集中的计划经济体制、以重工业为中心的工业化发展战略、农业集体化创造了社会主义的辉煌，向世界展现了社会主义制度的巨大的活力和潜力，为人类开创了另一条通向未来的道路。

（五）斯大林对苏联的社会主义事业充满信心

虽然面临种种危险，斯大林依然对苏联的社会主义前途充满信心。他认为苏联的存在和发展在动摇和瓦解世界资本主义的基础。这种革命主义热情和理想，支撑着苏联在艰难的国际国内形势下，不畏艰难，推进社会主义伟大事业。斯大林认为，十月革命"不仅在它的性质上而且在革命类型上也主要是国际的革命，是给一切国家的无产阶级革命提供了基本轮廓的革命"②，"我国革命是世界革命的一部分，是世界革命运动的根据地和工具"③。1928 年，斯大林在《致中央政治局各委员（答弗鲁姆金）》关于弗鲁姆金 1928 年 6 月 15 日的来信中，批评了弗鲁姆金对苏联国际环境的估计。弗鲁姆金认为，资本主义世界进攻苏联的基本的和决定的因素，是苏联力量在政治上和经济上的削弱。斯大林批评了党内这种观点，恰恰相反，"包围苏联的各资产阶级国家和因胜利发展而破坏着世界资本主义基础的苏联之间的矛盾尖锐化了。苏联社会主义成分的增长，资产阶级希望无产阶级专政蜕化这一幻想的破灭，以及

---

① 《苏联共产党代表大会、代表会议和中央全会决议汇编》第 3 分册，人民出版社 1956 年版，第 77 页。

② 《斯大林全集》第 11 卷，人民出版社 1955 年版，第 133 页。

③ 《斯大林全集》第 11 卷，人民出版社 1955 年版，第 133 页。

苏联在国际上的革命影响的加强，是这种尖锐化的最主要的因素"[1]。斯大林同时指出，低估苏联的困难也是不对的。他期待以苏联的社会主义胜利为开端，早日迎来世界革命的胜利。

---

[1] 《斯大林全集》第 11 卷，人民出版社 1955 年版，第 101 页。

第三章 资本主义经济危机与苏联社会主义的优势对照

从 20 世纪 20 年代末开始，世界上许多国家以及它们之间的关系都出现了新的变化。对资本主义国家来说，是经济和政治发生极其严重震荡的时期。在经济方面，1929—1933 年，资本主义世界爆发了有史以来持续时间最长、波及范围最广、破坏最严重的经济危机。短暂的恢复后，从 1937 年下半年开始又是新的经济危机的年份。在政治方面则发生了严重的政治冲突和震荡，新的帝国主义大战的危险迫在眉睫。资本主义的爆发危机、资本主义政府的政策调整与苏联社会主义建设的伟大成就形成了鲜明的对照，社会主义制度优势的显现增强了斯大林的信心。

一 1929—1933 年资本主义世界经济危机的爆发

资本主义世界经历了 1924—1929 年经济的短暂繁荣以后，1929年，经济大危机首先在美国爆发，经济危机给资本主义世界以致命的打击。这场危机波及整个西方的银行业、商业以及本来就处于困境中的农业。由于工业危机、农业危机和信贷危机同时并发、相互交织，导致资本主义各国的生产和生活状况更加恶化。严重的经济危机激化了社会矛盾和阶级矛盾，资本主义制度面临巨大的危机。美国作为世界最主要的资本主义国家，受经济危机的影响最大，工农业生产遭受的冲击也最严重。生活状况的严重恶化引起了广大工人和农民的强烈不满，大规模的罢工运动不断发生。据统计，危机期间整个资本主义世界的工业生产下降40%以上，几乎倒退到 19 世纪末 20 世纪初的水平。这次经济大危机的主要特点有：

第一，工业生产严重下降，而且持续时间长。本次危机从 1929 年秋天开始一直延续到1933年才结束，历时4年之久，是资本主义经济危机史上持续时间最长的一次。这次危机也是资本主义经济危机发展史上破坏性最为严重的一次，几乎波及了所有的资本主义国家，造成了整个资本主义世界经济的瘫痪。1933年，整个资本主义世界的工业生产下降了44%，其中煤炭产量下降了30.9%，生铁下降了64.8%。受打击最严重的是美国，在危机期间，美国的工业生产下降了46.2%，倒退到了1905年的水平。其中煤炭产量下降了40.9%，生铁下降了79.4%，机器制造业下降了87.5%，机车下降了94.6%，车厢下降了97.3%。由此可见，美国的工业生产已基本上濒于全面崩溃。其次是德国和法国，在危机期间，德国和法国的工业生产下降了40.6%和32.9%，分别倒退到了1896年和1911年的水平。[①] 特别值得注意的是，在工业中受破坏最严重的是重工业部门，这就使资本货物和与它有关的技术的过剩现象更为严重。由于在危机期间各主要资本主义国家所受的打击都十分严重，因而复苏的速度也非常缓慢，许多部门的生产到1937年仍未恢复到危机前的水平。

第二，对外贸易额锐减，物价大幅度下降，金融市场动荡。对外贸易和物价的急剧下降，是这次经济危机空前尖锐和深刻的一个表现。在危机期间，各主要资本主义国家的对外贸易都同时下降。整个资本主义世界的对外贸易额下降了61.2%；美国的出口额下降了75.7%，进口额下降了77.6%；英国的出口额下降了66.4%，进口额下降了62.2%；德国的出口额下降了69.1%，进口额下降了70.8%。与此同时，这些国家的对外资本输出也一落千丈，美国发行的外国有价证券下降了80%以上。由于生产严重的相对过剩，大量的产品找不到销路，因此物价也普遍暴跌。在危机期间，整个资本主义世界的物价平均下跌了47%；按黄金价格计算，1928—1934年，美国物价下降了53.9%；1928—1935年，英国物价下跌了57.8%；[②] 由于物价下跌、商品积压，债务不能按期偿还，又造成了股票下跌、银行倒闭、货币贬值，使整个资本主义的金融体系也陷入了一片严重的混乱之中。

---

① 复旦大学编：《三十年代资本主义经济危机（1929—1933）》，上海人民出版社1975年版，第223页。

② 复旦大学编：《三十年代资本主义经济危机（1929—1933）》，上海人民出版社1975年版，第224页。

　　第三，工业危机和农业危机交织在一起。以前的资本主义经济危机大多表现在工业方面，而这一次，却是工业危机与农业危机同时爆发并交织在一起，形成了资本主义经济的全面危机。由于大量工厂倒闭，工人失业，造成整个社会消费支付能力急剧下降。1933 年，主要资本主义国家的失业率均在 20%—50%。这样，对农产品的购买力也随之下降，造成了农产品也严重相对过剩，导致各主要资本主义国家的农业同时也卷入了危机。不仅种植业，而且包括畜牧业在内，都由于产品的大量积压而造成生产的严重下降。1929—1933 年，整个资本主义世界棉花的库存量由 287.9 万包增加到 1117.4 万包，增加了 288%。与此同时，棉花的价格下降了 50%，小麦的价格下降了 70%。这使得一些主要资本主义国家的农业生产者，不得不采取破坏生产或销毁农产品的办法以维持较高的价格。如在 1933 年，仅在美国就有 1040 万亩棉花被破坏，640 万头猪被杀掉并被抛进河里。工业危机和农业危机交织在一起，相互影响，更加深了这次危机的严重程度，大大增加了摆脱危机的困难。

　　第四，危机的范围广，相互转嫁困难。在此之前的各次资本主义经济危机，虽然也都带有普遍性，但一般都只是涉及一些最主要的资本主义国家，或是主要资本主义国家的一些主要经济部门。而这次经济危机不仅波及各主要资本主义国家的所有经济部门，而且波及整个资本主义世界。几乎所有的资本主义国家都卷入了这次大危机的旋涡。正因为这次危机在深度和广度上都空前严重就使得资本主义无论是向国内或向国外转嫁危机都十分困难。

　　从 1929 年下半年开始的资本主义各国的经济危机一直延续到 1933年底。此后危机转为萧条。工业开始有些复苏，有些上升。但是，工业的复苏没有像通常复苏时期那样转为繁荣。而是从 1937 年下半年起又开始了新的经济危机。这样，资本主义各国还没有来得及从以前的经济危机打击之下复原就又面临了新的经济危机。

二　苏联社会主义的优势及影响

　　斯大林这样描述了 1929 年开始的资本主义经济危机爆发前的情况："几乎所有资本主义国家的工业生产和贸易都在增长，几乎所有农业国的原料和粮食的生产都在增长。当时，美国是最兴旺的资本主义国家，红极一时，人们高唱'繁荣'的胜利歌，拜倒在金元面前，赞美新技术，颂扬资本主义合理化。宣告资本主义'恢复健康'和资本主义稳定的坚不可摧的纪元到来。'普遍'叫嚣苏维埃国家'必定灭亡'，苏联'必定崩溃'。"[1] 但好景不长，资本主义世界爆发了第一次世界大战后第一次世界经济危机。在世界经济震荡和军事政治灾祸的汹涌浪潮中，苏联成为中流砥柱，巍然屹立，无论工业或农业都在继续高涨。在资本主义世界饱受经济危机之苦之时，对苏联来说，"这些年却是它壮大和繁荣的年份，是它的经济和文化进一步高涨的年份，是它的政治和军事威力进一步增长的年份，是它为维护全世界和平而斗争的年份"[2]。

（一）苏联社会主义建设的伟大成就

在西方世界面临巨大危机之时，苏联则向全世界表明社会主义制度拥有巨大的活力和潜力并为人类开创了新的通向未来的道路。与危机期间美国和其他资本主义国家的经济状况形成鲜明对比的是，社会主义国家苏联正在以资本主义国家前所未有的速度快速发展国民经济。1928年，苏联开始实行发展国民经济的第一个五年计划，并只用了四年零三个月的时间就顺利完成。在五年计划期间，苏联的社会主义工业化取得了巨大成就。第一个五年计划的实行使苏联的工业产量大大增加。"1932年全部工业的总产值为1928年产值的202%，为1913年水平的267%。同时，1932年生产生产资料工业（第一部类）的产值增长为1928年的2.7倍、1913年的4.2倍，而同时消费品生产（第二部类）的增长分别为1.5倍和1.8倍。全部工业总产值年平均增长速度为19.2%，其中第一部类为28.5%；第二部类为11.7%。按工业产值的增长速度来说，苏联从前就占世界第一位。"[3]

在资本主义国家存在着经济危机和失业人数日益增多的情况，与此相反，苏联内部却呈现着国民经济日益高涨、失业人数日渐减少的繁荣景象。大工业成长起来了并加快了自己的发展速度，重工业巩固了，工

[1] 《斯大林全集》第12卷，人民出版社1955年版，第208页。
[2] 《斯大林文集（1934—1952）》，人民出版社1985年版，第235页。
[3] ［苏］波梁斯基等主编：《苏联国民经济史讲义》下册，秦文允等译，生活·读书·新知三联书店1964年版，第550页。

业中的社会主义部分大大地扩大了。农业中的新力量——国营农场和集体农庄成长起来了。在世界经济危机期间，苏联的大工业一直在蓬勃发展。1930 年第一季度的生产水平超过了 1927 年的水平一倍以上，并且增长的曲线逐年上升。苏联从根本上改变了样子，抛掉了落后的中世纪的外貌，由农业国变成了工业国，由个体小农业的国家变成了大规模机械化集体农业的国家。创立了各种新的生产部门：机床制造业、汽车工业、拖拉机工业、化学工业、发动机制造业、飞机制造业、联合收割机制造业、大型涡轮和发电机、优质钢、铁合金、合成橡胶、氮、人造纤维的生产等部门。数千个完全现代化的新工业企业建成并开工生产了。像德涅伯水电站、马格尼托格尔斯克冶金工厂、库兹涅茨克冶金工厂、车里雅宾斯克拖拉机制造厂、波布里克动力化学联合厂、乌拉尔重型机器制造厂、克拉马托尔斯克重型机器制造厂这样一些大型企业建成了。数千个旧企业在新技术基础上进行了改造。在苏联各民族共和国和各边疆地区，例如在白俄罗斯、乌克兰、北高加索、南高加索、中亚细亚、哈萨克斯坦、鞑靼、乌拉尔、西伯利亚、远东等地方，建成了许多新企业，创立了许多工业基地。苏联还创立了几十万个集体农庄和数千个国营农场，并为它们建立了新的区中心和工业区。在几乎是荒野的地方出现了居民众多的大城市。旧的城市和工业区也大大发展了。斯大林认为，所有这些成绩必然使苏联内部状况更加巩固起来，只有在胜利的社会主义建设的基础上，在数千万人共同劳动的基础上，在社会主义经济体系比资本主义和个体农民经济体系占优势的基础上，这种雄伟的高涨才能扩展起来。苏联社会主义制度取得的巨大成就为世界提供了一个可资借鉴的制度模式。联合国《世界银行》在关于世界工业化分析的总报告中指出："苏联在工业化方面取得了巨大进展。根据西方经济学家的计算，苏联国内生产总值平均每年增长率从 1929 年到 20 世纪 50 年代中期为 6.7%，1953—1965 年为 6.1%，1966—1970 年为 5.3%。"[①]

（二）苏联在世界市场中的重大作用

在苏联的第一个五年计划期间，它对西方资本主义国家的先进技术

[①]　转引自顾海良主编《马克思主义发展史》，中国人民大学出版社 2009 年版，第 353 页。

和设备、特别是工业设备需求强劲。苏联成为世界市场上西方技术和机器设备的最大买主。例如，1931 年苏联购买的机器设备约占世界机器设备出口总量的 30%，到 1932 年这一比重上升为 50%。1929—1933 年，苏联用于购买机器设备的外汇开支达 60.1 亿卢布。与此同时，"苏联用高薪聘请大批外国专家和技工，1932 年在苏联各地工作的外国技术人员约 2 万人。1929—1931 年间，最高国民经济委员会派遣 2000 多人出国考察，实习和留学，还订购了大外国技术书刊"[1]。"1929 年 5 月，苏联最高国民经济委员会下，专设了外国咨询中央局，负责领导外国技术力量的引进和利用。同年年底，苏联已同外国资本家签订了 70 多项技术援助和技术咨询的协议，……到 1931 年年初，苏联已接受外国技术援助的项目增加到 124 项，投资总值达 8300 万卢布。在此期间，1930 年苏联尽管取消了租让制，但并没有中断同西方资本主义国家的经济联系，相反，直接引进先进技术和机器装备，较之吸收外资来经营租让企业，能够以较为有利的条件把西方的资金、技术、设备和技术人员一起引进，以便在政府的统一领导下对引进项目实行有效的管理。"[2]

美国是苏联机器和设备的主要提供者之一。1929—1930 年，美国有 36 个州的几百家企业参与制造苏联的订货，尤其是威斯康星州、伊利诺伊州（苏联在这里订购农业机器）、密歇根州和俄亥俄州（苏联在这里除了购买农业机器外，还购买汽车、运输设备和其他许多商品）。据统计，1931 年苏联所购买的美国机器设备约占美国机器设备出口总量的 50%，其中拖拉机出口总额的 77.3%、金属加工机床的 57.3%、其他金属加工机器的 46.3% 和采矿设备出口的近 1/4，都输往苏联。苏联还是美国发动机的最大买家。"1931 年进口的机器设备占国家进口总额的 54%。这时，苏联成为世界上机器设备的最大买主。1931 年苏联购买的机器设备约占世界机器出口总额的 1/3，而 1932 年约占 50%。这些机器设备大多购自西欧大国。第 1 个 5 年计划结束时，在引进的机器设备的基础上，各主要工业部门建立了一大批骨干企业，这些企业构

---

[1]　周尚文：《新编苏联史（1917—1985）》，上海人民出版社 1990 年版，第 229—230 页。

[2]　沈志恩：《斯大林超高速经济发展战略的成败得失》，《社会科学战线》1989 年第 4 期。

成了苏联工业化的基础。"①

　　苏联不仅是巨大的商品销售市场，也是重要的原料供应地。锰、镍、铅、铬等是美国奇缺的矿物原料，国内几乎不能生产，主要依赖进口，20 世纪 30 年代美国国内所需的锰有 90% 以上依赖进口，1929 年美国所需的锰矿有一半以上是从苏联进口的。对当时的美国来说，一旦停止进口俄国的锰矿，美国的炼钢厂就得关闭。除矿物原料外，美国还需要进口苏联的锯材、羊毛、小麦等商品。与其他国家相比，苏联供应的商品不仅质量较好，而且价格大大低于国际市场。

（三）苏联社会主义制度的世界影响

　　随着第一个五年计划完成，苏联的经济、政治和军事实力不断增强，国际地位有了很大提高。对比国际经济危机的频发及危害，苏联集中国家财力物力进行工业建设的计划经济显示出独特的优越性，让计划经济备受关注。一时间，"计划"一词在西方成为时髦的名词。"俄罗斯奇迹"的内容充斥着美国和西方报刊。西方一些有识之士对计划经济给予了相当的关注。1929 年美国经济学家弗·曼·泰勒（1855—1932）在《社会主义国家生产指南》一文中提出了"指导性计划"这一概念。他提出，资本主义国家如果采用"指导性计划"来对市场经济加以宏观调控会大有好处。

　　资本主义世界在面临诸多危机之时不得不借鉴苏联，在资本主义内部进行一些调整和改良以挽救其制度危机。1933 年年初罗斯福就任美国总统后推行了"新政"，开始实行一系列政府干预经济的挽救措施，并对工人阶级和其他劳动人民进行了一些让步，这一系列措施被称为"罗斯福新政"，罗斯福采取政府干预经济的办法，运用一系列财政手段，控制和引导经济活动，刺激经济发展，增加就业机会，调节收入分配，逐步把美国引出了困境。在此之前，按照传统的经济学理论，资本主义经济受市场规律自发调节，由所谓"看不见的手"来支配，国家一般不介入经济生活。罗斯福的新政，在当时和后来，被一些人认为是社会主义的口号。比如，1934 年 7 月，英国作家赫·乔·

──────────

　　①　邢书纲主编：《苏联是怎样引进和利用西方的资金与技术的》，上海三联书店 1988 年版，第 40 页。

威尔斯在和斯大林的谈话中指出：在最近的英国对于苏联的社会舆论已经有了重大的转变。其深刻原因就是："广大的各界人民认识了以私人营利为基础的制度正在瓦解。"他认为："世界离开旧制度死亡的日子已经很近了。"①

正是在苏联成功经验的影响下，一些资本主义国家通过国有化、计划性，加强国家干预和宏观调控，出台了一系列社会福利政策，遏制了经济危机的势头，缓和了社会矛盾和阶级矛盾。后来，1945 年英国进行的改革也仿效了苏联的一些做法。主要有：实行国有化，将矿山、银行、交通运输、钢铁生产等收归国家所有，使经济领域中国有成分达到20％；实行高额累进税，使总收入的 2/5 通过税收由国家再分配；实行社会保障制度，提供免费医疗，实行失业、伤残、生育、年老、死亡等多方面的社会保障。资本主义国家的干预政策及社会福利政策，在一定程度上改善了工人和广大劳动人民的生活和工作环境，从而在一定程度上促进了资本主义的文明化。

三　斯大林的判断与评论

斯大林认为当时的经济危机是在资本主义总危机的基础上发展起来的，而资本主义总危机早在帝国主义战争时期就爆发了，它破坏着资本主义的基石，促进了经济危机的到来。在资本主义世界陷于经济危机之时，苏联显示出的生命力有力地证明了社会主义制度的优越性。资本主义虽然有短暂的发展与繁荣，但经济危机和战争频发，市场经济造成的生产无政府状态所带来的一系列危机，让斯大林、让苏联、让全世界的社会主义者对社会主义制度充满信心。苏联社会主义制度的确立对生产发展和人民生活水平的提高产生了很大的成效，不仅对苏联本国而且对世界经济危机的克服起到了巨大的作用。

（一）社会主义国家的成长瓦解和动摇着资本主义的基础

斯大林认为，帝国主义大战及其后果加深了资本主义的腐朽，破坏了资本主义的平衡；在战争和革命的时代，资本主义已经不是唯一的和

①《斯大林文集（1934—1952）》，人民出版社 1985 年版，第 15 页。

包罗万象的世界经济体系；除资本主义经济体系外，还存在着社会主义体系，它日益成长、日益繁荣，它同资本主义体系相对抗，而且它的存在这一事实本身，就显示出资本主义的腐朽性，动摇着资本主义的基础。1929 年开始的资本主义世界性经济危机，使斯大林看到了资本主义世界总危机的现实性。1930 年斯大林在联共（布）第十六次代表大会所作的政治报告中，在谈到当时的资本主义世界性经济危机时说："这一切事实说明什么呢？说明资本主义的稳定就要终结。说明群众革命运动的高潮将更加猛烈地增长起来。说明世界经济危机在许多国家里必定会转为政治危机。"①

斯大林认为，最近几年是检验和在实践中考验两种对立的经济制度即苏维埃经济制度和资本主义经济制度的时期。经过几年的建设，苏联在经济上、政治上或国防上都强大了很多，以事实打破了苏维埃制度"灭亡"和"破产"的预言，打破了资本主义"繁荣"的谈论和颂扬。事实再一次证明：资本主义经济制度是一种不合理的经济制度，而苏维埃经济制度则具有许多优点，"这些优点是任何一个资产阶级国家，即使是最'民主的'、'全民性的'……资产阶级国家所不敢梦想的"②。危机、失业、浪费和广大群众的贫困，——这就是资本主义的不治之症。"我们的制度不患这种病症，因为政权掌握在我们手里，掌握在工人阶级手里，因为我们实行计划经济，有计划地积累资材，并且按国民经济各部门合理地加以分配。我们不患资本主义的不治之症。这就是我们和资本主义不同的地方，这就是我们优越于资本主义的有决定意义的地方。"③ 斯大林高度肯定了社会主义制度的优越性。苏联没有生产过剩的危机，没有几百万的失业者，没有生产的无政府状态，因为实行了计划经济。苏联还是工业积累程度最高的国家。这就是说，苏联能够在最优良的技术基础上建设工业，从而保证前所未有的劳动生产率，空前未有的积累速度。这一切全是因为苏维埃制度使苏联有了任何资产阶级国家所梦想不到的迅速前进的可能性。

在这一时期，苏联借助强大的国家政权力量，以高度集中的计划作

---

① 《斯大林全集》第 12 卷，人民出版社 1955 年版，第 222 页。
② 《斯大林全集》第 12 卷，人民出版社 1955 年版，第 283 页。
③ 《斯大林全集》第 13 卷，人民出版社 1956 年版，第 32—33 页。

为资源配置的方式，这一新模式在西方资本主义的危机年代中显示了独特的优越性。苏联社会主义建设的巨大成就告诉人们，社会主义的发展模式作为资本主义的替代方案不仅是可行的，而且具有资本主义制度无法比拟的优越性。"苏联社会主义制度模式的成就还表现在，它体现了不同于资本主义制度的新型社会制度的特点，显示了社会主义在发展初期的优越性。从社会主义的根本任务是发展生产力的角度看，从衡量一种社会制度是否具有优越性要看其是否能解放和发展生产力的角度看，应该肯定苏联社会主义制度模式的历史作用和进步性。由于建立了公有制，劳动者摆脱了在资本主义制度下遭受剥削的命运，摆脱了生产劳动过程中不平等的遭遇，体现出劳动者翻身做主人的新特点，对于在世界范围内克服经济危机起到了不可低估的作用。"①

（二）坚决反击资本主义对苏联的攻击与挑战

面对世界经济的恶劣形势，斯大林十分警醒，他认为资本主义经济危机还促使产生了一种冒险袭击苏联和进行武装干涉的趋势，这种趋势将会随着经济危机的扩大而加强起来。"每当资本主义的各种矛盾开始尖锐化的时候，资产阶级就把视线转向苏联方面，看看能不能靠牺牲苏联这个苏维埃国家来解决资本主义的某个矛盾或所有一切矛盾；因为它是革命的堡垒，单是它的存在就使工人阶级和殖民地革命化，它阻碍组织新战争，阻碍重新瓜分世界，阻碍资本家去支配它的广大的国内市场，而这个市场特别在现在发生经济危机的时候是资本家尤其感到需要的。"② 斯大林同时指出，资本主义进行武装干涉的吉凶是难测的，资本主义害怕失败的结局。

事实也的确如此。在资本主义世界经济危机期间，西方资本主义与苏联的关系的确依然没有摆脱紧张和敌对状态，它们之间的往来不怎么顺利。从1929年底开始的空前的资本主义世界经济危机，导致资本主义国家内部阶级斗争尖锐起来，资本主义和社会主义制度之间的矛盾也加剧了。在整个资本主义世界发生危机和失业的条件下，帝国主义为了

---

① 裴小革：《经济危机整体论——马克思主义经济危机理论再研究》，中国社会科学出版社2013年版，第145页。

② 《斯大林全集》第12卷，人民出版社1955年版，第223页。

从经济上遏制苏联，妄图破坏苏联"一五"建设计划的实行。它们造谣说苏联进行强制劳动，并且把商品以低于成本的价格在国际市场上抛售，说苏联推行倾销政策来破坏资本主义国家的经济。帝国主义者企图把危机给劳动人民带来的严重后果推到苏联身上，从而破坏苏联的威信。它们以苏联按低于成本价格向国际市场抛售商品，实行倾销政策以破坏资本主义经济秩序为借口，共同策划反对"苏联倾销"、抵制苏联商品的运动和实行经济封锁。1930—1931年间，西方国家掀起了一股抵制苏联货物之风。它们硬说苏联实行"低价倾销"、"强迫劳动"和"财政破产"等。在这一事件中，美国起着积极的作用。1930年美国财政部长梅隆周游欧洲各国，其目的就是把这些国家联合在美国的周围，共同对苏联进行经济抵制。这种行为起了很大的效果，《1921年苏英贸易协定》被撕毁，英国限制苏联某些商品入内。1930年7月，美国首先对苏联出口贸易实行了歧视政策。美国港口又冻结了苏联的货物。1930年10月，法国对苏联商品也实行了限制。南斯拉夫、匈牙利、罗马尼亚、比利时及其他国家的统治集团都采取了抵制苏联商品的政策。帝国主义妄图给苏联带来严重的损失。

苏联政府揭露了所谓"苏联倾销"运动的实质和目的，同时对资本主义国家的经济战争，对它们抵制苏联商品的政策，采取了有效的反措施。1930年10月苏联人民委员会通过了《关于和规定对苏联贸易有特别限制办法的诸多国家的相互经济关系》的决议，规定那些对苏联出口采取歧视政策的国家，也将限制其物品进入苏联。① "1930年10月20日苏联人民委员会规定，停止或者最大限度地减少那些对苏联贸易实行限制规定的国家的订货和购买量，停止使用这些国家的交通运输工具，对于来自这些国家的商品，规定了有特别限制的过境办法，苏联运输和再出口的业务停止使用这些国家的港口、交通路线和服务站。这样一来，抵制政策的奉行者自己遭受了严重的损失。"②

为了揭露西方国家的经济歧视政策，1931年苏联外长李维诺夫在国联会议上发表演说，提出了签订"非侵略的经济协约"进行国际合

---

① 吴恩远：《苏联社会主义体制与20世纪30年代的世界经济危机》，《世界历史》2009年第3期。

② ［苏］伊·费·伊瓦辛：《苏联外交简史》，世界知识出版社1960年版，第164页。

作的建议。1933 年 6 月，苏联代表在伦敦国际经济会议上发言，建议取消一切带有经济侵略和歧视性质的法律措施，并提出了经济上互不侵犯的议定书草案。在会上，苏联代表还提出了一项为减少经济危机后果与西方扩大贸易的计划，表示在保证苏联出口正常化的情况下，苏联愿意向外国提出 10 亿美元的订货。苏联的这些声明和建议，表达了苏联愿意在平等互利基础上发展国际贸易的真诚愿望。同时，苏联坚决反对西方国家的经济限制政策。1930 年 10 月，苏联人民委员会通过决议，决定停止或缩减对阻挠苏联商品进口的国家的订货，限制租用它们的船只等。苏联曾大幅度减少了在美国的订货，把对美国订购的货物转向别国购买。苏联在开展引进工作的同时，在要求外国公司提高质量，及时完成苏联订货方面也加强了工作。联共（布）中央和政府多次作出专门决议，要求外贸部门同外商提供的机器设备的粗制滥造、偷工减料作斗争，并在经济上要求赔偿。这些措施保证了引进工作的顺利进行，维护了国家的经济利益。

美国一直持视苏联为敌的政治态度。20 世纪 20 年代哈定政府（1921—1923 年）、柯立芝政府（1923—1929 年）和胡佛政府（1929—1933 年），三届共和党政府都坚持以意识形态画线，顽固奉行孤立和敌视苏联的政策，不承认苏联。苏美建交后，视苏为敌的意识形态偏见并未因建交而改变。1933 年 11 月罗斯福政府承认苏联的重要考虑就是着眼于发展对苏贸易。然而此后长达 8 年，美苏经贸关系并没有引人注目地向前发展。"早在承认苏联前，美国务院就注意到苏联工业界迫切需要通过贸易来获取美国制造的机床以及其它先进设备和技术。但是，凯利、赫尔等国务院政要为阻挠对苏联的承认，有意坚持在债务问题解决前不让双边贸易有大的进展，以利用苏联工业界发展贸易的压力，迫使苏联政府接受进出口银行控制信贷的解决方案。然而，苏联政府采取针锋相对的做法，也把发展贸易当作债务谈判中讨价还价的筹码。这种把贸易当作外交施压手段的做法，阻碍着最初的美苏双边贸易发展。在美苏建交之后的两年里，美对苏出口额最多时不足 1700 万美元，苏对美出口最高额也不过 1400 万美元，双边贸易额处于 1933—1941 年间的最低点。"①

---

① 郭海儒、刘云：《1933—1941 年间美苏经贸关系停滞不前的原因》，《学海》2002 年第 5 期。

　　资本主义在建立企业联合组织和外交活动方面也进行孤立苏联的工作。1930年5月，法国部长白里安借口进行经济合作和为消除危机而共同斗争，提出了建立一个欧洲大陆国家集团的计划，即所谓"泛欧"计划或欧洲联邦计划。这一计划的主要目的在于孤立苏联，并且进一步组织对苏联的干涉。1931年3月，法国和德国的垄断联合组织代表会上提出了采取反对苏联的措施问题。他们的目的是使苏联的经济技术装备的发展速度不至于那么快。1933年4月，英国政府禁止许多种苏联商品输入英国。然而，在工商界的压力下，同年6月取消了禁运。1936年4月，加拿大也取消了同苏联贸易上的类似限制。1936年，美国制订了"经济动员计划"，根据这一计划，在存在"战争威胁"的情况下，应对60种产品和原料的生产和分配实行严格的控制，其中包括金属切削机床、汽车、石油、各种酸、皮革和羊毛等。当政的德国和意大利法西斯则推行经济孤立政策。

　　苏联选择了积极应对。苏联政府严格维护本国出口贸易的利益，反对资本主义国家企图限制从苏联进口商品的种种做法。在20世纪30年代中期，苏联已具有强大经济实力，已有可能拒绝那些采取某种歧视的外国公司或国家的协议和建议。如，"1936年苏联急剧减少了对德国的出口，而把自己的商品分销到其他各国。其原因是因为德国政府实行了硬性的外汇限制，致使苏联不能在那里通过出口获得有效的外汇。"①

　　斯大林揭露了资本主义把经济危机归罪于苏联，为武装进攻苏联制造舆论的企图。这反映在关于危机的根源是什么的认识上有各种理论。有人提出了"缓和"、"预防"和"消灭"危机的方案。一些资本主义国家的在野党攻击政府，说它们没有采取一切办法来预防危机。在美国，民主党人与共和党人互相谴责。还有人认为世界经济危机的爆发是由于"布尔什维克的阴谋诡计"。斯大林认为这是可笑的，同时揭露了资产阶级的无耻面目，他们制造种种臆想的障碍用来作为进行反苏宣传的借口。但是资产阶级很清楚，进行武装干涉苏联是吉凶难测的。布尔什维克不论在经济上、政治上或在国防上都强大得多了。而且，资本主义国家的工人一定会反对武装干涉。斯大林认为正是社会主义的日益发

――――――――――

　　① 苏联科学院经济研究所编：《苏联社会主义经济史》第四卷，生活·读书·新知三联书店1982年版，第395页。

展为苏联赢得了日益强大的经济实力和政治威力。在资本主义世界经济危机爆发后，苏联与波兰以及法国关系有了一定的好转，其原因何在呢？主要在于苏联的实力和威力的增长。斯大林认为，正是苏联的实力和威力的增长，苏联能够迎接这个困难而复杂的保卫和平的斗争。"在我们这个时代，通常是不尊重弱者，只尊重强者的。"① 斯大林表示，苏联不会指靠任何国家，过去和现在都指靠苏联自己，而且仅仅指靠苏联自己。

斯大林指出，经济危机是资本主义的必然结果。持久的经济危机的结果是资本主义国家内部和它们彼此之间的政治状况的空前尖锐化。争夺国外市场斗争的加剧、自由贸易后一点残余的消灭、禁止进口的关税、商业战争、外汇战争、倾销政策以及其他许多在经济上表现出极端民族主义的类似措施使各国之间的关系极端尖锐化，给军事冲突造成了条件，把战争这个利于更强的国家重分世界和势力范围的手段提到日程上来了。在危机之下，日本、欧洲等某些国家的政治领导人物认为应当对苏联发动战争。他们想击溃苏联，瓜分它的领土，靠掠夺它来发财致富。他们在制订这样的计划。但是，资本主义又不能不吸取教训。第一次世界大战得到的是资本主义在俄国被粉碎，无产阶级革命在俄国取得胜利，以及苏联的成立。那么，"有什么可以保证第二次帝国主义战争会使他们得到比第一次帝国主义战争'更好的'结果呢？做相反的推断不是更正确吗？"② 斯大林满怀信心地指出："第二次反苏战争一定会使侵略者遭到完全失败，使欧洲和亚洲许多国家爆发革命，使这些国家的资产阶级地主政府垮台。"③ 苏联奉行维护和平并加强和世界各国的贸易关系的政策。苏联不想威胁任何人，更不想侵犯任何人。"我们主张和平并捍卫和平事业。但是我们不怕威胁，我们准备以打击回答战争挑拨者的打击。"④

---

① 《斯大林全集》第 13 卷，人民出版社 1956 年版，第 267 页。
② 《斯大林全集》第 13 卷，人民出版社 1956 年版，第 261 页。
③ 《斯大林全集》第 13 卷，人民出版社 1956 年版，第 264 页。
④ 《斯大林全集》第 13 卷，人民出版社 1956 年版，第 270 页。

第四章 新的世界战争阴云笼罩的危机感

20世纪30年代的世界风雷激荡、危机迭起。1929—1933年资本主义世界经济大危机引发了政治危机，各种矛盾迅速激化，其中一个突出表现是法西斯主义的泛滥。德国、意大利、日本法西斯国家先后走上了公开扩军备战的道路，蓄谋发动新的世界大战，夺取世界霸权。第一次世界大战后建立的凡尔赛—华盛顿体系崩溃，一战后所谓和平的制度的整个体系从根本上被动摇了。局部战争开始出现，新的帝国主义战争日益逼近了。国际关系和国际格局发生了急剧变化。当时主导世界局势的三种主要力量：社会主义苏联、以英法美为代表的资本主义国家、以德日意为核心的法西斯国家。这三种力量在20世纪30年代的国际外交舞台上展开了纵横捭阖的斗争。在帝国主义的包围下，在战争的现实威胁下，斯大林告诫党和人民：现在又像1914年那样，新的战争显然逼近了，应当采取一切措施保障国家以防止突然的事变。这种危机感最终为二战的爆发、德国法西斯疯狂入侵的历史事实所证明。第一次世界大战后世界的短暂和平又被战争所取代了。

一 法西斯主义的崛起

1929—1933年世界经济危机之后，国际政治经济形势发生了根本性变化，战争的阴云开始逐渐扩大。1932—1933年的世界裁军会议和1933年的世界经济会议均无法达成任何协议。为转嫁危机，德国、日本及意大利等国家的民族沙文主义和军国主义情绪迅速发展，国家经济日益转向军事化，法西斯主义开始滋生。在远东和太平洋地区，国际局势的变化首先是日本日益加强了对中国的侵略，日本率先走上了军国主义的扩张道路，发动了蓄谋已久的侵华战争。经济危机爆发后，资源贫乏、市场狭小、经济基础脆弱的日本受到严重冲击。早在 1927 年春天，日本就爆发了以金融危机为主要特征的经济危机，银行停业倒闭，股票价格暴跌。这场危机标志着日本短暂的相对稳定时期的结束。1929 年底，资本主义世界爆发的大危机，使日本进一步受到沉重打击。日本军部、垄断资产阶级和右翼势力力图通过对外扩张来转移国内矛盾，摆脱经济危机，并企图建立"自立生存圈"。最终，日本撕毁了《国际联盟盟约》和《九国公约》，出兵占领中国东北地区，用武力强行改变华盛顿体系。1931 年 9 月 18 日，日本关东军蓄意炸毁了沈阳北郊柳条湖附近南满铁路的一段路轨，污蔑是中国军队破坏的，对沈阳城发动了突然袭击，接着出兵攻占南满铁路沿线各主要城镇，从而制造了震惊中外的"九·一八"事变。"九·一八"事变后，日军占领齐齐哈尔和哈尔滨，开始进犯中东铁路线。

日本对中国的侵略，不仅对美国在华的门户开放政策是一个沉重打击，而且对苏联在中国东北的权益和苏联远东地区的安全构成了严重威胁。英国对事变态度冷漠，没有对日本采取任何强硬措施，反而认为美国应该站在反对日本的最前线，应当承担起维护华盛顿体系和遏制日本的主要责任。由于美国在远东的地位以及与日本之间既对抗又依存的复杂关系，"美国一方面纵容日本，希望与日本达成妥协并唆使其反苏；另一方面又企图对日本的行动加以遏制，维护门户开放政策和美国的在华利益。"① 这一时期，美国胡佛政府的政策被称为"色厉内荏"的"不承认主义"，这是一个根本起不到制止日本侵略的空洞的文件。日本更加肆无忌惮地继续点燃侵略战火。

在国际上，英美等国家一再以锦州划界警告日军不得南下，试图祸水北引。苏联对事变采取了慎重的态度。一方面谴责日本，对中国人民报以同情；另一方面又声明，苏联"在远东事件中将奉行严格的中立政策"，对交战双方都不提供任何支持。但实际上，苏联的一些做法并没有保持所谓的中立，而是起了纵容侵略的作用。同时，鉴于东北的军事战略形势对苏联越来越不利，苏联政府开始加强远东的军事部署，同时采取了一些外交措施。1931 年 12 月 31 日，苏联向日本建议缔结互不

---

① 　王绳祖主编：《国际关系史（1929—1939）》第五卷，世界知识出版社 1995 年版，第69 页。

侵犯条约。对于这一建议，日本政府直到 1932 年 12 月中旬也未给予官方答复，由此加剧了莫斯科方面的不安。

在欧洲，德国、意大利法西斯势力也开始上台执政，逐步走上了对内实行恐怖统治，对外积极扩张的道路，法西斯主义在全球蔓延。在经济危机的打击下，德国的对外贸易严重受堵，民众要求变革的呼声日高，社会政治经济秩序动荡。德国垄断资产阶级转而把砝码压在了法西斯身上，企图通过法西斯专政来寻找新的出路。纳粹党把实施对外扩张作为主要奋斗目标之一。希特勒及其纳粹党头目一再叫嚷，德国的人口众多，缺乏生存空间，迫切需要殖民地。希特勒的诸多言行和行动已经表明，法西斯德国要的不是几国合作，而是一国独霸世界。德国法西斯政府开始积极扩充国防军，大力发展空军、海军力量，实行国民经济军事化，并向现存的帝国主义秩序提出了挑战。1935 年 3 月，希特勒悍然恢复征兵制，推翻《凡尔赛和约》限制德国军备的条款，德国的扩军进程在国际上公开化了。1935 年 10 月，意大利发动征服阿比西尼亚的战争。1936 年 3 月，希特勒将原定于 1937 年春重新武装莱茵兰非军事区的计划提前一年执行。德国重占莱茵区后，德国军事计划的进攻性日益明显，欧洲战争策源地在德国形成。1936 年 7 月，意大利和德国干涉西班牙内战，支持西班牙反共和力量。

危急的国际形势显示出第二次世界大战迫在眉睫。德意日通过各自发动侵略战争，在用武力改变现状、重新瓜分世界的共同要求下，这三个法西斯国家逐渐聚拢在一起形成了"轴心国"联盟，它们在发动新的世界大战的道路上携起手来了。这些国家进行了一系列的局部战争和国际冲突给世界和平带来了日益严重的威胁。

二　"绥靖政策"的纵容

在法西斯主义在全球蔓延的时候，英法美等主要资本主义国家虽各有目的，但都采取了妥协放任的绥靖政策。当希特勒在德国刚刚上台之际，欧洲大国间采取的第一个行动就是在 1933 年 6 月签订了法、德、英、意《四国公约》（即《四国谅解和合作协定》）。这个条约与其说它是企图用集体条约来约束德国，不如说是已经迈开了绥靖的第一步。《四国公约》的大国主宰一切的原则受到了欧洲各小国的强烈反对。苏联也被排挤在欧洲事务之外。但是，《四国公约》虽然于 1933 年 7 月 15 日在罗马正式签字，但是却没有在任何一个国家得到正式批准。这个公约虽然没有如墨索里尼的愿，但是这个公约中关于与德国妥协换取德国与西欧三大国合作的基本思想却在几个国家的对外政策中得到了延续。作为凡尔赛—华盛顿体系中的得益国家，英国和法国力图维持现状的想法与新兴起的法西斯国家重新划分世界版图的要求根本对立，但是它们又幻想以退让避免冲突，以妥协换取和平，同时持反对社会主义的立场，期待以法西斯国家对付苏联。它们的姑息纵容助长了法西斯国家的侵略气焰。

而在这一时期，美国国内孤立主义势力占了上风，面对德国在欧洲的活动，它们极力主张美国避免卷入欧洲冲突。美国国会内外企图作出种种孤立主义的努力来确保美国的中立和不干涉。1935 年，意大利侵略阿比尼西亚，美国实行《中立法》对交战国双方禁运武器，但美国却在国联宣布对意大利经济制裁期间，以非会员国身份继续和意大利做生意使意大利获得了战略物资。这次事件既暴露了英法和国联的软弱无力，也表明了它们对侵略者的姑息、纵容。1937 年，西班牙内战期间，美国又修改其《中立法》使之适用于内战国家，它和英法等国一起限制西班牙共和国政府从国外获得战略物资的渠道。这实际上是对叛军有利而使西班牙共和政府受害的政策，是对侵略者有利的绥靖政策。

1938 年 3 月，德国吞并了奥地利，之后又将目标转向捷克斯洛伐克。1938 年 9 月，《慕尼黑协定》标志着绥靖政策达到了顶峰。1938 年 9 月 29—30 日，英、法、意、德四国首脑在德国慕尼黑开会，会议达成了《关于捷克斯洛伐克割让苏台德领土给德国的协定》，同时还签署了《英德宣言》，双方保证用和平协商手段来解决两国间一切争端，消除一切可能引起纠纷的根源。12 月 6 日，法国和德国也签订了类似的宣言，宣称保持发展和平善邻的关系。

《慕尼黑协定》酿成了危害世界和平的灾难性恶果。《慕尼黑协定》的签订给苏联倡导的集体安全体系政策以致命性打击，苏联与法国的同盟关系趋于瓦解，苏法捷之间的反法西斯互助关系已失去效用。许多欧洲中小国家被捷克斯洛伐克的被入侵的事实所震惊。慕尼黑阴谋具有明显的反苏性质，是对苏联倡导的欧洲集体安全运动的一种反动。它出卖了捷克斯洛伐克，破坏了苏联的集体安全体系，纵容了法西斯的侵略扩张。

希特勒更加肆无忌惮。在 1939 年 3 月，随着局势的恶化，苏联为制止战争爆发，再次向英法呼吁重新开始谈判，为建立反法西斯统一战线而努力。3 月 19 日，李维诺夫建议召开六国会议以协商制止希特勒侵略的措施，但被英国拒绝。4 月 17 日，苏联就建立反法西斯同盟问题向英法提出作为谈判基础的"八点建议"，但英国对此反应冷淡。《慕尼黑协定》终究没有给欧洲带来和平。绥靖政策加快了希特勒的侵略步伐。英法等国的目标是维持现状，保护既得利益，而德国的战略目标是攫取欧洲和全世界，它们之间的矛盾是无法调和的。1939 年 3 月 15 日，德国出兵占领布拉格，侵吞了捷克斯洛伐克。3 月 21 日，德国向波兰再次提出但泽和波兰走廊的领土要求；23 日，德军又武装占领立陶宛的梅梅尔，同时积极向巴尔干诸国加紧扩张。4 月 12 日，意大利吞并阿尔巴尼亚。5 月 22 日，德意签订了军事同盟条约《德意友好同盟条约》，即所谓《钢铁公约》，声称要为保障它们的生存空间而共同奋斗。这个条约完全抛弃了《反共产国际协定》的反共烟雾，明目张胆地显示了对外扩张和争夺欧洲霸权的野心，可以说是一个公开的侵略性的军事同盟条约。这一连串侵略行动彻底破坏了整个欧洲的均势。

在大战日益逼近的形势下各大国出于各自的需要展开了外交斗争，各自都力图利用矛盾使形势朝对自己有利的方向发展。1939 年夏秋间，各国之间开展了多种谈判，其中英、法、苏三国的谈判具有影响世界全局的关键意义，三国谈判历时 4 个多月。3 月 31 日，英国宣布对波兰提供安全保证后，英国国内要求联合苏联抗击德国的呼声日益高涨。迫于国内的压力以及法西斯咄咄逼人，英法最终从 5 月开始与苏联进行莫斯科三国会谈，但在长达 4 个多月的三国政治军事谈判中，英法明显缺乏诚意，依然企图利用谈判来使德国对英法让步，企图将德国的目标引向苏联，谈判最终破裂。谈判的失败严重恶化了国际局势，瓦解了欧洲反法西斯力量的联合。英法美的绥靖不干涉政策，大大纵容了法西斯的侵略胃口，最终使战争不可避免。希特勒终于悍然发动了世界大战。1939 年 9 月 1 日，德军突袭波兰，打破了英、法的如意算盘。9 月 3 日英法对德国宣战。世界被推向世界战争的大灾难。

三　斯大林对新的战争危险的判断与行动

20 世纪 30 年代的国际舞台充满了复杂的矛盾，战争的阴影逐渐笼罩整个世界。一方面是以英法美为代表的想要保持既得利益的国家与迫切要改变现状的德意日法西斯国家之间存在难以调和的矛盾。另一方面是资本主义对共产主义的敌对。反共也是法西斯主义的一个共同特征，它们宣称自己和共产主义不共戴天，主张用强力去对付无产阶级革命。新的帝国主义大战很快成为事实。显然，苏联不能无视这些事态的发展。斯大林密切关注国际形势的变化，调整和制定新的政策和策略，苏联的做法是：一方面坚持维护和平；一方面极力加强红军和红海军的战斗准备。

（一）苏联维护和平的努力

在这种战争前的狂热已经笼罩许多国家的情况下，苏联坚持和平立场，反对战争威胁，维护和平，揭穿那些准备战争和挑拨战争的人的假面具。苏联作为当时世界上唯一的社会主义国家，它的对外政策的一个重要原则是维护世界和平，争取有一个稳定的国际环境，加速社会主义建设。但是，可以看到，在战云密布的险恶情势下，苏联执行自己的和平政策是多么困难。

1933 年 12 月 12 日，联共（布）中央通过了关于开展为争取集体安全而斗争的决议，主张用集体安全的力量反对法西斯国家侵略行动，防止战争的爆发。苏联为了有效地推行集体安全的对外政策决定加入国联，为建立反法西斯的国际统一战线而努力。斯大林在 1927 年曾明确宣布苏联不参加国联，因为他认为国际联盟是凡尔赛这个分赃的条约的产物，是世界反革命势力的司令部。但是，30 年代的国际形势出现了重大变化，德国和日本走上了侵略扩张的道路，苏联需要调整对国联的态度。从英法方面看来，由于德日的法西斯化并先后退出国联，凡尔赛体系濒于崩溃，特别是法西斯国家的扩军备战，对法国和东欧各国造成严重威胁，而苏联可以作为抑制法西斯侵略的一个重要因素，因此英法等国也希望苏联加入国联。1934 年 9 月 18 日，国联以绝对多数票赞成苏联加入国联并任国联常任理事国。苏联加入国联后一再呼吁国联采取措施，反对侵略战争。斯大林认为，国际联盟虽然软弱，但它总还可以作为揭露侵略者的场所，可以作为一种阻碍发动战争的和平工具。在那样令人不安的时刻，甚至像国际联盟那样一个软弱的国际组织也不应忽略。

如何对待一些国家的法西斯化及社会主义的苏联，这是对号称是以维护战后和平和现存国际秩序为宗旨的国联的一个重大考验。但实际上国联采取什么样的措施又主要取决于英国和法国这两个欧洲大国。1935 年 1 月 17 日，苏联代表李维诺夫在国联理事会上指出，只靠空喊和发表宣言，不可能保证和平，只有通过集体努力和集体的物质保证，和平才能建立起来。于是苏联把缔结反法西斯侵略的多边或双边互助公约作为实现集体安全，保障和平的重要措施。由于英德的反对，苏联设想的缔结多边公约的努力没有成功。此后，苏联就致力于缔结双边条约，在 1935 年 5 月 2 日及 16 日，苏联分别与法国和捷克斯洛伐克签订了互助公约，以对付侵略者可能的进攻。这是苏联推行欧洲集体安全政策的积极成果。1936 年 3 月，苏联同蒙古人民共和国缔结了互助条约。1937 年 8 月，苏联同中华民国缔结了互不侵犯条约。斯大林提出：只要这些国家也对苏联保持和平的关系，只要它们不试图破坏苏联的利益，苏联愿意加强同所有国家的事务联系。斯大林主张同所有与苏联交界的邻国都保持和平与亲近的睦邻关系，只要这些国家也对苏联保持这样的关系，只要它们不试图直接或间接地破坏苏维埃国家边界的完整性和不可侵犯性。在 1939 年 3 月，联共（布）召开的第十八次代表大会上，斯大林依然表示："保持谨慎态度，不让那些惯于从中渔利的战争挑拨者把我国卷入冲突中去"①。

但是国际局势的发展并不乐观。由于英法对建立反法西斯同盟缺乏诚意，出尔反尔，故意延宕，使苏联对自身安全产生了深深的忧虑。于是，苏联决定依照自己的利益办事而采取了果断行动。1939 年 8 月 23 日签订了《苏德互不侵犯条约》。这正是 30 年代复杂多变国际局势的典型反映。《苏德互不侵犯条约》是第二次世界大战全面爆发前夕引人注目的历史事件，它的影响是多方面的。它给英法等国以沉重打击，使英德勾结、祸水东移的企图破灭。斯大林认为，同德国签订互不侵犯条

---

① 《斯大林文集（1934—1952）》，人民出版社 1985 年版，第 246 页。

约，使苏联获得了一年半的和平，使苏联有可能准备好自己的力量。对于这一条约，在中国特别是史学界有过激烈的争论。有的全盘肯定苏联的这一行动，认为签约粉碎了英法"祸水东引"的阴谋，改善了苏联的战略地位，也有利于反法西斯力量的加强与组合。有的全盘否定，认为签约是苏共十八大错误外交路线的产物，是民族利己主义的具体行动。苏联无视当时法西斯侵略集团与全世界反法西斯人民的矛盾，不顾反法西斯力量的联合，促成德国对波兰及西欧的进攻。与德国瓜分波兰的秘密条款造成了实际上的苏德联合，损害了社会主义国家的形象。有的认为签约在当时具体条件下有其历史合理性，但也使德国摆脱了两线作战的境地，加速大战的爆发，因此弊大于利。有的认为这是在当时复杂国际环境中不得不采取的抉择，为了防止英法推动德国首先攻打苏联，苏联以签约维护自身安全，是可以理解的，应该视之为在特殊历史条件下的一种自卫行动。[①] 但是，任何措施最终也没有制止住德国入侵的脚步。1940 年 6 月法国败降后，国际形势急剧变化，不断朝着有利于法西斯的方向逆转。苏联的战略地位严重恶化，苏联已被推到与德意法西斯国家直接对抗的地位。1941 年 6 月 22 日，希特勒德国向苏联发动了军事进攻。

可以看到，在整个第二次世界大战前的时期，苏联对欧洲的影响是十分有限的。苏联致力于建立集体安全体系，争取同英法美等国家组成联合和平阵线、共同制止法西斯德国的侵略、维护欧洲和平与自身安全的努力，一再受到这些国家的消极对抗和公开破坏。

（二）斯大林对战争危险的判断

斯大林早在 1925 年就指出：道威斯计划孕育着德国的革命，洛迦诺公约孕育着欧洲的新战争。道威斯计划好的效果是使局势趋于相对稳定。美国资本的投入德国工业，货币的稳定，德国一些最重要的工业部门的改善，以及工人阶级物质生活状况的某些改善。但是这一计划还有"坏的"一面，而且它的后果已经表现出来，这就是德国的经济状况恶化，整批企业破产，失业人数增多等等。这个由美国制订的道威斯计划

---

① 王绳祖主编：《国际关系史（1929—1939）》第五卷，世界知识出版社 1995 年版，第410 页。

的内容，就是要欧洲各国利用德国所应偿付欧洲各国的赔款去偿还欠美国的债款，但是德国无法凭空找到这一大笔款项，所以德国就应当获得许多还没有被其他资本主义国家所占据的空间市场，以便能够从那里汲取新的力量和新的血液来偿付赔款。斯大林指出，这个市场除了一些小市场以外，就主要指的是俄国市场。按照道威斯计划，这些市场应该让给德国，使它能够榨取一些东西来向欧洲各国偿付赔款；而欧洲各国则应当向美国偿还国家债款。这是个编制得很好的计划，但"它是在没有主人参加的情况下编制成的"，这对德国人民来说是双重压榨，即德国资产阶级对德国无产阶级的压榨和外国资本对德国全体人民的压榨。所以，斯大林预言：虽然道威斯计划本来是为绥靖德国而制订的，但是"道威斯计划在这方面必定会导致德国革命"[①]。同时，斯大林也指出，在德国已经不再是一支武装力量的情况下，各战胜国却在加紧扩充军备，所以说："各战胜国间现在并没有友好的和平，而只有武装的和平，只有酝酿着战争的武装的和平状态"，"现在各战胜国间的情况很像一九一四年大战前的情况——武装和平状态"。[②] 可以说，斯大林在第二次世界大战酝酿时期就已经看到了战争危险的存在。"欧洲各国用受人奴役的代价换来的那种暂时的局部的稳定是不巩固的，因为各战胜国间的矛盾在日益增长和加深，更不必说战胜国和战败国间的矛盾了。"[③]

斯大林在 1927 年底召开的联共（布）第十五次代表大会上进一步指出，世界资本主义发展的不平衡、世界资本主义之间的矛盾就决定了"资本主义唯一的'出路'就是通过武力、军事冲突、新的帝国主义战争来重新瓜分殖民地和划分势力范围。"[④] 他认为各资本主义国家的生产增长、贸易扩大、技术进步、生产能力的提高已经接近或超过战前的水平了。但是这一切并不说明资本主义的稳定就是持久的、巩固的。在世界资本主义生产和贸易的增长中，一个值得注意的事实就是发展不平衡。各资本主义国家在发展中并不是彼此不相妨碍，不相倾轧，一个跟着一个地平稳均衡地前进，而是相反，各洲、各国间彼此进行着争夺市场霸权的殊死斗争，其中一些国家被排挤并衰落下去；另一些国家前进

---

① 《斯大林全集》第 7 卷，人民出版社 1958 年版，第 226 页。
② 《斯大林全集》第 7 卷，人民出版社 1958 年版，第 232 页。
③ 《斯大林全集》第 7 卷，人民出版社 1958 年版，第 232 页。
④ 《斯大林全集》第 10 卷，人民出版社 1954 年版，第 235 页。

并兴盛起来。经济中心从欧洲转移到美洲，从大西洋转移到太平洋。销售市场觊觎者的数量在增多，生产能力在增长，商品供给量在增加，而市场的规模和势力范围仍旧相对固定。斯大林认为，这就是现代资本主义日益增长的种种不可调和的矛盾的基础。生产能力不断增长与市场相对固定之间的这种矛盾使市场问题成为当时资本主义主要问题的根源。工厂开工不足就成为通常的现象。加强关税壁垒只不过是火上浇油。以和平手段解决市场问题的企图，没有也不可能有什么结果。1926 年 10 月，英美等一些国家的银行家、工业家和商业家发表宣言，要求废除欧洲各国所施行的关税限制，要求贸易自由，实际上这是英美财政资本企图在欧洲确立自己的霸权的表现。结果遭到了破产。国际联盟在 1927 年为达到各资本主义国家"经济利益统一"而召开的经济会议，结果也遭到了破产。用和平的方法解决市场问题，对资本主义已经行不通了。

重新瓜分世界和划分作为国外市场基础的势力范围的问题就成为资本主义政治中的主要问题。斯大林在 1930 年 6 月召开的联共（布）第十六次代表大会上，指出资本主义国家的统治阶级在对内政策方面将从进一步法西斯化中寻找摆脱现状的出路，在对外政策方面将从新的帝国主义战争中寻找出路。斯大林在 1934 年 1 月召开的联共（布）第十七次代表大会上明确指出，日本和德国造成了国际关系的尖锐化，它们退出国际联盟，更加推动了军备的扩充和帝国主义战争的准备。"现在又像一九一四年那样，好战的帝国主义的政党，战争和复仇的政党是最出风头的。"[①] 资产阶级和平主义已经是苟延残喘，而废除军备的空谈正在被扩充军备的"认真的"言论所代替。资本主义国家政治经济状况的尖锐化表明，作为摆脱现状的出路的新的帝国主义战争日益逼近了。一些资产阶级政治家们正在制订发动战争的计划，一些人认为应当对苏联发动战争。"他们想击溃苏联，瓜分它的领土，靠掠夺它来发财致富。如果以为只是某些日本军人有这种想法，那就错了。我们知道，欧洲某些国家的政治领导人物也在制定这样的计划。"[②] 很快，日本侵略了中国东北，纳粹党在德国上台了。

---

① 《斯大林全集》第 13 卷，人民出版社 1956 年版，第 259 页。
② 《斯大林全集》第 13 卷，人民出版社 1956 年版，第 263 页。

　　1936 年 3 月 1 日，斯大林在和美国斯克里浦斯—霍华德报系总经理罗伊·霍华德先生的谈话中，讲到了对当时国际形势的看法。斯大林认为，爱好和平的人们的阵地正在巩固起来。但是，战争将在什么时候爆发是不能预言的。战争可能突然地发生。战争是不经过宣战，说打就打的。斯大林在回答霍华德关于"战争的乌云在哪里最浓厚呢？"这一问题时，提出有两个战争危险的策源地：第一个策源地在远东，在日本地区。这是斯大林根据日本军人屡次发出威胁其他国家的言论而作出的判断。第二个策源地在德国地区。斯大林谈到在欧洲存在战争策源地的危险："希特勒先生和法国一家报纸记者的谈话就可以证明这一点。在这次谈话中，希特勒似乎想讲些爱好和平的话，可是他在'爱好和平'的言论当中夹了这么多的威胁法国和苏联的话，结果所谓'爱好和平'就一点也没有了。"斯大林认为："这就是征兆。"资本主义是战争危险的主要原因。"有一些资本主义国家认为，他们在上次重分势力范围、领土、原料产地、市场等等时，分得少了，于是，他们为着自己的利益想再重分一下。资本主义到了帝国主义阶段，就成了一种认为战争是解决国际矛盾的合法方法的制度了。"①

　　斯大林看穿并揭露了德意日法西斯挑起战争的阴谋。第一次帝国主义大战以后，战胜国，主要是英国、法国和美国建立了一种新的国际关系制度，即战后和平制度。战后建立了国际联盟，它的使命是在这个制度范围内，以各国统一战线为基础，以集体保护各国安全为基础来调整各国之间的关系。但是，三个侵略国以及它们所发动的新的帝国主义大战，彻底推翻了这个战后的和平制度的体系。日本撕毁了九国公约，德国和意大利撕毁了凡尔赛条约。为了便于自由行动，这三个国家都退出了国际联盟。1939 年 3 月，斯大林在联共（布）十八大上对国际形势进行了重新审视，强调世界大战的危险性在增长，其主要原因在于大多数非侵略国，首先是英国和法国放弃了集体安全政策，放弃了集体抵抗侵略者的政策，而转上了不干涉的立场。在这种形势下，斯大林强调：我们拥护和平。斯大林严厉抨击了"不干涉政策"。他说："我绝不想从道德上来讲不干涉政策，讲变节、背叛等等。向不承认人类道德的人讲道德，是幼稚的。正如那些老奸巨猾的资产阶级外交家所说的，政治

---

① 《斯大林文集（1934—1952）》，人民出版社 1985 年版，第 87—88 页。

终究是政治。但是必须指出，主张不干涉政策的人们所开始的巨大而危险的政治游戏，最终会使他们遭到严重的失败。"① 应该说，国际局势的发展果真如斯大林所预言。战争破坏了战后和平制度的基础，给各国关系带来了惊慌和怀疑。和平主义和裁军方案已经被埋葬了。代替它们的是武装的狂热。所有大小国家，其中首先包括实行不干涉政策的国家，都开始武装起来了。"所谓慕尼黑会议对侵略者所作的让步和慕尼黑协定似乎开辟了'绥靖'新纪元的甜言蜜语，现在谁也不再相信了。连参加慕尼黑协定的英国和法国本身也不相信这些甜言蜜语了，它们加强自己的武装并不亚于其他国家。"②

（三）斯大林清醒认识法西斯对社会主义的威胁

希特勒在德国上台执政引起了各国的强烈关注，但是各个国家的反应是不同的。一些国家认为，德国在相当长一段时期不会对欧洲乃至世界构成军事威胁。希特勒上台有助于削弱苏联及其他国家的共产主义运动。第一次世界大战后第一个社会主义国家的诞生，使英法等资产阶级政府如鲠在喉。他们希望能利用德国作为反布尔什维主义的先锋，作为屏障，能够遏制社会主义进一步侵入西欧。德意日法西斯深谙此道，他们在中国、干涉西班牙内战、入侵捷克斯洛伐克时，都不同程度地利用了"反苏反共"的旗号。"绥靖政策"具有强烈的祸水东引的"反苏反共"因素。英法美等国期待纳粹德国成为抵御共产主义向西欧扩散的坚强堡垒，它们不断大开绿灯。德意日法西斯也的确把共产主义看作它的大敌。1936 年 11 月德国和日本签订了《反共产国际协定》，1937 年意大利加入进来，这标志着东西方法西斯势力在"反共"的幌子下建立了联系。日本的统治集团虽然在对外侵略扩张上有一些分歧，但是在迟早要同苏联进行战争这一点，意见是基本一致的。1931 年日本侵占中国东北的同时也在策划侵苏战争，并在国内掀起了一股反苏浪潮。起初，苏联对日本采取中立、缓和和修好的政策。1931 年、1933 年两次主动提出缔结苏日互不干涉条约，但被日本拒绝。

捷克斯洛伐克灭亡后，希特勒的侵略矛头继续指向苏联的近邻波

---

① 《斯大林文集（1934—1952）》，人民出版社 1985 年版，第 244 页。
② 《斯大林文集（1934—1952）》，人民出版社 1985 年版，第 245 页。

兰，战火即将蔓延到苏联的边境，形势十分严峻。在这种危急形势下：
"不干涉政策就是纵容侵略，就是策动战争，因而就是把它变成世界大
战。在不干涉政策中贯串着一种倾向，一种愿望，这就是不妨碍侵略者
去干它们的黑暗勾当，比如不妨碍日本纠缠于对华战争，更好是对苏战
争，比如不妨碍德国陷入欧洲事务和纠缠于对苏战争，让所有交战国都
深陷到战争的漩涡中去，暗中鼓励它们这样干，让它们相互削弱，相互
消耗，然后，当它们疲惫不堪时，自己就以充沛的力量出台活动，当然
是'为了和平'而出台活动，并迫使那些筋疲力尽的交战国接受自己
的条件。"① 斯大林揭露了英法美等国的险恶用心。斯大林认为，英国
绥靖主义分子妄图牺牲他国利益、谋求与德国和解，他们试图把希特勒
的侵略引向东方去反对苏联，这是"祸水东引"。捷克危机期间英国拒
绝了苏联关于集体制止侵略者的建议，又把苏联排斥在慕尼黑会议之
外。苏联断定：英法政府这种空前叛卖捷克斯洛伐克人民及其共和国的
行为，是它们政策中的重要一环，其目的是要把希特勒侵略势力引去反
对苏联。英国某些报刊和某些重要人物，在慕尼黑会议前后也发表了许
多鼓励希特勒侵略苏联的言论。法西斯的威胁大大逼近了苏联，英法的
险恶用心已完全暴露。"无论张伯伦还是达拉第、庞纳，为了同德国和
意大利达成协议，是什么事都会干得出来的。"②

　　虽然法西斯侵略在全世界的进一步发展表明反共只是它们的目标的
一个部分，也可以说是法西斯国家掩盖自己对外扩张和争夺欧洲霸权的
野心的一个大大的烟幕弹，但是，苏联在当时承受的压力也是巨大的。
在发动战争时候，法西斯头子炮制各种舆论为自己的行为开道，法西斯
头子们否认他们进行的是反对英国、法国、美国在欧洲、在远东的利益
的战争，而宣称他们进行的是反对共产国际的战争。这三个国家还缔结
了"反共产国际协定"。斯大林予以嘲笑并揭露他们："侵略者老爷们
就是想这样来炮制舆论的，虽然显而易见这是一套无法掩饰真相的笨拙
把戏，因为要想在蒙古的沙漠上，在阿比西尼亚的群山间，在西属摩洛
哥的丛林里寻找共产国际的'策源地'，是可笑的。"③ 斯大林指出，在

---

　　①　《斯大林文集（1934—1952）》，人民出版社 1985 年版，第 242 页。

　　②　王绳祖主编：《国际关系史（1929—1939）》第五卷，世界知识出版社 1995 年版，第
404 页。

　　③　《斯大林文集（1934—1952）》，人民出版社 1985 年版，第 241 页。

当时的时代，要想不顾各种条约，不顾社会舆论，而直奔战争，并不是那么容易。法西斯头子要迷惑舆论，欺骗舆论。斯大林警告那些主张不干涉政策的人们，这最终会使他们遭到严重的失败。第二次世界大战的爆发果真如斯大林的判断。

（四）　苏联积极进行战争准备

斯大林提出：必须以强大的军事实力保卫苏联的安全并给法西斯主义以应有的教训，苏联必须积极备战。1933 年 12 月 25 日斯大林在和《纽约时报》记者杜兰特先生的谈话中讲道："我们希望和日本有良好的关系，但是遗憾得很，这不仅仅取决于我们。如果明智的政策在日本占了上风，我们两国就能友好相处。但是，我们担心好战分子会把明智的政策排斥到后面去。这就是真正的危险，对这种危险我们不得不有所准备。任何一国的政府如果看到有遭受侵犯的危险而不作自卫准备，那末它的人民是不会尊重它的。我认为从日本方面来说，如果它进攻苏联，那是不明智的。"[①] 由于国际形势日益险恶严峻，苏联加紧进行反侵略战争的准备，一方面积极维护和平的政策，同时又大力加强红军和红海军的战斗准备。"我们不怕侵略者的威胁，我们准备用双倍的打击去回答企图破坏苏联边界的不可侵犯性的战争挑拨者的打击。"[②] 苏联奉行维护和平并加强和世界各国的贸易关系的政策，但是，苏联和资本主义国家之间的现实紧张关系，使斯大林认识到，友好关系的维持并不完全取决于苏联。应当在努力建立友好关系的同时，采取一切措施保卫国家以防备突然事变，随时准备捍卫国家以抵御侵犯。斯大林认为苏维埃政权具有取之不尽的力量源泉。一旦发生战争时，军队的后方和前方由于彼此一致和内部统一，将比其他任何国家都要巩固，这一点是国外那些爱搞军事冲突的人应当记住的。

苏联处于欧亚两个战争策源地的东西夹击的威胁下，处境十分险恶。苏联实施了一系列备战方针。1939 年 9 月 1 日，也就是德国闪击波兰的那一天，苏联施行了《普遍义务兵役法》，卫国战争爆发时陆海空军总数已达 500 万人；同时加速发展东部地区的工业，不断增加战争物

---

① 《斯大林全集》第 13 卷，人民出版社 1956 年版，第 248—249 页。
② 《斯大林文集（1934—1952）》，人民出版社 1985 年版，第 246 页。

资的储备工作，尤其是在东部地区推行第二套企业的方针。第二次世界大战的酝酿，强化了苏联的工业化发展战略，1933 年法西斯在德国上台以后，随着国际形势的迅速恶化，迫使苏联不得不把愈来愈多的人力物力用于国防，整个经济也转而保持着随时转入战时轨道的态势。"第二个五年计划后几年加强了巩固国防的措施。相当一部分原先预定供轻工业用的资金调拨给了国防工业，第二个五年计划期间国防工业总产值增长 1.8 倍。由于国家社会主义工业化的结果，建立了能生产所需数量装备和战斗武器的强大国防工业。"①"一五"计划期间，苏联正规部队稳定在大约 60 万人，1934 年扩大到 94 万人，1935 年又增加到 130 万人。在 20 年代的大部分时间内，苏联的国防预算占整个财政预算的 12%—16%，而 1937 年这一比例上升为 16.5%，1939 年为 1/4，1940 年猛增到 32.6%，1941 年更上升到 43.4%。国防开支 1934 年猛增到 34.79 亿美元，较 1933 年增加了近 5 倍，1935 年更增至 55.17 亿美元。与原规划的大为不同，"二五"计划执行的结果是：轻工业只完成原计划的 85.4%，年增长率只达到 14.8%，而重工业完成了原计划的 121.3%，年增长率为 19.5%；农业的状况更令人沮丧。1938—1940 年，苏联工业产品增长了 44%，其中消费资料的产品仅增长 33%，而生产资料的生产增长了 52%，国防工业的增长又比整个工业快一倍。在这一时期，苏联的许多民用企业也投入军工生产。

　　1940 年 5 月 6 日，苏联最高苏维埃任命斯大林为苏联人民委员会主席。1941 年 6 月 22 日，德国背信弃义地撕毁了《苏德互不侵犯条约》，未经宣战，向苏联发动了全线进攻。战争爆发后，苏联采取了一系列应急措施，领导全国军民投入反对德国法西斯入侵的卫国战争。6 月 23 日，苏联人民委员会和联共（布）中央决定把生产弹药的动员计划付诸实施。6 月 30 日，联共（布）中央、苏联最高苏维埃主席团、苏联人民委员会联合决定成立以斯大林为主席的国防委员会，集中国家的全部权力，以便调动一切力量抗击德国法西斯。7 月 3 日，斯大林发表广播演说，向全国人民发出紧急动员，给处于慌乱中的全国军民以指导，斯大林告诫苏联人民一定要了解到危险的严重程度，克服和平建设的情

---

　　① 苏联科学院经济研究所编：《苏联社会主义经济史》第四卷，生活·读书·新知三联书店 1982 年版，第 29 页。

绪，按照战时的方式改造自己的全部工作，拿出对敌人毫不留情的气概，使一切都服从于前线的利益，都服从于组织粉碎敌人的任务。斯大林告诉人民：希特勒德国背信弃义发动了军事进攻，但是，不要相信"德国军队无敌"之类的吹嘘，"应当为保卫我国的城市和乡村战斗到最后一滴血"①。

由于苏联对德国进攻的时间判断不准，对战争的突发性估计不足等原因，在苏德战争爆发初期，苏军遭受了重大失利。但是，苏联顽强地抗击住了法西斯的侵略。1940 年 12 月 18 日，希特勒签署了进攻苏联的第 21 号作战命令，代号"巴巴罗萨计划"。该计划要求在对英国战争结束以前以一次快速的远征击溃苏联。希特勒曾认为这个计划会迅速胜利实现，但未如他所愿。经过艰难的战争，1941 年 9 月 30 日至 1942 年 4 月 20 日，苏军与法西斯德军进行了举世瞩目的莫斯科会战，成为稳定战局的关键战役。这次胜利具有重大的军事、政治和国际意义。莫斯科会战的胜利对法西斯集团也是巨大的削弱，极大地震动了轴心国和一些所谓的"中立国"。莫斯科会战的胜利坚定了苏联人民夺取最后胜利的信心，鼓舞了他们的斗志，同时也促进了世界反法西斯斗争的蓬勃开展。波兰、捷克斯洛伐克、保加利亚、希腊、阿尔巴尼亚等国纷纷建立民族解放阵线，发展人民武装力量，法国、比利时、丹麦、挪威等国的抵抗运动也迅速发展。

在战争初期，德国试图以"闪电战"赢得胜利。英美等国家资产阶级也认为苏联坚持不了多久。在苏联人民的奋勇反抗下，德国的"闪电战"破产了。莫斯科会战的胜利大大提高了苏联的国际威望，向英美显示了苏联的强大力量，有力地推动了世界反法西斯联盟的形成和发展。斯大林早在 1933 年，帝国主义正在酝酿新的战争的时期，就指出了战争前途：第一次帝国主义战争时期得到的是资本主义在俄国被粉碎，无产阶级革命在俄国取得胜利，以及苏联的成立。正在酝酿战争的人们，"几乎用不着怀疑，这种战争对资产阶级将是最危险的战争。所以将是最危险的战争，不仅因为苏联各族人民将为保卫革命果实进行殊死战斗，还因为战争不仅将在前线进行，而且将在敌人的后方进行。资产阶

---

① 《斯大林文集（1934—1952）》，人民出版社 1985 年版，第 292 页。

级用不着怀疑，苏联工人阶级在欧洲和亚洲的无数朋友一定会从后方竭力打击本国的压迫者，因为他们向世界工人阶级的祖国挑起了罪恶的战争。如果资产阶级先生们在这场战争的第二天便失去了几个和他们亲近的、现在'靠上帝保佑'得以平安统治着国家的政府，那就请他们不要埋怨我们。"[①] 斯大林满怀信心地认为，几乎用不着怀疑，第二次反苏战争一定会使侵略者遭到完全失败，使欧洲和亚洲许多国家爆发革命，使这些国家的资产阶级地主政府垮台。

四　简要评论

　　一些人认为，在 20 年代，苏联根本没有战争的危险，是斯大林夸大了形势。实际上，资本主义国家之间的重重矛盾已经预示着战争的必然来临。"20 世纪 20—30 年代的国际环境对斯大林体制的形成具有非常深刻的影响，因为备战总是和高度集中密切联系的。可以说，苏联的社会主义建设就是在备战、战争和医治战争创伤的过程中进行的，这种经历对苏联的社会主义产生了极大的影响。"[②] 战争对于斯大林而言是挥之不去的阴云。斯大林一方面担心帝国主义者随时会发动对苏联的武装战争；一方面又担心世界战争的爆发。第二次世界大战的爆发印证了斯大林的担心。

　　社会主义仅仅是在单独一个国家里获得了胜利，因此无论如何也不能撇开国际条件不顾。"这个国家还受着资本主义的包围，还受着外来武装侵犯的威胁，因此不能撇开国际环境不顾，它应当拥有训练得很好的军队，组织得很好的惩罚机关和坚强的侦察机关，因而应当拥有自己的十分强有力的国家，以便保护社会主义的成果免受外来的侵犯。"[③]苏联是在资本主义包围之下开展社会主义建设的。斯大林一再强调要看到当时的国际环境，要看清资本主义包围和由此产生的对社会主义国家的种种危险的事实。"这是一个很现实而又令人很不愉快的现象。资本主义包围，这就是说，有一个国家即苏联，在自己境内建立了社会主义

　　① 《斯大林全集》第 13 卷，人民出版社 1956 年版，第 263 页。
　　② 卢之超、王正泉主编：《斯大林与社会主义——世界第一个社会主义模式剖析》，社会科学文献出版社 2002 年版，第 169 页。
　　③ 《斯大林文集（1934—1952）》，人民出版社 1985 年版，第 279 页。

制度，此外还有许多国家即资产阶级国家，继续推行资本主义的生活方式，并包围苏联，等待时机来进攻它，粉碎它，或者至少破坏它的实力和削弱它。"① 随着欧亚战争策源地的形成，世界人民面临着法西斯战争威胁的严峻形势，斯大林密切注视局势的变化，不断鼓励和号召世界人民与法西斯进行坚决的斗争。

苏联的社会主义建设的开展并不是一切都很顺利的。斯大林环顾四周，无法放松警惕。先看看英国。英国对苏联出口货物实行禁运，企图干涉苏联内政等行动，这在有关英苏关系的一切方面，包括贸易协定的谈判在内是一再出现的。斯大林认为决不能认为这是偶然的，应当估计到他们今后还会袭击苏联，制造威胁，使苏联受到损害等。再看看苏联和日本的关系。日本拒绝签订互不侵犯公约，这就又一次有力地证明两国的关系并不很好。关于中东铁路谈判中断，以及关于日本的代理人在中东铁路上所干的令人不能容忍的事情，非法逮捕中东铁路上的苏联职员等等，一部分军人明目张胆地在报刊上公开鼓吹必须和苏联作战并侵占沿海区，而日本政府不但不叫这些战争挑拨者守规矩，反而装成和这件事无关的样子，不难了解，这种情况不能不造成一种令人焦虑不安的气氛。因此，关系的改善并不取决于苏联，必须采取一切措施保卫国家以防备突然事变，随时准备捍卫国家以抵御侵犯。

斯大林对苏联的基本认知是："我们比先进国家落后了五十年至一百年。我们应当在十年内跑完这一段距离。或者我们做到这一点，或者我们被人打倒"②，如果不愿意被打倒，那就必须抓紧时间、抓住时机发展自己，决不能降低速度！因为"我们不能知道帝国主义者究竟会在哪一天进攻苏联，打断我国的建设。他们随时都可以利用我国技术上经济上的弱点来进攻我们，这一点却是不容置疑的。所以，党不得不鞭策国家前进，以免错过时机，而能尽量利用喘息时机，赶快在苏联建立工业化的基础，即苏联富强的基础。党不可能等待和应付，它应当实行最高速度的政策"③。

受到战争笼罩的国际环境的直接影响，为了国家的安全和生存而不

①　《斯大林文集（1934—1952）》，人民出版社1985年版，第140页。
②　《斯大林全集》第13卷，人民出版社1956年版，第38页。
③　《斯大林全集》第13卷，人民出版社1956年版，第168页。

得不采取一些违背常规的发展方式和方法。这是列宁去世后苏联选择斯大林式的经济模式的一个重要原因。苏联首先必须集中一切力量来进一步发展工业，来加强国防力量，这就是斯大林的决定。当苏联领导人最担心的 1927 年可能爆发的反苏侵略战争最终并未爆发，面对这难得的喘息机会，斯大林也曾想过改变搁置轻工业的方针。1930 年斯大林曾提出可以转向轻工业并使它加速向前发展，提出有可能同时加速发展重工业和轻工业了。但 30 年代初日德两大战争策源地的形成又构成对苏联的现实威胁，使苏联感到战争的逼近，又使得这一转变最终没有实现。1929—1933 年世界经济危机之后，世界战争的阴云开始逐渐扩大。战争危险的临近，使斯大林再一次坚信，要取得战争胜利必须有强大的工业，特别是重工业，因为这是发展一切经济部门、加强国防力量和不断提高劳动人民福利的可靠基础。这既是一个基础性问题，更是一个关乎国家生与死的问题。在工业发展道路上优先发展重工业，相对忽视或搁置轻工业，则更明显是为了备战。斯大林认为第一个社会主义国家要生存下来，必须尽快建立自己足够强大的经济和国防！这是关系国家前途命运的重大问题。处于资本主义包围之中的社会主义国家需要自己武装自己，特别是重工业和国防工业。以高速度地发展国民经济为首要任务，这就是斯大林为了迅速增加国家的经济实力和国防实力而选择的经济发展战略。斯大林并非不知道轻工业对于国计民生的重要性，也并非不知道一般资本主义国家的工业发展道路。斯大林认为，苏联的工业化不能只了解为发展任何一种工业，工业化首先应了解为发展重工业，特别是发展自己的机器制造业这一整个工业的神经中枢。斯大林认为，只有这样才能造成社会主义的物质基础，使苏联不依赖资本主义世界。必须建立高度集中的、更便于国家在临战或战时调动一切必要的人力、物力的体制以应对战争。而极力追求发展速度，相对忽视经济效益，也是为了缩小差距，不落后，从而"不挨打"。正是这种随时可能面临战争的危险处境的高度戒备致使斯大林的许多政策都带有备战色彩。可以说，由于处于资本主义包围和随时可能爆发的反苏战争的威胁之中，联共（布）多数领导人是支持这种围绕备战而建立的经济发展战略的。

斯大林在 1946 年 2 月 9 日在莫斯科市斯大林选区选举前的选民大会上的演说中，高度肯定了苏联所进行的战争准备对赢得战争胜利的重要作用。斯大林指出，假如以为不必预先使全国做好积极防御的准备，就能够获得这样有历史意义的胜利，那就错了。假如以为在一个很短的期间，在三四年以内就能够做好这种准备，那同样是错误的。要能经住军队众多、装备优良、军官训练有素和供应良好的敌人的打击，并且给以回击，最后彻底打败敌人，那么除了军队那种无比勇敢精神以外，还必须有完全现代化的并且是数量充足的装备，以及组织得很好的并且也是数量充足的供应。那就是：制造武器、装具和企业设备用的金属，维持企业生产和交通运输用的燃料，制作军服用的棉花以及供给军队的粮食。

斯大林高度评价了苏联人民对战争胜利的伟大贡献。苏联人民在困难的战争条件下，保证自己的军队获得了一切最基本的必需品，不断改进了他们的技术兵器。在整个战争期间，敌人在武器质量方面从来没有能够超过苏军。同时，苏联工业给前线生产的技术兵器的数量也愈来愈多。苏联的战时经济迅速发展着。人民集中全部力量来增产和进一步改进武器装备，尤其是坦克、飞机、火炮和自行火炮。斯大林肯定了五年计划的伟大作用，正是五年计划的实施帮助苏联创造了这些物质条件，创造了可以进行战争的经济基础。"党知道战争日益逼近，没有重工业就无法保卫国家，所以必须赶快着手发展重工业，如果这件事做迟了，那就要失败。"[1] 党正是正确利用了国家工业化和农业集体化所发展的物质条件，发展军工生产并供给红军必需的装备，最终保障了卫国战争的伟大胜利。

---

[1] 《斯大林选集》下卷，人民出版社 1979 年版，第 496 页。

第五章　社会主义从一国走向
多国的鼓舞

二战后，国际共产主义运动取得了辉煌胜利，欧亚一系列社会主义国家和人民民主国家的建立使世界格局发生了巨大的变化。社会主义由一国走向多国，特别是中国革命的胜利进一步改变了国际力量的对比，扩大了社会主义的影响，一度形成了世界社会主义顺利推进的大好形势。社会主义从一国到多国的发展是继十月革命之后国际无产阶级斗争的一个伟大成就，也是战后国际形势发生根本变化的重要标志。胜利的革命新形势鼓舞了斯大林。

一　欧亚人民民主国家和社会主义国家的建立

二战后世界社会主义的空前盛况是 20 世纪的一段辉煌历史。著名的美国国家安全事务助理布热津斯基在《大失败》一书中，也承认了这样的事实。他说：在第二次世界大战后的十年中，已有十多亿人生活在共产主义制度下，整个欧亚大陆几乎都成了共产主义的天下，正是苏联的胜利，"几乎把 20 世纪变成了一个以共产主义的崛起和影响为主的时代。"① 法西斯国家发动第二次世界大战的目的之一，是想通过武力手段摧毁第一个社会主义国家苏联。德、日、意三国签署《反共产国际协定》就反映了它们的这一意向。老牌帝国主义国家也曾奉行"祸水东引"政策，企图借法西斯之手削弱苏联的影响，英国首相张伯伦和法国总理达拉第在这方面进行了充分表演。但事态的发展却与他们的愿望相反，第二次世界大战不但没有搞垮和削弱社会主义的苏联，反而使它

---

① ［美］布热津斯基：《大失败——20 世纪共产主义的兴亡》，军事科学出版社 1989 年版，第 13—14 页。

变得更加强大。第二次世界大战为一系列国家走上社会主义道路创造了有利条件，社会主义从一国发展到多国，社会主义国家由"孤岛"变为"群岛"，出现了世界社会主义高歌猛进的时代。1917 年，社会主义的人口占全球人口的 7.4%，领土占全世界领土的 15.9%；第二次世界大战后，各社会主义国家的人口约占全世界的 35%，领土占全世界的 26%。

在亚洲，曾经沦为殖民地半殖民地的朝鲜、越南和中国，先后取得了革命战争的胜利，摆脱了帝国主义的殖民枷锁，并在民主革命的基础上向社会主义过渡。越南民主共和国、朝鲜民主主义人民共和国、中华人民共和国和蒙古人民共和国的先后建立，在亚洲大地上出现了四个社会主义国家。中华人民共和国的成立，从地域上把东欧的社会主义国家同亚洲的蒙古、朝鲜、越南连成一片。从此，占世界人口三分之一和占世界土地四分之一的十几个社会主义国家，作为一个政治上的整体开始紧密联结起来。

在追歼法西斯的最后战斗中，苏联红军胜利进军中欧和东南欧，从而为这个地区许多国家长期坚持斗争的共产党夺取政权创造了极为有利的条件。1944 年夏秋，苏军越出国界，在东欧迅速推进，东欧各国纷纷举行武装起义，解放自己的祖国。南斯拉夫、罗马尼亚、保加利亚、波兰、匈牙利、捷克斯洛伐克、阿尔巴尼亚和东德等八个国家相继建立了人民民主政权，这些国家经历了短暂的人民民主阵线时期，实现了政治体制的苏维埃化。这些国家在政治、经济、社会、文化等各个领域进行了根本性改革，确立了社会主义制度。

欧亚社会主义国家在革命的进程上是分两步走的，第一步，进行民主主义革命，完成民族、民主革命任务；第二步，进行社会主义革命，建立社会主义制度。东欧各国人民民主国家的建立有其自身的历史特点。第二次世界大战爆发后，欧洲大多数国家被德、意法西斯占领，东南欧各国人民在共产党和工人党的领导下，奋起反抗法西斯的统治，积极发展人民的武装力量，并建立了各种民族民主阵线组织或临时民主政权。在德国法西斯狼狈溃逃和苏联红军乘胜追击的有利形势下，东南欧各国的人民在取得革命胜利的基础上，相继建立了人民民主国家，并及时地进行了民主改革。但是，在战后初期，美英对东欧各国资产阶级政党给予了极大的支持和帮助，力图干预和阻挠东欧各国走社会主义道路。东欧各国共产党最初在国家政权中并没有全部居于领导地位，经过激烈复杂的斗争，最后击败了资产阶级反动派，共产党掌握了国家政权，才保证了人民民主国家的建立和巩固。

欧亚社会主义国家在夺取政权之后，依据本国国情，继续完成民主主义革命的任务。在东欧，从1944—1945年开始，各国都采取措施清除法西斯和封建残余势力，惩处反革命，没收法西斯占领者和本国反动派财产，广泛进行土地改革和民主改革，解放农村生产力。到1947—1949年，这些任务都相继完成。在亚洲，朝鲜于1946年颁布土地改革法，在朝鲜北部开展土地改革，没收日本侵略者及卖国贼财产。越南在1945年8月革命胜利后，实行了一系列民主改革措施，废除人头税，接管殖民主义者企业，颁布劳动法，实行减租减息，1949年又颁布法令，没收法国帝国主义者及越奸的土地，进一步减租减息，改善人民生活。中国人民政府颁布了《中华人民共和国土地改革法》，实行土地改革，1952年土地改革结束，民主任务完成。在民主主义革命任务完成后，各人民民主国家开始实现从民主主义革命向社会主义革命的转变。东欧各国的社会主义革命从1947年开始，主要包括实行工业国有化，剥夺私人资本或对私营工商业进行社会主义改造，发展农业生产合作社，逐步引导农民走上集体化的道路等。在亚洲，朝鲜临时人民委员会于1946年8月颁布了《产业、铁路、邮电管理、银行等国有化法令》，实现了国营经济在全部经济生活中的领导地位，逐渐完成了对农业、个体手工业、个体商业、个体渔民和民族资产阶级的社会主义改造。在中国，1956年通过和平赎买政策完成对资本主义工商业的社会主义改造，通过合作化方式引导农民和手工业者走上社会主义道路。蒙古、越南于1960年完成了社会主义革命的任务。

第一次世界大战后苏联建成第一个社会主义国家是一个划时代的事件，对世界人民起到了极大的示范作用。第二次世界大战后欧亚大地上一系列社会主义国家的建立是不亚于苏联建立的又一个大事件，对当时和此后相当长时期世界政治经济的影响都十分重大。其伟大意义不仅在于中国等欧亚国家取得的成就，而且在于形成了具有真正意义的社会主义同资本主义两种社会制度长期共存竞争的局面，给社会主义最终战胜资本主义带来了希望。社会主义从一国走向多国极大地加强了世界社会主义的力量，同时还促进了世界革命形势的蓬勃发展，给全世界被压迫人民和被压迫民族树立了榜样，鼓舞了他们的斗志，坚定了他们必胜的信心，为亚非拉殖民地半殖民地国家的民族解放运动开辟了道路。第一次世界大战之后的民族解放运动虽然有了新的发展，但因力量所限，仍然没有从根本上动摇帝国主义殖民体系。直到第二次世界大战前夕，亚非拉地区只有 31 个独立国家，而殖民地和半殖民地人口却高达 14.5 亿，占当时世界人口的 70%，土地面积 7800 万平方公里，占世界陆地面积的 58%。第二次世界大战之后情况发生了天翻地覆的变化。民族解放运动的洪流激荡于亚非拉各个地区，殖民地附属国一个接一个地宣告独立，100 多个国家相继挣脱了殖民主义枷锁，帝国主义殖民体系彻底土崩瓦解。被压迫民族的解放运动同国际无产阶级运动相互呼应，汇集成不可抗拒的历史洪流。第三世界迅速崛起，在国际舞台上发挥着越来越重要的作用。

综观战后初期的民族解放运动，气势凶猛，战果辉煌，帝国主义殖民体系开始土崩瓦解。社会主义从一国发展到多国，改变了国际政治力量的对比和世界格局。国际形势发生了有利于民主、和平与社会主义，而不利于帝国主义的重大变化。全世界无产阶级革命斗争同被压迫人民和被压迫民族的解放斗争汇成一股强大的洪流，猛烈地冲击着帝国主义和各国反动派的统治，在新的大好形势下，国际共产主义运动进入了一个新的发展阶段，开创了社会主义革命和建设蓬勃发展的新时期。

社会主义从一国的胜利发展到在多国的胜利，充分显示了社会主义的强大生命力，对世界各国人民产生了强大的吸引力。社会主义从一国走向多国令人信服地向已摆脱帝国主义政治统治的人民指出了巩固民族独立、克服落后、实现经济独立和社会经济进步的最有成效的途径。据统计，第二次世界大战以后，全世界近 100 个殖民地国家经过斗争取得了独立，其中有 40 多个民族独立国家宣布自己为"社会主义国家"或宣布为"向社会主义方向发展"的国家。尽管这些国家并未建立社会主义制度，但这也足以说明，社会主义在世界上的影响的扩大和深入人心。这对于争取社会主义事业在全世界范围的更大发展具有重大意义。战后世界舞台上国际政治力量的消长，以及战争引起的政治和意识形态的改变，决定了战后世界发展的基本方向。这些国家的人民坚信，只有社会主义的发展道路才能保证迅速实现国家工业化，消灭落后状态，才能提高人民群众的文化水平，摆脱贫困和消除失业现象。

二　社会主义从一国走向多国对斯大林的鼓舞

世界革命进程的狂飙突进，欧亚一系列人民民主国家的建立，使世界舞台上的力量对比发生了有利于社会主义的非常重要的变化，社会主义开始能够对国际关系体系产生深刻影响。社会主义从一国走向多国，形成了以美国为代表的帝国主义力量和以苏联为代表的社会主义力量的对立和斗争，构成了战后国际关系的基本内容和主要特征。社会主义与正在发展中的民族解放运动的新兴力量形成了战后初期世界政治力量的新格局。斯大林对社会主义力量的壮大欢欣鼓舞，充满信心。苏联在反法西斯战争中树立起了巨大的国际威望，亚洲和西欧一些国家以共产党为代表的左翼力量在二战中的壮大，苏联工业化的成功加强了社会主义对第三世界国家选择发展道路的吸引力，加强了工人阶级和全世界劳动人民为民主、社会进步、社会变革而斗争的信心。

第一，斯大林赞扬社会主义从一国走向多国对世界资本主义的猛烈冲击。

苏联社会主义制度的建立受到世界的瞩目，社会主义作为崭新的社会制度从理论走向了现实。现实社会主义用自己的榜样力量鼓舞着资本主义国家的劳动者和已解放国家的劳动者去为争取社会和民族解放而斗争。社会主义的榜样深刻地影响着民族解放运动的内容、形式、特点和社会经济的发展方向。现实社会主义榜样的作用，对全世界劳动人民越来越大的吸引力是同现实社会主义经济和政治实力的增长，是同其优势越来越明显和令人信服地展现出来紧密相关的。苏联社会主义的实力的增长为推动资本主义国家的工人阶级、所有民族解放的队伍，所有为争取和平、民主和社会主义而斗争的力量向前发展创造了更有利的条件。社会主义的成就具有真正的革命意义，它有助于把人们的思想和意识转向新的社会制度。在社会主义制度下，感到自己为社会的需要、自己能够决定社会发展的情感。在此之前，苏联是唯一的社会主义国家，处在世界资本主义包围之中，而社会主义走向多国，使世界政治力量的对比发生了有利于社会主义的巨大变化，形成了同帝国主义势力相抗衡的力量，从而大大改变了世界力量的对比。斯大林认为，社会主义从一国胜利走向多国的胜利，显示着资本主义对社会主义苏联的包围崩溃了，苏联摆脱了国际孤立的地位。社会主义在多国的胜利大大增强了社会主义的力量，苏联不再仅仅依靠自身的力量与西方世界对垒，而是依靠联合起来的社会主义阵营的力量来反对西方资本主义阵营。社会主义阵营的形成有利于巩固各国的社会主义成果，鼓舞了蓬勃高涨的民族解放运动，沉重打击了帝国主义和殖民主义，对世界政治经济产生了深远的影响。

第二次世界大战给东欧各国造成了巨大的经济破坏。战后初期，东欧各国工业凋敝，农业破败，国民经济处于混乱崩溃状态。社会主义国家在消除战争创伤、恢复生产、提供充分就业、发展经济、提高人民生活水平等方面，取得了举世瞩目的成就，与资本主义出现的低发展、高失业率以及接连不断的经济危机形成鲜明对照。1956 年，世界社会主义体系的"工业生产量提高到 1937 年的生产水平的四倍"，"世界社会主义体系的采煤量占全世界的 37% 以上，钢铁产量约占四分之一，棉花产量约占三分之一。社会主义各国的谷物收获量约占世界的 40%"①。社会主义谱写的辉煌显示出了社会主义制度的优越性，提高了社会主义的世界声望。

在资本主义国家，战后初期也出现了民主和社会主义运动的新高涨。战争造成的萧条，使战后初期工人运动风起云涌，猛烈地冲击了资本主义制度。现实社会主义的存在、它在解决许多极为重要的经济、社会和政治问题中所取得的成就迫使资产阶级不得不满足劳动者的某些社会经济政治要求，采取灵活的策略和改革方法。

第二，斯大林高度肯定社会主义维护世界和平，遏制帝国主义的努力。

第二次世界大战给各国人民造成了巨大灾难，因此，反对战争，保卫和平是各国人民的强烈意愿和迫切要求。但是，美国自恃经济和军事上的优势，在战后显现了企图称霸世界的野心，社会主义体系的存在成为他们不可逾越的障碍。美国为了称霸世界，不断进攻社会主义，竭力建立军事基地，拼凑军事政治同盟。因此，世界和平受到严重威胁，各国人民深感不安。鉴于新的国际形势，一些著名人士联合发出了要求召开世界保卫和平大会的宣言。在宣言的号召下，世界保卫和平运动迅速

---

① ［苏］伊·费·伊瓦辛：《苏联外交简史》，世界知识出版社 1960 年版，第 359 页。

兴起。苏联和所有社会主义国家都奉行和平的对外政策。在战后十年里，社会主义国家多次提出禁止使用原子武器，彻底销毁现存全部原子弹，以及实现普遍裁减军备和取缔外国军事基地，全部撤离外国驻军等声明、提案。苏联为了促进国际和平与民主的实现，对帝国主义的侵略政策和战争政策进行了坚决的揭露和斗争。1946 年 12 月，苏联在联合国第一届第二次大会上提出了禁止使用原子武器的提案和缔结国际裁军协定的建议。苏联还率先将红军从 1130 万人裁减到 280 万人。苏联的努力，不仅为苏联医治战争创伤和发展国民经济赢得了和平的国际条件，而且打破了美帝国主义的全球战略，不同程度上支持了各国人民的革命斗争，从而为世界和平和人类进步事业作出了巨大贡献。

第三，斯大林对各国共产党力量的壮大欣欣鼓舞。

各国共产党经过战争的洗礼更强大了。在战争中，各国共产党人站在斗争的最前线，赢得了人民的信仰，壮大了自己的力量，共产党的发展更迅速。1939 年，全世界共产党组织仅 61 个，人数约 420 余万。1945 年，共产党组织发展到 76 个，人数扩大到 2000 余万。到 1950 年，共产党组织增加到 81 个，党员达 2500 余万人。与此同时，工人群众组织也如雨后春笋般纷纷建立。在各国工会运动广泛发展的基础上，1945 年 9 月，世界工会联合会在巴黎成立。世界工联拥有会员 6770 余万人，这在世界工人运动史上是空前的。[1]

斯大林对世界共产党力量的迅速壮大满怀欣喜。他看到，从中国和朝鲜到捷克斯洛伐克和匈牙利，已经出现了人民民主国家这些新的"突击队"。历经艰难，苏联的共产党人坚持下来了，没有被困难所吓倒，而且获得了胜利。在 1917 年俄国布尔什维克取得政权以后，在布尔什维克党采取了实际措施来消灭资本家和地主的压迫以后，兄弟党的代表对布尔什维克党的勇敢和成就表示敬佩，给予世界革命运动和工人运动的"突击队"的称号。各国共产党希望这支"突击队"的成就能改善在资本主义压迫下受折磨的各国人民的处境。斯大林认为，布尔什维克党没有辜负这种希望，特别是在第二次世界大战期间，苏联粉碎了德国和日本的法西斯暴政，使欧洲和亚洲的各国人民摆脱了法西斯奴役。但

---

[1] 姜琦、阎志民等编著：《当代国际共产主义运动》，甘肃人民出版社 1987 年版，第 6 页。

是，由于苏联这支"突击队"还是唯一的一支突击队，它还是几乎单枪匹马地执行这个先进的任务，所以，执行这个光荣的任务是很困难的。而人民民主国家的出现，使得斗争比较容易了，工作进行得也比较愉快了。尚未取得政权的共产主义的和民主主义的政党进行工作更便利了。斯大林高度肯定了共产党的影响在东欧的日益增长。他认为，共产党人的影响的增长不是偶然的，完全是一种合乎规律的现象。因为在法西斯主义统治欧洲的艰难年代里，共产党人是反对法西斯制度，争取各国人民自由的可靠的、勇敢的、奋不顾身的战士。共产党人在欧洲的影响，就是这样增长起来的。斯大林认为，经历战争的洗礼，"全世界已有可能不仅确信苏维埃国家的威力，而且确信以承认一切民族平等和尊重它们的自由和独立为基础的苏联政策的正义性。"[1]

社会主义从一国走向多国之际，国际上反苏、反共、反社会主义的叫嚣不断。在美国的反共主义看来，共产主义集团是铁板一块的，世界各国的共产党组成一个团结的整体，它们之间没有本质的区别，都服从莫斯科的指挥，鼓动世界革命，并企图最终统治整个世界。曾担任国务院远东司司长，时任美国驻荷兰大使的亨培克 1949 年 7 月这样说道："共产党就是共产党，不论你在哪儿发现他们，也不论他们是什么国籍，他们都立誓效忠共产主义在全世界胜利的思想。"[2] 他们认为，苏联为首的共产党阵营试图用共产主义改造整个世界和推翻资本主义的统治。

斯大林认为，苏联和其他共产党国家结合在一起，必定会形成广泛的吸引力，日益复杂的国际形势也要求各国无产阶级政党、各社会主义和人民民主国家必须加强联系，加强团结，以便共同对付帝国主义和各国反动势力的进攻。1947 年春夏，杜鲁门主义、马歇尔计划先后出现，在冷战全面爆发的新形势下，斯大林决定加强欧洲各国共产党的协调行动。9 月 22 日至 27 日，苏联、波兰、罗马尼亚、捷克斯洛伐克、匈牙利、保加利亚、南斯拉夫和意大利、法国等九国共产党和工人党代表在波兰首都华沙举行共产党情报局成立会议。会议通过了《关于国际形势的宣言》和《关于参加此次会议的各国共产党彼此

---

① 《斯大林文集（1934—1952）》，人民出版社 1985 年版，第 506 页。

② 参见王立新《意识形态与美国外交政策》，北京大学出版社 2007 年版，第 333 页。

交换经验及配合动作问题的决议》，强调在新的形势下各国党之间协同行动，加强团结的必要性、紧迫性。会议决议指出："各国共产党彼此交换经验，并按自愿原则配合动作，目前在战后国际形势复杂化的时候尤为迫切必要。"会议决定将总部设在贝尔格莱德，并创办自己的机关报。日丹诺夫宣读了《共产党和工人党情报局关于国际形势的宣言》。这篇宣言分析了两大阵营对峙的形势，揭露了杜鲁门主义和马歇尔计划的扩张主义实质。宣言指出，世界已形成了两个阵营，"一个是帝国主义反民主阵营，它的基本目的是建立帝国主义的世界霸权和摧毁民主；另一个是反帝国主义民主阵营，它的基本目的是摧毁帝国主义、巩固民主和根除法西斯残余势力"。宣言认为，"杜鲁门—马歇尔计划，不过是美国在世界各地执行的全球扩张政策的总计划中的一个组成部分，是这个总计划中的欧洲一章而已"。① 宣言指出，在新的侵略威胁日益增长的形势下，各国共产党和工人党面临的任务是，举起保卫民族独立和国家主权的旗帜，团结一切和平民主力量，挫败美国的侵略野心和计划。宣言号召反帝民主阵营团结起来，制定彼此统一的行动纲领和斗争策略，来反对帝国主义阵营及其同盟者。宣言还告诫各国共产党和工人党要克服一些错误判断，即过低估计自己的力量，过高估计帝国主义的力量，要正确引导工人阶级和劳动人民认清形势，坚定信心，团结一致，把反帝斗争进行到底。情报局的建立是当时国际共产主义运动中的一件大事，尽管情报局在后来的发展过程中犯了干涉他党内部事务和他国内政的错误，但在当时情况下，它对团结社会主义力量和民主力量，动员各国共产党和人民抵抗帝国主义和各国反动势力，还是发挥了很大的积极作用。

第四，斯大林高度重视社会主义国家之间的联合与合作。

社会主义从一国走向多国后，社会主义各国以马克思主义为纽带，通过双边或多边条约、协定等法律形式，建立了密切的联系。苏联积极促进社会主义国家和人民民主国家的联合，积极援助东欧和亚洲新生的社会主义政权。在斯大林的领导下，苏联通过一系列措施、签订一系列友好互助同盟条约，不断加强社会主义国家间的关系，推动社会主义的国际联合。

---

① 《国际关系史资料选编》下册，武汉大学出版社1983年版，第129页。

在这一时期，西方对社会主义世界的经济封锁，对于没有加入"马歇尔计划"体系的苏联、中国和欧洲各人民民主国家实行经济封锁，想以此窒杀它们。在 1947 年 12 月，美国国家安全委员会决定禁止从美国向苏联及其附属国出口所有美国短缺物资和有助于增长苏联军事潜力的物资。1949 年 2 月，美国国会制定了《出口管制法》又将与战略物资有关的技术资料列入禁运范围，拉开了对社会主义国家实行经济遏制战略的帷幕。巴黎统筹委员会要求成员国严格控制向社会主义国家出口，对社会主义国家实行长期的禁运。这标志着美国的经济遏制战略扩大成为整个西方世界的共同行动。在杜鲁门政府看来，美国应该着眼于扩大和强化对苏联集团各国的出口管制，禁止和限制战略物资、紧缺商品直接或间接地输入苏联集团各国，其广度和深度必须能够影响苏联集团的整个生产体系。[①]

在这种情况下社会主义国家进行了多种形式的斗争，其中最重要的就是在自力更生的基础上发展社会主义国家之间的经济合作与互助。苏联在帮助解放东欧各国的同时对于稳定东欧也发挥了重要作用。遭受战火洗劫的东欧各国在恢复和发展经济方面困难很多。苏联的援助和相互贸易对发展这些国家的电力、冶金和机器制造等基础工业部门起了重要作用。东欧各国也向苏联提供了大量的机器设备、矿产和工业消费品和食品，对促进苏联经济发展和缓和苏联消费品的严重不足提供了切实的帮助。"1946—1950 年从匈牙利进口的这些商品价值 6320 万卢布，其中 1950 年就占 53%；从民主德国进口达 7850 万卢布，其中 1950 年约占 70%；而从捷克斯洛伐克进口的这些商品的总额为 1.21 亿卢布，1950 年占 44%。"[②] 为了抵制"马歇尔计划"，反对帝国主义的封锁和遏制，苏联与东欧国家进一步加强了经济合作，缔结了一系列经济贸易协定。这些双边经济贸易协定和友好互助条约促进了东欧国家经济恢复和发展。斯大林高度评价社会主义国家之间建立的合作互助关系，西方并没有窒杀得了社会主义阵营，反而巩固了这个新的市场。战后时期这些社会主义国家在经济上结合起来了，并且建立了经济上的合作和互

---

① 参见《历史研究》编辑部编《〈历史研究〉五十年论文选》，社会科学文献出版社 2005 年版，第 179—180 页。

② 苏联科学院经济研究所编：《苏联社会主义经济史》第六卷，生活·读书·新知三联书店 1982 年版，第 264—265 页。

助。他认为，"这个合作的经验表明，没有一个资本主义国家能象苏联那样给予各人民民主国家以真正的和技术精湛的帮助。问题不仅在于这种帮助是极度便宜的，技术上是头等的。问题首先在于这种合作的基础，是互相帮助和求得共同经济高涨的真诚愿望。结果，在这些国家中便有了高速度的工业发展。可以满怀信心地说，在这样的工业发展速度之下，很快就会使得这些国家不仅不需要从资本主义国家输入商品，而且它们自己还会感到必须把自己生产的多余商品输往他国。"①

苏联同经互会成员国的经济合作关系日益密切和牢固。苏联在机器设备、日用工业品和农产品方面依赖于东欧各国的供应。东欧各国的燃料、原料以及许多工业产品则依赖于苏联。苏联和东欧各国之间的经济、贸易、科技关系已成为这些国家经济生活正常运转的不可或缺的要素。"社会主义国家在苏联对外贸易总额中所占的比重，从1946年的54.5%增长到1950年的81%。这一时期末，波兰、捷克斯洛伐克和德意志民主共和国成了苏联最大的外贸伙伴。与此同时，苏联在社会主义各国对外贸易额中的比重也增长了。例如在1950年，苏联占保加利亚外贸总额的52%，匈牙利的26%，民主德国的39%，波兰的26%，罗马尼亚的50%和捷克斯洛伐克的27%。社会主义国家之间（不包括苏联）的相互贸易额也大大增长了。"② "1950年，经互会国家之间的贸易比重已达到它们外贸总额的60%。苏联同资本主义国家和发展中国家的贸易额占其贸易总额的18.9%，保加利亚——11.4%，匈牙利——38.4%，民主德国——27.7%，波兰——41%，罗马尼亚16.8%，捷克斯洛伐克——44.4%。"③

在亚太地区，苏联面对美国的挑战也作了积极的应对。1950年2月11日，斯大林与毛泽东在莫斯科签署了为期30年的《苏中友好同盟互助条约》。苏联与中国两个大国结盟，在战后初期具有特别重要的国际意义，它巩固了以苏联为首的社会主义阵营，对美国在亚太地区的霸权图谋是一次沉重的打击。但是，在这一时期，斯大林在经济建设上

①　《斯大林文集（1934—1952）》，人民出版社1985年版，第621页。

②　苏联科学院经济研究所编：《苏联社会主义经济史》第六卷，生活·读书·新知三联书店1982年版，第262—263页。

③　苏联科学院经济研究所编：《苏联社会主义经济史》第六卷，生活·读书·新知三联书店1982年版，第264页。

强制推行苏联的做法，轻视别国具体的历史特点和实践，一些不妥当甚至错误的做法，严重践踏了别国的主权，伤害了别国人民的民族情感，危害了苏联与东欧社会主义各国的团结合作关系。

第六章 二战后苏联国际地位的
提升对斯大林的影响

十月社会主义革命胜利后，苏维埃俄国成了受到世界各国被压迫阶级和被压迫人民景仰的革命圣地。苏联依靠其崭新的政治经济制度，在很短的时间内把俄国从一个落后的农业国发展成先进的工业国，从而为在卫国战争中战胜不可一世的希特勒德国奠定了坚实的物质基础。苏联经济的迅速发展，在第二次世界大战中取得的辉煌胜利，再加上苏联对世界被压迫阶级和被压迫民族革命斗争的声援和支持，使社会主义制度的吸引力、苏联在国际上的政治影响力达到了空前的高度。这极大地增强了斯大林的信心。有人认为二战后，资本主义对苏联的战争威胁已不存在，和平与发展的时代特征已经明显地显现，斯大林如能认清形势，抓住历史机遇进行改革，加强与西方的经济往来与合作，比如，利用"马歇尔计划"恢复经济，完全可以把社会主义事业引向崭新的历史阶段。斯大林却使苏联失去了同西方国家发展经济关系的一次重要机会。事实上，这一时期和平与发展的时代趋势并未明显显现，国际形势非常复杂，出现了新的大国的兴起、旧的大国的衰落及其相互间的力量竞争的新格局。

一 二战后苏联国际地位的空前提高

苏联的政治影响、军事实力在二战期间大大增强，二战后苏联的国际地位和国际影响力迅速提升。苏联极大地影响了第二次世界大战的进程和战后世界政治格局，走出了十月革命胜利后的孤立境地，在战后世界安排中发挥强大作用，成为两极世界格局中的一极。在这个世界社会主义凯歌行进的时期，苏联代表着社会主义的形象，发挥了巨大的影响力和吸引力。

第一，苏联在战后世界安排中发挥强大作用。

苏联在反法西斯战争中经受住了严峻考验并作出巨大贡献，赢得了世界革命人民和进步力量的拥护和支持，在国际事务中拥有了强大的发言权。苏联在国际军事和政治舞台上迅速上升的地位和作用使斯大林能够以世界级的政治军事人物与西方国家元首在协调战争的同时商讨战后的世界安排。

在1942年7月到1943年2月的斯大林格勒战役扭转了反法西斯战局之后，苏联就开始取得了主动。1943年是第二次世界大战根本转折的一年。在这一年，法西斯轴心国开始瓦解。随着反法西斯战争的胜利已成定局，为了协调盟国之间的作战计划，尽快打败德日法西斯，并商讨战后世界和平安排问题，1943年8月19日，罗斯福和丘吉尔发电报给斯大林，建议举行三国首脑会晤。10月19日至30日，苏美英三国外长会议在莫斯科举行。莫斯科外长会议后，在斯大林的坚持下，苏、美、英三国在德黑兰举行首脑会议。"1943年斯大林格勒战役的胜利加强了苏联在战后安排谈判中的地位。苏军在战场上的胜利成为实现苏联的领土和安全要求的有力保障。事实上，西方除了被迫的逐渐的接受外，选择余地是有限的。这在同年11月召开的苏美英三大国战时第一次首脑会议——德黑兰会议上得到了鲜明的反映。在德黑兰会议上，苏联在建立东欧势力范围和确保苏联在战后世界格局中的有利地位这两方面的努力，都取得了初步的成功。除了第二战场问题外，会议讨论了战后德国的处置、苏联的西北边界、苏联参加对日作战和建立未来的国际组织等主要是战后调整和安排的问题。"[1] 1943年冬季，苏军开始大反攻，战线开始西移，红军所到之处，苏联先后与罗马尼亚、芬兰、保加利亚、匈牙利等国签订合约。1945年1月，苏军攻占华沙，向德国进军。德国法西斯即将被彻底覆灭。在这段时间，美英苏三国各有自己的立场和政策构想。就苏联来讲，苏联一直坚持战后的世界就是由三大国主宰。苏联在战争中承受的牺牲最大，对反法西斯的贡献也最大，战后理应得到应有的补偿，补偿包括资源、装备等等，也包括领土获得等。大约从1943年德国法西斯败局已定的时候，美、英、苏三国就开始考

---

[1]　《历史研究》编辑部编：《〈历史研究〉五十年论文选》，社会科学文献出版社2005年版，第107页。

虑战后的安排和胜利果实的分配了。

苏联的世界大国地位由雅尔塔体系确立。1945 年 2 月 4 日至 11 日召开了雅尔塔会议，调整美苏之间的战略关系成为这个会议的中心议题之一。最终，美苏双方经过较量和妥协确定了各自的势力范围。有研究指出："总的说来，雅尔塔会议的实质内容就是东西欧的划分和关于远东的秘密协定。二者都体现了美苏势力范围的划分。在远东，后来中国革命的胜利打破了在雅尔塔协定下的势力范围。雅尔塔会议还充分体现了大国主宰世界的思想。无论是欧洲还是亚洲，当事国基本上没有什么发言权，听凭几个大国把它们的权益甚至领土，作为讨价还价的筹码。美苏争霸天下的局面从此形成。"① 可以说这在学术界是比较占主流的认识。雅尔塔体系建立在美英和苏联战时军事实力均势的基础之上，是美英苏三大国出于对各自利益的现实考虑和对战后世界安排的长远打算而相互妥协的产物。这可以说是战后形成两极格局的地缘政治基础，最终苏联在自己的西部建立起一道安全屏障，摆脱了过去那种被西方国家四面包围的境地。"雅尔塔会议对苏联来说，是一次取得广泛成果的会议。主要是：取得了分区占领德国的权力；确定了有利于苏联的苏波边界，保留了苏联支持的波兰卢布林政府；'大国一致'的原则确立了苏联在联合国的牢固地位和作用；在远东获得了极大的权益。所以，就建立苏联在东欧的势力范围和确保苏联在战后欧洲和世界格局中的有利地位而言，雅尔塔会议实际上是向苏联颁发了承认书和授权书。"②

雅尔塔体系的确立意味着国际关系的大格局从传统的以欧洲为中心并支配世界的时代过渡到美苏两极对峙的时代。同时还要看到，雅尔塔体系的确立是世界反法西斯斗争的胜利，反映了世界人民对和平与安全的渴望，但更是大国外交、强权政治、实力政策和美苏妥协的结果，势力范围的划分为战后美苏对立与对抗埋下了祸根。此后，苏联积极参与国际政治生活以确保大国地位，发挥大国作用。联合国的成立是战后国际社会一个重要事件，苏联也参与了联合国的建立，成为常任理事国并获得否决权。这就意味着美国在解决重大国际问题时必须不能忽视苏联

---

① 资中筠主编：《战后美国外交史——从杜鲁门到里根》上册，世界知识出版社 1994 年版，第 33 页。

② 《历史研究》编辑部编：《〈历史研究〉五十年论文选》，社会科学文献出版社 2005 年版，第 117 页。

的存在。在当时的历史条件下，苏联拥有否决权对于维护和平、主持正义、反对侵略战争的斗争是有益的。

第二，苏联成为争取民族解放和社会进步的各国革命进步力量的坚强后盾。

社会主义的苏联经受住了战争的严峻考验，面对法西斯德国的猖狂进攻，粉碎了敌人的"闪电战"，击溃了德军"不可战胜"的神话，为打败法西斯作出了不可磨灭的历史贡献。这充分显示了社会主义制度的巨大生命力，极大地影响和推动了欧亚人民民主运动。从 1944 年 1 月中旬开始，苏军开始了全面反攻，连续给德军以毁灭性打击。最终，苏军解放了苏联全境并越出国界进入东欧继续追歼德军。东欧各国人民利用苏军反攻的有利形势奋起进行反法西斯武装起义，同苏军并肩作战，迎接本国的解放。一切革命和进步力量越来越强烈地希望国家不要再回到战前状态，而是要实现深刻的社会和政治改造，建立先进的民主制度。面对这股强大的进步潮流，苏联从 1944 年中期起，利用红军开进各国领土作战的有利条件，尽可能给予支持。苏联红军打出国界，促进了东欧各国人民把反法西斯斗争和民族解放斗争成功地发展为人民民主革命。

1943 年 3 月，波兰工人党发表了《我们为什么而斗争》的纲领性宣言，明确提出战后的波兰"将不是也不能是 1939 年以前的波兰"。纲领明确表示拒绝与资产阶级流亡政府合作，要在新的社会基础上重建波兰国家。1944 年夏，苏军向德军发起了大反攻。7 月 18 日，苏军跨过布拉格河攻入波兰国境，开始了解放波兰领土的战争。最终在 1945 年 1 月 17 日解放华沙。5 月 6 日，波兰全境获得解放。

1944 年 4 月，苏军推进到捷克斯洛伐克边境。战线的推进在捷克斯洛伐克人民中间引起巨大影响。抵抗运动扩大，共产党人领导的游击队大量出现。斯洛伐克的蒂索傀儡政权陷入混乱。民族委员会和游击队形成了一大片游击区。民族解放斗争的高涨，各阶层人民团结的加强，苏军的推进和德国直接占领的威胁，这一切使斯洛伐克地区武装起义提上了日程，共产党为此进行了长期的准备。1944 年 6 月 29 日，在斯洛伐克民族委员会主持下成立了军事区委员会，负责准备起义。斯洛伐克民族起义是捷克斯洛伐克民族民主革命的开端。德国法西斯竭力镇压起义。斗争十分艰难，起义战士一直坚持斗争直到苏军和捷克斯洛伐克军团进入斯洛伐克国境。1945 年春，苏军解放了斯洛伐克大部分地区。这一时期捷克地区的武装起义也在积极准备。4 月下旬，苏军解放了布尔诺，5 月初，占领了维也纳并进行柏林战役，同美军在易北河会师，把法西斯残余势力完全包围起来。获悉苏军攻克柏林，布拉格居民也开始行动起来。布拉格起义促进了全捷克地区的武装起义，许多城市纷纷响应。9 日凌晨，苏军坦克冲进了布拉格，迅速粉碎了德军的抵抗，解放了布拉格。

1944 年，阿尔巴尼亚人民的民族解放战争进入了最后阶段。11 月，阿尔巴尼亚全境获得解放。1944 年 8 月，苏军突破德军和罗马尼亚军队的防线，开始向罗马尼亚国境推进。罗马尼亚全国各地武装起义达到高潮，到 10 月 25 日，罗马尼亚全部国土获得了解放。1943 年保加利亚人民的反法西斯抵抗运动进入了一个转折时期。1944 年夏末，反法西斯抵抗运动进一步高涨。苏联政府于 9 月 5 日向保加利亚政府发出照会，宣布同保加利亚处于战争状态。苏联宣战的消息进一步鼓舞了保加利亚人民的斗争。9 月 8 日，苏军推进到保加利亚国境。当晚索菲亚人民举行了武装起义。9 月 9 日，法西斯政府被推翻。1945 年春，南斯拉夫人民解放军向国境内负隅顽抗的德国军队发起了一系列攻势，迅速解放了全国大部分地区。1945 年 2 月 13 日，苏联红军解放了匈牙利首都布达佩斯。4 月初，德国法西斯被驱逐出匈牙利。匈牙利全境获得解放。"苏军发动的全面反攻和东欧各国人民举行的武装起义，以风卷残云之势扫清了盘踞在苏联和东欧各国约 140 万平方公里土地上的法西斯军队，把整个战线向西推进了 550 至 1100 公里，苏德战线由 4450 公里缩短为 2250 公里，使苏军能够腾出更多的兵力集中主要方向作战，为1945 年最终战胜法西斯德国创造了极其有利的条件。由于德军接二连三地遭到致命打击，法西斯阵营已经分崩离析，法西斯德国完全陷于四面楚歌、穷途末路的困境，注定了彻底覆亡的命运。"①

在亚洲，中国、朝鲜和越南也先后走上社会主义道路。社会主义国家和民族民主力量的兴起，并在反对帝国主义战争和殖民主义中结成了广泛的统一阵线，标志着战后和平民主力量的壮大。"自近代以来，整

---

① 方连庆主编：《现代国际关系史（1917—1945）》，北京大学出版社 1990 年版，第 566 页。

个世界是资本主义的一统天下。十月革命的胜利和社会主义苏联的诞生，打破了资本主义一统天下的格局，但资本主义势力仍占绝对优势。二战后，出现了社会主义阵营和第三世界，加强了社会主义和和平进步力量，在国际政治力量的天平上，资本主义力量的份额急剧减轻，表明帝国主义为所欲为的时代一去不复返了。"① 社会主义在多国的胜利大大增强了世界社会主义的分量，苏联依靠联合起来的社会主义阵营的力量来抗衡西方资本主义阵营，而不再仅仅依靠自身的力量与西方世界对垒。

第三，苏联的强大改变了世界政治舞台的力量对比，形成了以美苏为首的两极格局。

第二次世界大战导致各大国在经济、政治和军事实力方面产生了巨大差距，使战后国际力量的对比和世界格局发生了历史性的变化。一战后以欧洲均势为中心的传统格局并未改变，欧洲仍然对世界有着决定性的影响。但是，以凡尔赛—华盛顿体系为基础的世界格局是不稳定的。20 世纪 30 年代初爆发的资本主义世界经济危机迅速激化了矛盾。德国、意大利、日本这三个法西斯国家要求重新划分势力范围。最终，在二战中，德国、意大利和日本被彻底击溃。英国和法国原有的殖民地纷纷走上独立之路，他们的国家实力和国际影响一落千丈。只有美国和苏联成为世界上两个最为强大的国家。"第二次世界大战的胜利，打破了三百年来国际政治、经济、军事以欧洲为中心的格局。德意战败，英法削弱，西欧大陆已不存在经济、军事实力雄厚的真正大国。西欧在国际政治中居于支配地位的时代已成为过去。美国则凭借在战争中急剧膨胀起来的经济、军事实力，爬上资本主义世界霸主的地位。它野心勃勃，狂妄地宣布要控制全世界。但美国好景也不长，很快就从顶峰上跌落下来。"②

第二次世界大战摧毁了原有的欧洲中心格局。"在欧洲大国普遍衰败的同时，横跨欧亚两洲的苏联却在战争中上升为一流大国。虽然苏联在战争中遭受的损失为各国之首，战后重建所面临的困难也极其严峻，

---

① 胡德坤：《论反法西斯的第二次世界大战对战后世界的影响》，《武汉大学学报》（哲学社会科学版）1995 年第 4 期。

② 方连庆主编：《现代国际关系史（1917—1945）》，北京大学出版社 1990 年版，第 614 页。

但苏联是战胜法西斯的主力军，它的大国地位早已被罗斯福和丘吉尔承认，更何况苏联红军已跨出国界深入欧洲腹地，成为任何西欧国家都无法与之较量的军事巨人。出于历史教训，战后苏联视保证国家安全为首要任务。为此，确保红军的胜利成果以及战后东欧国家政府的亲苏立场均被苏联视为不可或缺，这就决定了战后东欧国家的社会制度的类型。"①

　　自十月革命胜利以来，美苏在安全利益和意识形态方面的矛盾和冲突就已经存在。二战后苏联国力大增，而美国作为最强大的资本主义国家，欲要维持和加强在第二次世界大战中形成的全球优势地位，谋求建立世界霸权，并将苏联视为其通往世界霸权道路上的主要障碍。苏联不甘心受美国的制约，欲维持在二战中强势地位，也欲与美国平起平坐。美苏两国都试图按照自己的意图安排国际关系和国际体制，使之符合自己的现实利益和长远理想。这样，二者就发生了冲突，再加上它们在意识形态和社会制度方面固有的对立，美苏矛盾和分歧的尖锐化变得不可避免。"战后的美国，无论是军事实力还是经济实力，都是世界上首屈一指的巨人，而且在政治上也取得了资本主义世界领导者的地位。战后的苏联虽然在经济实力上远不及美国，但是其陆军数量居世界首位，整个军事实力仅次于美国，而且它通过帮助和支持当地共产党在东欧国家与亚洲某些国家建立政权以及借助亚非拉地区反帝、反殖进步力量等等，也成为世界上另外一个力量中心。"② 美苏双强格局逐渐明朗化。在实力的相互制约下，美苏关系由冷战所支配，随着冷战的不断升级，两国的矛盾也迅速演变为世界范围内两大集团的尖锐对立，形成了不同政治制度、经济体系、军事组织和地缘政治版图的两大集团的全面对峙。

二　斯大林的认识和评论

　　苏联国际地位和影响力的提高给斯大林以莫大的鼓舞。在二战中取

---

① 王绳祖主编：《国际关系史（1945—1949）》第七卷，世界知识出版社 1995 年版，第3 页。

② 张小明：《第二次世界大战与国际体系的变迁》，《世界经济与政治》2005 年第 9 期。

得辉煌战绩的苏联、成为世界大国的苏联、处于世界社会主义阵营中领军地位的苏联、作为世界一极的苏联不甘心受美国的遏制和摆布，而是要与之一争高下。但是，也要看到，就苏联方面来说，"在苏联和美国乃至整个西方世界的力量对比中，'毕竟是力量要弱得多的一方'，而斯大林也充分意识到了自己力量的限度。出于严重的不安全感，苏联在战后初期的许多重要问题上，一方面，努力维护雅尔塔体系的基本框架，避免同美英等西方大国对抗，甚至不惜作出一些妥协和让步，以争取一个和平的国际环境；另一方面，出于贯彻其大战略的需要，出于对本国利益的绝对考虑，苏联在处置战败国和处理东欧等国家的问题上，也采取了一些僵硬的缺乏妥协精神的酝酿与促进冷战的对抗行动"。①

斯大林对当时的时代有两个判断：一是世界社会主义体系日益联合壮大；二是资本主义体系面临总危机。以此为基础，斯大林提出并发展了一系列观点：苏联战后经济恢复主要得靠自己，必须独立自主地快速发展；苏联的经济建设模式是有效的成功的；社会主义与资本主义两大阵营在对抗；世界上出现了两个平行的市场；资本主义已经陷入总危机之中；发达资本主义国家之间的战争已然是不可避免；社会主义国家必将取得全面胜利。

（一）斯大林高度评价苏联的政治经济制度

斯大林在 1946 年 2 月 9 日的在莫斯科市斯大林选区选举前的选民大会上的演说中，高度肯定了苏维埃社会制度的生命力。斯大林指出，"我们的胜利说明：获得胜利的是我们的苏维埃社会制度，苏维埃社会制度在战火中胜利地经住了考验，并证明它具有充分的生命力。"② 斯大林认为这一事实反击了对社会主义制度的污蔑。当时国外舆论宣传苏维埃社会制度注定是要失败的冒险试验，它在实际生活中没有根基，是肃反委员会机关强加于人民的一座"纸牌搭的小房子"，稍微一推就会倒塌。斯大林认为第二次世界大战的辉煌成绩驳倒了这一切毫无根据的断语。战争表明，苏维埃社会制度是从人民中间生长起来并受到人民极

---

① 徐天新、沈志华主编：《冷战前期的大国关系——美苏争霸与亚洲大国的外交取向（1945—1972）》，世界知识出版社 2011 年版，第 9 页。

② 《斯大林选集》下卷，人民出版社 1979 年版，第 491 页。

力拥护的真正的人民的制度，苏维埃社会制度是有充分生命力的和稳固的社会组织形式。"苏维埃社会制度比非苏维埃社会制度更有生命力，更稳固，苏维埃社会制度是比任何一种非苏维埃社会制度更优越的社会组织形式。"①

斯大林还高度肯定了苏维埃国家制度。一些国外敌对分子声称：苏维埃多民族国家是一个"人工造成而不合实际的建筑物"，一旦发生某种麻烦，苏维埃联盟的崩溃就是不可避免的。战争的胜利驳倒了外国报刊上这些毫无根据的议论。"苏维埃多民族国家制度胜利地经受住了考验，它在战争时期更加巩固了，证明它是具有充分生命力的国家制度。"②没有人再敢否认苏维埃国家制度的生命力了。苏联之所以能够在短时期就建立起赢得二战胜利的物质条件，在斯大林看来就是依靠了两个政策：一是国家工业化政策；二是农业集体化政策。"毫无疑问，如果不实行集体化政策，我们就不能在这样短的时期内消灭我国农业历来落后的状况。"③ 第二次世界大战给苏联造成了巨大损失，工农业生产远远低于战前，那么，如何快速恢复经济呢？原有的体制在战火中经受住了考验，所以，战后斯大林坚持原有的政治经济体制，至于该体制的弊病，则被掩盖和忽略。以重工业为核心的发展战略，其目的是保证经济独立，保障苏联安全，但也造成了农业和轻工业滞后，影响了人民生活水平的提高，影响了国民经济协调发展。"为了同西方对抗，苏联加强军事防御和迅速发展军事技术和国防力量。这为苏联成为世界军事强国打下了基础，也拉开了战后苏联同美国常规和核军备竞赛的序幕，给战后初期的苏联经济增加了很重的负担。由于片面发展与军事有关的重工业，苏联经济严重比例失调，1952 年工业产量为 1940 年的 2.3 倍，消费工业产量只比 1940 年增加 60%。根据苏联公布的数字，苏国防开支在国家财政支出的比重 1946—1953 年都在 20% 左右。"④ 为了在苏美抗争中增强实力，斯大林继续在国内执行一条重点发展重工业和军事工业的经济发展战略，拉开了漫长的苏美军备竞赛的序幕。

---

① 《斯大林选集》下卷，人民出版社 1979 年版，第 492 页。
② 《斯大林选集》下卷，人民出版社 1979 年版，第 492 页。
③ 《斯大林选集》下卷，人民出版社 1979 年版，第 497 页。
④ 张小明：《双重性的外交——战后斯大林对外政策的反思》，《国际政治研究》1989 年第 3 期。

苏联的成就也受到了二战后新建立的人民民主国家和社会主义国家的重视，一些国家或主动或被动地将苏联的经济建设体制作为本国发展的样板、实现国家现代化的路径。在当时，苏联帮助和推动新生的社会主义国家恢复经济，初步建立工业基础。但是斯大林强制推行苏联模式，将东欧纳入自己的势力范围，阻碍了这些国家独立自主地探索适合本国国情的社会主义建设道路，这一教训应当总结和汲取。

（二）苏联在两极世界格局中发挥重大作用

两极世界格局是第一次出现的两种不同社会制度国家形成的局面，社会主义国家成为同资本主义国家并行的世界强大的力量中心，这是人类历史的重大发展和进步。战后苏联作为军事和政治巨人快速崛起。有研究者这样写道："通过这些首脑会议，逐渐形成了一个战后世界的设计蓝图。它有两点基本因素：一、盟国在联合国组织内的合作，其核心是安理会常任理事国一致原则。二、世界被分成两半，苏联和美国及其西方盟国都要保护自己的势力范围，进一步扩展自己的利益。然而，战后世界的这两个平行结构在本质上是矛盾的。除非有着某种协调机制，这两个结构一定会撞车：联合国毫无能力来对大国间相互矛盾的利益进行控制，新的大战就不可避免地会再次到来。跟一战后格局的主要不同点在于，那时力量集中在几个地方，而二战后则集中在美、苏两家手里。它们各为中心，各自有一大块势力范围。"[1] 雅尔塔会议是斯大林在政治上最辉煌的胜利。据说，外交人民委员部在驻外苏联外交官中传阅的雅尔塔会议成果备忘录中写道："在有争议的问题上谋求妥协的倾向明显。我们认为此次会议是非常积极的，尤其是在波兰和南斯拉夫问题上，以及在战争赔偿问题上。"[2] 有研究者认为："苏联把波兰问题当做一块试金石，来检验美、英两国政府是否遵守关于苏联在其周边，特别是在东欧拥有一个势力范围的协议。"[3] 雅尔塔与波茨坦的决议不仅使苏联在中欧的势力范围合法化，也使其在德国的军事存在以及在远东的领土与政治存在合法化。

---

[1] 华庆昭：《从雅尔塔到板门店》，中国社会科学出版社2006年版，第23页。

[2] 参见［美］弗拉季斯拉夫·祖博克《失败的帝国：从斯大林到戈尔巴乔夫》，李晓江译，社会科学文献出版社2014年版，20页。

[3] 华庆昭：《从雅尔塔到板门店》，中国社会科学出版社2006年版，第24页。

1945 年秋，在广岛和长崎的原子弹轰炸之后，太平洋战争结束后，美苏关于远东及中欧等外交问题日益显现。斯大林坚持"各大国不应插手彼此的势力范围"的原则。但是，英美在东欧问题上不断施压。特别是美英在保加利亚的动态表明，西方国家实际上并没有听凭苏联人在东欧自由行动，英美的参与鼓舞了东欧当地的反共势力并加剧了苏联在整个东欧地区的计划的复杂性。这让苏联放心不下。在斯大林看来，战后保加利亚和日本的新情况是西方政治攻势的一部分，是广岛轰炸后力量的天平发生变化的直接后果。在广岛遭到原子弹轰炸后，美国的外交成了"原子外交"。美国曾想利用原子弹向苏联施压，让苏联让步。莫洛托夫在莫斯科纪念十月社会主义革命二十八周年的庆祝大会上发表演说时指出，"原子能不应保守秘密"。他说："原子能的发现，不应当被用来鼓吹建立某些国家集团，……所谓'保护对外利益的发现秘密'是在鼓吹建立几个国家联盟。"① 在美国，很多人认为原子弹足以抵消苏联在欧洲大陆影响的增长。但是事实上苏联已经意识到这一趋势并在加紧研发。斯大林积极谋求和扩大势力及影响。当时苏联的地位是："不管有多么不愉快，美国还是不得不坐下来跟苏联谈怎么解决这些问题和找出某种答案。"② 美、苏两国的对抗和对立造成了世界局势特别是欧洲地区形势的长期紧张。这一时期，德国分成两个国家，亚洲的朝鲜变成北、南两个国家，形成了东、西方对抗状态。两种不同制度国家之间的尖锐矛盾和斗争，美苏两极对立隔绝是造成世界不稳定的根源。美苏两个大国争霸，将一些小国作为争夺和竞争场所，使许多小国和弱国的主权和利益受到了侵占和损害，这一时期斯大林带有很明显的大国强权政治的色彩。

（三）苏联是世界社会主义的中心

有研究者认为，"相信苏联社会主义的利益，代表了人类最根本的利益，不仅要求苏联共产党及其无产阶级，而且也要求世界各国共产党和无产阶级无条件服从它的一切需要，这是生活在共产党意识形态观念之中的斯大林认识问题的基本出发点。不论斯大林多少遍地把俄罗斯的

① 转引自《战后世界历史长编》第二编，上海人民出版社 1976 年版，第 17 页。
② 华庆昭：《从雅尔塔到板门店》，中国社会科学出版社 2006 年版，第 63 页。

昨天和今天联系起来，也不论斯大林多少次地把自己说成是俄罗斯（或者说是苏联）国家利益的代言人，我们都很难把他简单地等同于大俄罗斯民族主义或民族扩张主义者，很难简单地说他这时只是在谋求俄国的民族利益。必须看到，斯大林维护的首先是一个共产党的政权，没有共产党，就没有苏联。所谓苏联国家的利益和安全，首先是与共产党的地位以及社会主义制度的安全最紧密地联系在一起的，所谓俄国民族的利益是在其次的。因此，斯大林从来没有忘记自己是共产党；从来没有忘记要用阶级和阶级斗争的观点来认识世界和决定政策；从来没有忘记苏联根本上不同于现在世界上一切资产阶级的民族国家；从来没有忘记他和大大小小的丘吉尔、罗斯福之间事实上存在着一个不是你战胜我，就是我战胜你的根本利益冲突。"①

斯大林高度重视共产党的影响在东欧的扩大。他说："当邱吉尔先生谈到共产党影响在东欧日益增长时，他是在接近真理。可是还须指出，他说的不完全确实。共产党的影响不仅在东欧增长起来，而且几乎在欧洲一切以前被法西斯主义统治的国家（意大利、德国、匈牙利、保加利亚、罗马尼亚、芬兰），或者被德国、意大利、匈牙利侵占过的国家（法国、比利时、荷兰、挪威、丹麦、波兰、捷克斯洛伐克、南斯拉夫、希腊、苏联等），都增长起来了。"② 斯大林表示：在第一次世界大战以后，丘吉尔先生不喜欢在俄国出现苏维埃制度。他组织过"14国"讨伐俄国的进军，目的是想使历史车轮往后倒退。但是，结果是历史比丘吉尔的干涉更强大有力，丘吉尔先生的堂吉诃德式的行为，使他当时遭到了彻底的失败。"我不知道，邱吉尔先生和他的朋友们在第二次世界大战以后是否能够组织新的进军来讨伐'东欧'。但是，如果他们能够组织起来——这种可能性很小，因为千百万'普通人'都在保卫和平事业——那么，可以肯定地说，他们将象 26 年前一样被击败。"③ 二战后苏联大国地位的确立和全球影响力的兴起，有助于国际共产主义运动的推进和欠发达世界反对西方统治的斗争。苏联成为"社会主义大家庭"的领导者和进步力量的中心。这一时期苏联与东欧各国政治、经

---

① 徐天新、沈志华主编：《冷战前期的大国关系——美苏争霸与亚洲大国的外交取向（1945—1972）》，世界知识出版社 2011 年版，第 69—70 页。

② 《斯大林文集（1934—1952）》，人民出版社 1985 年版，第 501 页。

③ 《斯大林文集（1934—1952）》，人民出版社 1985 年版，第 502 页。

济、军事关系的加强对巩固社会主义阵营和反对帝国主义侵略的斗争起了积极作用。

第二次世界大战胜利前夕，欧洲呈现一派大好的社会主义革命形势。美国代理国务卿格鲁，在1945年6月27日提交给杜鲁门一份国务院起草的题为"共产国际可能复活，对于极左派活动的估计及其对美国可能产生的影响"的绝密备忘录里，也承认欧洲形势"有利于共产主义运动的发展"。备忘录写道："对于共产党人说来，今天欧洲在政治上和经济上都为宣传他们的主义提供了一个极为有利的环境。……欧洲刚从它的历史上破坏最大的一场战争中脱身出来。与此同时，红军的攻击，又被广为宣扬，以致绝大多数的欧洲人把他们当作自己的解放者。由于共产党报刊的宣传，甚至在西方，红军也享有很高的声誉。纳粹政权的暴行以及对于德国再起的恐惧，使大多数欧洲人自然而然地感激欧洲硕果仅存的大国——苏联。"[1] 斯大林当时决心不惜一切代价将东欧置于苏联的控制之下，这一点现在已经没有任何疑问。从战略的角度出发，把东欧和巴尔干地区看作苏联用来防范西方的潜在的安全缓冲区。斯大林认为，通过在东欧国家推行以苏联为样板的新的社会秩序，苏联会而且必定会保障自己在那里的势力范围的安全。"对斯大林而言，苏联在东欧的目标的这两个方面——安全与政权建设——是同一枚硬币的两个面。"[2] "不难看出，争取无产阶级在几个国家内的胜利和通过强大的军队来实现保护苏联的目的，始终是斯大林的基本战略考虑。斯大林之所以在这个时候把强大军队和在几个国家内实现无产阶级的胜利联系起来，并突出强调其意义，更多的只是因为历史给他提供了前所未有的重要机遇，而这与列宁通过推动欧洲革命来巩固本国社会主义的目的，并没有丝毫的不同。显然，对斯大林来说，这场战争提供的机会实在是太宝贵了。如果不是因为这场战争给红军提供了大举进入东欧各国的机会，依照这些国家内部的革命条件，要建立起共产党的政权，尚不知何年何月。因此，斯大林非常看重这一机会，也生怕任何无序的革命会毁坏了共产党人盼望了20多年才得来的这一系列胜利成果。更何况，要

---

[1] 《战后世界历史长编》第二编，上海人民出版社1976年版，第11—12页。

[2] ［美］弗拉季斯拉夫·祖博克：《失败的帝国：从斯大林到戈尔巴乔夫》，李晓江译，社会科学文献出版社2014年版，第32页。

医治长达四年之久的战争创伤，使苏联迅速成为世界最强国，以追求整个欧洲的社会主义化，在完全有可能利用战时与英美达成的谅解，争取到几十年和平发展时期的条件下，他也绝不愿意把苏联拖入到新的军事对抗和战争危险当中去。"[①]

　　社会主义国家的诞生不仅壮大了社会主义阵营的力量，扩大了苏联的影响，而且在苏联周边形成了一个安全地带。斯大林积极在这一地区谋求安全保障，确保红军的胜利成果以及战后东欧国家政府的亲苏立场。但是，西方国家指责苏联是在搞扩张。1946 年 3 月 13 日，斯大林在同《真理报》记者谈话时指出："苏联为了保证自己将来的安全，力求在这些国家内能有对于苏联抱善意态度的政府，试问，这有什么奇怪呢？假使没有发疯的话，那怎么会把苏联这些和平的愿望看作是扩张倾向呢？"[②] 由于历史的教训，东欧作为通向苏联的走廊，战后斯大林高度重视国家安全的保障，以防自己周围的国家再次沦为西方大国的工具而危害苏联。为了巩固东欧这一安全地带、保障国家安全，苏联在政治和军事上采取了一系列抗衡措施。1947 年冷战全面开始后，美国和西欧国家加紧酝酿大西洋安全体系。1949 年 4 月 4 日，美、英、法等 12 国在华盛顿签订《北大西洋公约》，成立北约组织。这样自西向东基本上形成了对苏联和东欧的军事遏制，这引起了苏联和东欧各人民民主国家的强烈反应。北大西洋公约组织成立后，斯大林积极促成社会主义国家之间的联合。最终，在斯大林逝世后，1955 年 5 月苏联与民主德国、波兰、捷克斯洛伐克、保加利亚、匈牙利、罗马尼亚以及阿尔巴尼亚八国在波兰华沙签署《华沙条约》，形成统一的政治军事同盟——华沙条约组织，以苏联为首的社会主义阵营最终确立。苏联和东欧各国政治、军事关系进一步加强。在第二次世界大战期间，苏联于 1943 年 12 月和 1945 年 4 月分别与捷克斯洛伐克和波兰签订了友好互助与战后合作条约。在追击德军的战斗中，苏联进驻了东欧一些国家，因此，战后初期，东欧各国就开始同苏联保持了密切的政治、军事关系。战后初期，苏联在给各社会主义国家提供经济援助的同时，在紧张的国际环境中，

---

　　① 　徐天新、沈志华主编：《冷战前期的大国关系——美苏争霸与亚洲大国的外交取向（1945—1972）》，世界知识出版社 2011 年版，第 69 页。

　　② 　《斯大林文集（1934—1952）》，人民出版社 1985 年版，第 499 页。

也提供了安全方面支持与保障。随着形势的紧张，在军事上，苏联与东欧诸国签订了一系列友好互助条约，加速东欧与苏联的军事一体化过程。这些条约的基本内容是：共同反对德国侵略势力的复活，保卫世界和平和各国人民的安全；保证不参加旨在反对对方的同盟、组织、条约或其他措施；互不干涉内政，发展经济文化交流等。这些条约的签订实际上形成了以苏联为首的苏联东欧同盟体系，苏联认为这样构成了苏联与东欧国家"集体安全的基础"。根据这些条约，苏联派军事顾问团到东欧各国按照苏联模式组建该国军队，整顿改组，强化军事训练等，并吸收各国军官到苏军事科学和军事技术院校学习。这样加强了东欧各国的武装力量的建设，加强了苏联对东欧武装力量的影响。

苏联也是对欠发达国家激进运动很有吸引力的政治经济楷模，苏联作为西方资本主义强大的对立面，吸引了和鼓舞了欠发达国家在一些情况下愿意同它携手，形成了国际政治中弱小反对强大的同盟。但由于许多国家的社会主义制度是在苏联红军的支持下建立起来的，斯大林在处理与周边国家的关系时，采取大国主义立场，破坏了与一些国家的友好睦邻关系，不利于社会主义威信的提高和世界和平力量的发展。"战后斯大林在处理同其他社会主义国家的关系中，暴露出了严重的大国沙文主义，这是同社会主义格格不入的东西。主要表现在斯大林对待其他社会主义国家，不完全是采取平等的态度，不是真正把它们当作独立自主的政治实体，而是把自己的意志强加于他人，粗暴干涉其他社会主义国家（当然也包括党的事务）的内部事务。这种情况在苏联同所有其他社会主义国家关系中都不同程度地存在。"① 这影响了社会主义阵营的平等合作关系，削弱了社会主义阵营的团结和统一。这是在处理社会主义国家间关系时应当记取的教训。

---

① 张小明：《双重性的外交——战后斯大林对外政策的反思》，《国际政治研究》1989 年第 10 期。

第七章 冷战对峙的新格局对斯大林的影响

有研究者认为，第二次世界大战后世界上出现了一系列社会主义国家，苏联已经不存在来自外部的现实威胁了，而斯大林仍然固守着充满弊端的经济政治模式严重阻碍了社会主义建设。我认为，的确，二战后斯大林的发展战略存在问题。但是二战后，苏联不再有外部威胁了吗？是苏联以整个资本主义世界为对手，走上了与它抗衡的道路吗？这就不可避免地涉及冷战，究竟是苏联还是美国发起了冷战，这是一个存在很大争议的问题。我认为，无论是谁发起了冷战，冷战的对峙格局极大地影响了斯大林。第二次世界大战的结束宣告世界人民同法西斯之间的矛盾基本解决了。但是，随着和平的到来，战时结成的苏联与英美同盟国的伙伴关系也到头了，它们之间的紧张关系不断升级，世界形势发生了根本性转变，形成了世界新的格局。冷战对峙格局对斯大林及其后的苏联领导人造成了深远的影响。

一 东西方两大阵营冷战对峙局面的形成

在德国入侵苏联后，苏联的作战能力和武装力量能不能经受住希特勒德国的强大进攻受到英美的强烈怀疑。但是苏联以其强大的军事潜力成功地抵抗了法西斯侵略，为苏联及社会主义国家赢得了国际威望和国际地位。苏联在第二次世界大战中取得的辉煌胜利，再加上苏联对世界被压迫阶级和被压迫民族革命斗争的声援和支持，使苏联社会主义制度的吸引力、苏联在国际上的政治影响力达到了空前的高度。这却是西方资本主义不愿意看到的。乔治·凯南也承认美国存在抵制斯大林的情绪与做法："美国人抵制当前克里姆林宫掌权者的观点与做法的特有敌意深刻表明，他们相信，也希望——别的持不同观点和做法的俄国人能够代替我们所知的克里姆林宫现在的掌权者。"① 可以说，二战后苏联崛起为欧洲最强大的国家使美国等资本主义国家对什么是应对苏联的最好的战略这一问题不得不进行思考。反对法西斯主义的斗争使美国、英国和苏联在第二次世界大战期间暂时地结成了联盟。但是不同社会制度、不同意识形态以及不同国家利益之间的矛盾和冲突并没有因此消失。当法西斯主义成为历史之后，美英苏战时的联合时代便告终结，代之以冷战敌对。

很多研究者指出：随着战争的结束，英美非但没有削弱反而强化了他们的宣传机器，把他们的宣传重新定位为"针对苏联的意识形态斗争"。在 1945 年前后，西方敌视、排斥苏联的声音日渐增多并逐渐富有敌意，这种变化也在西方大众媒体中流行开来。在这场日益激烈的对抗中，苏联明显感到自己为守方。自 1945 年后期至 1946 年早期，苏联人从国外发回的报告的主题几乎都是"英美宣传的挑衅行为"。1945 年苏联情报局年度报告称："英美，尤其是美国人已经在世界范围内展开了一场规模宏大、不断针对苏联的活动。""这些攻击不仅针对红军，也以苏联的外交政策（首当其冲是其在东欧的政策）和内政为目标。而且它不仅局限在西方国家，还开始渗透到苏联势力范围内，包括红军控制的中欧和东欧国家，这进一步恶化了当前的局势。来自波兰、匈牙利、罗马尼亚、奥地利，甚至是'友邦'保加利亚的报告，显示了英美宣传的极度积极和其不断增长的影响，这表明在对这些国家的宣传力度上，苏联和它的西方竞争对手间的差距正在扩大。"②

1944 年 4 月，苏军为追击法西斯德国侵略军进入罗马尼亚，6 月越过苏波边界，9 月以后又陆续进军保加利亚、匈牙利、捷克斯洛伐克和德国本土。苏军的进入和东欧人民民主政权的建立，使东欧从西方营建的反对苏联的"防疫带"，变成了苏联的"安全带"。这是美英不愿意看到的。因此，二战尚未结束之时，三大国就已经开始就战后安排问题发生了激烈的争吵。从 1943 年的莫斯科外长会议、德黑兰会议到雅尔

---

① ［美］乔治·F. 凯南：《美国大外交》，雷建锋译，社会科学文献出版社 2013 年版，第 177 页。

② 转引自华东师范大学国际冷战史研究中心《冷战国际史研究》第 3 卷，世界知识出版社 2006 年版，第 80 页。

塔会议，一直处于各种争论分歧之中。

1945 年 4 月接替逝世的罗斯福继任总统的杜鲁门入主白宫之后，美国的对外政策发生了相当大的变化，首当其冲的是对苏关系。美国政府声称要对苏联采取"坚决的态度"，公开叫嚣必须用武力来阻止"共产主义在全世界范围的扩张"，并开始采取直接对抗方式。美苏在东欧和德国问题上不断发生冲突，美国统治集团中认为对苏政策应该"坚定"、"强硬"的主张逐渐占了上风。有相当多的人认为到 1946 年初，关于战后世界性质和美国对苏方针的意见已经逐步形成。在美国看来，苏联已从战时盟友变为争夺世界霸权的对手，苏联已不是合作的伙伴而是应该加以遏制的对象。1946 年 1 月，美国在联合国第一次大会上，推翻了莫斯科外长会议上达成的关于国际控制原子能的协议，又利用苏伊争端，支持伊朗控告苏联干涉伊朗内政。

杜鲁门的强硬进攻态势遇到了斯大林的更强硬的言语和行动。一些研究者认为，1946 年 2 月 9 日，斯大林在莫斯科市斯大林选区的选民大会上发表的演说是冷战的一个导火索。在这次演说中，斯大林指出两次世界大战均起源于资本主义世界经济危机。第二次世界大战的发生是现代垄断资本主义基础上世界各种经济力量和政治力量发展的必然结果，如果各国能够采用协商的和平的解决办法，那也许可以避免战祸，"但是这在现今资本主义世界经济发展的条件下，是无法实现的"①。按照斯大林关于资本主义世界经济体系包含着总危机和军事冲突的观点，资本主义经济体系必然还要导致新的世界大战。斯大林说，过去三个五年计划为苏联卫国战争的胜利奠定了物质基础，他号召全国人民共同努力，恢复经济，发展基础工业，增强国防力量，用大概三个五年计划的时间，使苏联拥有防止任何意外事故的保障。在第二次世界大战结束仅仅半年，世界人民，尤其是饱受法西斯侵略的国家与人民，需要休养生息的时候，斯大林的这次演说，引起了强烈反响。

英美把斯大林的言语和动作都看作是侵略性的共产主义模式的一部分。从 1946 年开始，美国不但积极保卫土耳其和伊朗，还积极保卫西欧；它把这些地区和国家视为"共产主义扩张"的潜在牺牲品。"从 1945 年秋开始，在全球的国际关系中，是美国而不是苏联成了决定性

---

① 《斯大林选集》下卷，人民出版社 1979 年版，第 489 页。

的因素。而到了1946年，杜鲁门政府决定遏制苏联，这就一下子改变了国际关系的走势。美国人在朝着与苏联对抗而不是合作的方向前进。"① 在资本主义世界先后出台了一系列报告。1946年2月22日，美国驻苏联大使馆代办，乔治·凯南向华盛顿发出了一份全面论述苏联对外政策的长达8000字的电报，对战后苏联的理论、意图、政策和做法以及美国的对策提出了全面的分析和建议。凯南认为，从苏联政策的角度来看，苏联不会错过任何机会，以削弱所有的或个别的资本主义国家的力量和影响。针对苏联的政策，凯南提出了一整套遏制策略。凯南的"遏制理论"主要反映在他的三份文件中：任美国驻苏联代办时发给美国国务院的8000字电报、1947年冬天为美国海军部长詹姆士·福莱斯托写的报告《美国和俄国》、任美国国务院政策计划司司长后在前两个文件的基础上发表在《外交季刊》上的被称为"X论文"的《苏联行为的根源》。这些文章影响广泛并对西方许多人思考和看待苏联的威胁和遏制苏联产生了深远影响。事实上，在这一时期，很多美国人还不知道该如何看待苏联这个二战期间美国重要的盟友。凯南提出的"遏制理论"成了杜鲁门的强硬政策和"冷战"的理论基础。1947年3月12日，美国总统杜鲁门向国会发表《国情咨文》，明确提出将"冷战"作为国策。至此，美国对苏联的遏制战略正式出台。这份《国情咨文》连同大名鼎鼎的丘吉尔的"铁幕演说"以及乔治·凯南的电报一起，清晰地表达了战后英美遏制苏联的战略意图。

　　凯南提出遏制理论基于这样一个假定：苏联是一个扩张主义的强国，是美国一个危险的威胁。按照他的表述，华盛顿"应继续将苏联视作竞争对手而非伙伴"，他说："显然，在可见的未来，美国政府不能和苏联政权保持政治上的密切关系。在政治舞台上，应继续将苏联视作竞争对手而非伙伴。美国今后必将继续看到，苏联的外交政策不会表现出对和平稳定的热爱，不相信社会主义和资本主义世界友好共处的可能性，而是对所有竞争对手的影响力和权力施以谨慎、长期不懈的压力，将其瓦解和削弱竞争对手的影响与力量。"凯南同时也表示："虽然俄国总体上敌视西方世界，但是显然它仍然是比较弱小的

---

　　① ［美］弗拉季斯拉夫·祖博克：《失败的帝国：从斯大林到戈尔巴乔夫》，李晓江译，社会科学文献出版社2014年版，第65页。

一方"①。

丘吉尔与杜鲁门在对待苏联的态度上是志同道合的。丘吉尔的富尔敦演说拉开了冷战的帷幕。1946 年 3 月 5 日，丘吉尔在美国密苏里州的富尔敦城的威斯敏斯特学院发表了题为《和平砥柱》的演说。在演说中丘吉尔大肆渲染所谓的苏联和共产主义扩张的危险，他建议西方国家利用美国的军事实力，抑制苏联和共产主义。丘吉尔的演说犹如重石激水，使本来就不平静的美苏关系更起波澜。"丘吉尔的富尔敦演说可以说是美英发动对苏'冷战'的信号。"② 有研究者指出：丘吉尔在富尔顿的铁幕演说起了转折性作用。斯大林的态度也非常鲜明。"据当时在场者的回忆，意识形态官员的每一次会议都提及丘吉尔的罪恶灵魂。另外，苏共中央对外政策部接到指令，要求把富尔顿演说后第一个阶段的'海外宣传工作上升到彻底摧毁英美反苏阴谋的高度上。'"结果是，对苏联的主要新闻媒体在富尔顿演说后用词变化的一项调研表明，苏联宣传的基调和措辞出现了 180 度大转弯。"保守分子"之类的词语消失了，取而代之的是"倾向"、"集团"等，对苏联同西方未来关系的评价也越来越悲观。"同盟"这样的词已不再使用了。中立的信息日益为美国和大英帝国非常负面的报道所取代。③

1947 年 3 月 12 日下午，杜鲁门向两院联席会议宣读了咨文。在咨文中，他把苏联说成是使全世界陷入灾难的祸首，是同第二次世界大战中德国和日本一样的极权主义国家。按照杜鲁门的逻辑，如果不能有效遏制苏联的扩张，美国在第二次世界大战中所付出的代价就是虚掷。杜鲁门的咨文被称为"杜鲁门主义"，在国内国际引起了强烈反响。有研究者认为：美国强调杜鲁门主义的"世界含义"，种种言论透露了"美国统治集团提出杜鲁门主义，是要发动一场意识形态的'十字军运动'，全球性的反共产主义'圣战'，尽管他们要保留如何实施这个主

---

① ［美］乔治·F. 凯南：《美国大外交》，雷建锋译，社会科学文献出版社 2013 年版，第 174 页。

② 王绳祖主编：《国际关系史（1945—1949）》第七卷，世界知识出版社 1995 年版，第 111 页。

③ 参见华东师范大学国际冷战史研究中心《冷战国际史研究》第 3 卷，世界知识出版社 2006 年版，第 83 页。

义的主动权，力求以最低的代价、最小的风险去达到'领导世界'的
目的。"① 杜鲁门主义的提出是美苏战时同盟公开破裂，"冷战"全面展
开的重要标志。

1947 年 6 月 5 日，美国国务卿马歇尔在哈佛大学演说时提出了援助
欧洲，复兴欧洲的计划。这项复兴欧洲的计划后来被称为马歇尔计划。
"国务卿乔治·马歇尔在 6 月 5 日提出的具体而明确的建议不同于泛泛
而论、措辞松散的杜鲁门主义。它不仅支撑了位于欧洲边缘的两个摇摇
欲坠的政府，而且表明美国还要在它的心脏地带为稳定其经济的以及政
治的、社会的和道德方面的秩序而长期承担义务。为了在一个最符合美
国利益和理想的国际多元主义的全球体系中捍卫这个世界上最强大国家
的安全，马歇尔计划要求受援国在与美国共同计算其需要方面采取主
动，并在最有效地分配可供利用的资源方面进行合作。"② 有学者这样
评价马歇尔计划的提出："这个计划完全打乱了斯大林关于国际秩序的
霸权观，这种观念旨在牺牲所有国家的安全以确保他的国家安全。美国
预料苏联会拒绝这个计划，便申明向每一个欧洲国家都提供援助，从而
把球踢给斯大林看他是否会允许他的东欧追随者们接受美国的援助。斯
大林不得不做出两难的选择：或是冒着让西方影响闯进他的势力范围的
风险；或是把他的势力范围同外界隔离开从而违背他的意愿把这个大陆
分裂成两个敌对集团。"③ 可以看出，马歇尔计划的实质就是要通过对
欧洲的经济援助来稳定欧洲资本主义国家动荡的经济、政治和社会形
势，实际就是防止苏联利用经济恶化和社会动荡对欧洲的资本主义国家
进行渗透，以确保传统资本主义在欧洲的生存与稳定。同时要通过经济
援助为组建一个强大的西方集团奠定经济基础以限定甚至侵蚀苏联在东
欧的势力范围。

---

① 王绳祖主编：《国际关系史（1945—1949）》第七卷，世界知识出版社 1995 年版，第 118 页。

② Michael Hogan, The Marshall Plan: America, Britain, and the Reconstruction of Western Europe, 1947 – 1952（Cambridge: Cambridge University Press, 1987），pp. 40 – 45. 转引自［美］沃捷特克·马斯特尼：《斯大林时期的冷战与苏联的安全观》，广西师范大学出版社 2002 年版，第 26 页。

③ John L. Gaddis, "Dividing Adversaries: The United States and International Communism, 1945 – 1958," in his The Long Peace: Inquiries into the History of the Cold War（New York: Oxford University Press, 1987），p. 156.

北约的成立再一次表现了西方的侵略性。"不是有限的传统武装部队而是这些原子弹构成了北约的主要威慑力量，并且这也是它可能用于进攻的武器。美国一个接一个的战略计划都一再肯定，如果形势需要就使用原子弹——根据 1949 年 1 月的'特洛伊'计划，要袭击 70 个工业城市预计死亡 270 万人。"① 东西方关系预示将有更多的冲突。"在封锁柏林的前一年，美国储备的原子弹从 13 颗增加到 50 颗。这场封锁促使它扩大其轰炸机机群，使之足以携带全部原子弹并且扩大其包围苏联的海外美军基地网。当时有研究者认为，美国的态度是，它相信原子垄断就足够抵御俄国，美国认为只要合适就使用原子弹。"② 冷战在开始时是一场政治冲突，在柏林危机以后便改变了性质。苏联的行动有触发一场军事冲突的危险，使西方倾向于认为苏联的威胁是一场潜在的军事威胁，这样便使东西方对立具有过去没有过的新内容。尽管双方都不感到必须大力加强军力以准备战争，但双方都渐渐地改为从军事角度来看待相互间的关系。在华盛顿，这种变化更为明显也带来更多具体的后续行动，它倾向于过度夸大苏联的军事实力。有人认为，"俄国人能够在 6 个月内征服西欧，轰炸阿拉斯加和普吉特海峡，甚至通过第五纵队在美国煽动'颠覆和破坏以制造内部混乱'"③。

"1948 年在华盛顿成立的政策协调署在西欧特别是在意大利对动员人们抵抗共产主义取得了卓越的成就，它的任务就是监督反击'苏联指挥的世界共产主义'的行动。它作为中央情报局的一部分从事隐蔽活动要实现下列目标：根据国家安全委员会在 1948 年 11 月的要求，要将过分扩张的苏联势力和影响从目前的边缘地带逐步压缩回去，要使苏联的卫星国恢复成为独立的国家。"④ "为了对'苏联恶毒的隐蔽活动'进行以牙还牙的报复，华盛顿甚至在德国危机之前就设立了'特种计划

① ［美］沃捷特克·马斯特尼：《斯大林时期的冷战与苏联的安全观》，广西师范大学出版社 2002 年版，第 79 页。

② ［美］沃捷特克·马斯特尼：《斯大林时期的冷战与苏联的安全观》，广西师范大学出版社 2002 年版，第 61 页。

③ "Estimate of Soviet Intentions and Capabilities 1948 – 1954," January 2, 1948, CCS 092 USSR（3 – 27 – 45），sec. 27. RG – 218, NA. ［美］沃捷特克·马斯特尼：《斯大林时期的冷战与苏联的安全观》，广西师范大学出版社 2002 年版，第 60 页。

④ 参见［美］沃捷特克·马斯特尼《斯大林时期的冷战与苏联的安全观》，广西师范大学出版社 2002 年版，第 85 页。

局'——其后更名为'政策协调署'作为专在苏联王国内部制造麻烦的机构。"① 美国的一系列或公开或隐蔽的行动加剧了斯大林的不安全感。

战后，以美国为首的资本主义国家在国际上掀起了反苏反共的浪潮。一股极端反共情绪在一个时期内席卷美国，在 20 世纪 40 年代末和 50 年代上半期发展到顶峰，到 60 年代逐渐衰落，有研究者称之为"红色恐慌"。"杜鲁门主义出笼后十天，美国颁布了所谓'忠诚法令'，对政府职员进行'忠诚'调查，接着又颁布了镇压工人的塔夫脱—哈特莱法。不久，美国又制订了'国家安全法'，强化军事和情报机构，成立了中央情报局。1947 年，由于国内经济困难，美国工人运动高涨，但遭到美国政府的残酷镇压，美国共产党总书记尤·丹尼斯甚至被传讯、罚款和监禁。1948 年，美国又颁布'斯密斯法'，联邦调查局逮捕了包括美共主席福斯特在内的 12 名共产党全国委员会委员，其后又对这些人进行了审讯和判决。在反共狂热中，麦卡锡主义泛滥，法西斯主义横行。"② "随着美国政策的转变，英国更加剧了对共产党、工人阶级和进步人士的迫害。法国于 1947 年 5 月，以清除'共产党阴谋'为借口，宣布国家处于战争状态，取缔了工人的一切合法权利和活动，驱逐共产党人出政府。其后几年，法国政府对罢工工人进行了血腥镇压。1947 年 5 月意大利共产党也被从政府中排除出去。1948—1949 年，意大利政府对劳动人民进行大规模镇压，纵容新法西斯政党活动，甚至发生了谋刺意共总书记陶里亚蒂的严重事件。在西班牙，弗朗哥法西斯独裁政权在美国支持下，对西班牙共产党和民主人士进行了围剿和捕杀。总之，以 1947 年上半年为转折，欧美各国和平、民主和社会主义运动遭到了帝国主义反动派的镇压和破坏，许多国家的工人运动逐步转入低潮。"③

美国认为，苏联的扩张主义倾向在很大程度上是基于共产主义的意

---

① NSC 10/2, June 18, 1948, in CIA Cold War Records: The CIA under Harry Truman, ed. Michael Warner (Washington, D. C.: Central Intelligence Agency, 1994), pp. 213 – 216. ［美］沃捷特克·马斯特尼：《斯大林时期的冷战与苏联的安全观》，广西师范大学出版社 2002 年版，第 60 页。

② 姜琦、阎志民等编著：《当代国际共产主义运动》，甘肃人民出版社 1987 年版，第 13 页。

③ 姜琦、阎志民等编著：《当代国际共产主义运动》，甘肃人民出版社 1987 年版，第 13—14 页。

识形态。"苏联政权对早先的意识形态没有丝毫放弃。他们仍坚信资本主义的罪恶，其灭亡的必然性和无产阶级促使资本主义灭亡，将政权掌握在自己手中的历史使命。"① 反共主义可以说几乎贯穿了整个 20 世纪的美国历史。一些美国人从意识形态角度看待美苏之争，把共产主义视为铁板一块，认为所有共产党都是对美国利益的威胁。他们认为，苏联人并不仅仅决心在其他国家推翻资本主义，他们要在全世界传播共产主义。他们认为，美国的最大敌人并非是某一个特定的共产党国家如苏联和中国，而是整个国际共产主义运动和革命运动。"在 1949 年 11 月 27 日至 12 月 2 日进行的盖洛普民意测验中，有 70% 的受访者相信苏联扩大自己的力量是'为了成为整个世界的统治力量'，而只有 18% 的人相信苏联这样做'只是为了保卫自己免于在将来的战争中被攻击'。"② 在这一时期，美国社会开始弥漫对共产主义的强烈的敌视和恐惧，甚至产生了"红色恐慌"，它的特点是强调和放大美苏之间的分歧以及共产主义对美国的威胁。在一些美国人眼中，苏联的强大实力是共产主义威胁的具体表现，而东欧一系列人民民主国家的建立则被美国人视为"又一个希特勒企图谋求世界霸权的前奏"。"大部分美国人都认为，苏联好像致力于对欧洲和世界的征服，为了它自己，也为了共产主义。而且，它完全可以凭借武力实现或者至少是发动这种具有毁灭性的邪恶运动。"③ 他们普遍认为共产主义是强大的、具有凝聚力的阴谋运动，是对美国利益与理想的威胁，因而必须予以遏制和反对。有研究者指出，这一时期的反共主义不仅仅是一种信仰和思想，它实际上还体制化了。杜鲁门政府的忠诚调查、国会通过的清剿共产党的法案以及战后逐渐建立和完善起来的国家安全体制都体现出反共主义已经渗透到美国的国家体制中去。④

　　1953 年 1 月艾森豪威尔入主白宫。他以更强硬的手段和方式反对中立主义，反对共产主义，反对苏联，反对中国。艾森豪威尔政府的国

---

① ［美］乔治·F. 凯南：《美国大外交》，雷建锋译，社会科学文献出版社 2013 年版，第 159 页。

② 转引自王立新《意识形态与美国外交政策》，北京大学出版社 2007 年版，第 329 页。

③ 转引自华东师范大学国际冷战史研究中心《冷战国际史研究》第 2 卷，世界知识出版社 2006 年版，第 228—229 页。

④ 参见王立新《意识形态与美国外交政策》，北京大学出版社 2007 年版，第 334 页。

务卿杜勒斯早在 1946 年 6 月发表《对苏联外交政策的思考及其应对之策》的文章中就表明了他的观点，他认为使美国和苏联分道扬镳的不同的理念和信仰过去是根深蒂固的，将来也会如此。他在 1950 年发表的题为《是战争还是和平》的书中主张以"击退"代替遏制。1952 年他在《生活》杂志上发表《一项大胆的政策》一文中进一步阐述他鼓吹的战略，其主要内容后来被纳入共和党的竞选纲领。他主张美国应威胁要使用包括核武器和其他武器在内的一切武器，以此作为有效地反对苏联侵略的威慑力量。他坚持认为共产主义帝国是可以打碎的。"我们应该做的事就是把卫星国从莫斯科少数人的控制下分裂出来。避免同苏联迎头相撞的唯一办法就是从内部搞垮它。"① 凯南也认为："在俄国政府的精神与实践方面，没有一个主要是通过外国的启示或建议而发生的伟大而又持久的变革。这样一个真正而持久，外国人民满怀希望地欢迎的变革都必须源自俄国人自身的计划与努力。"②

二　斯大林的反应与行动

战后初期，斯大林对战后资本主义经济将发生何种变化、苏联同西方国家关系可能朝哪个方向发展、苏联同西方国家能否和平共处这些重大问题，最初保持着谨慎和克制的态度，总的思想倾向是争取和平与合作。关于这一点，很多国内外学者也是认可的，"斯大林希望能在继续与美英保持合作的框架内实现他的抱负，东欧向苏联共产主义的转变并不是一个既定计划，捷克斯洛伐克和匈牙利的当地政党都被指令竭力避免革命。苏联对德政策很长时间内都是摇摆不定的；1952 年的中立化建议是'严肃认真的'"③。"新的证据表明，当时绝大多数苏联官员和人民并不想与西方对抗，而是更愿意集中精力进行和平重建。"④ 战后

---

① Quoted in Robert A. Divine, Foreign Policy and U. S. Presidential Election：1940 – 1960, vol. 2 (New York：New Viewpoints，1974)，p. 51.

② ［美］乔治·F. 凯南：《美国大外交》，雷建锋译，社会科学文献出版社 2013 年版，第 209 页。

③ 转引自华东师范大学国际冷战史研究中心《冷战国际史研究》第 2 卷，世界知识出版社 2006 年版，第 228 页。

④ ［美］弗拉季斯拉夫·祖博克：《失败的帝国：从斯大林到戈尔巴乔夫》，李晓江译，社会科学文献出版社 2014 年版，第 3 页。

的苏联人民渴望和平与稳定。在苏联的城市和农村，人们普遍厌倦战争。"许许多多由于最近这场血腥的第二次世界大战而遭受精神创伤、深感和平来之不易的人，都强烈希望不会再有战争，而且信任克里姆林宫领袖的智慧。"① 斯大林也是竭力保持与西方的和平合作。"大部分苏联官员都相信，美苏之间的合作在战后还会继续，尽管这其中可能会遇到一些波折。1944 年 7 月，葛罗米柯认为，'在我们与美国的交往中，虽然有可能会时不时地出现这样那样的困难，但两国之间战后继续合作的条件肯定是存在的。'李维诺夫把'防止英美结成反苏集团'视为苏联对外政策的主要任务。他期待在美国退出欧洲之后，伦敦与莫斯科之间有可能达成'友好协议'。而莫洛托夫本人当时也这么想：'与美国保持同盟关系对我们是有利的。这一点很重要。'"② "美国在战后是否还会帮助苏联"是当时苏联报纸经常遇到的一个来自民众的提问。直到美国抛出复兴欧洲的马歇尔计划、加速筹建布鲁塞尔条约和北大西洋公约组织、加紧分裂德国、"遏制"苏联之后，斯大林的思想和对策倾向才发生了较大的转变，从原来相信可以同西方国家保持和平合作关系，转向认定美、英政府毫无合作诚意，正积极推行侵略和战争政策。面对西方集团发出的反苏、反共和反社会主义的叫嚣，斯大林开始强调帝国主义战争的不可避免性和两种制度对立和斗争的不可调和性。

第一，斯大林严厉揭露英美的阴谋意图。

罗斯福是苏联在"战时的伟大而熟悉的伙伴，并且在和平时期也有可能如此的伙伴"，在他逝世后，接替者杜鲁门对苏联的态度发生了极大的改变。"很快，在美国的苏联情报人员就开始报告说，华盛顿对苏联的态度发生了危险的转变。他们了解到那里有许多集团，尤其是天主教组织和劳工组织，再加上两大政党中大批反对新政的组织，在美苏结成伟大同盟期间，骨子里仍然反共反苏。这些集团一心想断绝与苏联的任何联系。一些军队指挥官［柯蒂斯·勒梅少将和乔治·巴顿将军等

---

① ［美］弗拉季斯拉夫·祖博克：《失败的帝国：从斯大林到戈尔巴乔夫》，李晓江译，社会科学文献出版社 2014 年版，第 40 页。

② ［美］弗拉季斯拉夫·祖博克：《失败的帝国：从斯大林到戈尔巴乔夫》，李晓江译，社会科学文献出版社 2014 年版，第 20 页。

人〕公开说，打败了'德国佬'和'日本人'之后，就'干掉红军'。"① 1945 年 4 月底，在莫斯科响起了最早的警报：杜鲁门政府事先没有通知就停止了给苏联的租借物资的供应。"由此造成的总计达 3.81 亿美元的物资损失，对本已极度紧张的苏联经济来说，无异于雪上加霜。"② 在莫斯科提出抗议后，美国恢复了租借物资的供应，说是有关部门搞错了；但这并没有打消苏联方面的怀疑，他们把此事看作企图在政治上向苏联施压。这增强了苏联依靠自己的力量的决心。

1946 年 3 月 5 日，丘吉尔在美国的富尔敦发表演说，13 日，斯大林在就丘吉尔的演说答《真理报》记者问时直截了当地表示：丘吉尔这个演说是危险的行动，其目的是要在盟国中间散播纠纷的种子，使它们难于合作。毫无疑问，丘吉尔的言论会给和平与安全带来危害。"邱吉尔先生现在是站在战争挑拨者的立场上，而且邱吉尔先生在这里并不是孤独的，他不仅在英国有朋友，而且在美国也有朋友。"③ 斯大林感受到了从西方传递过来的散布苏联扩张和威胁的气息：丘吉尔的方针是进行战争的方针，即号召同苏联开战，这表示"邱吉尔先生和他在英国和美国的朋友，向不讲英语的民族提出了类似最后通牒的东西：自愿承认我们的统治吧，只有这样才能万事大吉，否则战争是不可避免的"④。同时，斯大林号召苏联人民在开展和平的社会主义建设时也不应忘记国际反动派的阴谋诡计，他们在策划新战争。斯大林也清楚地告诉丘吉尔及其西方盟友，如果他们要发动一场反对苏联和东欧的新战争，"可以肯定地说，他们将象 26 年前一样被击败"⑤。斯大林的严厉反击表明：苏联对于西方的任何挑战都不会妥协。

1948 年，斯大林就联合国安全理事会讨论柏林局势问题的结果和英、美、法代表在这件事上的行为，对《真理报》记者阐述了看法。斯大林揭露和谴责了它们。斯大林认为，美英侵略政策的鼓舞者并不认为自己需要同苏联达成协议和合作。他们需要的不是协议和合作，而是

---

① ［美］弗拉季斯拉夫·祖博克：《失败的帝国：从斯大林到戈尔巴乔夫》，李晓江译，社会科学文献出版社 2014 年版，第 21—22 页。

② ［美］弗拉季斯拉夫·祖博克：《失败的帝国：从斯大林到戈尔巴乔夫》，李晓江译，社会科学文献出版社 2014 年版，第 22 页。

③ 《斯大林文集（1934—1952）》，人民出版社 1985 年版，第 497 页。

④ 《斯大林文集（1934—1952）》，人民出版社 1985 年版，第 497—498 页。

⑤ 《斯大林文集（1934—1952）》，人民出版社 1985 年版，第 502 页。

谈论协议和合作，以便破坏协议，诿罪于苏联，并以此"证明"不可能同苏联合作。力图发动新战争的战争挑拨者，最怕同苏联达成协议和合作。因为同苏联达成协议的政策会削弱战争挑拨者的地位，使他们的侵略政策成为无的放矢。"这一切都是为了'表明'不可能同苏联合作，'表明'新战争的必要，从而为发动战争准备条件。"[①]斯大林揭露：美国和英国现在的领导人的政策就是侵略的政策，发动新战争的政策。但同时，斯大林认为，各国人民对不久前的战争惨祸记忆犹新，拥护和平的社会力量非常强大，所以主张侵略的丘吉尔的徒子徒孙们是不可能战胜他们，使他们转到新战争方面去的。

针对丘吉尔指责苏联的无限制"扩张倾向"，斯大林回应：德国人侵入苏联是经过芬兰、波兰、罗马尼亚、保加利亚和匈牙利的。德国人所以能够经过这些国家侵入苏联，是因为这些国家当时存在着敌视苏联的政府。在战争中，苏联永远地丧失了约700万人，苏联是不会忘记这些牺牲的。苏联为了保证自己将来的安全，力求在这些国家内能有对于苏联抱有善意态度的政府，这是苏联和平的愿望而决不是扩张倾向。斯大林揭露了丘吉尔的本质：苏联与波兰建立友好同盟关系就使英国不能再"保持自己仲裁者的地位"，不能再"坐收渔利"了。[②]战后，苏联遭受了那么大的损失，它怎么可能再威胁别的国家呢？当时，"在苏联的政治精英当中，几乎没有人怀疑，美国对原子弹的垄断已经变成美国战后的外交工具，并对苏联的安全构成了威胁。"[③]苏联人坚信，如果没有战后的动员与重建，苏联就会任人摆布，或许还会被美国可怕的力量压垮。在1946年，苏联面临着严峻的选择：要么迅速强大，要么毁灭。斯大林非常明白美英同盟在地缘战略上的影响：美国的经济潜力与原子力量再加上英帝国在全球各地的军事基地必然会使苏联陷入危险的包围。许多历史学家也指出，美国在这个时候开始扮演全球性大国的角色，不仅仅是为了回应苏联的挑战，也是依照它为世界制定的蓝图，建设一个"自由民主的"欧洲并在其他地方对共产主义进行遏制的计划。

第二，苏联坚持维护世界和平的基本立场。

---

① 《斯大林文集（1934—1952）》，人民出版社1985年版，第543页。
② 《斯大林文集（1934—1952）》，人民出版社1985年版，第500页。
③ ［美］弗拉季斯拉夫·祖博克：《失败的帝国：从斯大林到戈尔巴乔夫》，李晓江译，社会科学文献出版社2014年版，第85页。

战后，苏美英关系逐渐趋于紧张。很多人关心的一个问题是：苏联和美国、英国经济制度是不同的，这两种经济制度能在战后在同一世界内共同生活和彼此合作。斯大林多次谈到对这个问题的认识，他表示苏联和西方民主国家可以长期和平共处，不会对外扩张。在 1946 年 9 月 17 日，斯大林回答《星期日泰晤士报》驻莫斯科记者亚历山大·沃斯关于是否相信有新战争的危险的提问时，斯大林还表示不相信"新战争"的实际危险，他说："现在发出'新战争'叫嚣的，主要是军界和政界的情报人员和他们在文官中的为数不多的拥护者。他们所以需要这种叫嚣，至少是为了：（一）用战争的怪影来恐吓他们的缔约伙伴中的某些天真的政治家，以便帮助自己的政府从缔约伙伴那里获取更多的让步；（二）使本国在一个时期内难以缩减军事预算；（三）阻止军队复员，并以此来预防本国失业人数的迅速增加。"① 因此，斯大林认为必须把"新战争"的叫嚣，同目前并不存在的"新战争"的实际危险严格区别开来。斯大林相信，尽管有着意识形态上的分歧，但他依然相信苏联和西方民主国家有长期友好合作的可能性。在这一年他依然不相信苏美关系已日益紧张。

1946 年 10 月 23 日，斯大林在答美国合众社社长休·贝利先生问时，表示他不同意苏美关系已日益紧张的意见。他认为，当时对全世界和平的最严重的威胁是新战争的挑拨者，"首先是邱吉尔及其在英国和美国的同谋者"②。1946 年 12 月 21 日，美国总统罗斯福的儿子埃利奥特·罗斯福访问了斯大林。斯大林以坚定的语气回答了"象美国这样的民主制有可能同象苏联现存的那样的共产主义的国家管理形式在这个世界上和平地并肩相处，而且任何一方也不会企图干涉另一方的内部政治事务"③ 这个问题。斯大林认为，这不仅是可能的，而且是合理的，完全可以实现的。在战时最紧张的时候，政体的不同并没有妨碍两国联合起来并战胜敌人。在和平时期，维持这种关系就更加可能了。斯大林认为，虽然一些人大肆喧嚷，美国和苏联两国政府的关系已经有点恶化并将更加恶化，但是，他认为两国政府的关系只是发生了误会。斯大林表

---

① 《斯大林文集（1934—1952）》，人民出版社 1985 年版，第 508 页。
② 《斯大林文集（1934—1952）》，人民出版社 1985 年版，第 511—512 页。
③ 《斯大林文集（1934—1952）》，人民出版社 1985 年版，第 516 页。

示："我看不出任何可怕的东西，足以破坏和平或引起军事冲突。任何一个大国，即使它的政府力图这样做，在目前也不可能派出大量军队去反对另一个盟国，另一个大国，因为在目前，没有本国的人民，谁也不能打仗，而人民是不愿意打仗的。人民已经疲于战争。此外，也没有任何合理的目的，可以用来为新战争辩解。谁也不知道他为什么应该去打仗，所以，美国政府的某些代表谈论我们两国的关系恶化，我看不出会有什么可怕。根据这些理由，我认为新战争的威胁不是实际存在的。"①

1947 年 4 月 9 日，斯大林在和美国共和党人士哈罗德·史塔生谈话时表示，如果有合作的愿望，尽管经济制度不同，合作也是完全可能的。如果没有合作的愿望，即使经济制度相同，国与国之间，人与人之间也会打起来的。斯大林强调合作的愿望，对苏联人民和共产党来讲，是有合作愿望的。斯大林认为，应当把合作的可能性同合作的愿望区别开来。合作的可能性总是存在的，但合作的愿望却不是始终都有的。如果一方不愿意合作，那结果就会发生冲突、战争。斯大林认为："不应醉心于批评彼此的制度。每一国的人民都维持着它所愿意维持和可能维持的制度。哪一种制度更好，——历史会证明的。应该尊重人民所选择和赞同的制度。美国的制度究竟是好还是坏，——这是美国人民的事。合作并不需要各国人民具有同样的制度。应该尊重人民所赞同的制度。只有在这种条件下，才能合作。"② 应该从存在着人民所赞同的两种制度的历史事实出发，只有在这种基础上才能合作。斯大林认为，有人把苏维埃制度称为极权的或独裁的制度，而苏联人则称美国的制度为垄断资本主义。正是双方自战争结束以来的这类批评，是造成误解的原因之一。1952 年 4 月，斯大林在回答美国一些地方报纸编辑提出的问题时，依然坚持以前的判断：现在第三次世界大战并不比两三年前更加临近了。那么，"在怎样的基础上资本主义和共产主义的共处才是可能的?""只要双方有合作的愿望，决心履行所承担的义务，遵守平等和不干涉别国内政的原则，资本主义和共产主义的和平共处是完全可能的。"③

---

① 《斯大林文集（1934—1952）》，人民出版社 1985 年版，第 518 页。
② 《斯大林文集（1934—1952）》，人民出版社 1985 年版，第 525—526 页。
③ 《斯大林文集（1934—1952）》，人民出版社 1985 年版，第 673 页。

1952 年 12 月，斯大林在答《纽约时报》外交记者詹姆斯·赖斯问：苏维埃社会主义共和国联盟和合众国在未来的年代里能够和平共处吗？斯大林依然表示："我仍然相信：不能认为美国和苏联之间的战争是不可避免的，我们两国今后也能够和平相处。"同时，斯大林表示，当前国际局势紧张的根源在于："凡是表现出反苏'冷战'政策的侵略行动的一切地方和事情上。"① 斯大林一再表示，尽管苏联和美国的经济制度和思想体系不同，但这些制度的共处，以及美苏分歧的和平解决，不仅是可能的，而且为了普遍和平的利益也是绝对必要的。第二次世界大战是人类历史上规模最大、破坏力最强的战争，主要战场又在苏联国土上进行，所以战争使苏联遭受了极为惨重的损失。战争期间，农业生产遭受重大损失，大量的村庄、集体农庄、国营农场和机器拖拉机站被烧光、拆毁，洗劫一空。战争对苏联经济造成了致命摧残。战争结束，百废待兴，苏联面临着恢复经济的艰巨任务。尽管苏联战后之初一再表示与西方合作，并为此作了不懈的努力，但由于历史和现实的原因，两种社会制度之间的分歧和对立已是根深蒂固。为了遏制苏联，分化、瓦解东欧，战后以美国为首的西方势力重搬十月革命后曾经采取过的封锁禁运政策，以强大的经济实力为后盾开始了对苏联的"冷战"。随着世界联系的日益紧密和美国国力的急剧膨胀，美国开始积极干预国际事务。出于全球霸权主义的需要，美国走上与苏联全面对抗的道路。当时的苏联尽管在对外政策上犯有大国主义错误，但从总体上并不存在全球扩张的野心。苏联当时在国际上的行为是很谨慎的。美国著名外交家乔治·凯南在后来也承认当时苏联根本没有任何方法来构成对美国的军事威胁，单是战后重建就需要几年的时间，俄国人渴望和平的愿望是真诚的。

第三，针锋相对，强硬反击。

斯大林认为，战争不是迫在眉睫，他对形势作出这样的估计是因为战争并不对帝国主义者有利。斯大林的判断是他们开始发生危机，他们还没有准备好打仗。他们用原子弹吓唬苏联，但苏联不怕。要进攻，要发动战争，现在还不具备物质条件。苏联的强大足够保卫自己。斯大林关于避免或至少推迟同资本主义强国军事摊牌的信心维系在这样一个前

---

① 《斯大林文集（1934—1952）》，人民出版社 1985 年版，第 679 页。

提上:"虽然日益加剧的意识形态冲突早已决定了结果将会怎样。但斯大林和他的从属们内心的决定并不像华盛顿所预计的或莫斯科后来要全世界相信的那样肯定。"① 但是,随着战争结束、苏联与西方同盟的关系日益紧张和意识形态竞争不断加剧,面对西方不断上升的反苏反共倾向,斯大林的反应也更复杂、更具进攻性。

1946年2月8日,斯大林在莫斯科选民代表大会上发表了一篇著名的演说。西方人士把它看成是一篇鼓动战争的演说。有研究者表达了不同认识,"事实上,斯大林在莫斯科选民大会上的演说并不是宣传战争的。它是斯大林常用的防御武器。然而,西方国家的政府和报刊可以随心所欲地向群众作解释,因为群众对苏联和对共产主义并不了解。斯大林的演说是一个信号,表明苏联领导人也认为,跟西方在一系列重大问题上有可能达不成谅解。它也是苏联在跟西方方兴未艾的神经战中的一项措施。当时苏联在本意上是真正希望避免跟美国及其西方盟国发生战争的。它根本就没有打大仗的实力。"②

到了1946年春,苏美战时同盟关系受到了一系列危机的冲击。而且危机还在不断升级,有与土耳其在海峡问题上的冲突,巴黎外长会议出现的新的紧张局面,在波兰、匈牙利和罗马尼亚,苏联与美国等西方国家分别支持对立的派别而产生的在选举方式上存在的争议,还有伊朗危机等等。特别是"杜鲁门主义"和"马歇尔计划"的出笼,《北大西洋公约》的签订,杜鲁门咄咄逼人的反共词句,一系列充满针对性和敌意的行为,迫使苏联发起反击。斯大林是不可能坐视美国强硬的外交态势的进攻的。在苏联方面也有类似凯南长电报的报告,这就是据说是20世纪90年代才解密的、当年苏联驻美国大使尼古拉·诺维科夫于1946年9月27日给参加五国和约巴黎会议的苏联代表团的秘密报告,题为"战后美国对外政策的长篇报告"。这个报告全面分析了战后美国对外政策的意图和目的以及美国在全球的扩张行为,断定美国战后对外政策的特征是"谋求世界霸权",报告指出,美国的对外政策反映了美国垄断资本的帝国主义倾向,其特点就是在战后谋求世界霸权;美国鼓

① Geoffrey Roberts, "Moscow and the Marshall Plan: Politics, Ideology and the Onset of the Cold War, 1947," Europe - Asia Studies 46 (1994): 1371 - 1386.

② 华庆昭:《从雅尔塔到板门店》,中国社会科学出版社2006年版,第84页。

吹的对苏联采取"强硬路线"的政策，是通往大国合作道路上的主要障碍；这一障碍的产生，主要是因为美国在战后不再奉行加强大国合作的政策，而是竭力破坏这些国家的合作。[①] 如果说凯南著名的 8000 字电文成为美国对苏遏制的理论依据，那么几乎同时出现的诺维科夫报告也照样成为斯大林对美反击的理论依据。诺维科夫的这封电报可视作苏联方面对英美冷战言论针锋相对的反应。战后美国外交政策的核心是谋求世界霸权，苏联则是它谋求霸权的主要障碍。

马歇尔计划是一个导火索，这一政策具有稳定西欧和侵蚀东欧的双重目标。而正是后一点在苏联看来是动摇雅尔塔体制给苏联划定的东欧势力范围并且破坏苏联的东欧安全带。这当然是苏联所无法容忍的。苏联认为马歇尔计划的目的是要组建一个反对苏联和东欧的西方集团。苏联采取了针锋相对的政策。在经济上，断然拒绝该计划并阻止东欧国家接受这一计划，为了抵御马歇尔计划对苏联和东欧国家的冲击，防止东欧可能出现的对苏离心倾向，同时考虑到马歇尔计划的实施对欧洲经济格局的影响和东欧国家拒绝马歇尔计划后所可能遭到的经济损失，苏联立即开始着手加强与东欧国家的经济联系，对东欧国家进行政治安抚和经济援助。苏联为抵制马歇尔计划的影响而与东欧国家在这段时期内签订的贸易和经济协定，被西方称之为"莫洛托夫计划"。它是苏联针对杜鲁门主义和马歇尔计划所作的第一个反击。它进一步加强了苏联与东欧国家的经济联系，同时也限制了东欧国家同西方国家的经济往来。1948 年 6 月至 1949 年 5 月出现了冷战后的第一次危机——柏林危机。在柏林地区采取行动是苏联发起反击的最突出的表现。对于美苏两国的关系，有研究者这样描述道："在两国关系中存在着根深蒂固的互不信任。我们只要想一想在苏俄建国之初美国不仅不承认而且与其他西方国家一起进行武装干涉，20 年代当其他西方国家不得不接受苏联存在的既成事实并与苏联建交而美国却仍然坚持不承认苏联，以及尽管 1933 年面对法西斯对世界和平构成的威胁美国才与苏联建立外交关系但双方在维持和平避免战争的问题上仍然缺乏合作，就可以理解这种相互不信

---

① 参见李伟《"诺维科夫报告"与冷战初期的苏联外交政策》，《世界历史》2006 年第 2期。

任的深度。"①

　　国际形势的一系列事件表明二战的结束并未迎来真正的和平。英美苏领导人之间你来我往的言论交锋与这一时期苏美之间的频繁的政治外交争执都表明，在第二次世界大战中形成的英美苏反法西斯同盟的大国合作，开始转向战后的苏美两大阵营的集团对抗。斯大林认识到，伊朗危机、土耳其危机、东欧和德国等问题清楚地证明，战后苏联与西方国家的矛盾是很难调和的，它们之间在意识形态、社会制度和对外战略等方面是根本对立的。可以看到，不同社会制度的国家能否真的和平相处并不只取决于苏联和斯大林，还取决于以美国为首的西方国家。冷战对峙局面之下，斯大林认为，"在开展和平的社会主义建设时，我们一分钟也不应忘记国际反动派的阴谋诡计。他们在策划新战争。必须记住伟大的列宁的指示：转向和平劳动之后，我们还应经常保持警惕，并且象爱护眼珠一样爱护我国的武装力量和国防力量。"② 苏美之间的盟友关系变为敌对关系，形成了以苏美为首的两种体系、两个阵营和两个对立的经济集团和军事集团，两种不同社会主义制度国家进入以美国和苏联为首的东西方两大阵营全面对峙时期。斯大林提出了著名的"两大对立阵营"思想和"两大平行世界市场"思想。两大阵营的冷战对峙和斗争，在相当长的时间里，不但规定和制约着世界的基本格局的性质和特点，而且也规定和制约着国际共产主义运动的进程和特点。

---

　　① 　徐天新、沈志华主编：《冷战前期的大国关系——美苏争霸与亚洲大国的外交取向（1945—1972）》，世界知识出版社 2011 年版，第 9 页。

　　② 　《斯大林文集（1934—1952）》，人民出版社 1985 年版，第 506 页。

下　篇

第一章 "一国建成社会主义" 理论评析

在斯大林执政时期关于"一国建成社会主义"就存在分歧和争论，后世对于这场争论也是有不同的评价。我认为，没有这一理论的支撑和鼓舞，在那个艰难的时代，社会主义事业是无法开拓和前进的。当然，这一理论又带有明显的缺陷。这一理论由于它的强烈的政治意义而使其在一定程度上偏离了现实。但是，一些人把围绕这一理论的争论和分歧仅仅看作是权力之争无疑是偏颇的。在20世纪20年代，在建设社会主义的可能性、道路等问题上存在着明显的分歧和激烈的斗争，理论上的分歧与党内的权力之争的交织使问题变得更趋复杂化。

一 "一国建成社会主义"的提出与演变

1924—1927年，苏共领导人在一国能否建成社会主义问题上展开了激烈的争论。争论的一方是以托洛茨基、季诺维也夫和加米涅夫为首的反对派，他们否认一国凭借自身的力量可以建成社会主义。争论的另一方以斯大林为首，认为一国不仅有可能、有必要，而且必须建成社会主义。在激烈的理论争论和政治斗争中，斯大林提出并逐步完善了"一国建成社会主义"理论。

1924年以前并不存在后来争论的"一国建成社会主义"问题，党内包括斯大林和托洛茨基在内，在这个问题上的看法基本上是一致的。当时的基本看法是，俄国单独一国可以首先夺取政权，建立苏维埃政权。俄国革命的胜利应当激起西方无产阶级进行夺取政权的斗争，而西方革命的胜利将给俄国革命以大力支援，使俄国易于建立社会主义经济，取得社会主义的最终胜利。斯大林在1924年4—5月写就的《论列宁主义基础》有一段论述："在一个国家内推翻资产阶级政权，建立无产阶级政权，还不等于保证社会主义的完全胜利。革命获得胜利的国家的无产阶级既然已经巩固自己的政权并领导着农民，就能够而且应当建成社会主义社会。但是，这是不是说，它这样就能获得社会主义的完全胜利即最终胜利呢？换言之，这是不是说，它单靠一个国家的力量就能够最终巩固社会主义并完全保障国家免除外国武装干涉，也就是免除复辟呢？不，不是这个意思。为了达到这个目的，至少必须有几个国家内革命的胜利。因此，发展和援助其他国家内的革命是获得胜利的革命的重大任务。因此，在一个国家内获得胜利的革命不应当把自己看做独立自在的东西，而应当看做用以加速其他国家无产阶级胜利的助力和工具。"①

斯大林在 1924 年 12 月发表《十月革命和俄国共产党人的策略》一文批驳了托洛茨基。托洛茨基说："没有欧洲无产阶级直接的国家援助，俄国工人阶级就不能保持政权，就不能把自己暂时的统治变成长期的社会主义专政。这是一分钟也不能怀疑的。"② 斯大林认为，这就是说，在欧洲无产阶级夺得政权以前，社会主义在俄国内的胜利是不可能的。斯大林认为托洛茨基的说法是排斥列宁的社会主义在一个国家内胜利的革命论的。斯大林指出："不用说，为了社会主义的完全胜利，为了有免除旧制度恢复的完全保障，必须有几国无产者的共同努力。不用说，没有欧洲无产阶级对我国革命的援助，俄国无产阶级就抵挡不住总进攻；同样，没有俄国革命对西方革命运动的援助，西方革命运动就不能象它在俄国建立无产阶级专政以后那样迅速地发展。不用说，我们是需要援助的。"③ 但是，斯大林还指出了苏维埃俄国推进组织社会主义经济工作的有利条件，俄国自己开创了劳动高潮，俄国无产阶级专政的成功历史明显说明了这一点。托洛茨基的说法显然是违背实际情况的。斯大林指出了促进苏维埃俄国大发展的一些有利条件，这也显示了托洛茨基所犯的错误："第一，托洛茨基没有感觉到我国革命的内部力量；第二，托洛茨基不了解西方工人和东方农民给予我国革命的精神援助的不可估量的意义；第三，托洛茨基没有觉察到现在腐蚀着帝国主义的那种

---

① 《斯大林选集》上卷，人民出版社 1979 年版，第 213—214 页。
② 转引自《斯大林选集》上卷，人民出版社 1979 年版，第 287 页。
③ 《斯大林选集》上卷，人民出版社 1979 年版，第 288 页。

内部虚弱症。"① 经过几年的发展，事实是托洛茨基预言的俄国社会主义或者连根腐烂或者蜕化为资产阶级国家都没有实现。在这时已经可以看到斯大林对苏维埃一国国内力量的重视。当然，在这一时期，斯大林的思想并没有根本变化。他说："没有几国无产者的共同努力，第一个获得解放的国家内的社会主义的最终胜利就不可能，这个论点是对的"②；但是，也要看到这里说的是"社会主义的最终胜利"。

现实是社会主义革命在多国胜利已不可能在短期内实现，苏联不可能再依靠欧洲革命来巩固自己的社会主义阵地。资本主义国家也暂时不可能凭借武力或其他手段颠覆和扼杀社会主义国家。在这种情况下，人们不得不思考这样一些问题：处于资本主义包围之中的苏联能不能依靠自己的力量在一个国家内建成社会主义？一个国家单独进行社会主义建设的前景如何？如何建设社会主义？这些问题就使在1925年前后，苏联党内爆发了关于"一国能否建成社会主义"的争论。这场争论还伴随着列宁逝世后党内各个派别之间的权力斗争。各个派别在制定国家经济建设的路线、方针和政策上的分歧，掺杂着权力争斗，使问题更趋复杂化。

斯大林敏锐地认识到了国际国内形势的变化，很快，他改变了提法，认为以前的说法显然就有缺点了，因而也就不正确了。在1925年，关于一国建成社会主义问题的争论中双方所持的对立观点已经显现得非常分明了。1925年1月斯大林在《给德—奥夫同志的信》中，将社会主义胜利划分为社会主义的完全胜利和一般胜利两个概念。斯大林向德—奥夫同志指出了政治实践中存在的一个危险："我们政治实践中最危险的就是：企图把胜利了的无产阶级国家看做一种被动的东西，以为它在没有得到其他国家胜利了的无产者的援助时只能在原地踏步。假定在俄国苏维埃制度建立以后五年到十年内西方还没有爆发革命，假定我们共和国在这个时期内仍然作为一个在新经济政策条件下建设社会主义经济的苏维埃共和国存在，那末你是否认为我们国家在这五年到十年内只去干些捣水勾当，而不去组织社会主义经济呢？只要提出这个问题，

① 《斯大林选集》上卷，人民出版社1979年版，第289页。
② 《斯大林选集》上卷，人民出版社1979年版，第307页。

就可以了解否认社会主义在一个国家内可能胜利的理论的全部危险性。"① 这就在政治意义上提出了苏联一国建成社会主义的必要性和重要性。斯大林开始表示："我国有'建成完全的社会主义社会'的一切条件。""如果认为在一个战胜了并且驱逐了资本家和地主的国家里不能建设社会主义，那是不正确的。在一个建立了无产阶级专政、拥有丰富的资源并且受到全世界无产者支持的国家里，是能够而且必须建设社会主义的。"②

在《俄共（布）第十四次代表会议的工作总结》中，斯大林较为明确地提出了"一国可以建成社会主义"，并进一步从理论上论证了这一方针。斯大林归纳了俄国的两种矛盾：一种矛盾是内部的矛盾，即无产阶级和农民之间的矛盾。另一种矛盾是外部的矛盾，即俄国这个社会主义国家和其他一切资本主义国家之间的矛盾。斯大林认为不能把内部矛盾和外部矛盾混为一谈。当人们说：能不能用自身的力量建成社会主义？意思就是：俄国无产阶级和农民之间的矛盾是可以克服还是不能克服？斯大林的回答是，我们能够建成社会主义。无产阶级和农民利益的一致性，决定了完全可以依靠工农联盟来建成完全的社会主义社会。"被资本家包围的无产阶级专政国家不但能够用自身的力量解决内部的矛盾即无产阶级和农民之间的矛盾，而且还能够、还必须建成社会主义，在本国组织社会主义经济和建立一支武装力量，以便帮助周围各国的无产者去进行推翻资产阶级的斗争。"③ 斯大林认为，那种认为：俄国在经济上比较落后，因此不可能建成社会主义的说法是一种和社会主义不相容的东西。他在政治斗争的高度阐发了这一认识："谁否认社会主义在一个国家内建成的可能性，谁也就一定要否认十月革命的合理性。反过来说，谁不相信十月革命，谁就决不会承认社会主义在资本主义包围的条件下取得胜利的可能性。不相信十月革命和不承认社会主义在我国胜利的可能性，二者之间有紧密而直接的联系。"④

在谈到第二个矛盾就是苏俄这个社会主义国家和其他一切资本主义国家之间的矛盾，即外部的矛盾时，斯大林的看法是：只要资本主义包

---

① 《斯大林全集》第 7 卷，人民出版社 1958 年版，第 18 页。
② 《斯大林选集》上卷，人民出版社 1979 年版，第 317 页。
③ 《斯大林选集》上卷，人民出版社 1979 年版，第 339 页。
④ 《斯大林选集》上卷，人民出版社 1979 年版，第 341 页。

围存在，就一定会有资本主义国家进行武装干涉的危险，只要这种危险存在，就一定会有复辟的危险即资本主义制度恢复的危险。斯大林的认识是："能不能认为这种矛盾是一个国家完全可以克服的呢？不，不能。因为靠一个国家的努力，即使这个国家是无产阶级专政的国家，也不能完全保障自己免除武装干涉的危险。因此，只有在国际范围内，只有通过若干国家的无产者的共同努力，或者更好是在几个国家的无产者取得胜利以后，才能够有免除武装干涉的完全保障，也就是说，才能够取得社会主义的最终胜利。"①

斯大林阐述了社会主义的一般胜利和社会主义的完全的、最终的胜利。社会主义的一般胜利是赶走地主和资本家，夺取政权，打退帝国主义的进攻，开始建设社会主义经济，——这一切是一个国家内的无产阶级完全能够做到的。"社会主义的最终胜利就是有免除武装干涉行动、因而就是有免除复辟行动的完全保障，因为稍微严重的复辟行动，只有在外来的重大的援助下，只有在国际资本的援助下，才有可能发生。因此，各国工人对我国革命的支援，尤其是这些工人的胜利，即使在几个国家内的胜利，是完全保障第一个获得胜利的国家免除武装干涉和复辟行动的必要条件，是保证社会主义最终胜利的必要条件。"②

在1925年6月9日在斯维尔德洛夫大学的演说中，斯大林批评了那种认为俄国存在失去国际革命前途的看法的危险："这种危险的特点是：不相信国际无产阶级革命；不相信它会胜利；对殖民地和附属国的民族解放运动抱怀疑态度，不了解我们国家如果没有其他国家革命运动的支持就不能抵挡住世界帝国主义；不了解社会主义在一个国家内的胜利不可能是最终的胜利，因为只要革命还没有在若干国家里获得胜利，它就不可能保证不遭受武装干涉；不了解国际主义的基本要求，即社会主义在一个国家内的胜利并不是目的本身，而是发展和支持其他国家革命的手段。"③ 但是，在这个演说中，斯大林在回答"我们是不是一定能够建成社会主义经济"的问题时，依然说："这不仅取决于我们。这也取决于我们国外的敌人和朋友的强弱。如果让我们建设，如果我们能

---

① 《斯大林选集》上卷，人民出版社1979年版，第342页。
② 《斯大林选集》上卷，人民出版社1979年版，第342页。
③ 《斯大林选集》上卷，人民出版社1979年版，第362页。

延长'喘息'时期，如果不发生严重的武装干涉，如果武装干涉不能得逞，如果国际革命运动的力量和实力同我们自己国家的力量和实力都强大得足以使重大的武装干涉企图不能实现，我们就能建成社会主义经济。相反，如果武装干涉得逞而我们被击败，我们就不能建成社会主义经济。"①

1926 年 1 月，在《论列宁主义的几个问题》一文中斯大林承认他在 1924 年《论列宁主义基础》中的一个说法有缺点了："没有几个先进国家中无产者的共同努力，能不能解决这个任务，能不能在一个国家内获得社会主义的最终胜利呢？不，不能。"② 这种说法反对当时托洛茨基分子宣称：当其他国家没有胜利时，一个国家内的无产阶级专政不能在保守的欧洲面前站得住脚。斯大林认为，当列宁主义在这方面所受的批评在党内已被克服时，当眼前已摆着一个新问题即没有外援而可能用俄国的力量来建成完全社会主义社会的问题时，这种说法"显然就有缺点了，因而也就不正确了"③。那么，这种说法的缺点在哪里呢？"缺点就在于它把两个不同的问题连接成一个问题：第一个是可能用一个国家的力量建成社会主义的问题，对于这个问题应当给以肯定的回答；另一个是无产阶级专政的国家是否可以认为它无须革命在其他几个国家内获得胜利就有免除外国武装干涉、因而免除旧制度复辟的完全保障的问题，对于这个问题应当给以否定的回答。"④ 在这个时期，斯大林就是以这种精神进行解释的。他同时指出，在党已向前进展的时候又把它拉回去，这就是不可救药地陷入了矛盾，就是不相信社会主义建设的事业，就是离开了列宁的道路，就是自己承认自己的失败。在此，斯大林区分了社会主义可能在一个国家内胜利和社会主义完全的最终胜利。他说，以为用一个国家的力量组织社会主义社会是不可能的，这种想法是不正确的。社会主义可能在一个国家内胜利的意思是："这就是可能用我国内部力量来解决无产阶级和农民间的矛盾，这就是在其他国家无产者的同情和支援下，但无须其他国家无产阶级革命的预先胜利，无产阶

---

① 《斯大林选集》上卷，人民出版社 1979 年版，第 390 页。
② 《斯大林选集》上卷，人民出版社 1979 年版，第 435 页。
③ 《斯大林选集》上卷，人民出版社 1979 年版，第 435 页。
④ 《斯大林选集》上卷，人民出版社 1979 年版，第 435 页。

级可能夺得政权并利用这个政权来在我国建成完全的社会主义社会。"①
也就是说在俄国这样落后的国家中，没有技术上经济上比较发达的国家
的援助也可能建成完全的社会主义社会。

斯大林分析了季诺维也夫对于社会主义在一个国家内胜利所持的观
点。"季诺维也夫并不把社会主义在一个国家内的最终胜利了解为有免
除武装干涉和免除复辟的保障，而了解为有建成社会主义社会的可能
性。至于社会主义在一个国家内的胜利，季诺维也夫则把它了解为不能
够而且不应当使社会主义建成的一种社会主义建设。碰碰运气、茫无前
途的建设，在没有可能建成社会主义社会的情况下进行社会主义建
设，——这就是季诺维也夫的立场。"② 斯大林认为这是荒唐的。这个
错误的根源在于：季诺维也夫深信俄国技术的落后对于建成完全的社会
主义社会来说是不可克服的困难，深信无产阶级因俄国技术落后而不能
建成社会主义。新反对派犯了不相信社会主义建设能够获得胜利和曲解
列宁主义的错误。斯大林坚定地表示："我们能够而且应当建成完全的
社会主义社会，因为我们拥有为建成这个社会所必需而且足够的一
切。"③ 即使西方不能及时发生胜利的革命而给苏联以援助，工人阶级
和劳动农民结成联盟也能彻底打败资本家，也能建成社会主义社会。

斯大林总是从两个方面看问题：可能在苏联一国建成社会主义是一
回事，可能保证苏联不受国际资本的侵犯又是一回事。斯大林在 1926
年 2 月《关于我国建成社会主义的可能性（答坡柯也夫同志）》一文
中，概括了党在第十四次代表大会上的意见分歧：问题的根本不在于苏
联是否已经达到社会主义，"我们党内没有一个人会说我们已经实现了
社会主义"，"争论的是：代表大会说，即使西方不能及时发生胜利的
革命而给我们以援助，工人阶级和劳动农民结成联盟也能彻底打败我国
资本家，也能建成社会主义社会。反对派却说，在西方工人取得胜利以
前，我们不能彻底打败本国资本家，不能建成社会主义社会。"④ 因此，
反对派的看法就是不相信苏联能战胜本国资本家。那么，既然西方革命
的胜利要延迟一些时候，那么苏联就只好开空车了。这是斯大林不能接

① 《斯大林选集》上卷，人民出版社 1979 年版，第 438 页。
② 《斯大林选集》上卷，人民出版社 1979 年版，第 439—440 页。
③ 《斯大林选集》上卷，人民出版社 1979 年版，第 442 页。
④ 《斯大林全集》第 8 卷，人民出版社 1954 年版，第 92 页。

受的。斯大林的结论就是不能把这两个问题混淆起来。"没有西方革命的胜利，我们用自己的力量也能建成社会主义社会，但是要保障我国不受国际资本的侵犯，单靠我们一个国家是不可能的，——要做到这一点，就需要西方几个国家革命的胜利。可能在我国建成社会主义是一回事，可能保证我国不受国际资本的侵犯又是一回事。"①

　　1926 年 11 月，在联共（布）召开的第十五次全国代表会议上，斯大林作了题为《论我们党内的社会民主主义倾向》的报告，谈到了苏联建设前途问题的决定意义，也再一次谈到了党和反对派的发生分歧的基本问题：社会主义在苏联的胜利是否可能的问题，也就是革命的性质如何和前途如何的问题。具体来讲有三个问题：一是苏联暂时还是独一无二的无产阶级专政的国家，其他国家的无产阶级革命还没有胜利，世界革命的速度已经缓慢下来，在这种情况下，社会主义在苏联的胜利是否可能。二是如果这个胜利是可能的，那么可以不可以把它称为完全的胜利，最后的胜利。三是如果这种胜利不能称为最后的胜利，那么要使这种胜利称为最后的胜利，需要哪些条件。这就是社会主义在一个国家内胜利的可能性这个问题中包含的三个问题。对此，斯大林的回答是："我们能够而且必须战胜我国经济中的资本主义成分，我们能够而且必须在我国建成社会主义社会。但是，能不能说这种胜利是完全的、最后的胜利呢？不，不能这样说。我们能够战胜我国资本家，我们有力量建设社会主义并把它建设成功，但是，这并不等于说我们因此就有力量保障无产阶级专政的国家免于外来的危险，免于外国武装干涉和与此关联的旧制度复辟的危险。我们不是生活在孤岛上。我们是生活在资本主义的包围中。……只要无产阶级还没有至少在几个国家内取得胜利，我们就不能认为我们的胜利是最后地胜利，因此，无论在我们的建设中得到怎样的成就，我们都不能认为无产阶级专政的国家已有免于外来危险的保障。所以要最后地取得胜利，必须努力使现在资本主义的包围为社会主义的包围所代替，必须努力使无产阶级至少再在几个国家内取得胜利。只有那时才能认为我们的胜利是最后的胜利。"②

　　斯大林再次指出：苏联面临两种矛盾：国内矛盾和国外矛盾。"国

---

① 《斯大林全集》第 8 卷，人民出版社 1954 年版，第 94 页。
② 《斯大林全集》第 8 卷，人民出版社 1954 年版，第 232—233 页。

内矛盾首先在于社会主义成分和资本主义成分的斗争。我们说，这种矛盾我们是能够靠本身的力量来克服的，我们能够战胜我国经济中的资本主义成分，能够吸引基本农民群众参加社会主义建设，并建成社会主义社会。国外矛盾在于社会主义国家和资本主义包围的斗争。我们说，这种矛盾我们只靠本身的力量是不能解决的，要解决这种矛盾，必须社会主义至少在几个国家内获得胜利。正因为如此，我们才说社会主义在一个国家内的胜利不是目的本身，而是世界各国无产阶级革命取得胜利的助力、手段和工具。"① 斯大林指出，不能把第一类问题和第二类问题混淆起来，这是方法论的基本的和起码的要求。糟糕的是季诺维也夫看不出这两种矛盾的区别，混淆了这两种矛盾，把自己的糊涂想法当作"真正的"国际主义，而认为谁在观察国内问题时撇开国外问题，谁就是忘记了国际革命的利益。斯大林认为这是可笑的，没有说服力的。

斯大林分析了反对派对于无须进一步革命便有可能在俄国建成社会主义的怀疑，认为他们是软弱的、动摇的，不相信自己的力量，把希望寄托在外国的革命上面。在不久的将来要进行革命的可能性已越来越遥远的时候，这种怀疑的危害是十分巨大的。在这个报告以及 12 月 7 日，在共产国际执行委员会第七次扩大全会上的报告中，也就是《再论我们党内的社会民主主义倾向》中，斯大林对"一国建成社会主义"理论进行了系统的阐发：一是指出了苏联国民经济同资本主义国家经济的相互依赖关系，批评了托、季联盟把世界各国的经济联系日益加强的趋势同苏联建立独立自主的国民经济体系的可能性绝对地对立起来的观点。二是指出了"社会主义在一个国家内胜利"和"社会主义的最后胜利"是两个不同的问题，对这两个概念作了更明确的解释，得出了没有其他国家社会主义的胜利，没有胜利了的西方无产阶级在技术和设备方面的直接援助，在资本主义包围下的苏联不仅有可能、有必要，而且是不可避免地建成社会主义的结论。至此，斯大林的"一国建成社会主义"基本形成。

---

① 《斯大林全集》第 8 卷，人民出版社 1954 年版，第 292—293 页。

二 "一国建成社会主义"提出的背景

有研究者提出，中国通过改革开放打开国门，利用国际分工，利用先进资本主义国家的科技、资金等来发展自己的经济。中国的开放取得的突飞猛进的成就，恰恰是对斯大林一国社会主义理论的彻底否定。我以为这样的以今非古是没有道理的。"一国建成社会主义"理论的提出并非是无源之水，并非是头脑臆想，当时国际形势的新变化、苏联国内的现实状况以及社会主义事业的必然要求是斯大林"一国建成社会主义"理论提出的背景，这一理论在当时是适应现实而形成的，具有重大的理论意义与实践意义。

首先，基于国际形势的新选择。

从国际形势看，俄国十月革命的胜利，开辟了从资本主义向社会主义过渡的新时代。在十月革命胜利的影响下，欧洲许多国家爆发了无产阶级革命和民主革命，东方殖民地、半殖民地国家则爆发了民族民主革命。然而，从 1921 年起，世界各地的革命高潮渐趋消退，1923 年保加利亚、德国和波兰武装起义的失败，宣告欧洲无产阶级革命转入低潮。在这一时期，资本主义国家逐渐摆脱了危机，进入了相对稳定的发展时期。在武装干涉苏俄失败后，资本主义国家暂时放弃了这一方式，这就为苏联的社会主义提供了一个与资本主义国家和平共处的国际关系状态，形成了一个没有严重武装干涉的"喘息"时期。

苏联是处于世界资本主义包围下的唯一的社会主义国家，它处于不利的国际环境中。一些主要资本主义国家一方面相继和苏联建立了外交关系；一方面又在经济上政治上千方百计地扼制和封锁它。严峻的现实不仅时刻使年轻的苏维埃政权回想起若干年前被 14 国武装干涉的情景，而且还提出了社会主义在苏联的命运和前途问题。或者苏联能够建成社会主义，或者苏维埃政权被颠覆，复辟资本主义。当时，一些人对苏联能不能依靠自身力量来建成社会主义产生了怀疑。此时，明确一国能够建成社会主义，这是关系苏联社会主义前途和命运的大问题。正是在这个问题上党内出现了尖锐的意见分歧。苏联在资本主义的包围之下能够在一国建成社会主义吗？斯大林的回答是：有，不仅有可能、有必要，而且是必须的。

斯大林看到了国际形势的变化，开始调整自己的认识。他认识到，欧洲无产阶级和资产阶级呈势均力敌的状态，无产阶级还不能推翻资产阶级。这就使世界革命的发展道路已不像以前所能想象的那样简单了。虽然斯大林有时依然表现出了对世界革命的追求，但是，他不得不把世界革命的胜利寄希望于未来。斯大林敏锐地意识到，没有建设社会主义的前途，就会削弱无产阶级从事这种建设的意志。在世界革命陷入低潮时，如果没有建设的明确前途，没有建成社会主义的信心，工人群众就不能自觉地参加这种建设，他们就不能自觉地领导农民。没有建成社会主义的信心就不能有建设社会主义的意志。明知不能建成，谁还愿意去建设呢？国际形势的变化使斯大林调整了发展目标，开始从追求多国胜利转变为致力于一国社会主义建设。

其次，是社会主义事业的必然要求。

斯大林认为，现今苏联已经走上了社会主义道路，那么，事实上就要求必须建成社会主义，在这个问题上不可能有其他选择。斯大林认为："假如这是不正确的，假如党没有理由断定苏联无产阶级能够建成社会主义社会，虽然我国在技术上比较落后，那么党就没有理由继续掌握政权，它无论如何应当放弃政权并转到在野党的地位。"[1] 因为布尔什维克党是为实现社会主义才夺取并掌握政权的，既然这个党不知道能否实现社会主义，那么这个党还有什么理由继续掌握政权呢！

苏联人民在共产党领导下建立了自己的政权，"摆脱了剥削制度的羁绊，粉碎了外国干涉者的挑衅，走上社会主义道路之后，迸发出高度的热情和强烈的愿望，要求迅速改变自己国家的落后面貌，赶上和超过先进的资本主义国家。执政的共产党理应给广大人民群众指出明确的目的和前进的方向。斯大林的这一理论正确反映了广大人民群众的这种情绪和要求，鼓舞了他们建设社会主义的热情和信心。与此相反，托洛茨基等反对派虽然也亲自投身于社会主义建设的实践，但是他们认为一国不能建成社会主义，这就使他们无法解释，明知一国不能建成社会主义，而在可以预期的将来又难以指望世界革命高潮的到来，那么投身于建设岂不都是白费劲儿吗？托洛茨基等反对派宣扬的观点只能使人感到

---

[1] 《斯大林选集》上卷，人民出版社1979年版，第510页。

前途黯淡。"①

斯大林认为，不能无限期地等待西方革命的胜利而让俄国开空车，也不能把自己的阵地让给俄国资产阶级。试想，当"成百成千个党的工作者、工会工作者、合作社工作者、经济工作者、文化工作者、军事工作者和共青团员来找我们，询问我们，询问我们党：我们把事业向哪一方面引导，我们为什么建设？""究竟我们是为了社会主义、指望社会主义建设的胜利而进行建设，还是为了给资产阶级民主制度的土壤施肥、'等待全世界的社会主义革命的到来'而碰运气地盲目地进行建设"②，当他们从斯大林那儿得到明确而肯定的答复"我们具有在我国建成社会主义经济的一切条件，我们能够并且应当建设完全的社会主义社会"③ 时，这是多么让人鼓舞啊！

最后，苏联国内的现实发展的需要。

在布尔什维克党的领导下，苏联推行了新经济政策与和平外交政策，苏联国民经济恢复并有了很大增长。到1925年底，国民经济恢复工作基本结束。农业总产值已达战前的87%，大工业产量约占战前产量的75%，国内商品流转总额达到战前的70%。国营和合作社经营的工业已占工业总产值的80%；1924年初到1925年夏，加入各种合作社的农户已由174万户增至500万户。劳动人民的物质文化生活也得到了改善，国营企业工人的实际工资已超过战前水平；1924—1925年度国家也有能力来帮助经济力量单薄的农民，在工农生活改善的基础上，群众的积极性大大提高，无产阶级专政进一步巩固，布尔什维克党的威信上升。与此同时，随着生产的恢复、自由贸易的开放、商品经济的活跃，城乡一部分人的经济地位发生了变化。在工业中，私人资本主义成分约占20%；在商业中，私人资本主义成分约占25%；在农业中，尽管还是小农经济的汪洋大海，但富农经济也有所增强。④ 面对现实中的诸多困难。斯大林认为削弱无产阶级建设社会主义的意志就会引起苏联经济中资本主义成分的增长。建设社会主义如果不是战胜我国经济中的

---

① 周尚文：《斯大林"一国社会主义"理论评析》，《党政论坛》1986年第8期。

② 《斯大林选集》上卷，人民出版社1979年版，第389—390页。

③ 《斯大林选集》上卷，人民出版社1979年版，第390页。

④ 参见林建华《历史地、辩证地认识斯大林"一国建成社会主义"理论》，《当代世界社会主义问题》1996年第4期。

资本主义成分又是什么呢？

斯大林认为，苏联具有资本主义国家所没有的特点、条件和优势。虽然苏维埃俄国生产力和经济发展水平落后于资本主义国家，但是在经济和政治上，苏联具有资本主义国家所没有的逐步强大的国有经济。斯大林认为对资本主义国家是不可能的或者是几乎不可能的事情，对无产阶级国家却是完全可能的。因为无产阶级国家在这些方面具有资产阶级国家所没有的、也许是不可能有的优越性。国有化土地、国有化的工业、国有化的运输业和信贷业、垄断化的对外贸易、由国家调整的国内贸易——这一切都是能够用来发展工业的新源泉，这些新源泉任何一个资产阶级国家中都不曾有过。可以看到，社会主义建设的方向性具有莫大的实践意义。经济建设事业应导向哪里，朝哪个方向建设，建设些什么，建设的前途应当怎样？"一国建成社会主义"以其明确的政治主张满足了现实需求。面对经济中的成就与问题，需要一个明确的理论来指导，以便在实践中有所遵循。工人阶级如果有颓丧和失败情绪就不能不鼓起资本主义成分对旧制度复辟的希望。谁低估了建设的社会主义前途的决定意义，谁就是帮助国家经济中的资本主义成分，谁就是培植投降主义。

三　斯大林对"不断革命论"的批判

进入 20 世纪 20 年代，能不能在一国建成社会主义作为一个迫切的现实问题和理论问题提了出来，并由此引发了联共（布）党内的激烈争论。托洛茨基的"不断革命论"成为这场争论的中心。托洛茨基否认苏联存在着建成社会主义的政治经济条件，把建成社会主义的希望完全寄托在当时毫无希望的所谓世界革命上。托洛茨基写道："无产阶级先锋队正是为了保证自己的胜利，还在它统治的初期，就不仅要最深刻地侵犯封建所有制，而且要最深刻地侵犯资产阶级所有制。在这种情形下，它不仅会和那些在无产阶级革命斗争初期支持过它的一切资产阶级集团发生敌对的冲突，而且会和那些协助过它取得政权的广大农民群众发生敌对的冲突。在农民占人口绝大多数的落后国家内，工人政府所处地位的矛盾，只有在国际范围内即在无产阶级世界革命舞台上，才能求得解决。"① 这段写于 1922 年 1 月的话是对他自己对 1905 年革命中"不断革命论"思想的归纳。托洛茨基怀疑俄国社会主义革命和建设中的工农联盟，这同列宁的有关思想有着根本区别。托洛茨基的理论受到列宁和其他同志的批评。1924 年 1 月俄共（布）第十三次代表会议期间，托洛茨基把先后写成的一些文章汇集成册并以《新方针》为题出版。他表示不放弃"不断革命论"，并说它"从整体来看，比那时许多布尔什维克所写的东西更接近列宁主义的真正实质。"②"'不断革命'的理论直接导向列宁主义，特别是导向 1917 年的四月提纲"③。在以后的斗争中，托洛茨基曾在表面上做过妥协但实质上并没有放弃他的理论。

正是由于在"一国不能建成社会主义"这一点上的一致，1926 年 4 月中央全会期间，托洛茨基派开始同季诺维也夫、加米涅夫新反对派互相谅解并联合，形成"托季联盟"，共同反对以斯大林为首的党内多数派。他们在 1927 年 11 月召开的联共（布）第十五次全国代表会议和共产国际第七次扩大会议前后，同党内多数派就一国能否建成社会主义的问题进行了大论战。托洛茨基认为，"工人国家在一国而且在落后的一国抗住了全世界，这个事实证明无产阶级有雄伟的力量，这种力量在其他比较先进比较文明的国家里是真能做出奇迹来的。可是，我们虽然在政治上和军事上保持为一个国家，但是我们并没有达到甚至还没有走近建立社会主义社会的阶段……当其余的欧洲国家还是资产阶级掌握着政权的时候，我们为了打破经济孤立的局面，不得不设法和资本主义世界达成协议；同时可以确信地说：这种协议至多只能帮助我们治愈某些经济创伤，获得某些进展，可是俄国社会主义经济的真正高涨只有无产阶级在欧洲几个最重要的国家内获得胜利以后，才会是可能的。"④

在苏联革命性质和前途的基本问题上，托洛茨基和以斯大林为代表的党的分歧主要表现在以下几个方面。

---

① ［俄］列·托洛茨基著，郑异凡编：《托洛茨基文选》，人民出版社 2010 年版，第 66 页。

② ［俄］列·托洛茨基著，郑异凡编：《托洛茨基文选》，人民出版社 2010 年版，第 113 页。

③ ［俄］列·托洛茨基著，郑异凡编：《托洛茨基文选》，人民出版社 2010 年版，第 114 页。

④ 转引自《斯大林选集》上卷，人民出版社 1979 年版，第 289—290 页。

1. 党的出发点是：十月革命是社会主义革命，十月革命不仅是西方社会主义革命的信号、推动力和出发点，而且它是进一步展开世界革命运动的根据地，并且它在苏联开始了由资本主义到社会主义的过渡时期（无产阶级专政），在这个过渡时期中，如果对农民实行正确的政策，无产阶级就能够顺利地建设完全的社会主义社会。当然，这需要一方面国际革命运动的力量和另一方面苏联无产阶级的力量都强大得足以保卫苏联免于帝国主义的武装干涉。

托洛茨基则认为，十月革命不是社会主义革命，它只是西方社会主义革命的信号、推动力和出发点；如果世界革命延缓到来，西方的胜利的社会主义革命不能在最近时期及时发生，那么，俄国无产阶级政权在无产阶级和农民间不可避免的冲突的打击下，一定会垮台或蜕化。

2. 党的出发点是：在苏联有建成完全的社会主义社会所必需而且足够的一切，而托洛茨基的出发点却是：俄国社会主义经济的真正高涨只有无产阶级在欧洲几个最重要的国家内获得胜利以后，才会是可能的。

3. 党的出发点是：只要在十年至二十年内和农民保持正确的关系，就能保证全世界范围内的胜利。而托洛茨基的出发点却是：在世界革命胜利以前，无产阶级不可能和农民保持正确关系；无产阶级取得政权以后，不仅会和那些在无产阶级革命斗争初期支持过它的一切资产阶级集团发生敌对的冲突，而且会和那些协助过它取得政权的广大农民群众发生敌对的冲突；在农民占人口绝大多数的落后国家内，工人政府所处地位的矛盾，只有在国际范围内即在无产阶级世界革命舞台上，才能求得解决。

斯大林指出，"不相信我国革命有力量和有本领，不相信俄国无产阶级有力量和有本领，——这就是'不断革命'论的根源。"[1] 斯大林认为，无产阶级不应该有消沉情绪和失败心理，"反对派联盟不相信我国革命的内部力量，并且看到世界革命延缓到来的情况而陷于绝望，于是从对革命中阶级力量作马克思主义分析的立场滚到'极左的'自欺和'革命的'冒险主义的立场，否认资本主义局部稳定状态的存在，

---

[1] 《斯大林选集》上卷，人民出版社1979年版，第291页。

因而走上盲动主义的道路。"① 托洛茨基主义的主要罪过在哪里呢？"在于它不相信苏联无产阶级在巩固无产阶级政权的斗争中，特别是在争取我国社会主义建设胜利的斗争中有力量，有能力领导农民、领导基本农民群众。"②"在于它不了解，其实也就是不承认列宁关于在争取和巩固无产阶级专政的事业中，在个别国家内建成社会主义社会的事业中无产阶级领导权（对农民的领导权）的思想。"③ 托洛茨基多次宣称：俄国社会主义经济的真正高涨只有无产阶级在欧洲几个重要的国家内获得胜利，才会是可能的；他认为全力推进西方国家的革命，是一条比一国建设社会主义更迅速更有成功把握的道路，因为在 20 年至 30 年内苏联肯定难以建成社会主义，而西方国家在这段时间内肯定会爆发革命。西方国家在取得革命胜利后，将会用自己雄厚的经济技术力量来援助苏联，从而使其克服由于经济、文化落后所产生的困难和矛盾，避免失败的命运。他们迫切盼望欧洲革命的爆发和胜利，并因此解决他们认为的俄国社会主义建设中两个无法克服的矛盾。一个是无产阶级同广大农民的冲突；另一个是为实行工业化必须恢复俄国同世界经济的物质联系，从而使本国落后的经济不得不对世界资本主义产生依赖，受到世界经济的控制。托洛茨基的结论就是：在农民人口绝大多数的落后国家内，工人政府所处地位的矛盾，只有在国际范围内即在无产阶级世界革命舞台上，才能得到解决。

在联共（布）关于"一国建成社会主义"的争论中，反对派照搬马克思列宁主义关于社会主义的最终胜利必定是世界性的胜利的结论，否定一国建成社会主义的可能性，他们脱离了现实中迫切需要解决的任务，他们的理论还导致了对十月革命的否定，这不能为当时大多数共产党人接受。

斯大林指出了"不断革命"的思想与列宁的思想的区别。"列宁主张'用尽'农民的革命能力，彻底利用农民的革命毅力，以便彻底消灭沙皇制度，以便过渡到无产阶级革命；而'不断革命'论者却不懂得农民在俄国革命中的重大作用，过低估计农民的革命毅力，过低估计

---

① 《斯大林全集》第 8 卷，人民出版社 1954 年版，第 197—198 页。
② 《斯大林全集》第 10 卷，人民出版社 1954 年版，第 67 页。
③ 《斯大林全集》第 10 卷，人民出版社 1954 年版，第 68 页。

俄国无产阶级领导农民的力量和本领，因而妨碍了把农民从资产阶级影响下解放出来的事业，妨碍了把农民团结在无产阶级周围的事业。"①可以看到，列宁说无产阶级和劳动农民阶层的联盟是无产阶级专政的基础。而托洛茨基却说无产阶级先锋队会和广大农民群众发生敌对的冲突。列宁说无产阶级领导被剥削的劳动群众，而托洛茨基说，在农民占人口绝大多数的落后国家内，工人政府所处地位有矛盾。列宁认为革命首先要从俄国本国的工人和农民中间汲取力量，而托洛茨基却认为只有在无产阶级的世界革命舞台上才能汲取必要的力量。斯大林指出："按照这个计划看来，我国革命只有一个前途：在本身所有各种矛盾中苟延残喘，在等待世界革命中连根腐烂。"②斯大林提出：如果国际革命来迟了，怎么办呢？我国革命有没有光明的前途呢。托洛茨基的回答显然是否定的。斯大林批判托洛茨基把苏维埃政权解决同农民矛盾和建设社会主义的希望完全寄托在无产阶级世界革命的胜利上，斯大林指出：把革命胜利的着眼点放在"无产阶级世界革命舞台上"，把国内矛盾看作要靠世界革命才能解决的问题，这是对本国工人和农民革命力量的忽视，必然导致对革命前途的悲观失望。

托季联盟根本否认依靠苏联人民自身的力量可以建成社会主义，他们把希望完全寄托在虚无缥缈的西方革命上，认为当时在苏联建设社会主义的唯一方法是"向西方输出革命"。而斯大林认为，相信一国能否建成社会主义具有重大的政治意义，在世界革命陷入低潮的时期，不相信通过苏联人民自身的努力能够建成社会主义，而将希望寄托在虚无缥缈的世界革命上，是对社会主义事业的巨大危险。斯大林和党内的多数派认为，苏联社会当前的任务就是努力开展社会主义经济、文化建设，发展国民经济，使苏联尽快强大起来，从而依靠自身的力量战胜资本主义复辟的危险，并且援助其他"东方国家"进行民族革命运动，推进国际共产主义运动，最终在全世界实现社会主义、共产主义。斯大林根据国内外的政治形势阐述了"一国建成社会主义"理论，驳斥了联合反对派的攻击。有研究者这样谈到斯大林的"一国建成社会主义"，他说："斯大林是一个现实主义者，在苏联的实力所不能及的地方，他是

①　《斯大林选集》上卷，人民出版社1979年版，第210页。
②　《斯大林选集》上卷，人民出版社1979年版，第284页。

不会主动出击的。在 20 世纪 20 年代和 30 年代，斯大林把一国建成社会主义理论作为苏联内政外交的指导思想，始终坚持把保卫苏联一国社会主义放在第一位，坚决地否定托洛茨基的世界革命论。"① 我认为这也不无道理。

四 　"一国建成社会主义"理论的积极意义

有研究者认为，关于"一国建成社会主义"理论的争论，由于当年在联共（布）中央内部掺杂着争夺权力和派别斗争的因素，致使这场论战从党的领导层中关于方针政策以及与之密切相关的理论分歧，发展到把反对派清除出党，并且作为敌特分子加以肉体消灭。应该说，不能否认当时斯大林与托洛茨基之间的权力斗争是使这场理论争论政治化、激烈化的一个重要因素。斯大林的"一国建成社会主义"，更多是一个政治意义的理论而非经济意义的理论。但是，这一理论尽管存在着不足，它之所以能够取得胜利，是它符合当时苏联的现实需要，是党内外革命群众愿望的真实反映。在一国建成社会主义问题上，斯大林反复强调一个理念：我们不能无限期地等待西方革命的胜利而让俄国开空车，也不能把自己的阵地拱手让给俄国资产阶级。当时，从内部来看，有共产党坚强有力的领导、苏维埃政权的政治优势，还有国有经济已经控制经济命脉等因素。新的国内现状就使党和国家面临着何去何从的重大历史选择，如何统一全党，如何处理党内各种认识和意见的分歧带领全党继续前进的问题就突出地摆在执政的布尔什维克党面前。科学地说明这一问题是苏联历史发展的需要。"一国建成社会主义"发挥了重要的历史作用。

其一，"一国建成社会主义"统一了党的思想。

斯大林的"一国建成社会主义"产生于苏联恢复国民经济时期结束、向社会主义过渡的时期开始的时候。当时革命事业向何处去的问题严峻地提到了党和无产阶级面前，而联共（布）党内先后产生了几个反对派，党面临着组织上分裂和思想上瓦解的危险。这时党需要一面旗帜来促成党的组织统一和思想统一。

---

① 叶江：《斯大林的战后世界体系观与冷战起源的关系》，《历史研究》1999 年第 4 期。

　　斯大林认为，在苏联国内国外都面临困难的现实下，党必须领导人民满怀信心地引导国家领导人民走向社会主义。但是并非党的队伍内所有人都相信有继续前进的可能。一些人畏惧困难，而感到疲倦，表现动摇，陷于绝望，滋长消沉的情绪，感染不相信无产阶级创造力的心理，产生投降主义的思想。面对在转变时期向社会主义建设新阶段过渡的困难使党内某些人发生动摇，产生不相信社会主义成分能够战胜资本主义成分的心理，不相信苏联能够胜利建设社会主义的心理。斯大林认为要战胜这些困难，首先必须克服党内一部人中间的消沉情绪和失败主义思想。同时也要克服托洛茨基号召挺身去和全世界的资产阶级进行殊死的搏斗冒险主义。

　　"从理论上讲，'一国建成社会主义'统一了全党的思想认识。列宁逝世后，苏俄党内斗争十分激烈，围绕党向何处去、国家向何处去等基本问题，党内存在激烈争论，斯大林、布哈林、季诺维也夫、加米涅夫和托洛茨基等代表人物，他们对列宁和列宁主义都有自己的看法，都希望自己的路线、主张得到中央、全党的认可。因为当时的俄国是在一个经济文化落后的条件下走上社会主义道路的，社会主义经济建设的实践在当时还处于探索和起步阶段，前有'战时共产主义'政策，后有新经济政策，当时面对的不仅是列宁关于社会主义革命和建设的探索性著述和思想遗产，还有马恩关于未来社会的科学设想，以及发展变化了的国内国际形势。在这种条件下出现分歧和争论是正常的。在争论中，斯大林批判和战胜了托洛茨基的'不断革命论'，批判和战胜了'新反对派'的投降主义，驳斥了关于苏联社会主义前途的各种不正确的观点，'一国建成社会主义'逐渐被党内多数人接受，除其他因素外，最深刻的原因在于斯大林的理论集中反映了党内多数人的要求，所以才能统一全党的思想认识，成为带领全党继续前进的一面旗帜。"①"一国建成社会主义"的提出为党制定社会主义建设的路线、方针和政策提供了理论依据。执政党在各个不同的历史时期面临不同的任务，20年代中期以后，联共（布）党的最重大的任务就是领导人民在苏联建设社会主义。"一国建成社会主义"为党和人民提供了明确的目标。

---

　　① 马小林：《对"一国建成社会主义"理论的反思——兼对当前一种理论研究倾向的辨析》，《江淮论坛》2000年第6期。

"1923—1924年，革命的风暴已经过去，而资本主义世界在美国的带动下开始趋向繁荣。斯大林和共产国际多数领导人在把革命推向东方的同时，意识到西方资本主义正处于相对稳定的发展时期。斯大林提出的'一国社会主义'理论，在本质上和逻辑上是对'世界革命'战略的反动，因而受到托洛茨基和季诺维也夫、加米涅夫反对派联盟的尖锐批判。反对派的失败一方面是由于在苏联党内斗争中运用的政治策略不敌斯大林；另一方面也是因为他们的理论脱离当时的实际情况，而斯大林的主张更具现实性和实用性，并为社会主义国家与资本主义国家和平共处的政策奠定了理论基础。"① "从现在来看，托洛茨基和季诺维也夫的有些观点也并非一无是处，特别是他们认为社会主义的巩固就意味着要具有比资本主义更为强大、更高的生产力的观点，在社会主义运动历经沧桑的今天更显示出其价值。但问题在于，托洛茨基全部观点的重心放在了谁也难以预料的西方无产阶级革命胜利上面，而当时苏俄面临的最大现实却是在资本主义包围下的俄国能否建设或建成社会主义的问题。因此，无论他们出于何种考虑，这种意见在当时情况下都是不得人心的。斯大林之所以能够获得胜利，就在于他是从不容怀疑和后退的国内现实出发的，从自身拥有的建设基点出发的，而不管这个现实多么困难，而托洛茨基等却是从无法预见的世界革命的前途出发的，尽管这种前途对苏俄建设、巩固社会主义确有十分重要意义。"②

其二，"一国建成社会主义"发挥了巨大的精神激励作用。

斯大林提出苏联一国可以建成社会主义，在当时对于坚持社会主义道路、巩固和发展社会主义成果发挥了巨大的精神激励作用。苏联是当时世界上唯一的社会主义国家，处于资本主义的包围之中，随时都有被帝国主义及敌对势力颠覆的危险。在当时的国际国内形势下，在当时关于马克思主义的认识水平下，对共产党来说，最重要的在于树立一种信念，给国家发展确定一个明确的目标，并领导人民群众为实现这一目标而奋斗。

---

① 沈志华主编：《一个大国的崛起与崩溃：苏联历史专题研究（1917—1991）》，社会科学文献出版社2009年版，第515页。

② 马小林：《对"一国建成社会主义"理论的反思——兼对当前一种理论研究倾向的辨析》，《江淮论坛》2000年第6期。

当时欧洲革命已明显处于低潮，广大党员和群众需要有明确的奋斗目标，当人们看到斯大林所描绘的社会主义不是遥远的未来而是指日可待时，备受鼓舞。"一国建成社会主义"反映了人民群众的情绪和要求，同时又从思想上武装了广大人民群众。它鼓舞了广大人民群众建设社会主义的信心和热情。① 也就是说，斯大林"一国建成社会主义"理论不仅仅是理论的合乎逻辑的顺延，更是基于现实的需要，是对人民的要求的一种反映。这对于那些饱受战争和经济匮乏的苦难，热切期盼社会主义和平生活的人们，精神上是多大的鼓舞和慰藉啊。在1925年12月俄共（布）第十五次代表大会、1927年12月的联共（布）第十五次代表大会这两个会议上，反对派分别遭到绝对多数的否决。这绝不是偶然的，它表明了在上述特定的历史时刻，斯大林得到了认可。

在资本主义相对平稳，世界革命形势未能出现而国内经济面临复杂形势的现实面前，托洛茨基等反对派仍然固执地将希望寄托在欧洲先进国家的无产阶级革命之上，不承认俄国单独建成社会主义的可能性。而斯大林则认为可以将命运掌握在自己手里，依靠自己的力量建成社会主义。显然，斯大林的观点更为符合苏联社会主义发展的客观要求，更易为广大布尔什维克党员、干部和群众所接受。斯大林多次强调，在一个建立了无产阶级专政、拥有丰富的资源并且受到全世界无产者支持的国家里，是能够而且必须建设社会主义的。即使西方不能及时发生胜利的革命而给以援助，工人阶级和劳动农民结成联盟也能彻底打败国内资本家，来建成完全的社会主义社会。在欧洲革命已经明显处于低潮的情势下，苏联必须坚定一国建成社会主义的信心，"不知道应该往哪里走，不知道前进的目标，我们就不能前进。没有前途，没有既已开始建设社会主义经济就能把它建设成功的信心，我们就不能建设。没有明确的前途，没有明确的目标，党就不能领导建设。"② 既然是革命者就必须前进，实际工作就要服从无产阶级建设的基本阶级目标。

其三，它有利于世界各国人民坚定革命的意志，推动革命事业在世

---

① 参见汤德森、江丽《斯大林"一国建成社会主义"理论的再思考》，《马克思主义研究》2014年第4期。

② 《斯大林全集》第8卷，人民出版社1954年版，第248页。

界的展开。

当时苏联是国际无产阶级革命的根据地。苏联社会主义事业的成败关系到国际革命形势的发展或低落。斯大林指出："不应该忘记，世界无产阶级都在注视着我国的经济建设和我们在这条战线上的成就，期望我们在这一斗争中取得胜利，期望我们能够建成社会主义。无数工人代表团从西方来到我国，仔细观察了我国建设的每一个角落，这说明我们在建设战线上的斗争就其使世界各国无产者革命化的作用来说是有巨大的国际意义的。谁企图缩小我国建设的社会主义前途，谁就是企图打消国际无产阶级对我国胜利的希望；而谁打消这些希望，谁就是违背无产阶级国际主义的起码要求。"① 斯大林提出，在当时的时代，在党的队伍中，要想做一个国际主义的革命者，就要用一切方法来巩固并竭尽全力来支持这个同时是共产国际先进部队的党。不能空谈革命，空谈国际主义。针对托洛茨基说斯大林用另一个比较确切和正确的关于社会主义在一个国家内胜利问题的公式代替了 1924 年在《论列宁主义基础》一书中所提的不确切和不正确的公式。斯大林解释说："我修正了不确切的公式而代之以确切的公式，这有什么不好？我绝不认为自己是没有过错的。如果某个同志犯了错误，后来自己承认错误并改正了错误，我想，这对党只会有好处。"② 在斯大林的领导下，苏联人民以高度的热忱和献身精神展开了一场气势恢宏、规模浩大的工业化建设运动。在"一国建成社会主义"的鼓舞下，苏联人民相信：为了保卫苏联的独立和生存，必须抢时间、争速度，奠定强大的社会主义的经济基础。他们不必依靠外国力量而是依靠自身的努力向西方和全世界指明了人类前进的道路。

五　"一国建成社会主义"理论的不足之处

"一国建成社会主义"理论，它强调不依赖世界革命，依靠本国人民独立自主地建设社会主义的必要性和可能性，发挥了积极的作用。但从这一理论提出和形成过程看，由于"一国建成社会主义"更多的是

---

① 《斯大林全集》第 8 卷，人民出版社 1954 年版，第 249 页。

② 《斯大林全集》第 8 卷，人民出版社 1954 年版，第 313 页。

一种发挥巨大政治作用的理论而非经济理论，包含着更多的理想含义而非建立在现实基础之上，也由于这一理论是在党内激烈的斗争中产生的，对它进行深入的阐释和科学的论证还不够，导致这一理论的不足之处也是很显然的。

其一，过分注重政治性，理论脱离了现实。

争论中所涉及的一系列根本问题未能得到科学的解决。如什么是社会主义、经济文化落后国家建设社会主义的道路和方法；新经济政策的本质及意义；世界经济联系和一国社会主义的关系，等等，这些问题都是社会主义建设进程中必须要回答和解决的重大问题。而当时的争论双方往往单纯从马克思主义经典著作中寻找和论证自己的观点。斯大林"一国建设社会主义"包含了他的许多新见解，但他在论述自己的观点时总是引证列宁的言论，反对派在争论中也一再从列宁较早的著作中引证有利于自己的观点的言论。这就使争论在某种程度上脱离了苏联的现实。由于没有立足于现实经济，又简单地排斥反对派的全部主张，使得斯大林的"一国建成社会主义"存在不足。

"其实，当时争论的问题虽然属于社会主义前途方向的重大原则问题，但从根本上说，争论只是在探索落后国家怎样建设社会主义的问题上出现的不同意见，是属于内部矛盾的性质。由于党内争论中掺杂着权力斗争的因素，致使这一场争论在理论上没有深入展开，未能完全分清是非，争论双方成了势不两立的两派，认识上的分歧染上了政治斗争、派别斗争的浓重色彩，直至反对派在政治上、组织上完全崩溃。"[1]

其二，对"一国建成社会主义"标准未能明确界定。

1926年12月，斯大林在共产国际第七次扩大会议上解释说："如果用具体的阶级语言解释这一公式，建成社会主义是什么意思呢？在苏联建成社会主义就是在斗争进程中用本身的力量战胜我们苏联的资产阶级。所以，问题归结起来就是苏联的无产阶级能不能战胜自己本国的，即苏联的资产阶级。因此，当人们说在苏联有没有建成社会主义的可能性时，也就是想说苏联的无产阶级能不能用本身的力量战胜苏联的资产阶级。在解决我国建成社会主义的课题时，问题就是如

---

[1] 周尚文：《斯大林"一国社会主义"理论评析》，《党政论坛》1986年第8期。

此，而且只能是如此。"① 总的来看，斯大林着重从生产关系的变革、阶级关系的变化来论述"一国建成社会主义"。1930 年 7 月，斯大林宣布："我们已经走出旧意义上的过渡时期而进入在全线直接展开大规模社会主义建设的时期。很明显，虽然我们离建成社会主义社会和消灭阶级差别还很远，但是我们已经进入社会主义时期，因为现在社会主义成分掌握着整个国民经济中的一切经济杠杆。"② 1933 年 1 月，斯大林在"一五"计划总结报告中宣布："五年计划的总结打破了社会民主党人关于在单独一个国家内不能建成社会主义社会的论点。五年计划的总结表明，在一个国家内建成社会主义社会是完全可能的，因为这个社会的经济基础在苏联已经建成了。"③ 在 1934 年 1 月的联共（布）第十七次代表大会上再次强调："我们在苏联已经建成了社会主义社会的基础，剩下的只是建成它的上层建筑，这件事无疑要比建成社会主义社会的基础容易得多。"④ 1936 年 11 月，斯大林在全国苏维埃第八次非常代表大会上作《关于苏联宪法草案》的报告时宣布："我们苏联社会已经做到在基本上实现了社会主义，建立了社会主义制度，即实现了马克思主义者又称为共产主义第一阶段或低级阶段的制度。这就是说，我们已经基本上实现了共产主义第一阶段，即社会主义。"⑤ 这一时期，斯大林宣布苏联建成社会主义，主要的依据是：工业产值超过了农业产值，消灭了私有制，形成了两种形式的公有制。实际上社会主义生产关系和上层建筑还必须有一个长期的巩固和逐步完善的过程。然而，斯大林宣布进入社会主义以后就急于不断提高集体所有制的水平，消灭商品货币关系，急于向共产主义过渡。在 1939 年苏联完成了第二个五年计划、为第三个五年计划规定基本经济任务时，斯大林认为苏联已经进入新的发展时期，已进入社会主义逐渐过渡到共产主义的时期了。斯大林在党的第十八次代表大会上提出，苏联在工业的生产技术装备和发展速度方面已经超过了各主要资本主义国家后，应当在经济上也超过它们。"只有在经济上也超过

---

① 《斯大林选集》上卷，人民出版社 1979 年版，第 510 页。
② 《斯大林全集》第 13 卷，人民出版社 1956 年版，第 7 页。
③ 《斯大林全集》第 13 卷，人民出版社 1956 年版，第 192 页。
④ 《斯大林全集》第 13 卷，人民出版社 1956 年版，第 288—289 页。
⑤ 《斯大林文集（1934—1952）》，人民出版社 1985 年版，第 107—108 页。

各主要资本主义国家，我们才可以期望我国将有充裕的消费品，丰富的产品，我们才可能从共产主义的第一阶段过渡到共产主义的第二阶段。"① 1946 年 9 月 17 日，斯大林在回答美国《星期日泰晤士报》记者提问时说："'一个国家内的共产主义'，特别是在苏联这样的国家内，是完全可能的。"② 1952 年的苏共第十九次代表大会上提出苏联共产党的主要任务是：从社会主义逐渐过渡到共产主义，最后建成共产主义。

有研究者认为，"斯大林由于党内斗争和国际斗争的需要，在 1936 年宣布苏联基本实现共产主义第一阶段，就只有置历史唯物论的生产力标准于不顾，并对社会主义的基本特征作一系列同马列相悖的独特解释。过去人们把这些称为斯大林关于社会主义的'新观念'，说它是对马列的'大发展'。几十年的实践进一步表明，斯大林建立的是一种在特殊条件下降低了标准的变形的社会主义，而不是马列设想的共产主义第一阶段。"③ 我赞同这样理解，斯大林所确定的社会主义，在理论上基本坚持了马克思主义消灭剥削、消灭阶级，实行生产资料公有，消灭商品货币关系，实行按劳分配等基本观点，把消灭了剥削阶级而存在着两个劳动阶级的社会叫作社会主义社会，这是斯大林的创见。这个标准比较低，但是比较实际，他鼓舞了在帝国主义包围下艰苦创业的苏联人民，对第一个社会主义国家的巩固和发展及对后来的一系列社会主义国家的确立和发展，起到了积极的作用。④

其三，对"一国建成社会主义"的长期性认识不足。

斯大林忽视了社会主义社会的长期性而急于向共产主义过渡。列宁曾经提出由资本主义过渡到社会主义要经过一个较长的时期，要经历若干阶段。列宁的这一思想并未被斯大林真正接受。斯大林降低了社会主义建成的标准，带来了一系列负面作用。由于确定的标准较低，给人一种错觉，似乎社会主义的建成是指日可待的事，导致了实践中的急躁冒进。

---

① 《斯大林文集（1934—1952）》，人民出版社 1985 年版，第 251—252 页。

② 《斯大林文集（1934—1952）》，人民出版社 1985 年版，第 510 页。

③ 金重：《对斯大林宣布"基本实现"社会主义的反思》，《北京大学学报》1989 年第 3 期。

④ 参见陈开仁《实事求是地评价一国建成社会主义理论——与郑异凡同志商榷》，《当代世界社会主义问题》1995 年第 2 期。

关于苏联社会主义建成的时间，列宁认为至少需要一两代人的时间。斯大林却要求在 10—20 年的时间内建成。无疑，这是急躁冒进的表现，这与斯大林确定的社会主义标准较低有关。"由于确定的标准较低，苏联于 20 世纪 30 年代中期即宣布建成了社会主义。这时，苏联虽然实现了生产资料所有制的社会主义改造和国民经济各部门的技术改造，生产力水平有一定的提高，国力有一定的增强，但是人民群众的生活水平仍然很低，工农差别远远没有消失，阶级斗争依然存在，社会主义的民主和法制很不健全等等。特别是 30 年代后期苏联发生了大规模的肃反运动，造成了肃反扩大化的错误，严重损害了苏联的社会主义形象。"①

六 国内关于斯大林"一国建成社会主义"的争论

国内外对于斯大林"一国建成社会主义"理论的认识，分歧较大。20 世纪 80 年代以来，国外一些学者围绕斯大林"一国建成社会主义"展开了争论。西方一些学者和苏联、东欧一些持不同政见者否认苏联共产党党内关于"一国建成社会主义"争论的意义，认为"一国建成社会主义"不是列宁的思想，而是斯大林为了反对托洛茨基而捏造出来的。如西班牙共产党前政治局委员费南德·克劳丁就认为：列宁创立了可能单独在一国建立社会主义的理论，这种说法是不符合历史事实的，这是斯大林为了给自己的命题提供权威的论据而捏造的。"在同反对派斗争中，斯大林歪曲了马克思主义的理论，把马克思、列宁的学说教条化，在国际共运中产生了不好的影响，而其理论基础，就是所谓'社会主义一国胜利论'。"② 日本也有学者认为不能认为"一国建成社会主义"的观点是布尔什维克党和列宁的基本理论。斯大林对列宁主义的论述所采取的手法是断章取义。还有一些人由此否认现在世界上存在有社会主义国家，认为社会主义自十月革命至今所走的道路，没有、似乎近期也不会导致一种可能称为社会主义社会。他们还把苏联社会主义建设

---

① 俞良早：《关于斯大林"一国能够建成社会主义"理论的探讨》，《湖北大学学报》1990 年第 3 期。

② 方光明：《克劳丁〈共产主义运动（从共产国际到共产党情报局）〉》，《国际共运史研究资料》1982 年第 2 期。

中出现的缺点和困难以及整个国际共产运动中出现的错误和问题都归因于这一理论。

我国理论界在这一问题上也存在不同观点。比如有的观点认为，列宁本身没有"一国建成社会主义"的思想，是斯大林强加的。有的认为列宁确实有"一国建成社会主义"的思想，但是斯大林的"一国建成"与列宁的"一国建成社会主义"存在重大差别，斯大林是在曲解列宁思想的基础上提出"一国建成论"的。有研究者认为：苏共历史上关于"一国建成社会主义"的理论争论，实质是斯大林为了巩固个人在党中央的权力地位而发动的一场披着理论争论外衣的权力斗争，用以彻底击败托洛茨基反对派。① 有研究者也认为：斯大林的"一国建成"论，不是适应革命斗争的需要和社会主义建设的客观要求提出来的，而是为了在政治上击败党内反对派而提出来的。② "斯大林的一国社会主义理论并不是他依据苏联的实际、深思熟虑的产物，而主要是进行党内斗争的工具。"③

有研究者认为，一国建成社会主义论的理论意义和实际意义都不大，甚至远远赶不上在这场争论下所掩盖的联共党内关于社会主义建设的方法、道路的争论。争论并没有澄清一些理论问题，反而把本来比较清楚的问题弄糊涂、弄混乱了，争论还干扰了当时迫切需要处理的经济问题的正常讨论。④ 这一观点得到了一些人的赞同。

对于"一国建成社会主义"理论的作用，存在不同认识。有研究者认为，斯大林的"一国建成"论在某些方面还是忠实于列宁的有关论述的，对苏联的社会主义建设也曾起到了显著的促进作用。但是总的来看，他的主要观点都曲解和违背了科学社会主义的基本原理，是经不起实践检验的。⑤ 有研究者则持相反观点。斯大林的"一国能够建成"论，产生于苏联恢复国民经济的时期结束、向社会主义过渡的时期开始

① 高放：《重评苏联"一国建成社会主义"问题的争论》，《中共天津市委党校学报》2006 年第 3 期。

② 李心华：《重评斯大林的"一国建成"论》，《东欧中亚研究》1997 年第 5 期。

③ 左凤荣：《就"一国社会主义问题"再答辩》，《当代世界社会主义问题》1997 年第 4 期。

④ 郑异凡：《"一国建成社会主义"理论中的若干问题》，《当代世界社会主义问题》1995 年第 4 期。

⑤ 刘文汇：《斯大林"一国建成"论评析》，《徐州师范学院学报》1995 年第 2 期。

的时候。当时，革命事业向何处去的问题严峻地提到了党和无产阶级面前，科学地说明这一问题是苏联历史发展的需要。"一国能够建成"论产生于这一历史背景下，发挥了重要的历史作用。①

有研究者认为，把"一国社会主义"争论仅仅看成是关于"未来的社会主义社会到底是什么样的，怎样建成这样的社会"的论争，是不准确的，也降低了这次争论的理论和实践意义。他认为，这场争论无论是从当时苏联社会形势发展来看，还是从对于马克思列宁主义可否随着形势的发展而进一步前进的角度来看，都是非常必要的，也是不可避免的。它不是由哪一个人的主观意志决定的。这场争论的实质与焦点在于能否依靠苏联人民自身的力量建成社会主义，正是在这一点上的根本分歧，导致了双方的最后决裂。由此可见，这场争论是非常必要，是关系到苏联社会向何处去的大问题，不解决这一问题，就谈不上开展社会主义建设，也就谈不上社会主义能否"建成"的问题。②

有研究者肯定了关于"一国社会主义"问题大论战的重要意义，"试想，如果按照否定一国建成论者的观点，那么，在当代世界，我们坚持社会主义还有什么意义，我们要建设有中国特色的社会主义还有什么可能。也许按照否定论者的理解，要在一国范围内建成社会主义是有可能的，唯一的可能就是只有靠世界各国或至少靠几个先进国家工人阶级的共同努力，而这种态度用列宁的话说实际上'就是要大家在等待中停滞不前。这是荒谬的'。还是邓小平说得好，'在这些国家动乱的时候，中国要真正按计划实现第二个翻番，这也就是社会主义的一个成功。到下个世纪五十年，如果我们基本上实现现代化，那就可以进一步断定社会主义成功。'这无疑是对否定一国建成社会主义论者的最有力的驳斥和对一国建成社会主义理论最有力的肯定。"③ 有研究者表达了对否定斯大林"一国建成社会主义"理论的伟大意义的担心，他说："这一理论的确立，是社会主义社会得以建立和发展的基本前提。如果

---

① 俞良早：《关于斯大林"一国能够建成社会主义"理论的探讨》，《湖北大学学报》1990 年第 3 期。

② 陈开仁：《关键在于实事求是——再论"一国社会主义理论"的有关问题》，《当代世界社会主义问题》1996 年第 4 期。

③ 马小林：《对"一国建成社会主义"理论的反思——兼对当前一种理论研究倾向的辨析》，《江淮论坛》2000 年第 6 期。

一国不能建成社会主义，那么，现存的社会主义国家立国的基础就值得怀疑了。"①

回顾关于"一国建成社会主义"的争论，我认为，关于什么是社会主义，建设什么样的社会主义，怎样建设社会主义至今仍然是当代需要深入研究的重要问题。当前中国特色社会主义取得了举世瞩目的成绩，引起了各方的关注和议论，"中国模式"等言语不断出现。如何认识中国特色社会主义与马克思主义的关系，特别是如何认识中国特色社会主义与"斯大林模式"的关系，在理论界存在着不同认识，在一些问题的认识上还存在尖锐的对立，有关争论中离不开的一个核心是"什么是社会主义"。我认为，各国走向社会主义的具体道路和各国社会主义的实践形式，要结合各国的实际，依靠各国探索。但在当前社会主义在经济文化相对落后国家的发展成就及问题，仍然警示我们，对于"什么是社会主义"，如何认识马克思恩格斯关于未来社会的科学预测，如何认识列宁的社会主义、斯大林的社会主义，以及现实社会主义，仍然是事关社会主义前途命运的重大的需要深入探讨的理论问题。

在如何认识斯大林的社会主义问题上，我看到两个特别的又引人深思的观点。有研究者是这样认识的："社会主义的命运是个实践问题，未来的社会主义社会到底是什么样子，怎样建成这样的社会，这最多只能是一种推测、设想，完全可以留待实践去证实，去解决，用不着动员全国全党的力量去进行抽象的争论，实际上直到今天，社会主义究竟是什么样子，怎样建设社会主义，也没有完全搞清楚，还有待实践去解决。用实践来检验，斯大林所阐述的建成社会主义的理论以及他所宣布的已建成的社会主义，至少是不成熟的，是低标准的不够格的社会主义。"②

有研究者则不同意这种观点，他认为，斯大林变更马克思和恩格斯的社会主义标准，在私有制、剥削阶级已经消灭，社会主义公有制已经建立、按劳分配原则已经确立的情况下，宣布苏联基本上建成了

① 陈开仁：《实事求是地评价一国建成社会主义理论——与郑异凡同志商榷》，《当代世界社会主义问题》1995年第2期。

② 郑异凡：《"一国建成社会主义"理论中的若干问题》（续），《当代世界社会主义问题》1996年第1期。

社会主义社会，应该说是实事求是的，是马列主义与俄国社会主义革命和社会主义建设相结合的产物。斯大林 20 世纪 30 年代宣布苏联基本建成社会主义坚持了社会主义的基本标准。反之，如果离开具体国家的社会历史条件，把经典作家的某些论断当成教条，在已经达到基本标准的条件下，一味脱离实际地坚持"高标准"，那么，根据许多国家社会主义建设的实践来看，即使在无产阶级夺取政权之后上百年，甚至几百年，都未必能达到所谓的"标准社会主义"。而历史发展证明，被人视为"低标准"的社会主义，"非经典"的社会主义，即实践中的社会主义，不仅曾经在苏联，而且在今天的中国和其它一些国家，显示了它强大的生命力，而且促进了这些国家的经济和社会发展。① 该研究者认为，坚持所谓"传统的"、实际上是不切实际的"高标准"来否定苏联的社会主义建设成果，也否定现实社会主义国家存在的合理性。按照传统的"高标准"，中国、朝鲜、越南、古巴等现存的社会主义国家，不要说是"社会主义"，就连向社会主义过渡的资格都没有！难道社会主义的标准是先验的吗？后人对于社会主义的理论不可以发展与修改吗？马恩从来都没有把自己对于未来社会的预测性看法强加于人的意思，为什么一定要斯大林"遵守"这一标准，不准作任何的发展与前进呢？在飞速发展的革命现实面前，是固守前人的所谓高标准而自取灭亡；还是在变化了的社会现实面前突破传统的社会主义理论，有所创新、有所发展，从而赢得社会主义的更大发展呢？②

　　我认为这两种观点都是有问题的。马克思主义不是终极真理，它可以发展，也应该发展，其生命力也正在于此。但是，我认为如果"什么是社会主义"可以随各国的现实状况和需要定义的话，那这种社会主义是毫无意义的。如何认识现实社会主义与马克思所讲的社会主义之间的关系，是当前我们社会主义建设需要回答的重要理论问题。因而，深入到"什么是社会主义"的层面进一步研究"一国建成社会主义"问题才能接近马克思主义理论和社会主义历史的真实，才能为现实社会主义

---

　　① 参见陈开仁《实事求是地评价一国建成社会主义理论——与郑异凡同志商榷》，《当代世界社会主义问题》1995 年第 2 期。

　　② 参见陈开仁《关键在于实事求是——再论"一国社会主义理论"的有关问题》，《当代世界社会主义问题》1996 年第 4 期。

提供有益的启示。这一问题不仅是一个关系到马克思主义基本理论的科学性的重要理论问题,还是一个关系到现实社会主义是否具有合理性,现实社会主义是否是科学社会主义等重大理论是非问题。

第二章 斯大林与新经济政策的终结

新经济政策是列宁对经济文化相对落后的俄国的社会主义建设道路的新探索，理论界普遍对新经济政策予以较高评价。但是，这一政策在20世纪20年代后期就被斯大林取消了。为什么苏联没有沿着新经济政策这条道路走下去？它的结束有怎样的理论、实践背景？斯大林起了什么样的作用呢？鉴于中国的改革开放政策与新经济政策都是对落后国家建设社会主义道路的选择、探索，因而研究上述问题有着特别的意义。理论界对新经济政策被取消的原因进行了多方面的探讨，这对于我们正确认识这一问题是非常有益的。在研究中，一些研究者把新经济政策在20年代末被中止完全归咎于斯大林，认为是斯大林没有正确领会列宁的思想，把新经济政策当成了权宜之计。我认为这是不公正也是不全面的，新经济政策被中止的原因是多方面的，新经济政策的提出背景及争议、列宁对新经济政策退却性质的认识、斯大林对新经济政策的矛盾认识、新经济政策与斯大林的社会主义观之间的矛盾、新经济政策实施后出现的新问题，这都是导致斯大林最终中止新经济政策的重要原因。

一 新经济政策的政治性与它的终结

新经济政策产生于苏维埃俄国出现了尖锐的社会、经济、政治危机之时，但它不仅是作为反危机的纲领出台的，同时也包含了列宁建设社会主义的长期的理论构想。在俄共（布）第十一次代表大会上，列宁指出，如果有人说"我们还没有找到建设社会主义经济、建立社会主义经济基础的真正途径，但我们有找到这种途径的唯一办法，这就是实行新经济政策"。① 1921 年 5 月俄共（布）第十次代表会议通过的《关于新经济政策问题的决议》特别强调，新经济政策不是权宜之计，而是"一个要在若干年内长期实行的政策"。但是，由于新经济政策是在一系列应急对策的基础上逐步形成和发展的，又使其带有明显的双重意图：是发展经济的政策，也是稳定政治局面的政策。在实践中，它应急性的一面常常被强调，实行的长期性一面往往被忽略了。

1921 年 3 月，俄共（布）第十次代表大会决定停止"战时共产主义"政策而代之以新经济政策。新经济政策是俄国在小农经济占优势的情况下向社会主义过渡的特殊途径，其特点是：从过渡形式上看，由"直接过渡"转而采取迂回地"间接过渡"的途径；从采取的手段来看，主张在无产阶级国家政权掌握经济命脉的前提下，允许多种经济成分并存，利用商品货币关系和国家资本主义；从实现目标来看，由过去急于实现"纯社会主义形式"转而提出"小农在居民中占优势所造成的特点的社会主义"。从新经济政策的实施来看，新经济政策不仅仅是一项经济政策，其实质是在一个落后而又受到战争破坏的国家如何巩固新生的无产阶级政权和社会主义前途的政治问题。

让我们简要回顾一下历史，当俄国的历史发展到 1921 年的时候，新生的苏维埃政权面临着怎样的经济环境和政治任务呢？巩固新生的无产阶级政权是当时俄国共产党面临的首要政治任务。可以说，列宁提出的新经济政策的一个重要起因，就是为这一政治任务服务。虽然当时苏俄在国内战争中已取得胜利，但随着从战时经济转入到和平经济恢复和建设时期，苏维埃政权继续采用战时共产主义政策，余粮收集制的经济政策便同广大劳动农民的利益发生了尖锐的矛盾和冲突，引发了空前严重的经济和政治危机。所以为了完成巩固新生的苏维埃政权这一政治任务，列宁体现出现实主义的立场，他力排众议，从 1921 年春天起果断地实行以实物税代替余粮收集制等一系列政策，称为"新经济政策"。新经济政策虽然是列宁提出的意在发展经济的政策，但它的出台更多的是保住苏维埃政权的考虑。对列宁及布尔什维克党而言，新经济政策"首先而且主要是一个政治问题"②，是政治危机的产物："1921 年，当

① 《列宁全集》第 43 卷，人民出版社 1987 年版，第 73 页。
② 《列宁全集》第 41 卷，人民出版社 1986 年版，第 50 页。

我们度过了，而且是胜利地度过了国内战争的最重要阶段以后，我们就遇到了苏维埃俄国内部很大的——我认为是最大的——政治危机"，①政治考虑，保住政权的需要压倒一切，如果不实行政策的转变，在国际革命推迟爆发的情况下，要在俄国保住无产阶级政权是不可能的，在经济上是不可能的。列宁的伟大就在于他及时地把握了现实条件，从而及时地提出要用新经济政策作为解决当时苏维埃政权所面临的经济政治问题的主要手段。同时，列宁也旗帜鲜明地申明："不许借今天的政策翻过去的案，防止借新政策否定党的历史。在实行新经济政策之始，一些机会主义者迫不及待地借新经济政策的实行，攻击'战时共产主义'，否定党的实践历史。"② 列宁痛斥了这些言论，指出："当孟什维克、社会革命党人、考茨基之流说我们实行这种'战时共产主义'是一种过错时，他们实际上起了资产阶级走狗的作用。应当说我们实行'战时共产主义'是一种功劳。"③ "列宁坚持了历史唯物主义的首要前提，把问题放到一定的历史条件下进行分析。虽然今天实行新经济政策，但并不能以此否定一定条件下的战时共产主义。这样认识和处理问题，体现了政策的稳定性和科学性，使极端主义无法施展伎俩，社会就安静得多了。如果不是旗帜鲜明地坚持这一历史唯物主义的方法，党的历史就会在不断变革和否定'旧政策'的鼓噪中，变成一部'不断犯错误的历史'。在这种舆论环境中，新生的社会主义政权就危在旦夕了。"④

当时苏维埃政权面临的现实是，无产阶级世界革命已经转入低潮，短时期内甚至在一个相当长的时期内世界革命的高潮难以重新到来，而布尔什维克夺取了政权的俄国又是一个农民占多数的落后国家。"战时共产主义"的实行为苏俄战胜国际资本主义起了重大作用。战争结束后，苏维埃俄国继续实行这一政策。当时，列宁和布尔什维克党缺乏建设社会主义的经验，在战争的危险不断袭来的时候，又受到革命热情的激励而计划依靠人民的政治热情和军事热情，直接实现伟大的经济任

---

① 《列宁全集》第 43 卷，人民出版社 1987 年版，第 277 页。

② 刘书林：《清醒的退却，坚定的原则——重新解读列宁的新经济政策》，《马克思主义研究》2001 年第 1 期。

③ 《列宁全集》第 41 卷，人民出版社 1986 年版，第 208 页。

④ 刘书林：《清醒的退却，坚定的原则——重新解读列宁的新经济政策》，《马克思主义研究》2001 年第 1 期。

务，甚至曾主观地认为可以直接过渡到共产主义的生产和分配。但是，
在俄国这样一个生产力落后、社会经济成分复杂的国度里，理想面临着
现实的挑战。十月革命前俄国就开始遭受第一次世界大战的巨大破坏，
十月革命胜利后，国内反动派的武装暴乱和帝国主义国家的武装干涉使
俄国的经济又遭到更为严重的破坏。俄国国内情况异常困难，国民经济
彻底遭到破坏。到1921年春，随着国内战争的结束，经济困难也变得
异常严重。由于燃料极端缺乏，工厂停工，铁路行驶车辆减少，面包、
脂油、肉类、食盐、衣服、鞋帽、火柴、煤油、肥皂等生活必需品严重
不足。在战争条件下人们不得不忍受物品的缺乏，但是进入和平建设时
期后人们就越来越不能忍受了。严重的经济困难在农民中间引起了不满
情绪。全国各地爆发了严重的农民骚乱，城市也出现了工人怠工、旷工
和罢工等抗议形式。正是在这种严重的形势下，在反革命分子的煽动
下，3月初爆发了喀琅施塔得叛乱，叛乱分子打出了"没有布尔什维克
党参加的苏维埃"、"保卫农民"等旗号，年轻的苏维埃共和国遇到了
前所未有的危机。这场叛乱很快就被镇压下去了，但是叛乱反映出新生
的苏维埃政权面临着严重的政治经济危机，表明人民群众对当时的经济
政策多么不满。

　　面对国内陆续爆发的骚乱，日渐加重的社会经济、政治危机，列宁
不得不承认："战时共产主义"是战争和经济破坏迫使我们实行的。
"象我们这样一个遭到严重破坏的国家，只能向农民收集余粮，甚至不
给他们任何其他产品作补偿。为了拯救国家，拯救军队，拯救工农政
权，当时必须这样做。我们对农民说：'当然，你们是在贷粮给工农国
家，但是不这样做，你们就不能把自己的国家从地主和资本家手中拯救
出来。'当帝国主义者和资本家把战争强加在我们身上时，我们不能不
这样做。我们毫无选择的余地。"① 但是在战争结束后，在新的历史条
件下继续实行余粮收集制和其他不符合实际的方针政策，显然会妨碍工
农联盟的巩固，削弱无产阶级专政的基础。

　　列宁意识到在新的条件下继续实行"战时共产主义"对新生的苏维
埃政权来说就是愚蠢和自杀。列宁在总结战时共产主义政策的教训时明
确指出：企图直接建立共产主义的经济形式，"试图完全禁止、堵塞一

---

① 《列宁全集》第41卷，人民出版社1986年版，第10页。

切私人的非国营的交换的发展，即商业的发展，即资本主义的发展，而这种发展在有千百万小生产者存在的条件下是不可避免的。一个政党要是试行这样的政策，那它就是在干蠢事，就是自杀。说它在干蠢事，是因为这种政策在经济上行不通；说它在自杀，是因为试行这类政策的政党，必然会遭到失败。老实说，有些共产党员执行的正是这样的政策，所以在'思想、言论和行动'上犯了错误。我们要努力纠正这些错误。一定要纠正这些错误，否则后果将不堪设想。"① 现实证明，直接过渡到纯社会主义的经济形式和纯社会主义的分配，不是苏俄力所能及的事情。在社会生产力没有高度发展，多种经济结构存在的条件下，勉强追求理想社会主义是危险的。"在国内战争的环境里，我们不得不采用战时的办法。但是，如果我们由此得出结论，认为只能采用这种办法和态度，那就大错特错了。这必将意味着苏维埃政权和无产阶级专政的垮台。"②

那么，怎样才能振兴备受战争摧残的国家？如何实现社会主义的目标？列宁开始了新的思考。列宁认识到建设社会主义不能仅仅依靠理想，必须从现实的国情出发。俄国走向社会主义的起点不是发达的资本主义而是小农户的汪洋大海，如果片面追求某些纯粹的社会主义形式，不考虑实际的生产力水平，只会严重挫伤农民的生产积极性，只会导致经济停滞、社会动荡，从根本上动摇新生的苏维埃政权的经济和社会基础。必须根据变化了的新情况矫正不合时宜的理论和政策。他不无感慨地说："我们至少不应当设法隐瞒什么，而应当直截了当地说：农民对于我们和他们之间所建立的这种形式的关系是不满意的，他们不要这种形式的关系并且不愿意再这样生活下去。这是不容置辩的。他们的这种意愿表达得已经很明确了。这是广大劳动群众的意愿。我们必须考虑到这一点。我们是十分清醒的政治家，能够直率地说：让我们来修正我们对农民的政策吧。目前的这种状况，再也不能继续下去了。"③ 列宁认识到在俄国的小农业在严酷的战争和经济破坏的重压之下无法发展，已经陷于凋敝的现实中，只有通过恢复经济流转，国家政权才能够仍旧保

---

① 《列宁全集》第 41 卷，人民出版社 1986 年版，第 210 页。
② 《列宁全集》第 41 卷，人民出版社 1986 年版，第 24 页。
③ 《列宁选集》第 4 卷，人民出版社 1995 年版，第 446 页。

持在无产阶级手中并且得到巩固。否则，在国际革命推迟爆发的情况下，要在俄国保住无产阶级政权是不可能的。

苏维埃俄国的力量还十分薄弱，这个唯一的社会主义国家面临随时可能被资本主义世界吞噬掉的危险。如果不抓紧稳定国内经济形势对苏维埃政权是不利的。俄国经过了四年世界大战和三年的国内战争，被打得遍体鳞伤，就像一个"被打得半死的人"，由于无产阶级掌握和控制了政权，经过党和无产阶级的努力，现在他居然能够拄着拐杖走动了，这是俄国进行社会主义建设的现实条件。由于俄国的社会主义建设事业是从这样的基础出发的，所以它需要用"拐杖"，这里的"拐杖"指的就是资本主义。列宁认识到苏俄社会主义建设面临的巨大困难，他看到，在世界其他国家没有发生革命的情况下，"我们还要花几十年的时间才能够摆脱这种处境。因此，只要能获得强大的先进资本主义的帮助，我们便不惜从我们的无限财富当中，从我们丰富的资源当中，拿出几亿以至几十亿的资财。花掉的这一切我们以后收回时是可以获得很大的利润的。在一个经济遭到空前破坏的国家里，在一个破产农民占人口绝大多数的国家里，如果没有资本的帮助，要保持无产阶级政权是不可能的"①。列宁把新经济政策的实行与巩固无产阶级国家政权紧密联系在一起，正是因为新经济政策有其因政治需要而出台的一面，在这一政策的实行过程中，在很大程度上是政治因素决定了它的兴衰命运。

在某种程度上，可以看到新经济政策并不是根据严整的理论而制定的，是列宁及布尔什维克党为了缓解当时苏维埃政权面临的最紧迫的经济政治危机而提出来的，这就使这一政策蕴含了更多的政治性。新经济政策在开始实施之时就引起了各方的激烈的争论，只是因为它是一项经济和政治危机的应急措施才被全党广泛接受。人们对新经济政策的意义并没有广泛的认同，一些人把它看作是向资本主义的倒退。一些共产党员痛苦地抱怨说：在经济中已没有留下什么社会主义因素了；一些人质疑：新经济政策把苏维埃俄国引向何方——资本主义还是社会主义？针对党内外对新经济政策的不理解、怀疑甚至否定，列宁不得不进行大量的理论阐述和说明解释，说明新经济政策姓"社"不姓"资"，但是并没有彻底解决问题。有研究者指出，新经济政策的通过比较顺利，"但

---

① 《列宁选集》第 4 卷，人民出版社 1995 年版，第 454 页。

是，这并不意味着对新经济政策不存在不同的看法，不同的理解，甚至反对意见。通过几年的军事共产主义的实践，消灭私有制，消灭市场货币关系，建设没有地主资本家，没有人剥削人的社会主义和共产主义制度，已经被看作是短期就能实现的目标，至少已经被广大共产党员所接受。其次，新经济政策本身并不是作为一个完整的政策出台的。而是以实施粮食税为开端逐步充实完善的。实施粮食税引发剩余粮食的交易，从而重新肯定商品货币关系，实行市场机制。这就出现如何对待随之出现的私商（耐普曼），'富农'，贸易自由，私人贸易，如何看待市场关系等等问题。所以，新经济政策的出台，尽管当时没有人公开反对，但在实际执行和贯彻中，各种不同的看法不断冒头，明里暗里对新经济政策实行抵制。这种情绪不仅表现在一般党员之中，更重要的是存在于高级领导人之中。"① 这的确是事实。

斯大林对新经济政策的实行保持着高度的警醒，他在 1923 年就指出："现在我们没有战争，我们处在和平发展时期。但是，我们有新经济政策。同志们，这一点是不能忘记的。清党不是在战时而是在战后开始的。为什么呢？因为在战时，党面临生死存亡的问题，失败的恐惧使党团结成一个整体，党内的一些腐化分子也不得不执行党的总路线。现在我们的头上已经没有这些箍了，因为已经没有战争了，现在我们有新经济政策，我们容许资本主义存在，资产阶级正在复活。诚然，这一切都使党纯洁，使党巩固，但是另一方面，有一种资产阶级出生和成长的新气氛笼罩着我们，资产阶级虽然还不是那么强大，但是已经能够在国内商业方面击败我们某些合作社和商业机关了。"② 这种认识在斯大林执政后表现得更为突出，1929 年 12 月，斯大林在《论苏联土地政策的几个问题》的"结论"中说："我们所以采取新经济政策，就是因为它为社会主义事业服务。当它不再为社会主义事业服务的时候，我们就把它抛开。"③ 以斯大林为代表的党内领导人过分强调新经济政策实施的应急性和政治性，没有正确理解其实施的重要意义和长期性是导致这一政策过早被终结的一个原因。

---

① 郑异凡：《新经济政策的俄国》，人民出版社 2013 年版，第 606 页。
② 《斯大林选集》上卷，人民出版社 1979 年版，第 154 页。
③ 《斯大林选集》下卷，人民出版社 1979 年版，第 232 页。

二　列宁的"战略退却"思想及影响

列宁对新经济政策的退却性质,对新经济政策所带来的资本主义的发展,资产阶级势力的增强一直有清醒的认识。新经济政策提出后,对它有各种各样的理解。一些人认为,苏俄正在走复辟资本主义关系的道路;另一些人则相反,认为这只是装装样子的政治手腕而已。一些人提出:布尔什维克的新经济政策到底是什么,是演变还是策略?一些"路标转换派"成员就是这一观点的代表。他们议论说:"这个苏维埃政权在建设什么样的国家呢?共产党人说是共产主义国家,并要人相信这是一种策略:布尔什维克在困难关头把私人资本家糊弄过去,然后再达到自己的目的。布尔什维克可以爱怎么说就怎么说,但实际上这并不是策略,而是演变,是内部的蜕变,他们一定会走向通常的资产阶级国家"①。这些人认为,"战略退却"说明布尔什维克在"演变",在发生"内部的蜕变",马克思主义和社会主义失败了。他们认为,苏维埃政权"正在滚进通常的资产阶级泥潭,那里只不过摇动着几面写着各种空话的共产主义小旗子罢了"。② 苏俄国内的孟什维克和社会革命党人也学着资产阶级的腔调说布尔什维克在走回头路,又回到了资本主义,这样他们就完蛋了。国际资产阶级也希望这一斗争的胜利属于他们。美英法等国的资产阶级报刊把向新经济政策的过渡说成是"苏维埃制度的破产"和资本主义在俄罗斯苏维埃社会主义共和国的彻底复辟,说成是"革命的共产主义阶段的结束",英国首相劳合·乔治竟然迫不及待地在议院宣布:"共产主义制度完全崩溃了",布尔什维克抛弃了"马克思主义"。③ 列宁非常重视这些言论,认为这些人说出了真话,指出了苏俄面临的危险,党和国家必须加以注意。苏维埃俄国在国内战争中不曾被武力战胜,但却在国内和平环境中经历着考验。新经济政策意味着苏维埃俄国要在经济战线上同资本主义国家作残酷的斗争。

列宁明确地把新经济政策定性为"退却",但是有原则的退却。新

---

① 《列宁全集》第43卷,人民出版社1987年版,第91页。

② 《列宁全集》第43卷,人民出版社1987年版,第92页。

③ 参见〔苏〕特鲁哈诺夫斯基编《国际关系和苏联对外政策史（1917—1939）》第一卷,世界知识出版社1965年版,第186页。

经济政策提出后，一些人迷信资本家的威力，不相信社会主义发展的可能性，甚至主张对国内外私人资本作巨大让步，把实施新经济政策看成是单纯的退却，列宁认为，这种认识表明这些人既不了解新经济政策的实质，也不了解新经济政策的退却性质。在批评种种错误言行的过程中，列宁阐述了"战略退却"的性质和意义。列宁反复强调实行新经济政策是为了进攻的退却。列宁指出新经济政策的实施并不像党和军队遭到失败被迫实行的那种退却，而是因为在经济进攻中前进得太远了，没有给自己留下足够的基地，这种形势造成了严重的危险，必须稍许退却，以便与自己的后方根据地更坚固地联系起来。实行新经济政策决不是要把社会主义阵地让给资产阶级，而是"新的迂回方法"来夺取一些阵地，实行退却，以便更有准备地再转入对资本主义的进攻。按列宁的意思，布尔什维克党带领人民在一个遭到了难以置信的破坏和缺乏物质前提的国家里，胜利地实行了进攻，获得了这么多不平常的胜利。但是由于在进攻中走得太远，现在应回到自己的阵地，做好自己的事情。这种退却决不是败军溃逃，退却是为了更好地前进。直接过渡到纯社会主义的经济成分，俄国力不能及，既然实力显然不足以用革命手段来实行某种过渡，为了保证社会主义在苏维埃俄国的胜利必须实行退却。他还指出苏俄的"战略退却"是用迂回的方式前进，通过实施新经济政策和利用资本主义可以较快地恢复和发展国民经济，提高人民群众的生活水平，增强国力，达到建成社会主义的目的。列宁解释道："这个政策之所以叫新经济政策，是因为它在向后转。我们现在退却，好象是在向后退，但是我们这样做是为了先后退几步，然后再起跑，更有力地向前跳。"①

　　列宁坦率承认"退却"蕴藏着巨大的风险。新经济政策所造成的情况，如小型商业企业的发展，国营企业的出租等，都意味着资本主义关系的发展。看不到这一点，那就是完全丧失了清醒的头脑。不言而喻，资本主义的加强，其本身就是危险性的加强。"资本主义的恢复、资产阶级的发展和资产阶级关系在商业领域的发展等等，这些就是我们目前的经济建设所遇到的危险，就是我们目前逐步解决远比过去困难的任务

---

① 《列宁全集》第 43 卷，人民出版社 1987 年版，第 296 页。

时所遇到的危险。在这一点上切不可有丝毫的糊涂。"① 资本主义在苏维埃俄国开始发展是不能回避的事实，谁想避开和抹杀这个事实，谁就是用空话安慰自己。这些言论鲜明表现了列宁的思想，为此，列宁认为应该增强对资本主义的警惕。"列宁实行的新经济政策的'退却'之所以在政治上是清醒的，不但因为他认识到这种政策的退却性质，还因为他设立了退却的界限。这样，列宁就把'退却的车'稳稳地刹在社会主义的安全范围，而不是让它冲向资本主义的悬崖。"②

列宁的思想对于当时一部分同志端正对马克思主义理论和社会主义历史命运的认识发挥了重要的作用。列宁强调这种政策转变是适应国际国内的现实形势而实行的。新经济政策不仅仅是一项经济政策，其实质是在一个落后而又受到战争破坏的国家如何巩固新生的无产阶级政权和社会主义前途的政治问题。

从"战时共产主义"向新经济政策的重大转折体现了列宁的灵活性，将新经济政策看作不得已而实行的退却体现了列宁政治上的清醒和坚定的马克思主义的原则性。对新经济政策退却性质的清醒认识使列宁一再提醒全党，资本主义的发展威胁着苏维埃政权，必须清楚地意识到这种政治上的危险性。虽然在饥荒严重、工业破坏的情况下，新生的苏维埃政权保持不住从 1917 年到 1921 年所获得的全部阵地，被迫已经放弃了许多阵地。但是无论如何，经济政策方面的退却决不允许牵带政治原则的退却。经济上的灵活性和政治上的原则性要兼顾，要把握好度的问题。新的政策尽管是必要的、积极的，毕竟是向着自己的最终发展方向的后退运动，而不是向着最终方向的前进运动。发展得好才能促进苏维埃政权的巩固。如果把新经济政策的这种退却当成前进，当成是社会主义，那就只能丧失社会主义的政治方向，导致向资本主义的狂奔。

列宁坚信新经济政策是利用资本主义来发展社会主义的政策，不是利用资本主义来搞垮社会主义的政策。经济的发展将改善无产阶级的生活状况，改善掌握国家政权的阶级的生活状况。而由于生产状况的改善，大工厂的开工，都会大大巩固无产阶级的地位，以致小资产阶级的

---

① 《列宁选集》第 4 卷，人民出版社 1995 年版，第 608 页。

② 刘书林：《清醒的退却，坚定的原则——重新解读列宁的新经济政策》，《马克思主义研究》2001 年第 1 期。

自发势力的滋长没有什么可怕的。反而是经济状况的恶化会动摇苏维埃政权。这样列宁将无产阶级政权的巩固建立在坚实的经济基础之上。虽然资本主义关系的加强就是危险性的增强。但是这是当时俄国现实的选择，没有别的办法。

现实发展中暴露出的问题还是引起了列宁的担忧。在新经济政策实行一年后，列宁对现实的发展很不满意，他表现出深深的忧虑：投机倒把、间谍活动、西方的思想价值观念、生活方式、对共产党和社会主义的攻击等随之涌进。这些问题的滋生显示出工人阶级还没有足够的本领去直接进行管理。虽然足够的绰绰有余的政治权力、国家掌握在手中，但是新经济政策的实行并没有按照工人阶级的意志行动。"它是怎样行动的呢？就象一辆不听使唤的汽车，似乎有人坐在里面驾驶，可是汽车不是开往要它去的地方，而是开往别人要它去的地方"①。列宁指出这是新经济政策实行一年后的政治教训。而苏维埃共和国的现实决定了新经济政策将是一个长期的、持续多年的政策，无产阶级必须总结经验重新上路。苏维埃俄国需要西方发达资本主义国家中与社会化大生产相联系的一切先进的科学技术和资产阶级文化中的精华，但决不需要资本主义制度中任何腐朽的东西。在这一方面无产阶级是不会作出丝毫让步的，相反所有的共产党要勇敢地投入这场特殊的战争。

对租让制的看法表明了列宁并未忽视利用资本主义的危险，列宁坚信只有勇敢直面这些危险才能捍卫住伟大的苏维埃政权。新生的苏维埃政权的首要任务是维持一个被资本主义敌人包围的孤立的社会主义共和国的生存，由于资本主义比新生的苏维埃强大得多，它随时都能重新开战。因此，苏维埃政权必须使自己更强大，而要达到这个目的就必须发展大工业，必须振兴运输业，必须利用资本主义。由于社会主义与资本主义在本质上是对立的，因此，可以将签订租让合同看成是开战的条约，"但是签订这个条约对我们的危险性比较小，对于工人或农民来说负担也比较轻，总比人家用装备精良的坦克和加农炮来进攻我们好得多，因此我们应当采取一切办法，以经济上的让步为代价来发展自己的经济力量，促进我国经济恢复的事业。"② 这样才能够"捍卫一个比它

---

① 《列宁全集》第43卷，人民出版社1987年版，第85页。
② 《列宁全集》第40卷，人民出版社1986年版，第116页。

周围的资本主义敌人弱得多的共和国，从而使敌人无法建立反对我们的联盟，使他们难以实行自己的政策，使他们不能取得胜利，我们的任务是保证俄国有恢复经济所必需的工具和资金，因为我们一旦得到这些东西，我们就会牢牢地站立起来，那时任何资本主义敌人对我们来说都是不足惧的。这就是指导我们实行租让政策的观点"。① 总之，列宁认为，只要社会主义与资本主义的根本对立还存在，危险也就存在，并且不能避免，但是也不能夸大。只要站稳脚跟，就能克服这些危险，要善于把较大的危险和较小的危险区别开来，宁愿承受较小的危险而避免较大的危险。列宁认为，此时此刻期望不利用资本主义而直接建设社会主义只能是"梦想"。"你们能给我指出什么没有危险的革命道路、没有危险的革命阶段和革命方法吗？"② 当时找不到没有危险的建设道路、没有危险的革命阶段和革命方法，只能如此。共产党人在俄国必须摒弃脱离本国实际的理想，清醒地、有意识地以"退却"、"让步"、"妥协"等方式谋求发展。列宁在新经济政策的实行中保持一份清醒和坚定。这对于当时处在资本主义包围中的唯一一个社会主义国家是至关重要的。

列宁承认新经济政策所造成的资本主义关系加强的现实。当时党内外一些人认为，新经济政策的实行使小资产阶级、资产阶级和资本主义必然会得到加强。列宁对此坦率承认：在这种自由贸易的土壤上不可能不滋长资本主义。贸易自由意味着资本主义的增长；要避开这个事实是绝对不可能的，谁想避开和抹杀这个事实，谁就是用空话安慰自己。既然存在着小经济，既然存在着交换自由，也就会产生资本主义。那么，面对资本主义增强的危险，这种资本主义对于我们可怕不可怕呢？针对广大党员和群众的疑虑，列宁给予坚定的回答：因为政权在我们手里，这种资本主义对于我们是没有什么可怕的。而且，这种资本主义是处在国家的监督和控制之下的。无产阶级牢牢掌握着政权，牢牢掌握着运输业和大工业。新经济政策没有从根本上改变苏维埃俄国社会制度方面的任何东西，只要政权还掌握在工人手里，就不可能有任何改变。

从以上分析可以看到，在列宁看来，新经济政策并不是社会主义，而是国家的集中管理与小农经济的自发性之间的妥协，是社会利益与私

---

① 《列宁全集》第 40 卷，人民出版社 1986 年版，第 117—118 页。
② 《列宁选集》第 4 卷，人民出版社 1995 年版，第 607 页。

人利益之间的妥协，是最先进的政治制度与俄国落后的现实之间的妥协，是正在成长中的弱小的社会主义与资本主义之间的妥协。新经济政策并非表明列宁改变了社会主义观，列宁满怀期望，期望改变俄国的落后面貌，巩固社会主义政权，使新经济政策的俄国变成社会主义的俄国。可以看到，在列宁的头脑里存在着两条思路的交织和矛盾：一方面，尊重现实，从"战时共产主义"走向新经济政策，努力探索一条适合俄国国情的社会主义建设道路，以架起社会主义理想与现实社会主义之间的桥梁；另一方面，作为一名忠诚的马克思主义者，马克思恩格斯对未来社会的科学预测是列宁努力实现的理想。在列宁最后的文章中，他曾盼望新经济政策的俄国将变成社会主义的俄国，明显在"新经济政策"和"社会主义"之间存在一段距离。这句话曾经被印成各种标语张贴在全国各地以激励人们的斗志。列宁对于新经济政策的战略退却性质的认识后来为斯大林所发挥。"当时许多领导人都把实施新经济政策看作是一种暂时退却，对农民的让步，同农民的妥协，以拯救苏维埃政权。这也是实施新经济政策能够为多数人所接受的最有说服力的论据。"①

　　"列宁所以决定实行新经济政策，就是认识到在一个小农生产者占人口大多数的国家里，不能从资本主义直接向社会主义过渡，而必须采用全国性的特殊的过渡办法；新经济政策就是建设社会主义一个阶段的政策，而不是建设社会主义全过程都要采取的政策，更不是建成社会主义以后还要采用的政策。"② 应该承认斯大林也是这样理解新经济政策的。

三　新经济政策实施后的消极效应

　　列宁逝世后，起初斯大林继续坚持新经济政策的方针。当时托洛茨基、季诺维也夫、加米涅夫等反对派公开主张取消新经济政策。例如，托洛茨基在共产国际第四次大会上曾说，新经济政策是一定空间和时间条件下的产物——这是被资本主义包围的工人国家的权宜之计。季诺维

---

①　郑异凡：《新经济政策的俄国》，人民出版社 2013 年版，第 609 页。

②　有林：《重读列宁关于新经济政策的论述》，《思想理论教育导刊》2012 年第 10 期。

也夫等人也夸大新经济政策的消极作用，攻击中央关于农村政策有"富农倾向"等。而这时斯大林是坚决维护新经济政策的，针对一些人在新经济政策上的错误观点，他在有关的文章和讲话中给予了反驳。比如，1924年1月列宁去世后，斯大林就把俄共（布）第十三次代表会议前的党内争论归纳为两大问题，其中之一就是"所谓新经济政策证明基本上是正确的，还是需要修改？"斯大林的回答是："中央委员会和党内绝大多数都认为党应当成为统一的党，新经济政策不需要修改。"①1925年，在党的十四大上，斯大林针对季诺维也夫等人认为党中央农村政策有"富农倾向"论点，认为他们夸大了富农和农村中资本主义分子的作用，这种倾向事实上是要挑起农村中的阶级斗争，而这是十分危险的。

　　1926年，斯大林在《再论我们党内的社会民主主义倾向》中，指出了"工人反对派"的错误。斯大林指出，"工人反对派""从左面"批评党，百般攻击新经济政策，认为列宁关于恢复工业必须先发展供给工业以原料和粮食的农业的论点是忘记了无产阶级的利益，是一种农民的倾向。斯大林认为，"事实上却是这样：如果没有新经济政策，没有供给工业以原料和粮食的农业的发展，我们就不会有任何工业，而无产阶级就会处于丧失阶级性的状态。"②斯大林把新经济政策看成是恢复和发展经济的措施，是实现工农结合的正确途径。他说："我们实行贸易自由，容许资本主义活跃，实行新经济政策，都是为了提高生产力，增加全国产品的数量，巩固我们同农民的结合。"③在《论列宁主义基础》一文中，斯大林指出了发展商业的重要性，他说："因为在新经济政策的条件下，有生产而没有销路就是置工业于死地；因为只有通过发展商业去扩大销路，才能扩展工业；因为只有在商业方面巩固了，只有掌握了商业，只有掌握了这个环节，才能指望把工业和农民市场结合起来并顺利地解决其他的当前任务，以便为建立社会主义的经济基础创造条件。"④斯大林在党的十三大总结报告中指出，苏联大工业还不发达，工农之间、城乡之间主要应通过商业结合

①　《斯大林全集》第6卷，人民出版社1956年版，第4页。
②　《斯大林选集》上卷，人民出版社1979年版，第507页。
③　《斯大林全集》第7卷，人民出版社1958年版，第297页。
④　《斯大林选集》上卷，人民出版社1979年版，第256页。

起来，而不能实现直接的产品交换。这就要允许发展私人和国家资本主义，发展商业流通和自由贸易，动员千百万农民和小业主的力量恢复经济。他认为这是实行新经济政策的实质和主要表现。在斯大林、布哈林的坚持下，党中央在第十四次代表会议前后，在农村采取了一些发展新经济政策的措施：取消了大部分对出租土地、雇工及资本积累的限制；禁止村社重分土地；调整工农业产品价格，降低农业税，降低工业品的价格，改善农村贸易；增加国家对农业的投入，提供贷款，增加农业机器供应等。这一时期斯大林的认识符合新经济政策的精神，也符合苏联当时的情况，应该肯定。但是，即使在这一阶段，斯大林在理论上也不把农民问题和工农联盟作为社会主义建设中的基本问题，认为农民是非社会主义者、私有者，有资本主义自发倾向，农村依靠城市而发展，农民依靠无产阶级的领导和帮助而生存。这又影响到他对新经济政策的理解和执行。

总体而言，从列宁逝世到1928年，斯大林在同党内反对派的斗争中，围绕着坚持工农联盟这个主题，宣传和维护新经济政策，从理论上对新经济政策作了一些正确阐发，这对于人们理解和执行新经济政策起了积极作用，对坚持和发展新经济政策作出了一定贡献。

从实践来看，到1925年底党的十四大前后，苏联国民经济基本恢复到了战前水平，新经济政策的措施，包括用粮食税代替余粮征集制和在一定范围内放开商品流通，见效显著，对调动农民积极性，恢复和发展经济产生了明显作用，苏维埃政权稳固下来。但是，新经济政策实施后也必不可免地带来了新问题，这对继续实行新经济政策造成阻碍。比如出现了新阶层——"富农"和"耐普曼"（城市小私有者），出现了工农业产品"剪刀差"问题。1923年4月俄共（布）十二大专门为克服工农业剪刀差问题作了决议，但没有真正执行到位，后来这一问题更严重。一方面工业品价格昂贵，农民买不起或不愿买；另一方面又造成工业品销售困难影响到工人的生活，一些工厂出现罢工和闹事。早在列宁时期，新经济政策实施后出现了一些贫富分化和其他商品经济社会常有的现象时，党内便对新经济政策产生了各种怀疑和不满。列宁在俄共（布）第十一次党代表大会上谈到过一部分人的这种情绪，他说："我们甚至有过这样一些诗人，他们写道：看！在莫斯科受寒忍饥，从前整洁美丽，而现在是买卖投机。"① 这种认识很典型地反映了当时一部分革命者的思想情绪。

在实行新经济政策的过程中还发生了多次社会经济、政治危机，如1923—1924 年的销售危机、1926—1927 年的商品危机、1927—1928 年的粮食收购危机等。危机的发生表明，新经济政策在发展经济的同时也动摇和分化了经济。随着新经济政策的推进，在社会经济生活中遇到许多实际困难，同时，私人经济加强的趋势也是明显的。"耐普曼商业在20 世纪 20 年代苏维埃商业发展史上发挥了不可或缺的重要作用。早 20 年代前半期，从企业的数量来看，它在苏维埃商业中始终占有绝对的优势。根据对全国 117 个行政区的统计，私人商业在全国商业执照登记中占极高的比例，1922—1923 年下半年，国营商业和合作社商业分别占登记数的 2.5% 和 6.2%，而私人商业占 91.3%；20 年代中期前后，随着苏维埃政权对私人资本的压制和对国营及合作社商业的扶植，私人商业企业所占比例相对而言有所降低，即便这样，到 1924—1925 年下半年，私人商业仍占 83%，而且私商的数量也在不断增长，从 1923 年到1926 年，在俄罗斯联邦苏维埃社会主义共和国中他们的数量增加了 2倍。在 1924/1925 年度和 1925/1926 年度，由私人出售的工业品占投入市场的全部工业品的 40.6% 和 25.4%。但是，耐普曼经济同时对国有经济也造成了巨大的冲击和压力。这种私人性质的经济是按照市场规则运行的，它非常灵活地反映着市场的变化。这一点上受计划控制的国有经济则处于明显的劣势。例如在商品收购上，'私人所有者的法宝是较国家更高的收购价格'，在 1927 年 10 月，私营所有者在制革业市场上给出的价格超过国家定价的 50%—100%，在毛纺市场上则超过 200%，在肉类和谷物价格上的状况也基本如此。这种状况势必严重影响国家的商品收购计划。"② 这些事实对一代共产党人来说是触目惊心的。当这种现象还不是十分严重时，斯大林维护新经济政策并指责反对派对此惊慌失措。但这终究影响了斯大林。下一步应该怎么办、新经济政策还要坚持多久、新经济政策究竟只是恢复经济的手段还是可以作为建设社会

---

① 《列宁选集》第 4 卷，人民出版社 1995 年版，第 673 页。

② 黄立茀等：《新经济政策时期的苏联社会》，社会科学文献出版社 2012 年版，第 273—274 页。

主义的长远政策等问题再次引起人们的关注。正是从这时起斯大林对新
经济政策的看法发生了明显变化。

　　1927—1928 年粮食危机的爆发，是促使斯大林最终改变新经济政
策方向的转折点。1927 年 11—12 月收购到的粮食急剧减少，只相当于
1926 年同期收购量的一半，而工业化的发展却使国家对商品粮食的需
求大大增加。在如何认识和解决粮食收购危机的问题上，布哈林同斯大
林之间发生了尖锐的分歧。斯大林认为，这次粮食收购危机是由于社会
主义积累的速度不能实现得那么快，农业的增长速度太慢，富农的投机
倒把。斯大林在 1928 年 4 月 13 日在联共（布）莫斯科组织积极分子会
议上的报告中，在谈到粮食收购问题上表示："收购危机反映着农村资
本主义分子在新经济政策的条件下，在我国建设的最重要问题之一即粮
食收购问题上，对苏维埃政权发动的第一次严重进攻。"① 同时，斯大
林谈到了粮食收购危机和新经济政策之间关系的认识，他说："如果根
据这一点便说要'取消'新经济政策、'恢复'余粮收集制等等，那就
愚蠢了。现在只有苏维埃政权的敌人才会想到取消新经济政策。现在新
经济政策对苏维埃政权比任何人都有利。但是，有人认为新经济政策不
是意味着加强对包括富农在内的资本主义分子的斗争以战胜他们，而是
意味着停止同富农及其他资本主义分子作斗争。不用说，这种人和列宁
主义毫无共同之处，因为我们党内没有也不可能有这种人的位置。"②

　　粮食收购危机使斯大林得出了两点结论：第一，小农经济是最没有
保障、最原始、最不发达、提供产品最少的经济。就其生产方式和技术
水平而言，不可能有迅速增长的可能性，因而根本不可能指望它来适应
和满足工业化的发展；第二，收购危机很重要的原因是富农的囤积粮
食，富农已经成长起来，积累了粮食，投机倒把，操纵粮价，破坏国家
的粮食征购工作。斯大林还提出不可能指望富农能自愿地将粮食提供给
国家。粮食危机使斯大林丧失了在新经济政策条件下和平地逐渐地实现
小农经济与工业结合的信心。他认为，将个体农民经济转变为集体的公
共经济，是解决粮食问题的唯一出路，同时必须继续坚持："布尔什维
克的老口号：依靠贫农，善于和中农建立巩固的联盟，一分钟也不停止

① 《斯大林选集》下卷，人民出版社 1979 年版，第 19 页。
② 《斯大林选集》下卷，人民出版社 1979 年版，第 20 页。

对富农的斗争。"① 斯大林提出，谁认为在当时的情况下同农民联盟就是同富农联盟，谁就和列宁主义毫无共同之处。"谁想在农村中实行一种使富人和穷人皆大欢喜的政策，谁就不是马克思主义者，而是傻瓜，因为，同志们，世上是没有这种政策的。我们的政策是阶级的政策。"②在这一时期，斯大林多次提到了对新经济政策的警惕。斯大林说布哈林看不见新经济政策的两个方面，只看见新经济政策的一个方面，"只要新经济政策存在，就应当保存它的两个方面：第一个方面是反对战时共产主义制度，其目的是保证私人贸易的一定自由；第二个方面是反对私人贸易完全自由，其目的是保证国家对市场起调节作用。取消这两个方面中的一个方面就不会有新经济政策。"③ 斯大林坚决表示：新经济政策决不是容许私人贸易完全自由，决不是容许在市场上自由玩弄价格。新经济政策是在保证国家的市场起调节作用的条件下容许私人贸易在一定限度、一定范围内的自由。这就是新经济政策的第二个方面。而且新经济政策的这一方面比它的第一个方面更为重要。斯大林反对布哈林认为的新经济政策只会受到"从左边"即从那些想取消任何贸易自由的人们方面来的危险，他认为这种危险现在是最不现实的，"因为现在我们的地方组织和中央组织里没有人或者几乎没有人不懂得保持一定的贸易自由是完全必要的和适当的。从右边来的危险，即从那些想取消国家对市场的调节作用，想'解放'市场，从而开辟私人贸易完全自由的纪元的人们方面来的危险要现实得多。毫无疑问，这种从右边来破坏新经济政策的危险现在要现实得多。"④

以布哈林为代表的一些人不同意斯大林对于粮食危机原因的分析和使用"非常措施"。他们认为粮食收购危机主要由国家政策失误所引起：谷物收购价格太低、工农产品比价不合理、农业税收太重等等。至于富农只是利用苏维埃政权的工作失误的兴风作浪，它的投机行为是造成粮食收购危机的原因之一，但不是主要原因。还有就是农村中确实没有太多的余粮，原因是农民经济缩小、谷物主产下降。他们反对将非常措施作为主要的解决问题的方式，认为非常措施与新经济政策不相符

① 《斯大林选集》下卷，人民出版社 1979 年版，第 21 页。
② 《斯大林选集》下卷，人民出版社 1979 年版，第 21 页。
③ 《斯大林选集》下卷，人民出版社 1979 年版，第 145 页。
④ 《斯大林选集》下卷，人民出版社 1979 年版，第 145 页。

合，它将会侵犯中农的利益，恶化工农关系，应当实行重新协调、平衡工农业的发展政策。在向资本主义成分的进攻上主张采用经济手段并限制在经济领域，并认为斯大林对于富农问题和农村阶级的形势的估计过严重。这些分歧深刻地反映出党内关于苏联社会主义建设路线和政策的不同看法。布哈林等人主张继续按照新经济政策的方向，在提高个体农民经济能力的基础上提高整个农业水平；主张把资金首先用于农业，在保证提高农业的条件上再实行加快工业化的路线；主张在涉及工人政权同农民关系方面的政策要非常谨慎，反对通过对农民征收"超额税"（贡税）来为工业化积累资金；在农村社会主义改造问题上，坚持列宁的合作化路线，即照顾农民的个人意愿，首先通过流通、消费性的合作社逐渐向社会主义过渡，而并不是将重点放在集体农庄（合并生产资料、实行集体劳动）上。有研究者分析了二者的分歧："从布哈林与斯大林的争论可以看出，分歧的核心问题，是以何种方式在苏联继续建设社会主义，但是，二者分析粮食收购危机原因的角度与方法是不同的：布哈林以一个理论家、经济学家的视角，主要从经济规律入手，分析市场经济机制下价格和商品供应的波动对农民种植、出卖商品粮的影响，并提出解决危机的出路在于国家改进计划工作等；而斯大林站在政治家的高度，主要从政治和阶级斗争的视角切入，认为粮食收购危机的原因，主要在于富农投机倒把、个体小农经济落后和产生资本主义，解决的出路在于集体化和消灭富农。二者主张的分歧，是继续执行运用市场机制的新经济政策，还是终结新经济政策，回归到运用行政命令与强制方式的中央集权的道路。"[①]

在这一时期，斯大林绝对不能允许高速工业化的路线发生逆转。斯大林提出农民必须以工农业产品"剪刀差"的形式，为工业化缴纳"额外税"，加快工业化建设的步伐。他认为在当时的条件下，农民必须为了社会主义工业化缴纳类似"贡税"的东西，"剪刀差"是不可避免的，是农民为最终消除贫困而必须付出的代价。集体化是完成农村社会主义改造、实现小农经济向社会主义大农业转变的唯一道路。他指责布哈林等人犯了右倾错误，是"保护富农"、"纵容城乡资本主义自由

---

① 黄立茀等：《新经济政策时期的苏联社会》，社会科学文献出版社 2012 年版，第 103 页。

发展"。他还提出："必须揭露有些人把新经济政策了解为退却而且仅仅了解为退却的那种错误。事实上，列宁还在施行新经济政策时就曾说过，新经济政策不只是退却，它同时又是为向城乡资本主义分子举行新的坚决进攻作准备。"① 在1928年7月联共（布）中央全会上，斯大林专门强调了新经济政策和新经济政策条件下的阶级斗争问题。他提出了"贡税论"和"阶级斗争尖锐化"的观点，并提出用阶级斗争方法展开向"资本主义"的进攻。这是中止新经济政策的理论依据和基点。1929年4月，斯大林在联共（布）中央委员会和中央监察委员会联席会议上，宣布苏联已进入新的发展时期，"这就是社会主义向国民经济中的资本主义分子实行全线进攻"的时期。他认为在新经济政策条件下发展起来的城乡资产阶级已经强大起来，有了足够的力量，利用价格、技术等手段向社会主义进攻，由此引起了阶级关系的剧烈变动和阶级斗争的尖锐化。在这种情况下，党应采取新的政策和斗争方式，向城乡资产阶级发起猛烈进攻，取得社会主义的全线胜利。斯大林说："现在我们所处的是和旧时期即恢复时期不同的新的发展阶段。现在我们所处的是新的建设时期，即在社会主义基础上改造整个国民经济的时期。这个新时期引起了新的阶级变动，引起了阶级斗争的尖锐化。它要求我们采取新的斗争方式，变更我们的兵力部署，改善并巩固我们的一切组织。"② 在1928—1929年与布哈林等人的论争中，斯大林的路线最终获得了多数支持。这场斗争的结局实际上结束了新经济政策。

四 新经济政策与斯大林的社会主义观

对于新经济政策，斯大林并没有真正理解其深刻意义，斯大林只是把新经济政策作为一种权宜之计的政策，并没有把它看作是小农经济占优势的国家向社会主义过渡的道路。这反映在斯大林对新经济政策经常出现一些矛盾的说法。有时候斯大林过分夸大新经济政策的普遍意义，认为新经济政策是一切国家向社会主义过渡的必经阶段，甚至强调发达的资本主义国家从资本主义向社会主义过渡也必须实行这个政策。他

---

① 《斯大林选集》下卷，人民出版社1979年版，第232页。

② 《斯大林选集》下卷，人民出版社1979年版，第132页。

说：新经济政策是"资本主义国家，甚至其中最发达的国家，在从资本主义向社会主义过渡时能不能不实行新经济政策呢？我认为不能不实行。新经济政策及其市场关系和对这种市场关系的利用，在这种或那种程度上对每一个资本主义国家在无产阶级专政时期都是绝对必要的。"①有时候斯大林把新经济政策看成是过渡时期的经济领域中社会主义和资本主义斗争的一种特殊形式。他说："新经济政策是无产阶级国家所采取的一种特殊政策，它预计到在经济命脉掌握在无产阶级国家手中的条件下容许资本主义存在，预计到资本主义成分同社会主义成分的斗争，预计到社会主义成分的作用日益增长而资本主义成分的作用日益削弱，预计到社会主义成分战胜资本主义成分，预计到消灭阶级和建立社会主义的经济基础。谁不了解新经济政策的这种过渡性即两重性，谁就是离开列宁主义。"②斯大林认为："新经济政策只是以退却为开始，但它预计在退却过程中重新部署力量并举行进攻。其实，我们已经进攻几年了，而且很有成效地进攻着：发展我们的工业，发展苏维埃商业，排挤私人资本。"③因此，新经济政策是无产阶级专政的政策，是无产阶级专政的特殊表现和工具。

　　由此可见，斯大林并没有理解新经济政策的真谛。尽管斯大林也针对"有人说我们好像在取消新经济政策，在施行余粮收集制和剥夺富农"的观点给予驳斥，指出"这是反革命的谣言，必须和它进行坚决的斗争"，并明确指出："新经济政策是我们经济政策的基础，而且在相当长的历史时期中不会改变。"④但是，在更多的情况下斯大林并没有把新经济政策作为一项长期的经济政策，而只看作是一种临时的措施，是在困难时期被迫采取的权宜之计，是在苏维埃俄国得不到西方无产阶级革命帮助的情况下，"而我们在经济上又被工业比较发达的资产阶级国家所包围，因此不得不采用租让制，不得不同一些资产阶级国家签订贸易协定，并同一些资本家集团订立租让合同，我们在这方面（经济方面）也是孤立无援的，不得不想尽办法克服困难。"⑤1930 年 2 月

---

① 《斯大林全集》第 11 卷，人民出版社 1955 年版，第 128 页。
② 《斯大林全集》第 7 卷，人民出版社 1958 年版，第 302—303 页。
③ 《斯大林全集》第 8 卷，人民出版社 1954 年版，第 82 页。
④ 《斯大林全集》第 11 卷，人民出版社 1955 年版，第 15 页。
⑤ 《斯大林全集》第 5 卷，人民出版社 1957 年版，第 56—57 页。

9 日，斯大林在回答斯维尔德洛夫大学学生的问题时，解释了这句话："当我们已经不需要容许某种程度的私人贸易自由的时候，当这种容许只会产生坏结果的时候，当我们有可能通过自己的商业组织来调整城乡之间的经济联系，而不必依靠私人贸易及其私人流转，不必容许资本主义某种活跃的时候，我们就'把新经济政策抛开'。"①

为什么斯大林对于新经济政策会有很多自相矛盾的言论呢？它有深层次的思想渊源，就是新经济政策并不符合他的社会主义观。在二三十年代的苏共党内，建设怎样的社会主义，占统治地位的思想是马克思和恩格斯所描述的未来社会蓝图，即：（1）实行生产资料公有制；（2）实行按劳分配；（3）实现经济的计划化管理，消灭商品货币关系。这种在党内占主流的社会主义观念的存在，就使得新经济政策没有被当作建设社会主义的长期选择，大多数党员都自然地认为新经济政策是一种迫于形势的"暂时退却"。对于苏联当时存在的一切非社会主义经济成分，可以视情势需要随时加以消灭。

斯大林的社会主义观与新经济政策存在根本区别。新经济政策主张建立的是小农在居民中占优势所造成的特点的社会主义，这反映在对社会主义建设道路的认识上，斯大林和列宁关于社会主义建设的方式和方法的不同，从根本上说，列宁主张走一条迂回地、"间接过渡"的道路，这是一条审慎地、缓慢地、逐渐地改造旧事物，力求尽可能少地破坏的道路，这也正是列宁实行的新经济政策真正意义所在。新经济政策的特点是在社会主义经济成分占主导地位的条件下，允许各种非社会主义经济成分的存在和发展，把非公有制经济成分看作是公有制经济的补充，充分利用它们活跃经济，促进经济的发展。但是斯大林却把非公有制经济视为社会主义的异己物，主张发展全民所有制和集体所有制两种公有制经济，并逐步使集体所有制过渡到全民所有制。斯大林轻视小农经济的作用，他认为在个体小农经济的基础上是不能进一步发展的，他从根本上否定个体农民经济的生命力，他认为，小农经济是最没有保障、最原始、最不发达、出产商品最少的经济。按照新经济政策发展的逻辑，必然要求在更大程度上进行市场取向的改革，这种发展同斯大林的社会主义观念相冲突。在什么是社会主义的问题上，斯大林教条式地

① 《斯大林全集》第 12 卷，人民出版社 1955 年版，第 163 页。

理解和运用了马克思主义经典作家关于社会主义基本特征的描述，认为社会主义就是彻底消灭私有制代之以公有制、消灭阶级、实行计划经济、没有商品货币关系。新经济政策中允许资本主义存在并发展是与斯大林的目标相矛盾的，即使资本主义成分的存在在当时特定的历史条件下是必要的，谁又能保证既容许资本主义的存在与发展而同时又有利于无产阶级政权的巩固和社会主义的发展？这是一个至关重要的问题。在这样的社会主义观念下，斯大林更注重强调新经济政策的过渡性和两重性。

斯大林在 1925 年批评索柯里尼柯夫犯错误的原因在于他不了解现实经济中发生的种种过程的全部复杂性和矛盾性，在于不了解新经济政策的两重性，"不了解在目前社会主义成分同资本主义成分斗争的条件下我国商业的两重性，他不懂得在无产阶级专政的情况下，在过渡时期的环境下我国发展的辩证法，在这种环境下社会主义成分利用资产阶级的方法和武器来克服和消灭资本主义成分。问题决不在于商业和货币制度是'资本主义经济'的方法。问题在于我国经济的社会主义成分在同资本主义成分作斗争时掌握着资产阶级的这些方法和武器来克服资本主义成分，在于社会主义成分成功地利用它们来反对资本主义，成功地利用它们来建成我国经济的社会主义基础。所以问题在于：由于我国发展的辩证法，资产阶级的这些工具的职能和使命都发生了原则性的、根本的变化，变得有利于社会主义而不利于资本主义了。"①

从理论上来讲，斯大林对社会主义的认识并没有错误，但是问题在于斯大林这些观念脱离苏联的实际，脱离苏联生产力发展的现实水平。在 1928 年，斯大林还曾表达了对新经济政策的正确认识。他说，列宁决不是说新经济政策给予我们现成的社会主义。列宁只是说新经济政策保证我们有可能建成社会主义经济的基础。社会主义可能建成和社会主义实际建成是大有差别的。决不可以把可能性和现实混为一谈。"正是为了把这种可能性变为现实，列宁才主张实现国家电气化，主张为工业、农业和运输业建立起现代化大工业的技术基础，作为社会主义在我国最终胜利的条件。"② 但是，斯大林教条地理解了马克思主义，不顾

---

① 《斯大林全集》第 7 卷，人民出版社 1958 年版，第 307 页。

② 《斯大林选集》下卷，人民出版社 1979 年版，第 68 页。

苏俄的历史条件和现实条件，而急于实现社会主义。这种理想主义认识导致了对科学社会主义的简单化、僵化和教条化理解。反映在具体的社会主义实践中便出现了问题。在这种社会主义观念下，斯大林对社会主义所面临的任务，特别是对社会主义建设的艰巨性和困难估计不足，往往在强调社会主义基本制度优越性的同时，忽视了基本制度优越与实际状况落后之间的差距，不能始终清醒地看到社会主义本身就是一个由低级向高级不断发展的过程。斯大林不仅急于直接过渡到社会主义，而且急于向共产主义过渡。斯大林的社会主义观念决定了斯大林不可能从适合俄国这样一个经济上比较落后国家向社会主义过渡的道路和模式的角度来认识新经济政策，而是把新经济政策看成是权宜之计，因此，斯大林也就不可能真正理解列宁实行新经济政策的实质和意义，新经济政策被中止也就毫不奇怪了。

五　未实现预期是新经济政策被终止的原因之一

新经济政策实施后面临一个关键问题：第一，新经济政策是一种长期政策，还是一种短期政策？新经济政策是一条建设社会主义的发展道路，还是一种临时性应急措施？在经济文化相对落后的国家，要不要必然经历一个商品生产和市场关系发展的阶段？可以说，当时俄共（布）党内不同的理论、路线和政策的斗争都是围绕这个问题进行的。这两个问题困扰着广大党员。列宁预计新经济政策要实行多久？关于这个问题列宁提到的并不多，主要是以下几处被研究者广泛引用的话。针对当时党内外一些人说新经济政策是在耍政治手腕，是权宜之计。列宁曾多次表示新经济政策要"认真地和长期地"实行，但是至于这个"长期"的期限究竟应该有多长，列宁并没有直接的表述。列宁曾这样说道："但是奥新斯基同志接着讲到了期限问题，这一点上我倒是有保留的。所谓'认真地和长期地'，就是25年。我不那么悲观。我不想预测依我看究竟要多长时间，但是我认为，他说的多少有点悲观。我们能估计到5—10年的情况，就谢天谢地了，通常我们连5个星期的情况也估计不准。"① 可以这样理解，就是列宁认为新经济政策如果实行25年是太悲

---

① 《列宁全集》第41卷，人民出版社1987年版，第324页。

观了。再看看列宁晚年的一些言论可以看到他在 1921—1922 年与 1923 年，出现了变化。1921 年 5 月 28 日在他起草的《关于新经济政策问题的决议草案》中写道："当前的基本政治任务是使党和苏维埃的全体工作人员充分领会和确切执行新经济政策。党认为这是一个要在若干年内长期实行的政策，要求一切工作人员极其仔细和认真地加以执行。"①到 1922 年 11 月 20 日他在莫斯科苏维埃全会上的讲话中说："社会主义现在已经不是一个遥远将来，或者什么抽象图景，或者什么圣像的问题了。说到圣像，我们仍持原来那种否定的看法。我们把社会主义拖进了日常生活，我们应当弄清这一点。这就是我们当前的任务，这就是我们当今时代的任务。让我在结束讲话时表示一个信念：不管这个任务是多么困难，不管它和我们从前的任务比起来是多么生疏，不管它会给我们带来多少困难，只要我们大家共同努力，不是在明天，而是在几年之中，无论如何会解决这个任务，这样，新经济政策的俄国将变成社会主义的俄国。"②考察这一时期列宁的思想，可以看到，列宁一方面认为新经济政策是在"若干年内"或"几年之中"实行的长期政策；但另一方面又对欧洲爆发革命寄予希望。因为当时党内大多数人的看法是如果欧洲法国、德国等先进国家取得社会主义革命胜利并给予俄国以切实的物质技术援助，那么俄国必然会改变新经济政策。

直到 1923 年初，欧洲依然没有爆发革命。列宁在更着重于从国内的现实出发来规划社会主义的远景。新经济政策的一个重要内容是落后国家的工人阶级在掌握政权后如何领导占人口大多数的个体农民通过逐步合作化达到社会主义。列宁清醒地认识到了在苏维埃俄国实现合作化也不是一件容易的事情，他说："为了使全体居民人人参加合作社的业务，并且不是消极地而是积极地参加，我们还须要完成在一个'文明的'（首先是识字的）欧洲人看来并不很多的工作。"③可是仅仅为了完成这一件事情就需要全体人民群众在文化上提高一整个阶段。"在这一方面，新经济政策是一种进步，因为它适合最普通的农民的水平，它没有向他们提出什么更高的要求。但是，为了通过新经济政策使全体居民

---

① 《列宁全集》第 41 卷，人民出版社 1987 年版，第 327 页。
② 《列宁选集》第 4 卷，人民出版社 1995 年版，第 737—738 页。
③ 《列宁选集》第 4 卷，人民出版社 1995 年版，第 769 页。

人人参加合作社，这就需要整整一个历史时代。在最好的情况下，我们度过这个时代也要一二十年。"① 可以说这就是列宁最后对新经济政策期限的清醒的预计。在这一问题上，一位研究者的评价我是赞同的，他说："列宁于 1923 年认定新经济政策'需要整整一个时代'的最后、最新新看法，非常重要。列宁在 1921 年认为实行新经济政策不需要 25年，而到 1923 年就改变为'需要整整一个时代'，这表明他思想灵活，与时俱进。看来越是经济政治文化落后的国家，越是需要更长时间实行新经济政策，越是不能急于消灭资本主义、急于过渡到社会主义去。"②列宁清醒地认识到，不经过这一历史时代，不做到人人识字，没有足够的坚实，没有充分教会居民看书读报，没有做到这一点的物质基础，没有一定的保障，如防备歉收、饥荒等等的保障，苏维埃政权无法达到自己的目的。没有一场文化革命，要完全合作化是不可能的。与此同时，在西方革命推迟的情况下，列宁晚年还把希望寄托在东方革命的爆发上。遗憾的是世界革命依然处于低潮，中国 1925—1927 年大革命、印尼 1926 年民族大起义、越南 1930—1931 年苏维埃运动等东方国家的革命先后失败了；西方资本主义世界于 1924—1929 年进入相对稳定的和平发展时期，即使在 1929—1933 年席卷资本主义世界的经济危机之时也未曾出现革命形势。

有学者这样概括了列宁的思路："列宁的新经济政策可以按照两个不同的思路发展。一个是强调阶级斗争，在发展经济过程中，随时准备消灭资本主义。农民刚刚吃饱了饭，就急不可待地要去剥夺'富农'（实际上是善于经营耕作的农民），按照这种做法农村的经济是不可能得到发展的。这样的新经济政策也是不会长久的。另一个思路是以发展经济为主要目的，利用政权的力量促进经济的发展，为社会主义创造必要的物质前提，把通过市场来合理有效地配置资源看作是新经济政策的主要功能。鼓励发财，鼓励城乡富裕起来，把所有这一切看作社会主义的成就。从这个观点出发，新经济政策就是一个认真的长期的政策。对一个落后的农业国来说，这一点非常重要。按照这条道路走下去，就有

---

① 《列宁选集》第 4 卷，人民出版社 1995 年版，第 770 页。

② 高放：《苏联兴亡通鉴六十年跟踪研究评析》，人民出版社 2011 年版，第 201 页。

可能走向市场经济。"① 那么，现实的苏联能够顺利地按照第二条思路发展下去吗？

斯大林也认为在一两年内建成社会主义是不可能的。不可能在一两年内使国家工业化，建立强大的工业。斯大林将新经济政策划分为两个时期，他认为，在列宁宣布实行新经济政策的时候，当时摆在党和人民面前的基本任务，是在新经济政策的条件下，在大规模的商品流转的条件下，建立国民经济的社会主义基础。1921 年首先从发展农业的角度来对待这一基本任务，就是要发展工业就必须从农业开始。因为要在当时所处的经济破坏的情况下扩展工业，首先必须给工业创造某些市场的、原料的和粮食的前提。在空地上发展工业是不可能的，如果国内没有原料，如果没有粮食供给工人，如果没有稍微发达的农业作为工业的基本市场，要发展工业是不可能的。在 1926 年，新经济政策进入了第二个时期。斯大林认为，在第二个时期，如果不及时供给农业机器、拖拉机和工业品等等，农业本身就不能进展。因此，重心应该转移到工业方面了。"如果当时，在新经济政策的第一个时期，整个国民经济的发展事业是依靠农业的，那么现在它却要依靠而且已经依靠工业的直接扩展了。"②

发展国家资本主义是新经济政策的一个重要内容，也是新经济政策的重要组成部分。但是，在国家资本主义没有得到什么发展的情况下，通过国家资本主义向社会主义过渡已不现实。这也是斯大林决定终止新经济政策的一个重要原因。斯大林在 1925 年指出，列宁 1921 年提出的关于通过国家资本主义过渡到社会主义的道路，在当时无疑是正确的。因为当时工业衰败，运输停顿，没有燃料。为了振兴工业，一个可行的办法就是吸收外资，利用外资来振兴工业，迅速增加商品的供给，把国家资本主义作为集中、调节、监督私人资本和小生产的工具，通过它来建立苏维埃政权和农村的结合。但是，这是 1921 年的情形。情况已经起了重大的变化。现在不能说没有自己的工业，运输停顿，没有燃料了，工业和农民经济的结合已经建立。因此，斯大林认为在工业方面"国家资本主义"和"社会主义"二者的地位已经互相转换了。社会主

---

① 郑异凡：《新经济政策的俄国》，人民出版社 2013 年版，第 613 页。
② 《斯大林选集》上卷，人民出版社 1979 年版，第 461 页。

义工业已占统治地位，而租让和租赁企业所占的比重则极小。因此，现在不能再通过国家资本主义过渡到社会主义，而应当通过发展社会主义经济特别是社会主义工业，向社会主义过渡。"从一九二一年起，我国的情况已经起了重大的变化；在这个时期内，我们的社会主义工业、国营商业以及合作社营商业已经是占优势的力量，我们已经学会用自己的力量来建立城乡间的结合，国家资本主义最显著的形式——租让制和租赁制——在这个时期内并没有得到重大的发展，所以现在，即在一九二五年，说国家资本主义是我国经济的主要形式，那就是曲解我们国营工业的社会主义本质，那就是不了解过去的情况和现在的情况的全部差别，那就是不是辩证地而是学究式地、形而上学地来研究国家资本主义问题。"①

我们也要看到当时受到与资本主义往来的现实条件的局限，也不利于"新经济政策"的实行。西方资本主义国家对苏联实行经济封锁，使得列宁的新经济政策收效甚微。列宁提出了通过国家资本主义过渡到社会主义的思想，然而由于俄国资产阶级对苏维埃政权的敌视，不愿接受列宁的政策。列宁去世后，总体情况并没有改变。"苏维埃国家实行租让制和租赁制，私人资本也存在于租让制和租赁制企业之中。租让制企业的数量很少，1921 年只签订了 5 份租让合同，1922 年 10 份，1923 年 37 份，1924 年 32 份；1925 年 4 月 1 日，在工业中共有 91 份租让合同生效。租让企业在工业生产中所占的比重也很小，1924/1925 年度为 0.2%，1925/1926 年度为 0.4%。"② 到 1925 年，租让企业的工人只有五万人。租赁企业则只有三万五千人，在当时处于无足轻重的地位。就是以后几年，这类企业的工人总数也不到全部工人的百分之一。而在 1924 年，苏俄社会主义工业在工业总产值中的比重已上升到 76.3%，占了极大优势。

在 1921—1924 年间，苏维埃俄国与德、法、意、英、美等资本主义国家的经济联系对苏维埃国家经济恢复和社会主义经济建设起了一定的积极作用。但是由于当时西方资本主义国家也处于战争后的恢复阶

---

① 《斯大林全集》第 7 卷，人民出版社 1958 年版，第 305 页。

② 转引自黄立茀等《新经济政策时期的苏联社会》，社会科学文献出版社 2012 年版，第 275 页。

段，以及国际形势仍然处于紧张状态，苏俄与资本主义国家的经济往来还非常有限。苏维埃俄国主要是靠自力更生、艰苦奋斗来发展经济的。列宁的几段话讲述了当时现实情况：1922 年 11 月 13 日，列宁在共产国际第四次代表大会上的报告《俄国革命的五年和世界革命的前途》中，这样说道："我们是孤立无援的。我们过去和现在都得不到任何借款。那些把自己的资本主义经济组织得如此'出色'，以致眼下还不知道走向何处的资本主义强国，哪一个都没有帮助过我们。"在同一篇报告中，列宁还说："资本主义国家的经济史证明，落后国家要有几亿美元或金卢布的长期借款，才有可能发展重工业。我们过去没有这样的借款，我们直到现在也没有得到什么借款。现在关于租让等等所写的一切，不过是一纸空文而已。……我们的租让政策，我觉得是很好的。不过，尽管如此，我们还没有一个有利可获的租让项目，这一点请大家不要忘记。"① 总的来看，列宁领导苏维埃俄国的短暂的几年中，社会主义与资本主义之间的关系远不似当今这般开放，利用资本主义更多地停留在理论中，并不是苏俄经济发展的重大推动力量。在列宁的领导下，苏维埃俄国主要是靠自己的力量实现了经济恢复和发展。

斯大林在《和宣传鼓动部会议的参加者的谈话》中，在回答"租让制在扩大工业方面预料会有什么实际的效果？"这一问题时，他说："列宁早就说过，租让制在我们这里并没有实现成。我们现在有可能根据所掌握的新材料来证实列宁的这个说法。我们现在可以十分有把握地说，租让制在我国是没有前途的。事实上，租让工业在我国整个工业生产体系中的比重是微不足道的，而且这种比重有变为零的趋势。"② 斯大林提出的通过发展社会主义经济特别是社会主义工业，向社会主义过渡的设想，是有其合理性的。斯大林在苏联国内经济结构发生极大变化，国家资本主义没有得到什么发展的形势下，提出通过发展社会主义经济特别是社会主义工业向社会主义过渡的发展道路，这是导致新经济政策被停止的一个原因。

而且，苏维埃政权在实行新经济政策后，政策放宽，在社会发展中，不是说苏维埃政权要求它怎么样，它就会怎么样。苏维埃国家在实

---

① 《列宁选集》第 4 卷，人民出版社 1995 年版，第 723—724 页。
② 《斯大林全集》第 7 卷，人民出版社 1958 年版，第 199 页。

行新经济政策的过程中遇到的问题是复杂的，如何因势利导利用积极因素来巩固新政权，这是一个非常重要的现实问题。党内对此存在尖锐分歧。中国自改革开放以来，学术界围绕新经济政策进行了广泛的研究，揭示了新经济政策的历史地位和现实意义。但是在研究中在一些问题上存在明显的薄弱之处。苏联实施新经济政策后，国内政治经济状况发生了哪些变化？新生的资本主义因素到底在国民经济中处于什么地位，是否已经威胁到了苏维埃政权？对于这些问题，当年托洛茨基和布哈林曾有过激烈的争论，到今天依然有着截然不同的看法。关于这一问题还需要更加深入的研究。

第三章　斯大林的工业化理论与实践

苏联脱胎于贫困落后的农业大国，国内生产力落后，农业仍是主导产业且处于小生产状态。它从沙俄继承下来的经济遗产是十分落后的，经过战争的破坏，财力、物力都非常匮乏。在这种情况下，防御帝国主义随时可能发起的侵略战争的备战需要，也为了使苏联人民从根本上摆脱贫困，同时也为了巩固无产阶级政权，捍卫国家独立，年轻的苏维埃政权必须迅速发展国家工业，这不仅是非常迫切的经济任务，而且也是生死攸关的政治任务。斯大林选择优先发展以重工业为核心的工业化战略、建立独立工业基础的发展道路，亦在情理之中。历史的发展也证明这一发展战略对苏联生死攸关。

一　社会主义工业化战略的提出

1925 年 12 月，联共（布）召开第十四次代表大会作出了一个重要的决策，即确认国民经济的恢复期基本结束，从 1926 年开始国家将进入"直接工业化"的时期，大会批准了党在实现国家的社会主义工业化方面的总方针。斯大林在这次代表大会上的报告中明确指出："把我国从农业国变成能自力生产必需的装备的工业国，——这就是我们总路线的实质和基础。"[①] 一般认为，斯大林时期工业化的全面开展始于 1928 年，即第一个五年计划，而工业化时期的结束，则是在第三个五年计划。这次代表大会召开之时，虽然仍处在新经济政策时期，但实际上是一个重大的经济发展战略的转变，意味着以往以农业发展为基本出发点的经济路线转变为以重工业为中心的工业化发展路线。它反映了斯

---

① 《斯大林全集》第 7 卷，人民出版社 1958 年版，第 294 页。

大林急于建立强大的工业基础的愿望和决心。

第一，一国建设社会主义国际环境下的产物。

资本主义包围的国际环境，敌强我弱的力量对比，资本主义复辟的威胁都使斯大林感到忧虑，担心在有限的"喘息"时期内来不及建成社会主义。斯大林认为苏联必须在下次严重的武装干涉之前建立起强大的社会主义经济，这是决定苏联生死存亡的最大问题。后来的历史发展已经证实，他的这一判断是准确的。

第一次世界大战后建立起来的凡尔赛—华盛顿体系曾给资本主义世界带来暂时的局部稳定局面。但随着新的经济危机的到来，凡尔赛体系迅速走向瓦解，帝国主义之间的矛盾开始尖锐起来，苏联与帝国主义两个体系之间的斗争也越来越复杂起来。从 1924 年起，德国经济逐步恢复，并以大大超过英国的速度增长，到 20 世纪 20 年代末，德国工业再次超过英国、法国，仅次于美国而居资本主义世界第二位。德国急于改变现存世界秩序。1925 年底签订的《洛迦诺公约》中，国际帝国主义没有对德国东部边界作出保证，波兰和捷克斯洛伐克可能成为将来德国进攻苏联的走廊，这实际上是对德国向东扩张的鼓励。不久，15 个欧美国家发起签署了《非战协定》，它们没有邀请苏联参加谈判和签字，后来在苏联的争取下才不得不邀请苏联参加。斯大林揭露了帝国主义的虚伪，他说，从欧洲的历史不难看出，在缔结包含有未来战争的因素的条约的时候，总是听到关于和平的叫嚷。在这样的时候，总是有伪善的和平歌手出现。"这就是极端虚伪的典型的资产阶级外交，他们竭力用关于和平的叫嚷和歌唱来掩盖准备新战争的活动。"[1] 20 年代后期国际关系中发生的一系列事件也表明了国际局势的日益紧张，从 1926 年起，苏联同法国、英国和意大利的关系已明显地恶化，而对国际形势判断得过于严峻，又加剧了斯大林的紧迫感。在 1925 年，斯大林就曾指出战争的形势正在日益成熟，1927 年英苏断交后，斯大林认为新的帝国主义战争日益逼近了。

斯大林指出，欧洲在凡尔赛和约缔结以后已经分裂成两个阵营——战败国阵营（德国、奥国及其他国家）和战胜国阵营（协约国加上美国）。《洛迦诺公约》表面上仿佛消除了战胜国和战败国之间的一切矛

---

[1] 《斯大林全集》第 7 卷，人民出版社 1958 年版，第 229 页。

盾，但是实际上并没有消除任何矛盾，而只是使这些矛盾尖锐化。洛迦诺公约不过是凡尔赛和约的继续，它是为新战争配置力量的计划，而不是为和平配置力量的计划。斯大林认为日益向前发展的德国不会容忍这种情况，即维持德国是战败国而协约国是战胜国这样的现状。斯大林指出："英国保守党人既想用保持'现状'的办法来对付德国，又想利用德国来对付苏联。他们不是太贪得无厌了吗？"① 种种现实一再显示出苏联处在极不安定的国际环境之中。

斯大林还严厉揭露了道威斯计划的险恶，道威斯计划规定德国应当靠剥削俄国市场来为欧洲榨取金钱，苏联坚决反对这个计划在没有俄国这个主人参加的情况下作出的决定。斯大林表示，"我们决不愿意变成受其他任何国家（其中包括德国）支配的农业国。我们自己要生产机器和其他生产资料。所以，指望我们会同意把我们的祖国变成受德国支配的农业国，那就是指望在没有主人参加的情况下处理问题。在这方面，道威斯计划是毫无根基的。"②

在第一个五年计划期间，1931 年底，日本帝国主义力图在中国和远东建立自己的统治，不经宣战就把军队开入东北地区。在占领东北的同时日本军队集结在苏联边境，并动员白卫间谍匪徒进行反苏战争，其目的是侵占苏联的远东和西伯利亚。苏联为了加强国防力量，立即改组了一批工厂来制造现代化国防武器。这影响了五年计划的完成。严峻的国际环境决定了应对战争的需要成了苏联国民经济发展的重要指导思想，在制订各种计划和政策时着重考虑的是要建立独立的国防工业，增强国防力量。苏联作为社会主义国家不能在经济上长期处于落后状态之下，落后就是危险，危险性在于，孤立的苏维埃社会主义随时都有可能在资本主义世界的经济优势和军事进攻面前归于毁灭。因此，苏联必须尽快实现工业化，赶上与发达国家 50 年至 100 年的差距，以对付新的帝国主义战争的威胁。斯大林这样说："假如我们不是唯一的无产阶级专政的国家，而是无产阶级专政的国家之一，假如不仅在我国，而且在其他比较先进的国家，比如说在德国和法国，也建立了无产阶级专政，

---

① 《斯大林全集》第 7 卷，人民出版社 1958 年版，第 227 页。

② 《斯大林全集》第 7 卷，人民出版社 1958 年版，第 226 页。

那么高速度发展工业的问题就不会这样迫切了。"① 他还进一步指出，"如果撇开外部和内部的环境抽象地来讲，我们当然可以用比较缓慢的速度进行工作。但是问题在于：第一，不能撇开外部和内部的环境；第二，如果从我们周围的环境出发，那就不能不承认，正是这个环境迫使我们要高速度发展我国工业。"② 总之，斯大林的认识就是，处在资本主义包围情况下，要保卫国家的独立，而不为国防建立足够的工业基础，就不可能保卫住国家的独立，不使工业具有高度的技术，就不可能建立这样的工业基础。

第二，苏联现实国情的迫切要求。

斯大林对苏维埃政权面临的迫切任务的认识是清醒的，必须要消灭国家技术和经济的落后性。在 1935 年，斯大林回顾历史时这样说道："当时，问题这样摆着：或者是我们在最短期间解决这个任务并在我国把社会主义巩固起来；或者是我们不能解决这个任务，那时我们这个技术薄弱和文化落后的国家就会丧失自己的独立，而变成帝国主义列强的玩物。"③

斯大林实行工业化的目的不仅是出于备战，也是为了改变旧俄国社会经济落后面貌。"我国农业、农业技术和农业文化过分落后。我指的是小商品生产者及其分散而十分落后的生产在我国还占绝对优势，和这种生产比较起来，我国社会主义大工业就象大海中的一个孤岛，虽然这个岛的基础在一天天扩大，但它仍然是大海中的一个孤岛。"④ "我们建立了无产阶级专政，从而在政治方面赶上并超过了先进的资本主义国家。但是这还不够。我们应当利用无产阶级专政，利用我们的社会主义化的工业、运输业、信用系统等等，利用合作社、集体农庄和国营农场等等，以便在经济方面也赶上并超过先进的资本主义国家。"⑤ 斯大林一再指出工业化的目的是力求在较短的历史时期内，赶上然后并超过各先进资本主义国家的工业水平。

在苏联这样一个经济技术落后的国家，迅速提高生产力水平是一项

①《斯大林选集》下卷，人民出版社 1979 年版，第 80 页。
②《斯大林选集》下卷，人民出版社 1979 年版，第 77 页。
③《斯大林文集（1934—1952）》，人民出版社 1985 年版，第 42 页。
④《斯大林选集》下卷，人民出版社 1979 年版，第 81 页。
⑤《斯大林选集》下卷，人民出版社 1979 年版，第 80 页。

刻不容缓的任务。苏联从沙皇时代继承下来的是一个经济技术非常落后的国家，第一次世界大战前的 1913 年，俄国工业产量占世界工业产量的 2.6%。俄国工业产量只是法国的 1/2.5，英国的 1/4.5，德国的 1/5.9，美国的 1/14。在机器制造工业方面，俄国落后的程度更大，俄国生产的机器只及德国的 1/40，美国的 1/33。落后的现实，使人民迫切期望改变落后状态，迫切期盼经济高速度增长；而国内生产力落后，农业仍是主导产业，且处于小生产状态，发展工业的财力、物力又极其有限。斯大林清醒地认识到，作为社会主义和苏维埃政权的基础的工业技术的过分落后的状况下，社会主义根本无法取得最终的胜利。

　　1926 年 4 月 13 日，斯大林在《关于苏联经济状况和党的政策》的报告中提出："我国在经济发展上已进入新经济政策的新时期，进入直接工业化的时期。"[①] 在新经济政策的第一个时期，由于要在经济破坏的情况下扩展工业，首先必须给工业创造某些市场、原料的和粮食的前提。在空地上发展工业是不可能的，如果国内没有原料，如果没有粮食供给工人，如果没有稍微发达的农业作为我国工业的基本市场，要发展工业是不可能的。因此，列宁说，要建立经济的社会主义基础，要建设工业，就应当从农业开始。当时，这一政策受到许多反对派，特别是"工人反对派"的反对，他们认为，党叫工人党，而它发展经济却从农业开始，这怎样理解呢？但是，这一时期的经济发展表明了党是正确的。而到了新经济政策已经实行了五年的 1926 年，斯大林认为已经进入了新经济政策的第二个时期，重心已转移到工业方面了。如果不及时供给农业机器、拖拉机和工业品等等，农业本身就不能进展。斯大林认为，在这时，工业化任务具有特别迫切的性质，其原因之一就是：由于经济有了一定的发展，在城乡对工业品的需求和工业对这些产品的供给之间就形成了不相适应的现象，对工业品的需求比工业本身增长得更快，存在商品不足。迅速发展工业化是消灭这种不适应和商品不足的最可靠手段。新的基本任务就是加快工业发展速度，利用现有资源全力推进工业，从而加速整个经济的发展。

　　第三，党内关于不同发展战略的争论及选择。

　　当时苏联国内对于如何发展有两条路线，一条路线的出发点是认为

---

① 《斯大林选集》上卷，人民出版社 1979 年版，第 459—460 页。

苏联应该在长期内保留为一个农业国，应该输出农产品而输入设备，并且应该坚持这条道路。这条路线实际上是要求收缩工业。另一条路线，是使苏联发展成为经济上独立自主而依靠国内市场的国家，成为能把其他一切逐渐脱离资本主义而进入社会主义经济轨道的国家吸引到自己方面来的基地。这条路线要求最大限度地扩展工业。斯大林指出，第一条不是苏联的建设路线，第二条才是苏联的建设路线，是布尔什维克党现在遵循的并且今后还要遵循的路线。只要资本主义包围还存在，这条路线就是必须的。离开这条路线就是放弃社会主义建设任务，就是主张苏联的道威斯化。

对于斯大林的计划，当时党内也是有不同意见的，一些同志有顾虑，提出了批评、消极抵抗，甚至还发生了党内暴动。他们说："你们的工业化、集体化、机器、钢铁工业、拖拉机、联合收割机和汽车，对我们有什么用处呢？倒不如多给一些布匹，多买一些生产日用品的原料，多给人们一些美化日常生活的零星物件更好些。要在我国落后的情形下建立工业，而且是头等的工业，这是危险的幻想。"[1] 对此，斯大林指出，"我们当时也可以把我们厉行节约获得的、花在建立我国工业上的30亿外汇卢布，拿去进口原料，增加日用品的生产。这也是一种'计划'。可是，如果我们采用了这种'计划'，我们就不会有冶金业，就不会有机器制造业，就不会有拖拉机和汽车、飞机和坦克了。我们在外来敌人面前就会成为手无寸铁的人。我们就会破坏我国社会主义的基础。我们就会成为国内外资产阶级的俘虏。"[2]

也有同志认为工业化建成了很多新工厂等，也很好的，但是，如果放弃工业化政策，放弃扩大生产资料生产的政策，或者至少把这件事情放在末位，而多生产一些布匹、鞋子、衣服和其他各种日用品，那就好得多了。斯大林承认日用品生产的不够造成了相当的困难，但是斯大林认为，要考虑到把工业化任务放在末位的政策会面临什么结果，"那时我们就会没有拖拉机工业，也没有汽车工业，就会没有比较巨大的钢铁工业，就会没有金属来制造机器，因而就会在用新技术武装起来的资本

---

① 《斯大林文集（1934—1952）》，人民出版社1985年版，第43页。
② 《斯大林文集（1934—1952）》，人民出版社1985年版，第43—44页。

主义包围面前处于手无寸铁的状况。"① 而且，还会由于没有各种农业机器供给农业而挨饿，也不可能战胜国内资本主义分子，而大大增加资本主义复辟的机会。

斯大林认为，这两个计划，一个是退却的计划，是要使社会主义遭受失败；另一个是进攻的计划，是要使社会主义获得胜利的计划。反对进攻的计划的同志们，"只看到自己鼻子底下的一点东西，却根本不愿看见我国最近的将来，不愿看见我国社会主义的将来。"② "自重的政府，自重的党是不能采取这种会招致灭亡的观点的。"③ 如果没有工业的发展，而将一部分资金发展轻工业，"那时我们就不会有一切现代化国防武器，而没有这些武器就不能保持国家的独立，国家就会变成外敌用武的对象。那时我们的地位就会和目前中国所处的地位多少相似：中国没有自己的重工业，没有自己的军事工业，现在只要谁高兴，谁都可以蹂躏它。"④ 斯大林认为，那时面临的将是军事干涉，会是战争而不是互不侵犯公约。在斯大林看来，实现工业化的最紧迫的意义，是能为苏联国家的安全提供必需的物质保障。斯大林对国际形势的判断促使他加速社会主义建设，放弃如布哈林所描述的"乌龟速度"。在资本主义包围的一国社会主义现实下，社会主义工业化的发展战略符合当时的特定现实。斯大林并没有多少和平的建设时间，回顾当时的历史，可以看到苏联走斯大林提出的以重工业为核心的工业化发展战略的历史必然性和必要性。

二　社会主义工业化的基本任务

联共（布）第十四次代表大会确立了社会主义工业化的方针。斯大林号召全党全国人民开足马力沿着社会主义工业化的道路前进，把苏联变成"金属的国家，汽车化的国家，拖拉机化的国家。"把"俄罗西"的落后扔在后面。社会主义工业化主要要完成六项基本任务：

第一，"要把我们这个具有落后的往往是中世纪的技术的国家引上

---

① 《斯大林全集》第 13 卷，人民出版社 1956 年版，第 166 页。
② 《斯大林文集（1934—1952）》，人民出版社 1985 年版，第 44 页。
③ 《斯大林全集》第 13 卷，人民出版社 1956 年版，第 167 页。
④ 《斯大林全集》第 13 卷，人民出版社 1956 年版，第 167 页。

现代新技术的轨道"①。

第二，"要把我们苏联由一个任凭资本主义国家摆布的软弱的农业国家变为不受世界资本主义摆布而完全独立的强盛的工业国家"②。

第三，"要在把苏联变为工业国家的同时彻底排挤资本主义分子，扩大社会主义经济形式的战线，建立起在苏联消灭阶级和建成社会主义社会的经济基础"③。

第四，"要在我国创立一种不仅能把全部工业而且能把运输业和农业都按社会主义原则进行改造和改组的工业"④。

第五，"要把分散的小农业引上大规模集体经济的轨道，从而保证社会主义在农村中的经济基础，并以此消灭资本主义在苏联恢复的可能性"⑤。

第六，"要在国内创造一切技术上和经济上的必要前提来最大限度地提高国防力量，从而能够彻底打退所有一切外来的军事干涉的企图，彻底打退所有一切外来的武装侵犯的企图"⑥。

为了完成这些基本任务需要做到以下方面：

第一，必须消灭那种使苏联处于难堪的地位的技术和经济的落后性，必须在苏联创造一种使苏联在技术和经济方面不仅能够赶上而且过一个时候能够超过先进资本主义国家的前提。

第二，苏维埃政权不能长久地建立在落后的工业的基础上，只有不仅不逊于而且过一个时候能够超过资本主义各国工业的现代大工业才能成为苏维埃政权的真正的和可靠的基础。

第三，苏维埃政权不能长久建立在两个对立的基础上，建立在消灭资本主义分子的社会主义大工业上和产生资本主义分子的个体小农经济上。

第四，当农业还没有建立起大生产基础的时候，当小农经济还没有联合为大规模集体经济的时候，资本主义在苏联恢复的危险是一切可能

---

① 《斯大林全集》第 13 卷，人民出版社 1956 年版，第 157 页。
② 《斯大林全集》第 13 卷，人民出版社 1956 年版，第 157 页。
③ 《斯大林全集》第 13 卷，人民出版社 1956 年版，第 158 页。
④ 《斯大林全集》第 13 卷，人民出版社 1956 年版，第 158 页。
⑤ 《斯大林全集》第 13 卷，人民出版社 1956 年版，第 158 页。
⑥ 《斯大林全集》第 13 卷，人民出版社 1956 年版，第 158 页。

有的危险中最现实的危险。

斯大林指出，工业化基本任务的提出也是以列宁的思想为指导的。列宁说："革命所已经做到的，是俄国按其政治制度来说，在几个月以内就赶上先进国家了。可是这还不够。战争是铁面无情的，它用毫不容情的严厉方式提出问题：或是灭亡，或是在经济方面也赶上并超过各先进国家……或是灭亡，或是开足马力向前猛进。历史就是这样提出问题的。"列宁说："当我们还生活在小农国家的时候，资本主义在俄国比共产主义有更稳固的经济基础。这是必须记住的。凡细心考察过农村生活，而把它和城市生活做过比较的人，都知道我们还没有挖除资本主义的根底，还没有摧毁国内敌人的根基和基础。国内敌人是依靠小经济的，我们要摧毁这个敌人只有一个方法，就是把包括农业在内的全国经济转到新的技术基础上去，转到现代化大生产的技术基础上去……只有国家实现了电气化，只有为工业、农业和运输业建立起现代化大工业的技术基础的时候，我们才能得到最后的胜利。"① 因此，斯大林提出，"必须赶上并超过发达的资本主义国家的先进技术。我们在建立新的政治制度即苏维埃制度方面已经赶上并超过了先进的资本主义国家。这是很好的。但是这还不够。为了在我国取得社会主义的最终胜利，还必须在技术和经济方面赶上并超过这些国家。或者我们达到这个目的，或者我们被压倒。"②

社会主义是比资本主义发展阶段更高的社会，本质上要求具有更高的劳动生产率和更加富裕，只有这样才能体现出社会主义制度的优越性。斯大林认为："社会主义只有在社会生产力蓬勃发展的基础上，在产品和商品十分丰富的基础上，在劳动者生活富裕的基础上，在文化水平急速提高的基础上才能建成。"③ 发达的生产力是社会主义优越性的集中体现，是确保社会主义战胜资本主义的关键因素。斯大林分析说："为什么资本主义打破和战胜了封建制度呢？因为它创造了更高的劳动生产率，它使社会有可能得到比在封建制度下多得多的产品。因为它使社会更加富足了。为什么社会主义能够、应当而且一定会战胜资本主义

---

① 转引自《斯大林全集》第 13 卷，人民出版社 1956 年版，第 159 页。
② 《斯大林选集》下卷，人民出版社 1979 年版，第 78 页。
③ 《斯大林选集》下卷，人民出版社 1979 年版，第 339 页。

经济制度呢？因为它能比资本主义经济制度创造出更高的劳动典范，更高的劳动生产率。因为它能比资本主义经济制度给予社会更多的产品，使社会更加富足起来。"①

三　工业化的主要内容和基本特征

斯大林有关工业化的论述很多，其中最具有代表性的是 1946 年他《在莫斯科市斯大林选区选举前的选民大会上的演说》中，总结苏联工业化经验时讲的一段话，他在这篇演说中讲道："苏维埃的国家工业化方法，与资本主义的工业化方法根本不同。在资本主义国家，工业化通常都是从轻工业开始。由于轻工业同重工业比较起来，需要的投资少，资本周转快，获得利润也较容易，所以在那里，轻工业成了工业化的头一个对象。只有经过一个长时期，轻工业积累了利润并把这些利润集中于银行，这才轮到重工业，积累才开始逐渐转到重工业中去，造成重工业发展的条件。但这是一个需要数十年之久的长期过程，在这一时期内只得等待轻工业发展并在没有重工业的情形下勉强凑合着。共产党当然不能走这条道路。党知道战争日益逼近，没有重工业就无法保卫国家，所以必须赶快着手发展重工业，如果这件事做迟了，那就要失败。党记住了列宁的话：没有重工业，便无法保持国家的独立；没有重工业，苏维埃制度就会灭亡。因此我国共产党也就拒绝了'通常的'工业化道路，而从发展重工业开始来实行国家工业化。这件事是非常困难的，但是，是可以克服的。在这方面，工业国有化和银行国有化大大帮助了我们，使我们能够迅速聚集资金，把它转用到重工业方面去。毫无疑问，如果不这样做，就无法在这样短的期间把我国变成工业国。"② 概括来讲，斯大林的工业化有这样一些特点。

其一，以重工业为中心。

斯大林在谈到苏联工业化时一再表示：不是发展任何一种工业都算做工业化。工业化的中心，工业化的基础，——就是发展重工业（燃料、金属等等），归根到底，就是发展生产资料的生产，发展本国的机

① 《斯大林选集》下卷，人民出版社 1979 年版，第 375 页。
② 《斯大林选集》下卷，人民出版社 1979 年版，第 496 页。

器制造业。并且强调发展生产工具和生产资料的生产的速度要比发展轻工业的速度快些，不能而且也不应该缩小重工业来极力发展轻工业。斯大林认为，"五年计划的基本环节就是重工业及其心脏——机器制造业。因为只有重工业才能改造并振兴全部工业、运输业和农业。实现五年计划必须从重工业着手。因此，必须把恢复重工业当做实现五年计划的基础。"①

为什么要以重工业为中心呢？斯大林分析了苏联为什么要选择重工业开始工业化这条比较艰苦道路的原因。一是从内部发展方面看，全部工业的基本动力是金属工业。金属工业的发展是全部工业发展的基础，是整个国民经济发展的基础。没有金属工业的蓬勃发展，轻工业、运输业、燃料工业、电气化或是农业就都不能立足。二是为了争时间、抢速度，赶在未来的战争之前实现社会主义工业化，保卫世界上唯一的社会主义国家的人民的长远的根本的利益。

斯大林认为机器制造业是整个工业的"神经中枢"，是重工业的"心脏"，是改造整个国民经济的"基本杠杆"和"钥匙"。斯大林在谈到农业的出路在哪里这个问题时依然表达了以重工业为核心的思路："农业的出路在哪里呢？也许在于放慢我国一般工业特别是我们国有化工业的发展速度吧？决不能这样做！这是一种极反动的、反无产阶级的空想。国有化工业应当而且一定要加速发展。这是我们走向社会主义的保证。这是最后使农业本身工业化的保证。"② 迅速发展工业是改造农业的钥匙，不加速发展工业就不能以机器和拖拉机供给农村。只有机器制造业在工业中占主要地位的时候，才能在新技术基础上改造一切工业部门，才能改造运输业和一切农业部门。他把金属工业特别是钢铁工业看作是全部工业和整个国民经济发展的基础，认为如果没有金属工业主要是钢铁工业的蓬勃发展，整个工业特别是机器制造业就无法立足和发展，运输业和农业也无法立足和发展。同时，斯大林指出，这也是遵照列宁的指示："要挽救俄国，单靠农民经济丰收还不够，而且单靠供给农民消费品的轻工业情况良好也还不够，我们还要有重工业……不挽救重工业，不把它恢复起来，我们就不能建成任何工业，而没有工业，我

们就会灭亡而不成其为独立的国家……重工业是需要国家补助的。如果我们找不到这种补助，那我们就会灭亡而不成为其为文明的国家，更不必说成为社会主义国家了。"①

斯大林认为从重工业开始工业化是一条比较艰苦的工业化道路，这在客观上承认了从重工业开始工业化会使农业、轻工业以及人民生活产生暂时的困难；但斯大林认为这个暂时的困难，是服从于社会主义国家的长远的根本利益的。他同时坚信由于社会主义制度的存在，从重工业开始工业化带来的某些暂时困难终究可以被克服。斯大林也承认过轻工业对重工业发展的促进作用。1931 年 6 月他在一次经济工作人员会议的演说中，分析已投入工业化的几百亿卢布资金的来源是轻工业时指出："轻工业是一个极丰富的积累来源，而且它现在也有继续发展的一切可能"②，但是，为了工业化必须作出牺牲，在各方面厉行节约，节约饮食，节约教育经费，节约布匹，以便积累建立工业所必需的资金。

其二，追求高速度。

斯大林一再强调工业化建设必须是高速度的，国家必须尽最大可能对重工业进行投入，以尽快改变经济技术的落后面貌，在经济上赶上和超过先进资本主义国家。社会主义经济建设一定要展开真正的布尔什维克的速度。速度问题在当时条件下关系到工业化的成败和第一个社会主义国家的安全，这是与当时苏联的国际环境等一系列非经济因素密切相关的。把经济发展战略的确定及各种方案的选择仅仅放到纯粹经济学的领域或单纯组织技术方面，是绝对不够的，必须把社会政治因素和国际环境等因素考虑进来。斯大林还从国际角度阐述了高速度发展的重要意义。他认为，对苏联工人和农民所负的义务要求苏维埃政权这样做。苏维埃政权对全世界工人阶级所负的义务也要求苏维埃政权这样做。

斯大林在 20 年代后期多次提出或者是灭亡，或者是加快速度发展自己，他从国家生死存亡的高度强调发展速度的重要性。当时苏联社会主义建设的国际环境使党和人民产生了加快发展的紧迫感和危机感。苏联一国处在资本主义包围中搞建设，时刻有一种落后就要挨打的压力感。保卫国家存在和独立的责任感、使命感，使斯大林把发展速度看作

---

① 《斯大林全集》第 13 卷，人民出版社 1956 年版，第 160 页。

② 《斯大林全集》第 13 卷，人民出版社 1956 年版，第 68 页。

是对国家生死攸关的大事。

1928 年 11 月，斯大林在联共（布）中央全会上就曾专门谈到速度问题。他指出高速度发展整个工业特别是发展生产资料的生产，是国家工业化的主要基础和关键，是在社会主义发展的基础上改造我国整个国民经济的主要基础和关键。"那些胡说必须减低我国工业发展速度的人，是社会主义的敌人，是我们阶级敌人的代理人。"① 在当时，从领导层到群众很多人都怀有加快发展的速胜心理。大家都希望利用新政权尽快创造出高于资本主义国家的发展速度，巩固社会主义制度，甩掉落后帽子。在这一时期，党的领导人尽管在一些理论问题和具体经济政策上有分歧，但大多支持加快发展大工业，把这看作是发挥社会主义优越性，维护国家独立的关键。

当时苏联国家计委制订的"一五"计划提出两种工业发展速度的方案：初步方案规定的工业发展各年增长率是：1928 年 21.4%，1929 年 18.8%，1930 年 17.5%，1931 年 18.1%，1932 年 17.4%；最佳方案规定的各年增长速度相应为：21.4%、21.5%、22.1%、23.8% 和 25.2%。联共（布）举行的专门讨论"一五"计划草案的第十六次代表会议最终通过了高指标方案的五年计划文本。"二五"计划工业年均增长率规定为 16.5%，并从一开始就提出"五年计划四年完成"，1939 年 3 月在讨论第三个五年计划的联共（布）第十八次代表大会上，斯大林在总结报告中继续坚持"向共产主义前进"的口号，并提出苏联的基本任务是要在 10—15 年内在按人均计算的产量方面赶上或超过主要的资本主义国家。工业年均增长速度规定为 14%。同时，斯大林在总结第一个五年计划时也指出，第二个五年计划就没有必要再实行最高速度的政策了。因为，第一个五年计划完成后，一是已经基本上完成了为工业、运输业和农业建立现代新技术基础的任务了。二是已经把国防力量提高到应有的高度了。三是已经建成了几十几百的、拥有复杂的新技术的大工厂和联合厂了，因此，面临的任务是提高工人和工程技术人员的熟练程度，来获得充分利用新技术的新技能了。第二个五年计划工业产值必须先采取较慢的增长速度。第一个五年计划时期，工业产值平均每年增长 22%。第二个五年计划时期工业产值平均每年至少必须增长

_____

① 《斯大林全集》第 12 卷，人民出版社 1954 年版，第 240 页。

13%—14%就可以了。在这个时期要认真提高劳动生产率，认真降低成本。

其三，依赖农业。

斯大林指出，苏联的工业是以国内市场为基础的。这很像美国，而不同于英国。但比起美国来，苏联工业将在更大的程度上依靠国内市场，首先是依靠农民市场。这就是工业和农民经济结合的基础。斯大林认为，工业化可以为改造落后的小农经济提供必需的技术装备，这是工农业结合，是建成社会主义的关键。"社会主义社会是工业和农业工作人员的生产消费组合。如果在这个组合中，工业与供给原料、食物并且消耗工业品的农业不协调，如果工业与农业因此不能组成一个统一的国民经济的整体，那就根本不会有社会主义。"①

斯大林提出，靠本国节约来发展工业的道路，即社会主义积累的道路，是苏联工业化唯一的道路。其源泉主要是两个：一个是工人阶级为国家创造的价值；另一个是农民向国家缴纳的直接税、间接税和工农业产品价格的剪刀差。这两个源泉通过各种渠道集中到国家手中，国家通过预算为整个国民经济，尤其为工业的进一步发展积累资金。为了给工业化提供更多的资金，长期保留了工农业产品价格"剪刀差"。这实际上是农民在向国家缴纳直接税之外还要缴纳一种超额或额外税。1928年在党中央全会上提出了"贡税论"。斯大林提出："农民不仅向国家缴纳一般的税，即直接税和间接税，而且他们在购买工业品时还要因为价格较高而多付一些钱，这是第一；而在出卖农产品时多少要少得一些钱，这是第二。这是为了发展为全国（包括农民在内）服务的工业而向农民征收的一种额外税。这是一种类似'贡税'的东西，是一种类似超额税的东西；"② 这一"贡税论"实际上就是实行工农业产品的"剪刀差"政策。后来在中央政治局和中央监察委员会主席团联席会议上通过了关于"剪刀差"的决议，重申必须在工农业产品的价格上实行"剪刀差"政策。斯大林强调指出，在一定时期内还不能立刻消除工农业产品价格剪刀差，否则就会阻碍国家工业化，打击整个国民经济。他认为，这对农民虽然是一种经济负担，但却是能够忍受的负担。

---

① 《斯大林全集》第7卷，人民出版社1958年版，第167页。

② 《斯大林全集》第11卷，人民出版社1955年版，第139—140页。

在斯大林看来，苏联的社会主义建设，必须保持工人阶级对农民阶级的领导，这样才有可能用厉行节约的办法把任何一点积蓄都保存起来，积累为供给国家工业化所必需的资金，以发展大机器工业，发展电气化，发展水利机械化，泥炭开采业，完成水电站建筑工程等。

其四，坚持计划性。

苏联在工业化开始后，加强对经济的计划领导，以指令性计划来管理经济。工业管理体制朝着加强计划性、部门原则方向发展。从1930年"一五"计划第三个年度计划开始，随着工业化的推行，苏联国民经济年度计划不再是一些控制数字，而是成为国民经济各部门和各地区必须执行的国家计划。斯大林在评价实施第一个五年计划的意义时指出，不要以为美国和德国的经济机关也是有计划地领导国民经济的，这是有原则性的差别的。"固然，它们那里也有某种类似计划的东西。但这是一种臆测的计划，想当然的计划，这种计划谁也不必执行，根据这种计划是不能领导全国经济的。我们这里就不同了。我们的计划不是臆测的计划，不是想当然的计划，而是指令性的计划，这种计划各领导机关必须执行，这种计划能决定我国经济在全国范围内将来发展的方向。"[1] 在斯大林看来，只有在社会主义条件下才能实行计划经济，资本主义国家做不到。"只要那里的资本主义制度还存在，它们就不能做到这一点。要做到有计划地领导，必须具备另一种工业体系，即社会主义的而非资本主义的工业体系，至少必须具备国有化的工业、国有化的信贷系统、国有化的土地、同农村的社会主义的结合、工人阶级掌握的国家政权等等。"[2]

其五，坚持独立性。

在资本主义包围的情况下，如果没有外来贷款是否可能发展苏维埃的大工业呢？斯大林的回答是坚定的：是的，有可能。斯大林一再表示：工业化是维护苏联经济独立的基本方法，没有工业化，国家就有变成世界资本主义体系的附属品的危险。

关于工业化的方法和道路，斯大林是这样概括的："历史上有过各种不同的工业化方法。英国的工业化是靠数十年数百年掠夺殖民地，在

---

[1] 《斯大林全集》第10卷，人民出版社1954年版，第280页。

[2] 《斯大林全集》第10卷，人民出版社1954年版，第280页。

那里收集'追加的'资本，把它们投入本国的工业并加快自己工业化的速度来实现的。这是一种工业化方法。德国由于十九世纪七十年代对法战争的胜利而加速了自己的工业化。当时德国向法国人索取了五十亿法郎的赔款，把这笔赔款投入自己的工业。这是第二种工业化方法。……俄国，旧的俄国，在受奴役的条件下出让经营权，在受奴役的条件下获得贷款，它竭力用这种方法逐步爬上工业化的道路。这是第三种方法。……还有第四条工业化的道路，靠本国节约来发展工业的道路，即社会主义积累的道路。列宁同志屡次指出这条道路是我国工业化唯一的道路。"①

苏联的工业化具有独特性。"世界上从来没有一个大而落后的农业国不掠夺殖民地，不掠夺其他国家，或者不从外国取得大量借款和长期信用贷款，就能变成工业国的。你们回想一下英国、德国、美国的工业发展史，就会知道情形确实是这样的。甚至资本主义国家中最强大的美国，在内战以后也不得不费了整整三四十年的工夫，靠着外国的借款和长期信用贷款以及对邻近国家和岛屿的掠夺，才把自己的工业建立起来。我们能否走这条'可靠的'道路呢？不，不能，因为苏维埃政权的性质绝不容许掠夺殖民地，同时要获得大量借款和长期信用贷款又没有指望。"② 英国、德国、美国的重工业或者是靠巨额借款，或者是靠掠夺其他国家，或者是靠同时采取这两种办法建成的。但是，这些道路对苏联是行不通的。苏联只能依靠自己的力量，"它所指靠的是：我们既有苏维埃政权，又以土地、工业、运输业、银行和商业的国有化为依据，所以能够厉行节约以积累恢复和发展重工业所必需的充足的资金。党直截了当地说：这件事情需要有重大的牺牲，如果我们真想达到目的，我们就应该公开和自觉地忍受这种牺牲。党指靠用我国内部的力量实现这个任务，而不要外来的奴役性的信贷和借款。"③

斯大林指出，工业化的目标是使苏联从输入机器设备的农业国变成能自己生产各种必需装备和机器的工业国，成为经济上不依赖其他国家、有独立的工业体系和国内市场的国家。当时苏联和其他资本主义国

---

① 《斯大林全集》第 8 卷，人民出版社 1954 年版，第 114—115 页。
② 《斯大林全集》第 9 卷，人民出版社 1954 年版，第 157—158 页。
③ 《斯大林全集》第 13 卷，人民出版社 1956 年版，第 161 页。

家存在较大的差距，"处于资本主义包围中的无产阶级专政的国家，如果自己国内不能出产生产工具和生产资料，如果停留在这样一个发展阶段，即不得不使国民经济受制于那些出产并输出生产工具和生产资料的资本主义发达的国家的阶段，就不可能保持经济上的独立。停留在这个阶段就等于让自己隶属于世界资本。"① 工业化的任务不仅要增加整个国民经济中工业的比重而且要在这种发展中保证受资本主义国家包围的苏联在经济上的独立，而不致变成世界资本主义的附属品。

斯大林认为，苏联必须坚持独立自主的工业化，必须最大限度地扩展工业，这是在资本主义包围情况下的必需的政策，"如果革命在德国或者法国取得胜利，或者在这两个国家内同时取得胜利，如果那里开始在更高的技术基础上进行社会主义建设，那又是一回事了。那时，我们就会从把我国变成独立的经济单位的政策，转到把我国纳入社会主义发展总轨道的政策。但是当这种情况还没有发生的时候，我们绝对必须使我国国民经济保持最低限度的独立性，否则就不能保护我国，使我国在经济上不受世界资本主义体系的支配。"② 从一个输入装备的国家变成一个生产这种装备的国家，是苏联经济独立的基本保证。"我们应该这样来建设我国的经济：使我国不致变成世界资本主义体系的附属品，使我国不致被卷入资本主义发展的总体系中去成为它的辅助企业，使我国经济不是作为世界资本主义的辅助企业发展起来，而是作为独立的经济单位发展起来，这种独立的经济单位主要是依靠国内市场，依靠我国工业和我国农民经济的结合。"③

四　社会主义工业化的伟大意义

苏联是在资本主义占优势的世界上建设社会主义的，无论是为了改变经济落后状况，还是维护自身的安全，都需要完成工业化的任务。斯大林强调，社会主义建设必须从工业化开始，实现社会主义工业化，建立强大的物质基础，才能逐步战胜资本主义经济成分，提高人民的生活

---

① 《斯大林全集》第 8 卷，人民出版社 1954 年版，第 113 页。
② 《斯大林全集》第 7 卷，人民出版社 1958 年版，第 247 页。
③ 《斯大林全集》第 7 卷，人民出版社 1958 年版，第 246 页。

水平，保证经济的独立，增强国防，有效地防止帝国主义入侵。在斯大林的领导下，苏联实现了目的："从穷苦的庄稼汉的马上跨到大机器工业的马上，——这就是党在制定五年计划和努力实现五年计划的时候所追求的目的。"① 苏联在较短时间内赶上并超过了主要资本主义国家的工业发展水平。苏联人民的物质和文化生活都有了显著改善，并为反法西斯战争的胜利奠定了物质基础。苏联工业化的伟大成就来之不易。苏联的迅速工业化，对于社会主义政权的巩固以及反法西斯战争的胜利、世界格局的变化等等，都起到了积极的作用。安娜·路易斯·斯特朗在她的《斯大林时代》一书中高度评价了苏联工业化的成就，这是符合历史事实的。

（一）苏联工业化的伟大成就

苏维埃政权的经济基础十分薄弱，建设社会主义，难度可想而知。在这种困难的形势下，斯大林提出了优先发展重工业的方针，建立起高度集中的政治经济体制，集中全国的人力、物力、财力，超高速地实现了社会主义工业化。1929—1937 年间，苏联工业以每年 20% 的平均增长速度向前发展，迅速增强了苏联的综合国力。这种发展势头与当时普遍陷入危机和萧条的资本主义国家形成了鲜明的对比，显示了社会主义巨大的优越性。第一个五年计划完成后，苏联就实现了钢铁工业、拖拉机工业、汽车工业、机床制造业、化学工业、现代农业机器制造业、航空业的从无到有，实现了电力生产、石油制品、煤炭生产的巨大发展。随着国民经济的高速增长，实现了农业生产方式的巨大进步，农业生产机械化取代手工劳动完成了工业技术改造，大规模地更新技术设备，建立起了比较完备的工业体系，打下了坚实的重工业基础。正是在重工业发展的基础上，苏联消除了国防工业技术落后的状态，国防工业的基础得到了加强。这一切就使苏联由国防准备不足的弱国变成了国防力量雄厚的强国，变成了能够随时应付一切意外事件的国家，变成了能够大量制造一切现代化国防武器并将这些武器供给自己的军队去抵御外侮的国家。

为了实现社会主义工业化的任务，苏联共产党制订了发展经济的五

---

① 《斯大林全集》第 13 卷，人民出版社 1956 年版，第 162 页。

年计划。苏联的工业化历经第一、第二和第三个五年计划,大体上花了13 年时间。从 1928 年 10 月苏联开始实行第一个五年计划,其基本任务是:在短期内建立技术改造基础——强大先进的工业,把苏联从一个农业国变成为工业国,使它成为一个经济上不依赖于资本主义世界的强大国家。在"一五"计划的宏伟任务鼓舞下,苏联人民经过忘我的艰苦奋斗,于 1933 年 1 月提前完成了"一五"计划,在这期间,苏联建成 1500 多个企业,工业产值相当于 1913 年的 234.5%,"一五"计划的完成,使苏联从一个农业国变为工业国。"一五"计划完成之后,苏联人民的生活水平得到提高。国民收入 1932 年增加到 450 亿卢布,比1928 年增加 85%。职工的全年平均工资比 1928 年增长 68%,超额完成18%。职工的社保金额 1932 年为 41.2 亿卢布,是 1928 年的 3 倍,超额 111%。1928 年苏联国民生产总值约为 315 亿美元,人均为 190 美元,1932 年增长到 573 亿美元,人均 337 美元。

从 1933 年,苏联又开始执行第二个五年计划(1933—1937 年)。"二五"计划的任务是,完成整个国民经济的改造,为一切国民经济部门建立最新的技术基础。苏联在"二五"计划中十分注重干部和技术的作用,开展了斯达汉诺夫运动,较快地提高了劳动者的文化技术水平,使劳动生产率提高了 82%,第二个五年计划用四年零三个月时间提前完成了。在"二五"计划期间,苏联总共有 4500 个大企业建成投入生产;工业总产值增长了 120%,其中重工业增长了 139%,轻工业增长了 100%,国民收入增长了 109%,人民的工资基金增加了 1.5 倍,到 1937 年,大工业总产值比 1932 年增加了 1 倍,比 1913 年增加了 7倍,大工业特别是机器制造工业的增长,使国民经济各部门获得了技术上的重新装备。苏联国家工业总产值已跃居欧洲第一位,仅次于美国而居世界第二位。这标志着苏联基本上实现了社会主义工业化。

第三个五年计划(1938—1942 年)规定要继续高速发展国民经济,坚持优先发展重工业的方针。由于德国发动对苏联的侵略战争,第三个五年计划实行三年半后被迫中断,但是,计划指标大部分完成。据统计,由于三个五年计划执行的结果,从 1917 年到 1940 年,工业已经增长 14 倍,国民总收入增长 7 倍,其中机器制造和金属加工超过 34 倍,发电量超过 24.4 倍。苏联通过三个五年计划所取得的工业化成果,为反法西斯的胜利提供了必要的物质基础。

苏联在第二次世界大战前的几个五年计划中，建立了许多大的企业。在新的大型重工业企业中占有特别重要地位的是机器制造业，其中有 1933 年投入生产的乌拉尔机器工厂、克拉马托尔斯克机器制造厂、汽车厂、拖拉机厂、飞机厂等等。特别是电站的发展更加迅速，到第二个五年计划的末期，苏联已拥有众多的新电站，光是容量达 10 万千瓦以上的电站就有 13 个。到卫国战争前夕，电站占全国固定动力设备的 73%，工作机器的电气系数在 1940 年达到 82%。此外，大工业职工人数也从原来的 380 万增加到 1940 年的 3150 万，全部工业产品的增长量，第一个五年计划为 51%，第二个五年计划为 79%。到第二个五年计划结束时，苏联的工业总产量已经跃居为世界第二位、欧洲第一位，这是相当了不起的成就，也是苏联社会主义工业化的伟大成果，有力地证明了斯大林的工业化发展战略是适应当时苏联的经济需要的，为以后的经济发展奠定了重要的基础。

社会主义工业化极大地增强了苏联的综合国力，使苏联第二次世界大战中经受住了德国法西斯的突然袭击的历史考验，并在战后迅速恢复国民经济的过程中发挥过巨大作用。1941 年 6 月 22 日，德国法西斯背信弃义，不顾苏德签订的互不侵犯条约，在横扫欧洲之后，集中优势兵力对苏联发动了闪电式的袭击，很快占领了苏联乌拉尔以西的全部领土，并向首都莫斯科逼近。这迫使苏联不得不停止和平建设，开始了伟大的反法西斯的卫国战争。卫国战争所以能取得胜利，除了国际的和其他方面的因素外，从苏联本身来讲，主要得益于这样两个条件：一是战前苏联顺利地实施了优先发展重工业的三个五年计划，它为卫国战争准备了绝对必要的物质条件；二是政治上经济上高度集中的社会主义体制，在战争中发挥了重要的作用，它使苏联实现了大规模的战时快速动员。苏联人民在斯大林和苏联共产党领导下赢得了伟大的卫国战争的胜利，为世界反法西斯战争作出了重大贡献。

二战后，高度集中的政治经济体制在促进苏联经济的恢复和发展方面起了较大的作用，很快使苏联成为能与美国抗衡的世界强国。二战给苏联造成的损失是极其惨重的，但它仅用两年时间工业生产就达到了战前水平，到 1950 年其工业总产值比战前增长了 73%，平均年增长率高达 20%—30%，农业总产值也达到了战前水平。20 世纪 50 年代初，从苏联的工农业总产值来说，在欧洲数第一，在世界上也成为仅次于美国的第二经济大国。随着经济上的飞速发展，苏联在科技文化方面也取得了举世瞩目的成就。1949 年 9 月苏联就成功地爆炸了第一颗原子弹，打破了美国的核垄断，后来又在人类历史上首先开创了宇航事业；同时在国内逐步消除文盲，加快文化教育事业的发展，大大地提高了苏联国民的文化素质。

（二）苏联工业化的国际影响

苏联的工业化具有伟大的国际意义。列宁早在苏维埃俄国结束反对武装干涉者的斗争而过渡到经济建设轨道的时期，就已经指出了苏俄经济建设的深刻的国际意义，"苏维埃政权在经济建设道路上每前进一步都会在资本主义国家各种各样的阶层中遇到深刻的反应，并把人们分成两个营垒，一个是无产阶级革命拥护者的营垒；另一个是无产阶级革命反对者的营垒。"① 在取得了反对武装干涉的伟大胜利后，苏维埃俄国将用自己的经济政策去影响国际革命。列宁认为，经济建设具有非常重大的意义，一旦解决了经济建设的任务，那苏维埃俄国就一定会最终地在国际范围内取得胜利。

社会主义工业化的提出和伟大成就震惊了世界的资产阶级。苏联的五年计划提出之初，资产阶级及其报刊报之以嘲笑，认为那是幻想、梦想、乌托邦。在五年计划实施后，看到苏联的成就，他们又硬说五年计划威胁到资本主义各国的生存，硬说五年计划的实现将使欧洲市场商品充斥，将使倾销政策加强，将使失业现象加深。随着计划的进行，各种公司、报刊、团体等等的各种各样的代表就接连不断地到苏联来了，他们想亲眼看看苏联究竟在搞些什么。同时，苏联五年计划的进行，使社会舆论、资产阶级报刊、各种资产阶级团体等开始发生分裂。一些人说五年计划已经完全破产，布尔什维克已经濒于灭亡。另一人则说，布尔什维克虽然是一些坏人，但他们的五年计划还是有办法的，他们大概会达到自己的目的。资产阶级的舆论和报刊在诋毁五年计划，如美国的《纽约时报》在 1932 年 11 月底的报纸中写道："五年工业计划抱有打破任何比例观念的目的，并且'不管代价如何'都要达到这个目的，如莫斯科所往往傲然自夸的那样。其实这并不是什么计划。这是投机的

---

① 《斯大林全集》第 13 卷，人民出版社 1956 年版，第 147 页。

把戏。"① 该报评论认为："集体化已经遭到可耻的失败。它已经使俄国濒于饥荒。"② 英国资产阶级的《每日电讯报》1932 年 11 月底的评论："如果把五年计划看做'计划经济'的试金石，那末我们就应当说它已经完全破产了。"③ 总之，当时的一些资产阶级报刊不断在说苏维埃政权的工业化和集体化都已陷入绝境，五年计划所应实现的一切任务都遭到失败的局面，不断地在咒骂布尔什维主义。

也有一些资产阶级承认："苏联不依靠外国资本而实现工业化，就是赢了第一局。""共产主义正在用极快的速度完成改造事业，而资本主义制度却只能缓步前进……法国因为地产分散于无数小私有者之间，农业机械化是无法实行的；但是苏维埃却解决了这个问题，使农业工业化了……布尔什维克在和我们比赛中成了胜利者。"④ 一些人不得不承认苏联在制造业方面和其他领域的成就是不容置疑的："五年计划的成绩是一种令人惊奇的现象。哈尔科夫和斯大林格勒的拖拉机制造厂、莫斯科的'阿模'汽车制造厂、下新城的汽车制造厂、德涅泊水电站、马格尼托哥尔斯克和库兹涅茨克的巨大的钢铁厂、正在变成苏联的鲁尔的乌拉尔的许多机器制造厂和化学工厂，——所有这些成绩以及全国工业方面的其他成绩都证明苏联工业好像灌溉得很好的植物一样，不管有什么困难，还是在日益增长，日益巩固……五年计划为苏联将来的发展奠定了基础，非常有力地加强了苏联的实力。"⑤

与资本主义集团的营垒中所发生的意见分歧和分裂不同，社会主义工业化的进行及伟大成就鼓舞和激励了世界无产阶级。他们钦佩苏维埃政权的创举和成功，拥护苏联工人阶级。每年都有很多外国工人代表团到苏联来参观，比利时工人代表团是这样评论的："我们在旅行时所看见的伟大建设使我们不胜钦佩。无论在莫斯科或在马凯叶夫卡、戈尔洛夫卡、哈尔科夫和列宁格勒，我们都可以看到人们在多么热情地工作。所有的机器都是最新式的。工厂里都很清洁，空气新鲜，光线充足。我们看到在苏联是怎样给予工人医疗卫生帮助的。工人住宅建筑在工厂附

---

① 《斯大林全集》第 13 卷，人民出版社 1956 年版，第 149 页。
② 《斯大林全集》第 13 卷，人民出版社 1956 年版，第 150 页。
③ 《斯大林全集》第 13 卷，人民出版社 1956 年版，第 150 页。
④ 《斯大林全集》第 13 卷，人民出版社 1956 年版，第 151 页。
⑤ 《斯大林全集》第 13 卷，人民出版社 1956 年版，第 151—152 页。

近。工人区设有学校和托儿所；儿童受到无微不至的照顾。我们可以看到旧工厂和新工厂、旧住宅和新住宅之间的差别。我们所看见的一切使我们明确地认识到在共产党领导下建设着新社会的劳动者的巨大力量。我们看到了苏联巨大的文化高涨，而其他国家却各方面笼罩着衰败现象，笼罩着失业现象。我们可以看到苏联劳动者在自己的道路上遇到了多么可怕的困难。因此，我们更加了解他们在向我们指出自己的胜利时所具有的那种自豪心。我们深信他们一定能克服一切障碍。"①

斯大林在《第一个五年计划的总结》中高度肯定了五年计划的国际意义。五年计划的各种成就和国际意义是不容置疑的。"资本主义各国孕育着无产阶级革命，正因为它们孕育着无产阶级革命，所以资产阶级就想从五年计划的失败中取得新论据去反对革命，相反地，无产阶级却力求从五年计划的成就中取得而且实际上已经取得新论据去拥护革命，反对全世界资产阶级。五年计划的成就正在动员世界各国工人阶级的革命力量去反对资本主义，这是无可争辩的事实。"②

五　社会主义工业化的失误及启示

斯大林在第一个五年计划完成后就曾表示：五年计划的成就打破了社会民主党人关于在单独一个国家内不能建成社会主义社会的论点。"在一个国家内建成社会主义社会是完全可能的，因为这个社会的经济基础在苏联已经建成了。"③ 但是尽管工业化运动使苏联由农业国变成了工业国，形成了强大的物质基础，它连同在工业化过程中建立起来的高度集中的经济体制，在战胜法西斯德国中起了重要作用，但它存在的问题也是非常突出的。社会主义各国实践的坎坷和曲折，经济发展中的困难和问题可以让我们看到工业化理论与实践的缺陷与不足。

第一，不协调的工业化。

分析斯大林关于工业化的论述，可以看到斯大林对工业化道路的理解是片面的。斯大林把工业化的道路只理解为重工业的发展，这是不正

---

① 《斯大林全集》第13卷，人民出版社1956年版，第155—156页。
② 《斯大林全集》第13卷，人民出版社1956年版，第156—157页。
③ 《斯大林全集》第13卷，人民出版社1956年版，第192页。

确的。工业化道路应该是重工业、轻工业和农业的协调发展。在一定时期内，在特定的形势下，不得不优先重工业，但在历史条件改变时，必须同时注意发展农业和轻工业的发展。工业化的实现，不仅取决于重工业的优先发展，还要取决于轻工业和农业的长足的发展。只有重工业、轻工业和农业有计划按比例地发展，使整个国民经济达到综合平衡时，才算真正实现了工业化。简单地把工业化与发展重工业画等号是片面的。

斯大林一方面承认从轻工业开始是"通常的"道路；另一方面又认为只有资本主义国家才走这条"通常的"道路，犯了绝对化的错误。选择工业化起点，既要受到社会制度的影响和国际形势的影响，更要受到当时生产力水平和国民经济结构状况的影响。苏联当时轻、重工业都很落后，但由于国际形势的紧迫性，使重工业的发展更为迫切，所以从重工业开始了工业化。在当时这一战略基本上是正确的。但是，斯大林关于工业化的认识，主要限于从社会制度和国际政治形势的角度来论证社会主义工业化的起点，不是从生产力或国民经济结构的角度来谈工业化的起点，这是很不全面的。应该说，斯大林看到了这方面的问题。但是，在实践中以重工业为核心的发展战略并未根本改变。苏联制订和通过了重点发展冶金工业和机器制造业的第一个五年计划（1928—1932年）。应该说，"一五"计划执行的结果暴露了由于轻工业和农业依然落后而不能满足广大人民的需要的弊病，斯大林对此亦有所警觉。所以"二五"计划（1933—1937 年）对重、轻、农的发展速度作了些调整，规定整个工业投资中生产资料的生产占 76.8%，增长 1.5 倍，而消费资料的生产占 23.1%，增长 3.6 倍；增长率与"一五"计划相比，轻工业由 13.2% 提高到 18.5%，农业由 2.6% 提高到 18.5%，而重工业则由 40.1% 下降为 14.5%。

苏联的发展显示出片面强调重工业，忽视轻工业和农业会带来多么严重的后果。苏联在实现社会主义工业化的过程中，由于过分强调重工业，对轻工业和农业重视不够是有严重的教训的。据统计，从 1925 年到 1953 年，苏联生产资料增长 54 倍，消费品只增长 11 倍；在这个时期内，重工业在工业中的比重从 34% 上升到 70%。从 1940 年至 1953年，生产资料增长 2 倍多，消费品只增长 72%。从 1940 年至 1952 年，工业增长 1.3 倍，农业只增长 10%，其中粮食产量还低于 1913 年沙皇俄国时的水平。斯大林逝世之后，工业部门中生产资料生产和消费品生产的相互脱节并没有克服，由于把 85% 左右的投资用于生产资料生产，其中有许多用于军火生产，国民经济比例失调更加严重。1974 年生产资料产值为 1940 年的 21.46 倍，而消费品产值仅为 8.43 倍。从 1953 年到 1974 年，工业总产值中生产资料生产的比重由 69.2% 扩大到 73.8%，消费资料的生产的比重则由 30.8% 缩小到 26.2%。而且生产资料的生产主要也是为重工业服务的，全部生产资料产品中，用于重工业的比重，1965 年为 72.2%，1970 年和 1971 年为 72.1%，用于生产消费资料的比重，相应地为 27.8% 和 27.9%。

由于片面发展重工业，造成苏联经济结构很不合理，比例失调，不仅使工业增长速度日趋下降，而且同国家经济实力相比，人民生活水平提高不快。从 1951 年到 1953 年，工业产值年平均增长率为 13%，1954 年至 1958 年为 11.3%；1959—1965 年为 9.1%；1966—1970 年为 8.5%；1971—1975 年为 7.4%。第十个五年计划完成情况远不如第八个五年计划。苏联人民生活日用品的匮乏情况惊人，小物品如最普通的肥皂、洗衣粉、牙刷、针线、婴儿包布以及其他轻工业品也存在严重的短缺。

受到战争笼罩的国际环境的直接影响，为了国家的安全和生存而不得不采取一些违背常规的发展方式和方法。这是列宁逝世后苏联选择斯大林式的经济模式的一个重要原因。苏联首先必须集中一切力量来进一步发展工业，来加强国防力量，这就是斯大林的决定。当苏联领导人最担心的 1927 年可能爆发的反苏侵略战争最终并未爆发，面对这难得的喘息机会，斯大林也曾想过改变搁置轻工业的方针。但 20 世纪 30 年代初日德两大战争策源地的形成又构成对苏联的现实威胁，使苏联感到战争的逼近，又使得这一转变最终没有实现。可以说，由于处于资本主义包围和随时可能爆发的反苏战争的威胁之中，联共（布）多数领导是支持这种围绕备战而建立的经济发展战略的。斯大林也看到通常的资本主义国家工业化是从发展轻工业开始的，因为轻工业投资少，资本周转快，然后逐步把积累转而用于发展重工业。这样的发展通常需要几十年时间。战争日益逼近，没有重工业就无法保卫国家，轻工业就是这样被搁置的。

20 世纪 30 年代中期，斯大林宣布建成的社会主义与马克思主义的科学社会主义存在着很大的差距，尤其是人民群众的物质文化生活水平不高。造成这种局面的主要原因不是斯大林主张建立贫穷的社会主义，而是斯大林为了尽快地摆脱贫穷，以至于脱离了苏联的生产力发展的实际水平，犯了急躁冒进的错误，尤其是在经济建设中片面地强调发展重工业，忽视了轻工业和农业的发展，影响了社会生产力的提高和人民群众生活水平的改善。事实证明，建设社会主义必须遵循客观的经济规律，否则人们将会受到经济规律的惩罚。

第二，超高速发展。

革命前的俄国相较其他主要资本主义国家，经济、文化、社会发展水平都落后许多。十月革命后，充分发挥社会主义制度的优越性，尽快在经济上赶上和超过发达的资本主义国家，便成了苏联必须完成的头等任务。列宁也知道社会主义需要广大群众自觉地在资本主义已经达到的基础上超过资本主义的劳动生产率。不过，在当时弥漫全国的革命激情的鼓舞下，应该说对于社会主义建设事业的艰巨性和长期性，苏联人民乃至于他们的领袖们都缺乏清醒的认识和足够的思想准备。但是，社会主义建设的初步实践很快就使列宁冷静地认识到了经济建设的艰巨性和复杂性，经济工作在性质上不同于军事、行政和一般政治工作，它需要更深厚的根基，在经济建设战线上应当慢慢地而又坚持不懈地提高和前进，以取得胜利。显然，苏联的经济建设应该坚持遵循经济规律稳步前进的发展战略，放弃欲速则不达的"赶超战略"。但是当时大多数苏联党和国家领导人并未能深刻领悟和自觉贯彻列宁晚年的宝贵思想，而是坚决主张为保证国家安全和显示社会主义制度的优越性必须在经济上迅速赶上资本主义强国。一些经济学家也公然宣称"我们不受现律的束缚。没有布尔什维克攻不下的堡垒"。"速度问题要由人来决定。""苏联不应该跟在资本主义国家后面跛足，而是要赶上和超过它们。""赶超战略"成了苏联不容怀疑的发展战略。

二战的爆发及苏联卫国战争的胜利对苏联的"赶超战略"的强化和持续无疑起了非常显著的作用。二战使苏联几乎没有选择其他发展战略的可能，制定和推行"赶超战略"的基本前提和出发点，很大程度上是由于处在资本主义包围之中的苏联，为安全计，只有在经济上拼命赶超资本主义强国这一条道路，这已成为当时苏联人民的共识。斯大林之所以能够战胜也许更符合经济发展规律的布哈林、李可夫等反对派，可以说其主要原因就在于此。

第四章　斯大林的农业集体化理论与实践

如何认识斯大林时期的农业集体化一直是理论界存在很大分歧的问题。我认为，斯大林时期的农业集体化运动，开创了农业社会主义改造的道路，在一定程度上促进了农业的发展，为迅速改变当时苏联内外交困的被动局面，巩固新生的苏维埃政权，起到了一定的积极作用。但是，由于农业集体化是在不成熟的社会条件下开展的，由于斯大林教条式地理解马克思主义理论，由于农业集体化带有强烈的政治性目的等因素的影响，这对苏联农业造成了深远的负面影响。

一　农业集体化方针的出台与推进

一般认为，1927 年 12 月召开的联共（布）党的第十五次代表大会提出了农业集体化的方针。这次大会着重讨论了农业问题。斯大林在大会的政治报告中批评当时农业的发展不能令人满意，满足不了高速发展的工业化的需要。相比社会主义大工业的发展速度，农业只是"勉强过得去的农业增产速度。但无论如何不能认为这种增长和资本主义国家比较起来是打破纪录的，也不能认为这种增长足以使农业和我们的国有化工业之间将来保持必要的平衡。"[①] 斯大林认为，农业的发展速度比国有化工业的发展速度缓慢的原因一是因为农业技术过分落后和农村文化水平太低；二是因为分散的农业生产没有国有化的联合经营的大工业所具有的优越性。如果不把分散的农户联合起来，如果不使它们转上公共耕种制的轨道，就不能真正推进集约耕作和农业机械化，就不能使农业在发展速度上赶上加拿大之类的资本主义国家。大会提出了加快实现农

---

① 《斯大林全集》第 10 卷，人民出版社 1954 年版，第 260 页。

业集体化的方针:"党的任务:通过合作社和国家机关在供销方面扩大对农民经济的掌握,规定我们在农村建设中当前的实际的任务,即逐渐使分散的农户转上联合的大农庄的轨道,转上以集约耕作和农业机械化为基础的公共集体耕种制的轨道,因为这条发展道路是加快农业发展速度和克服农村中资本主义成分的最重要的手段。"① 这次代表大会确立了党在农村中的基本任务:把个体小农经济联合并改造为大规模集体经济。

斯大林在1928年1月在产粮区西伯利亚、5月在教授学院、7月在中央全会共发表了三次著名演说。这三篇演说基本勾勒出了农业集体化的轮廓。1928年1月,斯大林到西伯利亚各地区进行了考察,提出了开展集体农庄和国营农场建设的计划。当时国家的粮食收购工作并没有完成计划,因此,政府和中央委员会不得不加强各地区的粮食收购工作。斯大林批评了在粮食收购工作中富农在粮价上进行的投机以及国家工作人员的工作不力。现实表明,当时的粮食收购工作要做到两点:一是建立一个能充分供应全国粮食并能保证国家掌握必要粮食储备的牢固基础;二是使社会主义建设在农村中,在农业方面获得胜利。而这些单靠农业局部集体化是完全不够的,需要的是能够采用机器和提供最多的商品的大规模农业经济。《在粮食战线上》演说正式宣布了新路线。斯大林认为,苏联粮食战线上的困难的根源是由于农业的主要基础是生产商品粮食极少的小农经济。因此,不能把在粮食收购方面的困难看作简单的偶然现象。出路何在呢?斯大林反对一些人认为出路在于恢复富农经济,在于发展和扩大富农经济。斯大林从三个方面提出了解决问题的出路:出路在于从落后的分散的小农户转为有机器供应的、用科学成就武装起来的、能生产最大量商品粮食的联合的公共的大农庄。出路就在于在农业方面由个体经济过渡到集体的公共经济。出路在于扩大和巩固原有的国营农场,建立和发展新的大规模的国营农场。出路就在于不断提高中小个体农民经济的单位面积产量。同年7月,斯大林在《论工业化和粮食问题》再次重申了农业问题的三条出路。在1928年7月的中央全会上,"确认以集体农庄生产代替富农生产所必需的物质条件和其他条件已经具备,因此,宣布必须从限制富农的政策过渡到消灭富农阶

---

① 《斯大林全集》第10卷,人民出版社1954年版,第264—265页。

级的政策"①。

1929 年，农业集体化运动以空前的规模与速度开展起来。斯大林在《大转变的一年》中概括这一年农业的大转变表现在从细小的落后的个体经济进到巨大的先进的集体农业。"目前集体农庄运动中具有决定意义的新现象，就是农民已经不像从前那样一批一批地加入集体农庄，而是整村、整乡、整区、甚至整个专区地加入了。"② 这也就是通常所说的"农业全盘集体化"。在这一过程中，斯大林提出"我们党、我们苏维埃政权向农村资本主义分子展开了全线进攻"③，从而使农业集体化运动成为政治上消灭富农阶级的暴力运动。"1929—1930 年全面铺开的农民加入集体农庄的群众性运动，是党和政府过去全部工作的结果。社会主义工业已发展到开始为农业大批生产拖拉机和农业机器；1928 年和 1929 年粮食收购运动期间对富农进行了坚决的斗争；农业合作社已发展到使农民逐渐习惯了集体经济；第一批集体农庄和国营农场提供了良好的经验，——这一切为过渡到全盘集体化，为农民整村、整区、整个专区地加入集体农庄的运动做好了准备。"④ "全盘集体化就是消灭富农。"⑤ 当时斯大林认为，苏联已经有充分的物质基础来铲除富农，打垮他们的反抗，消灭他们这个阶级，并用集体农庄和国营农场的生产来代替他们的生产。"布尔什维克党就有可能从限制富农的政策过渡到在全盘集体化基础上消灭富农阶级的新政策。"⑥ 事实上，苏联在实行新经济政策以后，对富农执行的是一种允许其存在并有某些发展但又对它实行限制的政策。由于加快农业集体化方针的确定，斯大林于1929 年 12 月 27 日在马克思主义者土地问题专家代表会议上宣布："我们已经从限制富农剥削趋向的政策过渡到消灭富农阶级的政策。"⑦

苏共中央于 1930 年 1 月 5 日通过了一项重要决议，即《关于集体化的速度和国家帮助集体农庄建设的办法》。这个决议提出要在第一个五年计划（1928—1933 年）结束时基本上完成农业集体化。该决议不

---

① 《斯大林全集》第 12 卷，人民出版社 1955 年版，第 251 页。
② 《斯大林全集》第 12 卷，人民出版社 1955 年版，第 118 页。
③ 《斯大林全集》第 12 卷，人民出版社 1955 年版，第 146 页。
④ 《联共（布）党史简明教程》，人民出版社 1975 年版，第 334 页。
⑤ 《联共（布）党史简明教程》，人民出版社 1975 年版，第 335 页。
⑥ 《联共（布）党史简明教程》，人民出版社 1975 年版，第 335 页。
⑦ 《斯大林全集》第 12 卷，人民出版社 1955 年版，第 147 页。

仅提出了在农村开展全盘集体化的方针，而且明确定出指标，把苏联各地区分为三类。"属于第一类的是对集体化最有准备、拖拉机较多、国营农场较多、在过去的粮食收购运动中同富农斗争的经验较多的那些最重要的产粮区，即北高加索（库班、顿河、捷列克）、伏尔加河中游、伏尔加河下游。中央提议这一类产粮区在 1931 年春基本完成集体化。第二类产粮区，即乌克兰、中央黑土区、西伯利亚、乌拉尔、哈萨克斯坦等地，可以在 1932 年春基本完成集体化。其余各州、边区和共和国（莫斯科州、南高加索、中亚细亚各共和国等地），集体化完成的时间可以到五年计划期末，即到 1933 年。"① 可以看到，这个计划本身就是一个快速度的计划，在执行起来又出现急于进入集体农庄等问题。

1930 年 3 月 2 日，斯大林发表了《胜利冲昏头脑》一文，针对全盘集体化中出现的脱离实际和过火行为进行了严肃的批评，提出不能用强力去建立集体农庄，强调了集体农庄建设的自愿原则。3 月 15 日公布了《关于反对歪曲党在集体农庄运动中的路线》的决议，责令立刻禁止任何形式的强迫集体化。4 月 3 日，斯大林发表《答集体农庄庄员同志们》一文，批评了对中农的不正确做法，指出集体农庄运动的三个主要错误：违背了列宁的建立集体农庄的自愿原则；违背了列宁的在进行集体农庄建设时必须估计到苏联各个不同地区的各种不同条件的原则；违背了列宁的在进行集体农庄建设时不容许跳过运动尚未完结的形式的原则。但是，斯大林依然鲜明地指出："富农是苏维埃政权的敌人。我们和他们之间没有而且不可能有和平。我们对富农的政策是把他们作为一个阶级来消灭的政策。"②

1930 年 6 月的联共（布）第十六次代表大会上，斯大林反对一些人发出的必须放弃全盘集体化政策的论调，指出继续展开国营农场和集体农庄建设问题是整个农村建设中的首要问题。党的第十六次代表大会是作为社会主义在全线展开大规模进攻、消灭富农阶级和实现全盘集体化的代表大会载入党的史册的。从 1930 年 8 月底起，全盘集体化运动又重新开始升温，一直到 1932 年中期，全国范围的全盘集体化运动从

---

① 《联共（布）党史简明教程》，人民出版社 1975 年版，第 337 页。

② 《斯大林选集》下卷，人民出版社 1979 年版，第 262 页。

整体看基本上已近尾声，这时，农户集体化的百分比为 61.5%，占农民播种面积的 75.5%。1931 年 8 月联共（布）中央通过《关于加快集体化速度和巩固集体农庄的任务》的决议，提出 68%—70% 的农户，75%—80% 的播种面积加入集体农庄，是农业集体化基本实现的标准。斯大林在总结第一个五年计划时候指出，虽然在加快集体化方面不免有过一些急躁行动。但党在实行消灭富农阶级和铲除富农巢穴的政策时决不能半途而废，它应当把这件事情贯彻到底。最终，到 1933 年全国集体化的农户占总农户数的 65%。国营农场和集体农庄共占有全国谷物播种面积的 84.5%。有鉴于此，斯大林指出："今后集体化的过程将是集体农庄逐渐吸收和改造个体农户残余的过程。这就是说，集体农庄已经最终地永远地取得了胜利。"①

苏联开展的农业集体化的时间很短，仅用了 7 年的时间。从 1927 年开始，在经历了农业集体化、农业全盘集体化阶段后，到 1934 年 7 月，苏联的农业集体化就基本实现了，其标志就是加入集体农庄的农户已达到 71.4%，播种面积达到 87.4%。到 1937 年底，苏联全国共有 243700 个集体农庄，联合了 1850 万户农户，集体化的农户占总农户数的 93%，集体化的耕地占总耕地面积的 99.1%。1939 年 3 月，联共（布）第十八次代表大会对第二个五年计划进行了总结，指出社会主义革命中最困难的任务已经解决，农业集体化最终完成，集体农庄制度得到了彻底的巩固。

二 实行农业集体化的原因

关于斯大林时期农业集体化运动的起因，一些研究者认为，为了摆脱帝国主义国家的包围及战争的威胁是迫使斯大林推进农业集体化的重要外因。内因则是为了克服 1927 年开始出现的粮食危机，斯大林认为只要实行农业集体化就可以解决农业问题和粮食问题。还有研究者认为，斯大林的农业集体化运动是偶然的、突然的和自发的。我认为，除了国际因素是一个不可忽视的因素外，斯大林的社会主义观念在农业集体化的实施和推进过程中也发挥着重要作用。实现对小农经济的社会主

---

① 《斯大林全集》第 13 卷，人民出版社 1956 年版，第 287 页。

义改造，消除滋生资本主义的土壤，尽快建立和完善社会主义的经济基础是斯大林推行农业集体化的重要原因。

第一，农业集体化是国际压力下的政策选择。

在关于斯大林的认识中，有一种观点是对斯大林实现工业化和保障了卫国战争的伟大胜利的积极作用给予了充分的肯定，但对斯大林推行农业集体化予以全面否定。这种认识显然是不正确的，"因为它把历史上相互联系的事物割裂开来了"。① 在当时的国际国内形势下，面对资本主义包围的一国社会主义，以及战争危险的现实威胁，能否集中有限的资源发展工业，建立起保障国家安全的重工业和军事工业是关系苏维埃国家生死存亡的大问题。然而，工业化与农业集体化是紧密联系在一起的，当时分散的小农业已经不能满足国家工业化的需要了，必须把全国的农业生产纳入国家的管理体制之下，如果采取新经济政策的做法，通过工业品和农业品的交换来积累资金，必然是一个缓慢的过程。如果没有农业集体化这个支持和配套手段，也就没有高速度的工业化。所以，"即使农业集体化没能起到促进农业生产发展的积极作用，但从大道理、大原则、大方向来说，集体化是国家工业化的需要，是形势的需要。"②

当时，西方资本主义敌视苏联的社会主义，不愿意同它展开经济往来和合作，苏联必须自力更生。而苏联是一个小农经济占据主导地位、农业人口占绝大多数的国家，靠内部积累，主要就得靠农民，靠农业支援社会主义工业化，包括给工业化提供必要的原料和粮食。然而小农经济无力负荷工业化的重担。1925—1928 年，工业总产值增长了 32.8%，而农业总产值只增长了 5.1%。苏联在 1928 年的粮食产量达到 47.49 亿普特，接近战前 50 亿普特的水平。可是，国家收购上来的商品粮只有十月革命前商品粮的 37%。对此，斯大林认为这在于小农经济是"半消费性的经济"，因而远不能适应工业化的需要。当时，列宁的新经济政策是苏联农业社会主义改造的一种途径。新经济政策得到了包括斯大林在内的布尔什维克的普遍支持。但是，列宁逝世后，苏联国内国际形

①　卢之超、王正泉主编：《斯大林与社会主义——世界第一个社会主义模式剖析》，社会科学文献出版社 2002 年版，第 178 页。

②　卢之超、王正泉主编：《斯大林与社会主义——世界第一个社会主义模式剖析》，社会科学文献出版社 2002 年版，第 179 页。

势发生了变化，特别是工业化运动开展后，工农业之间的矛盾日益突出，于是，农业的社会主义改造问题成了布尔什维克党内关注的焦点并存在对立认识。当时党内主要有两种观点：第一种观点，以斯大林为代表，认为工业化问题关乎苏维埃政权的生死存亡，为了保证高速度实现社会主义工业化，国家必须运用行政手段，跨过列宁设计的销售合作社、供应合作社等阶段，直接建立生产合作社即集体农庄，把分散的小农经济直接变成集体经济；第二种观点，以布哈林为代表赞同开展工业化运动，但反对高速工业化，主张坚持用新经济政策的办法，通过长期的、和缓的手段改造农民，同时保持工农业平衡发展。最终，苏联选择了斯大林的农业集体化道路。

社会主义工业化只能走自力更生的道路。在 20 年代，处于孤立无援的苏联，除了完全依靠自己之外更是别无他途。在一个落后的农业国，在没有或很少外部资金和资源输入的封闭型经济中，要实现工业化，只有依靠本国的积累，而且相当大的部分靠有限的农业积累。在这种情况下，工业化的需要与落后农业的矛盾是无法摆脱的。选择优先发展重工业的经济发展战略，客观上要求整个国民经济包括农业的组织性和计划性的加强，要求国家积累机制的强化。这就不可避免地使工业化与落后农业的矛盾日益尖锐，从而推动农业集体化的不断加速。① 实行全盘集体化的方针，与其说是条件成熟了，莫不如说是工业化对粮食和其他农产品的需求更加迫切了。斯大林认为，个体农民经济即使发展生产也无法使农村经济商品化。因此，必须改造个体农民经济，发展集体农业经济，迅速实现农业集体化，这样才能从根本上改造个体农民经济。这既是工人阶级和基本农民群众结合的新形式，也是保障工业化发展速度的重要保证。

第二，农业集体化是实现农业的社会主义改造的需要。

斯大林认为，要巩固无产阶级专政和建成社会主义社会，除了工业化以外，还必须由个体小农经济过渡到拥有拖拉机和现代农业机器的大规模的集体农业。为了巩固以工农联盟为基础的无产阶级专政，夺取社会主义革命和建设的更大胜利，必须实行对农业的社会主义改造。斯大林实施农业集体化的一个根本目的就是要把分散的农民经济转上社会主

———————————

① 曹英伟：《斯大林农业集体化思想合理性分析》，《马克思主义研究》2007 年第 6 期。

义大生产的轨道。

十月革命胜利后的苏联还是个小生产占优势的、落后的农业国。小农经济是分散、落后的自然经济，它不能构成社会主义制度的经济基础。因此，把小农经济改造成社会主义集体经济成为布尔什维克党面临的重要任务。十月革命胜利后，苏维埃国家宣布土地国有化，并将土地无偿地分配给劳动农民耕种。由于地主阶级的消灭，富农经济的削弱，贫农分得了土地和其他生产资料，农村中农化了。到农业全盘集体化以前，中农在农村整个人口中占的比重由革命前的20％提高到60％，贫农则由65％下降到35％，富农由15％下降至5％以下。但是，这种仍然以生产资料私有制（土地除外）为基础的小商品经济，由于生产规模小，技术落后，劳动生产率和商品率低下以及扩大再生产能力薄弱等因素的制约，不能适应社会主义建设的需要。因此，改造小农经济便成为苏维埃经济发展的客观要求。

斯大林多次谈到社会主义的经济基础问题。他认为，如果工业与农业不能组成一个统一的国民经济的整体，那就根本不会有社会主义。小农经济是小私有制经济，社会主义政权不可能长期建立在小农经济基础上，无产阶级必须对它进行彻底改造，把小农业建成社会主义大农业。斯大林把社会主义工业化和农业集体化看成是苏联取得社会主义胜利的两个重要条件，他认为："苏维埃政权和社会主义建设决不能无止境地即过于长期地建立在两个不同的基础上，建立在规模最大的联合的社会主义工业的基础上和最分散最落后的小商品农民经济的基础上。必须逐步而又不断地、坚定不移地把农业转到新的技术基础上去，转到大生产的基础上去，使它跟上社会主义工业。或者我们解决这个任务，那么我国社会主义的最终胜利就有了保证；或者我们放弃这个任务，不解决这个任务，那么回到资本主义去就会成为不可避免的了。"① 所以，要巩固苏维埃制度并使社会主义建设获得胜利，单是工业社会主义化是完全不够的。为此还必须从工业社会主义化进到整个农业社会主义化。总之，斯大林认为，如果不搞农业集体化，苏维埃政权和社会主义建设事业就会建立在两个不同的基础上。如果这样下去，总有一天会使整个国民经济全部崩溃，出路就在于使农业成为大农业。

---

① 《斯大林选集》下卷，人民出版社1979年版，第82页。

斯大林认为，苏联的小农经济是一种站在十字路口的经济，要将它改变为大农业，有两条道路可供选择：一条是使多数农民破产贫困而使城乡资产阶级发财的资本主义道路，社会主义国家不能走这条路；另一条是通过集体化吸引农民参加社会主义建设，使农民走共同发展的社会主义道路，这是唯一的正确选择。"必须逐步而又坚定不移地把出产商品最少的个体农民经济联合为出产商品最多的集体经济，联合为集体农庄"，"必须使我国各地区毫无例外地都布满集体农庄（和国营农场），它们在向国家缴纳粮食方面不仅能够代替富农而且能够代替个体农民"。① 斯大林坚持主张，苏联的农民必须走社会主义农业道路，走集体化的道路，因为"集体化的方法是最进步的方法，这不仅是因为它并不要让农民破产，而特别是因为它使我们能够在几年以内就使全国各地都有了能够采用新技术，利用农艺上的一切成就和向国家提供更多的商品产品的巨大集体农庄"②。斯大林认为无产阶级可以利用国家政权的力量，开展农业集体化运动，直接完成小农业变成社会主义大农业的过程，并把农业经济控制在国家手中。斯大林认为，集体农庄是农村社会主义改造的杠杆。不仅如此，集体农庄使农民由个体农民变为集体农民，在集体劳动中可以克服他们的个人主义心理，所以集体农庄也是用社会主义精神改造农民、改造农民心理的主要基地。

第三，农业集体化是社会主义工业化发展的需要。

社会主义的苏联必须在经济发展水平方面赶上并超过资本主义国家，建立起强大的国防工业，改造工业、农业和国民经济各个部门的物质基础，为农民提供更多的工业品，把社会主义工业和农业联结起来，吸引农民走上社会主义建设的轨道，才能使苏联的社会主义制度在经济上和政治上越来越巩固。苏联实行农业集体化的一个直接目的是加快农业发展速度，以便适应工业化的需要，为工业化提供资金、粮食和原料、劳动力和市场。随着国民经济的恢复以及国家工业化方针的大力推进，苏联工业有了迅速发展，城市人口急剧增加，工业用粮和对其他各种农产品的需求不断增多。同时，急需更多地出口粮食和农产品以换取机器设备。而当时农业发展速度与工业发展速度严重地不协调，农业生

① 《斯大林全集》第11卷，人民出版社1955年版，第7页。
② 《斯大林选集》下卷，人民出版社1979年版，第497页。

产发展很缓慢，商品率很低。

斯大林发动农业集体化运动的主要目的之一就是在短时间内建立农业集体经济，实现农业现代化，为工业化服务。斯大林认为，加速集体化是解决工业化用粮和其他农产品采购问题的根本途径。否则，就不能解决谷物问题，不能使力量单薄的农民摆脱破产和贫困，不能真正发展农业，还会影响城乡之间、工农之间的关系，影响工业化进程及其发展需要。农业是工业的基础，农业"是吸收工业品的市场，是原料和粮食的供应者，是为输入设备以满足国民经济需要所必需的出口物资后备的来源"①，所以必须发展农业。同时他又强调，农业发展的关键在工业，高速发展我国工业是改造农业的钥匙，因为只有工业发展了，才能为农业发展提供拖拉机、化肥、农药，农业生产力才能真正得到提高。因此，发展工业是第一位的。苏联经济落后，工业很不发达，又得不到国外的支持，工业高速发展所必需资金的大部分只能由农业提供。为了保持工业化发展的高速度，必须通过"剪刀差"使资金从农业"流入"工业，为此，农民需要向国家缴纳一种超额税，即在购买工业品时多付一些钱，而在出卖农产品时少得一些钱。斯大林认为，高速发展工业不仅是工业本身所需要的，而且首先是农业，是农民所需要的，农民现在最需要拖拉机、农业机器和肥料，所以农民必须暂时承受这种负担。同时，斯大林也许诺逐渐缩小这种"剪刀差"，从而在几年以后完全取消对农民的这种额外税。在1929年12月他乐观地表示："如果集体农庄运动以现有的速度发展下去，'剪刀差'在最近期间就会消灭。"②

第四，农业集体化有利于消除滋生资本主义的危险。

"当农业还没有建立起大生产基础的时候，当小农经济还没有联合为大规模集体经济的时候，资本主义在苏联恢复的危险是一切可能有的危险中最现实的危险。"③ 消除滋生资本主义的危险，是斯大林推进农业集体化的重要原因。

新生的苏维埃政权产生于一个资本主义尚未充分发展、小生产如汪洋大海一般的国度，直到伟大的十月社会主义革命胜利前夕，全国还保

① 《斯大林选集》下卷，人民出版社1979年版，第81页。
② 《斯大林全集》第12卷，人民出版社1955年版，第141页。
③ 《斯大林全集》第13卷，人民出版社1956年版，第159页。

存着地主土地所有制的压迫和农村经济中的中世纪残余。革命胜利后，在社会主义建设初期，个体农业及非社会主义经济成分的比重大大高于社会主义的经济成分。在斯大林看来，以生产资料私有制为基础的小农经济与资本主义经济属于同一类型，是滋生资本主义的温床，必然会产生一些人贫困，另一些人发财致富。只要这种状况没有改变，资本主义复辟的危险就仍然存在，社会主义就不能建成。能否在较短的时间内以先进技术改造小农经济，改造整个国民经济，这实质上是两种经济成分"谁战胜谁"的问题。因此，斯大林认为，实行农业集体化是克服资本主义复辟的危险，巩固苏维埃政权的迫切需要。"把农业和社会主义工业结合为一个整体经济，使农业服从社会主义工业的领导，在农产品和工业品交换的基础上调整城乡关系，堵死和消灭阶级首先是资本藉以产生的一切孔道，最后造成直接消灭阶级的生产条件和分配条件。"① 也就是说，要巩固苏维埃制度并使社会主义建设获得胜利，单是社会主义工业化是不够的，还必须从工业社会主义化进到整个农业社会主义化。必须通过集体化，引导小农经济联合成为大规模的集体经济，走社会主义道路。只有全面、彻底地改造小生产，才能挖掉资本主义的根子，为建设社会主义打下坚实可靠的经济基础。在农业集体化达到高潮的1930 年，把在苏联社会中人口众多的农民当作最后一个资本主义阶级消灭了，这样就在国内消灭了资本主义复辟的最后根源。

苏联 20 世纪 20、30 年代的经济理论界中普遍否认商品生产与社会主义的关系。人们把商品货币关系和市场看作是与社会主义格格不入的东西，认为应该把它们逐步取消。因此，农业集体化的提出有其深刻的思想认识方面的原因。斯大林积极主张取消商业，在他看来，资本主义的根就藏在商品生产里，也正是这个原因，斯大林急于结束新经济政策，急于搞农业集体化，尽快消灭在他看来迫使苏维埃从事商业和商品流通的小生产者。就这样，斯大林在工业化与农业集体化过程中，坚持要消灭商品货币关系并以此理论为基础建立起了高度集中的指令性计划经济体制。斯大林曾拒绝经济学家提出的把拖拉机站出售给集体农庄的改革建议，其理由就是，假如这样做了，结果就会是集体农庄成为基本生产工具的所有者，集体农庄所有制离开全民所有制更远，不是使我们

---

① 《斯大林全集》第 9 卷，人民出版社 1954 年版，第 21—22 页。

接近共产主义，反而远离共产主义。结果就会是扩大商品流通的活动范围，它只会阻碍向共产主义推进，商品流通是和从社会主义过渡到共产主义的前途不相容的。1930 年初，联共（布）中央通过把农业机械出售给集体农庄的决议，然而到年底时又取消了这项决议。斯大林认为把农业基本生产工具集中在国家手中，集中在农业拖拉机站手中，是保证集体农庄生产速度增长的唯一方法。1952 年，斯大林在《苏联社会主义经济问题》著作中仍然认为，将集体农庄生产的剩余品带进市场，从而列入商品流通系统，就会阻碍集体农庄所有制提高到全民所有制的水平。他还说，把巨量的农业生产工具投进商品流通的范围去与农庄进行商品贸易，既会扩大商品流通范围，从而也会阻碍向共产主义前进。他接着批评两位苏联经济学家说，他们的错误在于"不了解商品流通是和从社会主义过渡到共产主义的前途不相容的"①。

第五，解决粮食收购危机的途径。

1927—1928 年粮食收购危机的出现，是促使斯大林推进农业全盘集体化的直接原因。1927 年 10 月开始粮食采购部门没有完成月采购计划。而到 1928 年 1 月 1 日止，与上一年同期相比，国家少收购了 12800 万普特粮食。这是一个严重的问题，它会使城市居民和军队面临饥饿的威胁。粮食收购危机引起了苏联党领导人对农业问题的关注。斯大林认为，如果不解决国家商品粮的缺额，它会使国家的城市和工业中心以及红军陷入困难的境地，使他们的供应状况恶化，使他们遭受饥饿的威胁。出路究竟何在呢？斯大林坚定地认为，只要建立起大规模的、机械化的农庄和农场，就可以使苏联农业大发展，就可以一劳永逸地解决粮食问题。斯大林说："集体农庄比小经济优越的地方在哪里呢？在于集体农庄是大经济，因而有可能利用科学和技术的一切成就；在于集体农庄更能赢利，更为稳固，有更高的生产率，能出产更多的商品。不应当忘记：集体农庄的产品的商品率是百分之三十到三十五，而且每一俄亩的收获量有时达到二百普特或二百普特以上。"② 斯大林在其《大转变的一年》中曾经满怀信心地预言："如果集体农庄和国营农场更加迅速地发展下去，那就没有理由怀疑，再过两三年我国就会成为世界上粮食

① 《斯大林选集》下卷，人民出版社 1979 年版，第 609 页。
② 《斯大林全集》第 11 卷，人民出版社 1955 年版，第 181 页。

最多的国家之一，甚至是世界上粮食最多的国家。"① 后来的事实证明，斯大林的这些估计过于乐观了，全盘集体化的条件并非想象的那样成熟。

为什么会发生粮食收购危机？斯大林在分析原因时认为，首先是工业发展速度太慢，社会主义积累太少，致使农村商品供应不足，"本来应当拿各种各样的商品大量供应农村，以便从农村取得最大数量的农产品。为此就必须比现在更迅速地发展我国工业。但是要加紧发展工业，就必须加快社会主义积累的速度。……要达到这样的积累速度并不是那么容易的。由此就产生了农村商品供应不足的现象。"② 其次是农业增长缓慢。因为农业是小农经济，小农经济劳动生产率低，商品率低，出产商品最少，分散的个体的小农经济适应不了迅速发展的社会主义工业化的需要，我们需要的是能够采用机器和提供最多的商品的大规模农业经济，需要的是用机器、肥料、科学知识武装起来的集体农庄和国营农场，"目前我们的集体农庄和国营农场还很少，少得不像话。……由此就产生了我们粮食生产不足的现象。"③ 第三是富农已经成长起来，积累了粮食，他们操纵粮价，投机倒把，破坏国家的粮食收购工作，这也是造成粮食收购困难的原因之一。斯大林得出结论：粮食收购方面的困难表明富农并没有打瞌睡，富农在发展，他们在暗中破坏苏维埃政权的政策。粮食收购危机"反映着农村资本主义分子在新经济政策的条件下，在我国建设的最重要问题之一即粮食收购问题上，对苏维埃政权发动的第一次严重进攻。"④ 斯大林认为，粮食收购危机和工矿中资产阶级分子从事破坏的沙赫特事件有内在联系，它是城乡资本主义势力在农业和工业两条战线第一次向苏维埃政权发起的联合进攻。

为解决粮食问题，斯大林采取了双管齐下的办法，一是采取非常措施，强行征粮，以解国家的燃眉之急；二是开展农业集体化运动，借此彻底解决粮食问题。因为在斯大林看来，如果农民能够加入集体化农庄，他们可以使用国家提供的农用机器，提高粮食产量；集体农庄的农产品价格由国家控制，富农投机倒把的机会没有了，国家必要的粮食就

---

① 《斯大林全集》第 12 卷，人民出版社 1955 年版，第 118 页。
② 《斯大林全集》第 11 卷，人民出版社 1955 年版，第 35 页。
③ 《斯大林全集》第 11 卷，人民出版社 1955 年版，第 37 页。
④ 《斯大林全集》第 11 卷，人民出版社 1955 年版，第 39 页。

有了保障。因此，农业集体化运动成为苏联解决粮食问题的有效办法。

三　农业集体化的伟大变革

　　苏联在农业生产力相当落后的条件下，通过集体化在较短的时间里实现了农业社会主义改造，引导千百万农民走上集体化的道路。这一时期的农业集体化根本改造了小农经济，使农村面貌发生巨大变化，为迅速实现工业化创造了条件，对苏联社会经济制度的建立和主要战略目标的实现起了重要作用。把小私有经济改造为社会主义的公有经济是工人阶级取得政权后面临的一项最困难、最复杂、最繁重的任务，完成了这项任务是一个巨大的胜利。集体农庄和国营农场成了农产品的主要生产部门。"1928 年集体农庄和国营农场仅提供 2.7％ 的谷物产量，个体农户提供 97.3％，而第二个五年计划结束时集体农庄和国营农场的产量占 72.2％，集体农庄庄员、工人和职员的副业经济占 26.3％，个体农户占 1.5％。"① 农村中社会主义生产方式最终确立起来了。

　　苏联农业的现实状况是土地面积大，劳动力少，机械化的效果比较明显。农业机械化的实现显示出集体农庄制度的优越性。国营机器拖拉机站在实现集体农庄建设主要任务中起着决定性作用，拖拉机站在集体农庄生产和领导集体农庄中的意义在不断地增长。同时，机器拖拉机站是利用大型农业技术设备、国家帮助集体农庄巩固其公有经济的最合适的形式。"第二个五年计划开始时建立的机器拖拉机站网（2,446 个机器拖拉机站）只为拥有所有集体农庄播种总面积 58.7％ 的部分集体农庄服务。第二个五年计划期间，每年平均建立 674 个新的机器拖拉机站。1937 年机器拖拉机站的数量达 5,818 个，它们已能为集体农庄 91.2％ 的播种面积服务。"② 随着机械化的实现，农业劳动生产率、商品率等也得到了明显提高，农民的劳动条件得到了改善，物质和文化生活水平也有了提高。

　　"集体农庄公积金的增长是集体农庄公有经济发展的综合指标之一。

---

　　① 苏联科学院经济研究所编：《苏联社会主义经济史》第四卷，生活·读书·新知三联书店 1982 年版，第 435—436 页。

　　② 苏联科学院经济研究所编：《苏联社会主义经济史》第四卷，生活·读书·新知三联书店 1982 年版，第 410 页。

1938 年规定，谷类作物区集体农庄公积金的提成为现金收入的 12—15%，技术作物区为 15—20%。这些提成标准为大多数集体农庄所执行。1938 年谷类作物区公积金提成为现金收入 12—15% 的集体农庄占78.1%，1939 年为 82%，技术作物区公积金提成为 15—20% 的集体农庄相应占 75.8% 和 81.6%。"[①] 第二个五年计划期间，庄员的福利比改造初期有了较快增长。"1937 年，集体农庄总产值的分配比例如下：26.1% 出售和上缴给国家（义务交售、实物支付等），29% 用于生产需要，35.9% 按劳动日分配给庄员和拖拉机手。从现金收入中抽出约20% 用作生产需要，14% 用作公积金，1/2 左右按劳动日进行分配和用于拖拉机手的劳动报酬。"[②]

国营农场建设也获得了广泛的发展。这是一些生产谷物、肉品、奶品、毛类和其他农产品的大型国营工厂。国营农场的建设速度很快。"从1928 年至 1932 年，全国国营农场的数量从 1,407 个增加到 4,337 个，职工供应方面的农业附属企业从 1,718 个增加到 4,672 个。"[③] 以新技术装备国营农场在拖拉机和其他机器数量都有了明显的增长。为了使种植业中的基本生产过程机械化，国营农场除装备拖拉机外，还装备了全套互为补充的拖拉机牵引的机器，包括犁、粗耕机、中耕机、播种机等和其他设备。机器技术的广泛采用及其掌握程度的提高决定了国营农场农业生产机械化的增长。"从所有系统的国营农场（包括附属农业企业）来看，1932 年至 1937 年农业总产值增加 0.3 倍，其中种植业增加0.2 倍。谷物产量增加 0.7 倍，技术作物增加 0.5 倍。"[④] "国营农场产量在苏联农业总产量中的比重从 1928 年的 1.5% 增加到 1937 年的12.8%。从 1928 年至 1937 年，国营成分在农业总产量中的作用：谷物类作物从 1.6% 增至 9.8%，牛奶和奶品从 0.5% 增至 8.2%，肉和脂油从 0.2% 增至 15.2%，毛从 1.1% 增至 21.1%。1937 年国营农场上交给

---

① 苏联科学院经济研究所编：《苏联社会主义经济史》第四卷，生活·读书·新知三联书店 1982 年版，第 419 页。

② 苏联科学院经济研究所编：《苏联社会主义经济史》第四卷，生活·读书·新知三联书店 1982 年版，第 419 页。

③ 苏联科学院经济研究所编：《苏联社会主义经济史》第四卷，生活·读书·新知三联书店 1982 年版，第 423 页。

④ 苏联科学院经济研究所编：《苏联社会主义经济史》第四卷，生活·读书·新知三联书店 1982 年版，第 434 页。

国家 5,400 多万吨谷物，150 万吨制糖甜菜，30 万吨肉，2 万吨毛和
170 万吨牛奶。由于国营农场生产的商品率高，所以国营农场在国家集
中采购中所占的比重高于播种面积和牲畜总头数中所占的比重。国营农
场占谷类作物播种面积 7.3%，占棉花面积 3.7%，而 1937 年上交给国
家集中调配量占谷物总采购量的 12.7%，占籽棉的 5.2%。国营农场拥
有的畜群占牛总头数的 5.1%，母牛总头数的 4.4%，猪总头数的
7.0%，绵羊和山羊总头数的 8.7%，而上交的肉（活重）占总采购量
的 24.0%，牛奶 30.1%，毛 23.5%。1934 年至 1937 年期间，谷类作
物国营农场的谷类作物产量从每公顷 5.9 公担增加到每公顷 10.5 公担，
总收获量从 1890 万公担增加到 3,680 万公担，给国家的谷物交售量从
1,225 万公担增加到 2,710 万公担。"①

　　这一时期的农业集体化，它根本改造了小农经济，使农村面貌发生巨
大变化。农业集体化的实现和农业生产的增长，保证了苏联社会主义工业
化的迅速完成，推动了国民经济的大发展，苏联得以在很短的时期内成为
强大的社会主义国家。农业集体化运动是特定历史时代的产物。它不单纯
是促进农业发展的经济政策，它同时担负着保卫社会主义工业化和稳定国
家政权的政治目的。从这个角度说，农业集体化完成了历史使命。

四　农业集体化的悲歌

　　"斯大林的农业全盘集体化运动，并不是基于农业发展本身的要求，
更不是基于农民的要求，而是为了配合国家工业化运动而实行的一种措
施。"② 这种目的性使斯大林的农业集体化更注重其政治功效，而把发
展农业经济放在从属的地位，指导思想和理论认识上的局限性和不成熟
性使农业集体化又成为一曲悲歌。农业集体化存在着不符合生产力发展
要求和农民利益、伤害农民感情、挫伤农民生产的积极性等问题，给苏
联农业的发展造成了重大损失。

　　第一，违背了农业生产力的现实状况。

---

　　① 苏联科学院经济研究所编：《苏联社会主义经济史》第四卷，生活·读书·新知三联
书店 1982 年版，第 434—435 页。

　　② 卢之超、王正泉主编：《斯大林与社会主义——世界第一个社会主义模式剖析》，社会
科学文献出版社 2002 年版，第 67 页。

斯大林农业集体化的大方向是正确的，即努力变革和完善农村社会生产关系，引导广大小生产者走社会主义集体化道路。但是，事实上，20世纪20年代末，苏联国内并不具备实现农业集体化的客观条件。

生产关系一定要适应生产力发展水平是人类社会发展的基本规律。农业的社会主义改造应服从这个规律。苏联20年代末农业生产力的发展水平显然还未出现要求变革其自身生产关系的迫切性，还不具备实行全盘集体化的物质技术基础。人类社会的历史发展表明，只有从其生产力的现有水平出发，遵循经济发展的客观规律，才能促使社会经济迅速发展，从根本上完成对社会历史阶段的超越。脱离生产力的发展来进行政治革命和生产关系的变革，必然会破坏生产力的正常发展。在斯大林看来，社会主义的根本标志是公有制，社会主义必须把生产资料公有化，农业集体化就是实现这一目的的手段。农业集体化是农村社会生产关系的一次伟大革命，是传统的个体占有生产资料和个体生产劳动向集体占有生产资料和集体生产劳动的一次伟大转变。但是，生产关系是受生产力发展水平制约的，调整和完善生产关系必须以一定的生产力发展水平为条件。从个体的、简单的小商品经济过渡到公共的大集体经济，所需时间长短主要取决于生产力发展水平。这里的生产力水平既包括小农经济本身的生产力发展水平，也包括工业和整个国民经济发展水平。这两方面都需要相当长的时间才能达到。人为地过快地实行高度的公有化与生产力发展状况显然是不相适应的。当时苏联的小农经济并不具备实行集体化的物质技术基础，小农经济还有巨大的发展潜力，过急过快的集体化运动的代价是相当大的。由于在相当程度上超越了生产力水平，农业生产力遭到很大损害，牲畜头数减少一半以上，产量大幅度下降。苏联通过的关于发展国民经济五年计划决议中规定，到1933年公有经济（包括国营农场）播种面积所占的比重将达到17.5%。可是到1930年初，中央全会决定大大加快集体化步伐：主要产粮区应在1930年秋至1931年春基本实现，其他产粮区应在1931年秋至1932年春基本实现集体化。特别值得注意的是，决定还提出"在组织集体农庄方面开展真正的社会主义竞赛"。这样一来，各地便争先恐后地推行全盘集体化运动，到1933年7月仅集体经济播种面积的比重已经达到83.1%。这不仅在相当程度上超越了现有生产力水平，而且大大超过了工业为农业提供现代化机器设备的可能。据计算，为了适应集体化的需要，到第一个五年计划期末工业应生产拖拉机 17 万台，谷物联合收割机 4 万台，汽车 20 万辆，那么 1932 年实际生产的拖拉机只有 5.1 万台，谷物联合收割机 1 万台，汽车 2.4 万辆，仅为需要量的 12%—30%。因此，当生产关系超前生产力水平和社会实际的时候，这种生产关系不管从形式上看有多么先进，它不但不能促进生产水平的提高，反而会障碍生产的发展。

第二，追求过急过快地实现农业集体化。

对小农进行改造必须采用他们能够接受的办法。"农业集体化"不是简单地把农民组织起来一起进行生产，而是指分散的农民在使用先进的科学技术、现代化的大机器设备的过程中有机地联合起来，并进行意识、心理改造的过程。这是一个长期的、渐进的过程，而且必须用小农愿意接受的方法、途径。斯大林时期的农业集体化运动是以一场社会变革的面貌出现的。为了革命的结果，为了理想，这一时期过急过快地追求目标的实现，运动中存在冒进和种种过火行为，常常采取强力甚至暴力手段强迫农民加入集体农庄，这严重地伤害了农民的利益和感情。

列宁明确地指出：俄国只能采用"改良主义"的办法，经过一系列中间环节，审慎地、逐步地改造旧经济。为此，必须寻找一条适合小农的生产水平和觉悟水平、使农民易于接受的简便易行的办法，来引导小农向社会主义过渡。列宁的合作化计划就是一个用合作社吸引农民参加社会主义建设实现对小农社会主义改造的计划。列宁的总体思路是个体农民的现实状况不会很快改变，因此还不能设想向社会主义和集体化过渡。斯大林关于社会主义制度不能长期建立在两种不同所有制基础上的论断无疑是正确的。问题在于当时苏联把它作为人为地加快集体化步伐的理论依据。1927 年 10 月 1 日之前，全苏共有集体农庄 17267 个，联合 40 万户农民，占全苏农户总数的 1.5%。集体劳动的萌芽更多地出现在最简单的生产合作社里，如机械合作社、良种培育合作社和土地改良合作社，这样的合作社共有 18555 个，联合 70 万户农民（大约占总数的 3%）。随着经济的增长、机械化的增加和农业集约化的增强，这些最简单的生产合作社有可能成为小农经济和大型集体经济之间的一种独特过渡形式，但是这需要较为漫长的等待并耗费大量资金。

如果说由于实现集体化提高了粮食收购量，暂时缓和了收购危机，保证了工业化的基本需要，那么农业生产力的破坏和生产的下降则从根本上妨碍了工业化的迅速发展，影响了市场的供应和人民生活水平的提高，《联共（布）党史简明教程》也承认："许多党的工作人员还是不顾当时当地的条件，不顾农民加入集体农庄的准备程度，人为地加速集体化。"① 斯大林于1930年3月2日发表《胜利冲昏头脑》一文警告了所有由于集体化成就而头脑发热、犯了严重错误和离开了党的路线的人，警告了所有企图用行政强迫手段使农民转上集体农庄道路的人。文章承认集体化中犯了错误，但文章把问题的出现归结为某些同志被胜利冲昏了头脑，暂时丧失了清醒的理智和冷静的眼光的情况下才发生的，这就使上述错误没有得到及时的纠正。实际上错误的出现与当时党的指导思想是密不可分的。对于农业集体化，联共领导要求各地千方百计加快速度，而且所定的完成集体化期限实际上各地难以做到。于是不少地方干部因害怕完不成任务而层层施压，不择手段迫使农民加入集体农庄。

第三，对富农的过火政策。

在转向新经济政策的时期，列宁预见到在新经济政策造成的经济环境中，随着农村资本主义因素的增长，富农的力量也会有所增长，从而提出对待富农问题的新的政策原则，即鼓励农民生产和致富又限制富农和富裕农民中剥削趋向的政策。新经济政策在农村实施的结果，正像列宁预见的那样，使富农的力量增长起来。这时在党内一部分人当中，首先是以加米涅夫和季诺维也夫为首的新反对派产生了恐慌情绪。他们过高地估计了富农在农村中的经济力量，提出应该依靠法律手段反对富农。

在1925年，党的多次大会都肯定了一方面鼓励农民致富，一方面限制剥削的趋向，同时反对恢复剥夺富农政策的方针。1925年4月中央全会作出的决议仍然坚持了限制富农的政策，决议提出："为了真正提高目前还是个体小农经济占绝对优势的农业，需要扩大农产品的商品率，因此要坚决消除农村中的'战时共产主义'残余（如停止以行政手段对付私营商业和富农等等），因为这种残余是同新经济政策条件下所容许的国内市场关系的发展相抵触的。"决议特别要求："目前特别需要切实消除一切阻碍农民经济（其中也包括富裕的农民阶层）发展

---

① 《联共（布）党史简明教程》，人民出版社1975年版，第338页。

和巩固的行政上的障碍，需要采取法律的（特别是经济的）措施，向那些在农村中放高利贷和对贫农进行奴役性剥削的富农进行斗争。"①

在对待富农的问题上，斯大林的态度经历了从限制和排挤、到剥夺和消灭的演变过程。起初的时期，只是在租地、雇工、建立独立地段等方面进一步加强对富农的禁止或限制，并不是根本改变限制富农的政策。在1927年和1928年提出加紧向富农进攻的口号时，对于富农问题在原则上的提法仍然是限制剥削并反对用行政手段剥夺富农，把"最大限度地限制富农的剥削趋向"作为全面加强国民经济中社会主义成分的政策的一部分。1928年7月的中央全会的决议中，坚决驳斥关于取消新经济政策，要求取消对富农权利的限制的论调，会议要求继续向富农进攻，但声明绝不是用所谓剥夺富农的办法。但是，在这一时期，在限制富农的政策方面也出现了很多过火的行为和过多地依赖行政手段的现象。例如在征收税方面，按照有关规定，个别税的征收面不得超过农户总数的2%—3%，就是说只向最富裕的一部分富农征收。但实际中，许多地区的征收范围扩大到10%或12%，甚至更多。②

斯大林本人在这个时期也仍然主张限制富农的政策，他说："有些同志认为可以并且必须采取行政手段，通过国家政治保卫局去消灭富农，认为下道命令，盖个印，就完事了。这是不对的。这种手段是轻而易举的，但决不会是有效的。我们应当根据苏维埃法制采取经济上的办法去战胜富农。"③ 与国家帮助贫农的经济措施相同，限制富农的政策主要也是反映在贷款、价格、税收等方面。例如在信贷方面，对富裕农民和富农规定较高的利息率，限制富农经济实力的膨胀，并为国家增加积累。在价格政策方面采取了消除季节差价，实行"商品干涉"等措施，以打击富农和私商的投机活动。在税收方面实行累进税率，提高对富农和富裕农民的征税额是限制富农政策的主要方面，通过这些措施限制农村上层农户的积累，防止农民的两极分化。

在1929年4月召开的第十六次党代表会议上和11月召开的中央全会上，斯大林还一再指出消灭富农的条件尚不成熟，"因为当时我们在

---

① 《苏联共产党代表大会、代表会议和中央全会决议汇编》第2分册，人民出版社1964年版，第539页。

② 参见《斯大林全集》第11卷，人民出版社1955年版，第228页。

③ 《斯大林全集》第10卷，人民出版社1954年版，第266页。

农村还没有能够据以向富农举行坚决进攻的据点，即广大的国营农场和集体农庄网。因为当时我们还没有可能用集体农庄和国营农场的社会主义生产代替富农的资本主义生产。"① 但从 1929 年 11 月斯大林发表《大转变的一年》开始，苏联进入了全盘农业集体化阶段，这个问题就变得突出起来。1929 年 12 月 27 日，斯大林在马克思主义者土地问题专家代表会议上发表的演说中，提出了"消灭富农"的口号，并把剥夺富农财产看作是建立和发展集体农庄的一个组成部分。斯大林认为已经有了用集体农庄和国营农场的生产代替富农生产的物质基础。

在斯大林讲话以后，党的领导阶层开始研究关于富农问题的新政策。1930 年 1 月初，联共（布）中央政治局建立了专门委员会，研究制定实行消灭富农阶级政策的步骤。该委员会于 1 月 26 日起草了中央政治局"关于在全盘集体化地区消灭富农经济的措施"的决议草案。1 月 30 日中央政治局批准了草案并通过电报下达给各地党组织。决议指示，在全盘集体化地区立即实行，而在其他地区则根据群众性集体农庄运动实际开展的进程实行下列措施：废除关于租地和雇工的法律，没收富农的生产资料——牲畜、生产用建筑物、农产品加工企业、种子储备等等。决议把富农分为三类，并分类提出了处理办法。一类富农——反革命活动和暴乱组织的组织者处以极刑；二类富农——富农活跃分子，特别是最富有的富农中的活跃分子，驱逐到苏联的边远地区；三类富农则分别迁居到本地区的在集体农庄地域外专为他们规定的地段。决议还要求，在 2 月至 5 月之内实现针对一、二类富农的措施，并规定在播种开始以前，应有不少于 50% 的富农被隔离。1930 年 2 月中央执行委员会和人民委员会《关于在全盘集体化地区加强农业社会主义改造与富农作斗争的措施》的决议以法律的形式把消灭富农阶级的政策确定下来了。决议正式废除了许可土地出租和个体农户使用雇佣劳动的法律，并授权边区、省执行委员会和各自治共和国政府采取剥夺和驱逐富农的行动。消灭富农的运动随着全盘集体化的扩展，迅速掀起了高潮。

消灭富农的过程是极其迅速的。直到 1932 年春才停止大规模驱逐富农的运动。1930 年 2 月 9 日，斯大林在回答斯维尔德洛夫大学生的问题时说："从过渡到消灭富农阶级的政策时起，消灭富农阶级的口号就

① 《斯大林选集》下卷，人民出版社 1979 年版，第 229 页。

成了主要口号，而在没有全盘集体化的地区，限制富农的口号就从独立的口号变成了补助口号，变成了主要口号的辅助口号，变成了使这些地区易于为过渡到主要口号准备条件的口号。"① 苏联当时对农民的富裕与农村商品经济的发展极为敏感。一方面苦于农业的分散、细小与自然经济化；另一方面又担心农村商品经济活跃会导致资本主义的壮大。在"消灭富农"运动中，有很多农民因为多卖了余粮被打成富农而受到剥夺。粮食危机发生后，苏联政府为了解决燃眉之急，对商品粮持有者施加"非常措施"，使得这些农民纷纷缩小经营规模，满足于自给自足，结果使粮食危机更加深化，形成了恶性循环。

五　对农业集体化的反思

斯大林的农业集体化探索，无论是成功的经验，还是失败的教训，都给后人探索社会主义建设道路以深刻的启示。吴恩远教授提出应当弄清苏联"农业集体化"和"全盘集体化"这两个概念的区别和联系，同时准确确定农业全盘集体化的期限，才能正确地评价苏联农业全盘集体化运动。他认为，农业集体化包括苏联农业集体化全过程。它最早可追溯到十月革命初期，也就是 1918 年建立的第一批集体农庄。1927 年联共（布）第十五次代表大会正式确定了农业集体化方针，加快了集体化步伐；1929—1932 年是农业全盘集体化阶段；1937 年标志着集体化的完成。吴教授分析了二者的区别与联系，区别有三个：在全盘集体化时期，农民不像以前那样逐家逐户加入集体农庄，而是整乡、整区的农民全盘入社，集体化百分比急剧上升；中农开始大批加入集体农庄；在全盘集体化运动之前，苏维埃政府对富农只采取限制和排挤的政策，对富农课以重税，用关于租佃土地和使用雇佣劳动的法律把富农的土地使用权限制在一定范围内等等。当时还允许富农存在，也不剥夺其财产。但经过全盘集体化运动后，原来 100 万户左右的富农只剩下不足 6 万户了。同时，二者在目的和内容上也是一致的。其目的都是为了把分散的农民经济转上社会主义大生产的轨道。因此，吴教授反对把农业集体化与全盘集体化混为一谈，或把它们分割开来加以评价的倾向。"有

---

① 《斯大林全集》第 12 卷，人民出版社 1955 年版，第 164 页。

的同志在肯定全盘集体化运动时，试图回避和减轻全盘集体化错误和教训的一面，如粮食减产、牲畜头数下降等事实，过多地强调全盘集体化后农业的回升，食物配给制的取消……过多地强调集体化对工业化的影响，甚至从第二次世界大战中对战胜法西斯的影响，对集体农庄制度的检验等方面来肯定全盘集体化，这就显然是把全盘集体化和农业集体化混为一谈，既不利于总结全盘集体化的经验教训，也使肯定的论据显得无力。与此同时，一些否定全盘集体化的文章，又常常撇开其和农业集体化全过程的联系，孤立地、静止地看待全盘集体化运动。仅仅从全盘集体化时期的一些错误做法，从那段时间农、畜产量下降等情况得出了'全盘集体化是失败的政策'，'是一条不成功的道路'等等。虽然持这种观点的同志大都不否认农业集体化总的成就，但如果根本上否定了全盘集体化，也很难对整个农业集体化，甚而至于对苏联工业化，对斯大林时期社会主义经济建设的成就作出正确的评价。"①

第一，变革和完善社会主义生产关系必须从实际生产力水平出发，遵循客观经济规律。

斯大林时期的农业集体化实现了农村社会生产关系的变革，使社会主义经济制度占统治地位。尽管农业集体化排斥各种非社会主义的经济成分，力图在较短时间内建立一个纯而又纯的理想化的社会，但从苏联当时生产力实际状况出发，也不可忽视个体经济等非社会主义经济成分存在的必要性及其应有的作用。事实上，在无产阶级掌握国家政权，社会主义经济成分占主导地位的条件下，在社会主义社会生产力水平还不发达的情况下，一定范围的农民个体经济尽管它是一种私有制经济，但是，这些非社会主义经济成分能适应并促进社会生产力的发展，那么在一定时期和一定范围内就得允许并鼓励它的发展。斯大林只看到了社会主义经济成分与非社会主义经济成分之间的差异与斗争，急于在形式上完成社会主义的变革。1928 年底斯大林曾发表过这样的观点，他说："如果从某些农业形式的比重来看问题，那就应当把个体经济放在第一位，因为个体经济出产的商品粮食比集体农庄和国营农场几乎多五倍。但是，如果从经济类型，从哪一种经济形式最接近我们来看问题，那就应当把集体农庄和国营农场放在第一位，因为和个体农民经济比较起

---

①　吴恩远：《苏联史论》，人民出版社 2007 年版，第 96—99 页。

来，它们是农业的高级类型。"① 斯大林不顾苏联当时农业生产力水平依然还很低的实际，抽象地谈论生产关系和经济类型的变革，实际上已经离开了马克思主义关于生产力和生产关系问题的原理。因为社会化大生产是经济发展到一定阶段的产物，是经济发展的必然，它是决不能通过行政力量加以改变的。只有从生产力发展的实际状况出发，按照经济规律办事，才能水到渠成地变革生产关系。企图单纯通过行政命令，强制把农民个体经济改变为集体经济，以为这样一来就能够建立起社会主义生产关系，实现社会化大生产，这实在是个极大的错误。

第二，必须重视发展生产力，提高劳动生产率，促进农业发展。

新的社会制度要战胜旧制度，尤其是经济落后的国家要建成并巩固社会主义制度，最首要的任务就是要大力发展生产力。既然社会主义是高于资本主义的社会制度，那就更应该创造出高于资本主义的劳动生产率，否则，社会主义就很难得到巩固和发展，就难以取得最后胜利。斯大林的农业集体化充分证明：否定了封建地主和资本主义的生产关系，建立了新型的社会主义的生产关系，并不等于发展生产力问题同时宣告解决。决不能把变革生产关系同发展生产力混为一谈，决不能认为建立了新的生产关系，社会生产力就会自发地发展起来。列宁曾经指出，"当无产阶级夺取政权的任务解决以后，随着剥夺剥夺者及镇压他们反抗的任务大体上和基本上解决，必然要把创造高于资本主义的社会结构的根本任务提到首要地位，这个根本任务就是：提高劳动生产率"②。斯大林也重视加强经济建设，期望提高苏联的生产力水平，提高劳动生产率，建设和巩固社会主义经济基础。斯大林曾指出，"现在，当我们已进入新的经济建设时期，当我们已从战争转到和平工作的时候，'一切为了战争'这个旧口号就必然为'一切为了国民经济'这个新口号所代替。这个新时期要求共产党员把全部力量投到经济战线上，投到工业、农业、粮食工作、合作社、运输业等等上去。"③ 但是，由于过分强调变革生产关系，则欲速则不达。虽然农业集体化在变革和完善农村社会生产关系的同时也提高了农业生产力水平，促进了国民经济的发

---

① 《斯大林全集》第 11 卷，人民出版社 1955 年版，第 226 页。
② 《列宁全集》第 34 卷，人民出版社 1985 年版，第 168 页。
③ 《斯大林全集》第 5 卷，人民出版社 1957 年版，第 72 页。

展，但也留下了许多问题和伤痕。

第三，正确处理好农业与工业之间的关系，促进二者协调发展。

斯大林时期农业集体化运动存在以牺牲农业和农民利益为代价来促进工业发展的问题，这是我们必须吸取的深刻教训。斯大林把优先发展重工业放在了过高的地位，忽视了国民经济按比例发展的基本要求。把农业仅仅放在为工业服务的地位，从农业抽取得过多，把农民挖得很苦，结果使苏联农业生产、农民生活都受到损害，造成农业经济发展长期滞后，从 1926—1940 年，重工业增长 18.4 倍，年均增长速度为 21.2%；轻工业增长 6.2 倍，年均增长速度为 14.1%；农业之增长 26%，年均增长速度只有 1.5%。在当时特殊的历史条件下，优先发展重工业有其合理性，但是，国民经济是一个有机整体，各个不同的生产部门之间客观地存在着一定的比例关系，长此以往的结果，必将使国民经济发展比例严重失调，影响了国家经济可持续发展。

第五章　斯大林对资本主义的认识

当代中国改革开放伟大事业的成功使人们认识到，社会主义国家要对外开放、积极利用资本主义、善于同资本主义合作，才能使社会主义焕发勃勃生机。有研究者从这一视角对斯大林的有关思想与实践进行了评价，认为斯大林在社会主义与资本主义关系上，过分强调社会主义与资本主义的根本对立，提出"两个阵营"、"两个平行的世界市场"，关起门来搞建设，不利用资本主义，从而对苏联的社会主义事业造成了极大危害，这也是最终导致苏联解体的悲剧的重要原因。如何看待这样的观点呢？这种认识有合理之处。回顾历史，不可否认，斯大林的"两个阵营"、"两个平行的世界市场"理论的确对苏联的长期发展造成了不利影响，斯大林及其后的苏联党和国家领导人在处理与资本主义世界的关系上存在失误。但是，有一些问题更值得深思。一是斯大林的"两个阵营"、"两个平行的世界市场"理论的提出完全是他这一方的主观判断吗？它们是怎么提出的呢？在当时发挥了什么作用？二是如何看待斯大林的"闭关自守"与当代中国特色社会主义的改革开放？二者分别产生于什么样的时代？认识清楚和准确评判这些问题需要全面考察斯大林的有关思想。斯大林对资本主义的认识大体上可以分为三个方面：利用资本主义思想、"两个平行的世界市场"思想、资本主义总危机理论。斯大林这三个方面的思想既有比较清楚的阶段划分，又在不同阶段有所侧重。

一　利用资本主义思想

在利用资本主义的问题上，有研究者高度肯定了列宁的有关思想，认为十月革命后，列宁在领导俄国人民的探索中发现了经济文化落后的国家实现社会主义、建设社会主义的特殊性，论述了落后国家向社会主义过渡和进行社会主义建设的过程中利用资本主义的必要性，并就利用资本主义的内容和具体途径等问题提出了许多宝贵的思想。遗憾的是，列宁逝世过早，斯大林未能很好地继承和执行列宁的这一思想，最终导致了苏联的闭关自守。我认为这样的认识并不符合历史事实。让我们回顾一下列宁和斯大林的有关思想。

起初，列宁和其他领导人大都坚信俄国革命只不过是世界革命的序幕，只有把已在俄国取得胜利的社会主义革命转变为世界革命，才是俄国革命能够巩固的最可靠的保证。欧洲猛烈的革命形势预示着共产主义在全世界的胜利已为期不远了，因此，苏俄的任务就是坚守住这个社会主义革命的桥头堡，以配合和支援世界各国的革命。但是，在欧洲各国工人革命运动逐渐退潮后，最终形成了苏维埃共和国和资本主义世界谁也不能消灭谁的现实对峙局面。这样，社会主义与资本主义应当建立什么样的关系便成为一个现实问题。从历史上看，俄国地大物博，在世界经济中占有重要一席。长期以来，它与欧洲各国保持着密切的经济联系，是欧洲各主要资本主义国家农产品和原料的最大供应者、工业品的巨大销售市场和回报丰厚的投资场所。因此，列宁指出："有一种力量胜过任何一个跟我们敌对的政府或阶级的愿望、意志和决定，这种力量就是世界共同的经济关系。正是这种关系迫使它们走上这条同我们往来的道路。"① 因此，苏维埃俄国应当善于根据资本主义的特点，利用资本家对原料的贪欲，使自己得到好处，通过资本家——不管这是多么奇怪——来巩固苏维埃俄国的经济地位。在列宁的领导下，1921 年 3 月16 日苏俄与英国签订了贸易协定，接着意大利、德国等国家纷纷效法。苏维埃俄国利用 1922 年的热那亚会议和海牙会议冲破了重重阻挠，扩大了对外经济联系。10 月 20 日，苏联成功地举办了进出口商品展览会，吸引了大批外商。苏联开始积极出口商品和进口商品，同时，吸引外资的工作也逐步展开。但是，总体而言，两种社会制度国家依然处于紧张的对立状态，相互之间的经济往来甚少。

斯大林也认识到资本主义在生产力上的优势。资本主义制度在世界上已经存在好几百年了，它创造了人类历史上空前巨大的生产力，使科

---

① 《列宁全集》第 42 卷，人民出版社 1987 年版，第 332 页。

学技术发展进入了一个崭新阶段。而新生的社会主义国家在经济技术上还处于暂时落后的状态，这就使社会主义国家在建设本国经济的过程中，更加有必要利用国际经济交往来吸收外国的先进科学技术，促进社会主义生产力的发展。社会主义苏联与资本主义西方发生经济联系，决不是取决于主观愿望，这是人类社会经济发展规律所决定的客观进程。斯大林指出："以为社会主义经济是一种绝对闭关自守、绝对不依赖周围各国国民经济的东西，这就是愚蠢之至。"①

斯大林还从社会主义革命在一个落后国家，而不是同时在许多先进国家取得胜利的现实出发来看待苏联和资本主义国家进行经济交往的必然性。在 1921 年，斯大林在论述俄共（布）党在取得无产阶级政权、建立社会主义制度以后怎样进行社会主义经济建设时，就阐述了与资本主义国家发展经济关系的必然性和必要性问题。他指出："第一，俄国是一个经济落后的国家，如果它不用自己的原料换取西方国家的机器和装备，那就很难靠本身的力量组织运输业，发展工业并使城乡工业电气化。第二，俄国至今还是一个被工业比较发达的敌视俄国的资本主义国家包围的社会主义孤岛。如果苏维埃俄国邻近有一个工业发达的苏维埃大国或者几个苏维埃国家，那就很容易根据以原料换取机器和装备的原则同这些国家建立合作关系。但是现在没有这个条件，所以在无产阶级革命还没有在一个或几个工业资本主义国家内获得胜利之前，苏维埃俄国和我们这个领导它的党就不得不寻求同敌视我们的西方资本家集团建立经济合作的形式和方法，以便取得必需的技术装备。租让制形式和对外贸易——这些就是达到这个目的的手段。不这样就很难指望在经济建设方面和在国家电气化方面取得决定性的成就。"斯大林很清楚这个过程是一个缓慢而痛苦的过程，也是一个必然的、不可避免的过程。

1923 年 4 月，斯大林在提交给俄共（布）第十二次代表大会讨论并经党中央批准的提纲——《党和国家建设中的民族问题》中，对各国开展经济往来是世界经济发展的必然趋势作了分析。他认为，资本主义的发展早在一个多世纪以前就出现了经济生活国际化的趋势，最近一个多世纪资本主义的发展加强了这种趋势，并且用国际分工和各方面相互依赖的纽带把各个极不相同的民族联系起来了。这一过程反映了生产力

———————————

① 《斯大林全集》第 9 卷，人民出版社 1954 年版，第 118 页。

的蓬勃发展，促进了民族隔阂和不同民族利益对立性的消灭，为未来世界社会主义经济准备着物质前提，斯大林明确指出这是"一个进步过程"。因此，在世界经济发展的趋势中，社会主义国家不可能置身于各国在经济上的相互联系之外，苏联与资本主义国家发展经济关系，正像每个资本主义国家必须与其他资本主义国家加强经济联系一样，是由经济生活的国际化这一趋势决定的。

1927 年 12 月联共（布）第十五次代表会议通过的关于起草一五计划的决议中明确指出必须最大限度扩大与资本主义的联系，因为这些联系，扩大对外贸易和国际信贷，实行租让制度、吸引外国技术力量等等，将会加强苏联的经济实力，促使其更加独立于资本主义世界，扩大苏联社会主义工业进一步发展的基础。那么，苏联经济对世界经济有依赖的一面，而资本主义世界经济对苏联经济是否也存在依赖性呢？回答是肯定的。斯大林说："我们得到贷款，不是因为我们的眼睛生得漂亮，而是因为资本主义国家需要我们的石油，需要我们的粮食，需要我们的市场来销售装备。不可忘记我国占世界六分之一的面积，是一个广大的销售市场，资本主义国家不和我们的市场保持某种联系是不行的。"[①]因此，对社会主义苏联来说应该充分地利用资本主义西方对苏联的需要，在与资本主义的经济联系中发展社会主义。

可以说，社会主义国家开展同资本主义国家的经济联系是双方经济发展的客观需要，是符合双方的利益的，他们之间的经济依赖是相互的，不只是苏联经济依赖资本主义国家，资本主义国家更有赖于同苏联建立经济联系。1927 年 9 月，斯大林在和第一个美国工人代表团的谈话中指出了这种相互依赖的辩证关系，"我们需要机器装备、原料（如棉花）、半制品（金属的和其他的），而资本家需要销售这些商品。这就是签订协定的基础。资本家需要石油、木材、粮食，而我们需要销售这些商品。这就是签订协定的基础。我们需要贷款，而资本家需要这种贷款的优厚利息。这又是信贷方面签订协定的基础"[②]。1929 年斯大林在会见美国客人坎伯尔先生时表示："我们注视着美国，因为这个国家在科学和技术方面有很高的水平。我们希望美国的科学家和技术人员在

---

①《斯大林全集》第 9 卷，人民出版社 1954 年版，第 117—118 页。

②《斯大林全集》第 10 卷，人民出版社 1954 年版，第 109 页。

技术方面做我们的老师，我们做他们的学生。"① 斯大林在肯定资本主义与社会主义在经济上具有相互依赖性的同时，也认为二者有和平共处的可能。从一些代表性言论中可以清楚地看到这一点。1936 年 3 月，斯大林在回答美国斯克里浦斯—霍华德报系总经理罗伊·霍华德先生关于"您是否认为美国的民主制同苏维埃制度是可以并行不悖地发展"的提问时说："美国的民主制同苏维埃制度可以和平共处和竞赛。然而这一个不能发展成为另一个。苏维埃制度不会转变为美国的民主制，反之亦然。如果我们彼此不吹毛求疵，我们是可以和平地共处的。"②

二战后，斯大林也多次强调同西方的和平共处。1945 年 4 月，斯大林在给罗斯福去世所发的唁电中，称罗斯福是一位极其伟大的世界性的政治家和组织战后和平与安全的倡导者。他表示相信，担负了反对共同敌人的战争主要重担的大国，它们之间的合作政策今后仍将加强。同年 5 月，斯大林在致丘吉尔的信中表示：相信两国在战时形成的友好关系，在战后时期将进一步顺利地、有效地发展。6 月，在致杜鲁门的电报中，斯大林坚信苏美两国之间在共同斗争时期得到巩固的友好联系，今后也将顺利地发展。即使在丘吉尔铁幕演说后的 1946 年 9 月，斯大林仍然认为，和平合作的可能性不仅不会减少，甚至能够增加。同年 12 月 21 日，在与罗斯福之子埃利奥特·罗斯福的会谈中重申："在战时最紧张的时候，政体的不同并没有妨碍我们两国联合起来并战胜我们的敌人。在和平时期，维持这种关系就更加可能了。"③

1947 年 4 月，斯大林在同美国共和党活动家哈罗德·史塔生的谈话中指出，社会制度的差别对美苏合作来说并没有什么妨碍，"德国和美国的经济制度是相同的，然而它们之间却发生了战争。美国和苏联的经济制度是不同的，但它们彼此并未作战，而且在战时还相互合作。两种不同的制度既然在战时能够合作，在和平时期又为什么不能合作呢？"④ 不仅如此，在承认不同社会制度国家之间存在着各方面差别的基础上，斯大林还提出了一种非常宝贵而且迄今也不失其价值的思想：共处的各方"不应醉心于批评彼此的制度。每一国的人民都维持着它所

① 《斯大林全集》第 13 卷，人民出版社 1956 年版，第 136 页。
② 《斯大林文集（1934—1952）》，人民出版社 1985 年版，第 93 页。
③ 《斯大林文集（1934—1952）》，人民出版社 1985 年版，第 516 页。
④ 《斯大林文集（1934—1952）》，人民出版社 1985 年版，第 523 页。

愿意维持和可能维持的制度。哪一种制度更好，——历史会证明的。应该尊重人民所选择和赞同的制度。美国的制度究竟是好还是坏，——这是美国人民的事。合作并不需要各国人民具有同样的制度。应该尊重人民所赞同的制度。只有在这种条件下，才能合作。"①

1948 年 5 月 17 日，在答复美国第三党总统候选人华莱士提出的解决苏美分歧的具体方案与建议的公开信时，斯大林说："至于苏联政府，它认为华莱士先生的方案，是可以作为达成这种协议和发展国际合作的一个良好而有成效的基础的，因为苏联政府认为，尽管经济制度和思想体系不同，但这些制度的共处，以及苏美分歧的和平解决，不仅是可能的，而且为了普遍和平的利益也是绝对必要的。"② 1952 年 4 月，在《答美国一些地方报纸编辑提出的问题》一文中，斯大林还重申第三次世界大战不是比前两年更加临近；斯大林在回答"在怎样的基础上资本主义和共产主义的共处才是可能的"的问题时说："只要双方有合作的愿望，决心履行所承担的义务，遵守平等和不干涉别国内政的原则，资本主义和共产主义的和平共处是完全可能的。"③ 直到逝世前几个月，他还说："我仍然相信：不能认为美国和苏联之间的战争是不可避免的，我们两国今后也能够和平相处。"④ 可见，在二战后，和平共处思想也不时为斯大林所提起和关注。

为了维持与西方大国特别是与美国的合作关系，斯大林在各种场合多次驳斥关于苏美关系日益紧张的传闻，他一再申明不相信新战争的实际危险，而是相信苏联和西方民主国家尽管有着意识形态上的分歧，但有可能建立友好的、长期的合作。杜鲁门主义出台后，1947 年 4 月 9 日，斯大林在同史塔生的谈话中说："有人把苏维埃制度称为极权的或独裁的制度，而苏联人则称美国的制度为垄断资本主义。如果双方开始彼此谩骂为垄断者或极权主义者，那就不能得到合作。"⑤ 他还说，他和罗斯福都没有彼此谩骂为垄断者或极权主义者。这就大大有助于他和罗斯福建立相互的合作，并赢得了对敌的胜利。他重申，美苏仍有合作

---

① 《斯大林文集（1934—1952）》，人民出版社 1985 年版，第 525—526 页。
② 《斯大林文集（1934—1952）》，人民出版社 1985 年版，第 541 页。
③ 《斯大林文集（1934—1952）》，人民出版社 1985 年版，第 673 页。
④ 《斯大林文集（1934—1952）》，人民出版社 1985 年版，第 679 页。
⑤ 《斯大林文集（1934—1952）》，人民出版社 1985 年版，第 526 页。

的可能，只要双方有此愿望的话。为了减少摩擦和冲突，苏联在一系列问题上（如从伊朗撤军和控制达达尼尔海峡等问题）作出了重大让步。

斯大林对于利用资本主义发表过一系列重要的看法，其中许多观点今天看来仍然是正确的。但受历史条件的限制，他的某些观点也带有明显的局限性。可以看到，斯大林对社会主义与资本主义发展经济关系的必然性和必要性的认识，既有从人类社会发展的必然要求出发来认识的，把社会主义国家与资本主义国家的经济交往放到世界经济与政治关系中。也有把两种制度之间的往来作为一个权宜之计，迫于当时社会主义苏联处于资本主义包围之中、经济文化比较落后，期望得到资本主义帮助的现实考虑。在第二次世界大战全面爆发之前，苏联在引进外国资金、技术、设备方面取得了令人瞩目的成就。当时苏联新建的三大钢铁厂、高尔基汽车厂、斯大林格勒拖拉机厂和哈尔科夫拖拉机厂、乌拉尔重型机器厂、最大的电站第聂伯电站和其他9座大电站等一大批骨干企业，都是用德国、美国、英国等国的先进设备和技术兴建的。包括顿巴斯煤厂在内的一大批老企业也用西方国家的装备和技术进行了改造和扩建。1932年，苏联润滑油厂和裂化工厂的设备很大部分都是外国设计和制造的。苏联聘用美国的管理人员，负责铁路运输系统的整顿和中亚棉区灌溉的整个工程。就连军工企业也得益于与外国经济合作，苏联最初的轰炸机、海洋运输机、轻型战斗机、直升机、巡洋舰、驱逐舰、重坦克和小型武器，都是由美国、意大利等帮助设计和生产的。但是，总体而言，斯大林时期苏联与资本主义世界的经济贸易往来是极为不顺利的。那么，是什么东西阻碍着这种接近的实现呢？斯大林认为这些合作不仅取决于苏联，也取决于资本主义国家。他表示，苏联同美国具备在技术、工业和商业方面进行合作的基础和可能性。但是，英国等资本主义国家在苏维埃政权诞生后就采取了封锁禁运的政策，后来虽然不得不解除封锁，取消禁运，但与苏联的经济往来也是一波三折的，不能夸大这一时期利用资本主义对苏联经济发展的作用。总结第一个五年计划时斯大林的态度是：五年计划的基本任务，就是要把我们苏联变成为毫不依赖于世界资本主义意旨而完全独立的富强工业国家。1929—1933年的资本主义世界经济危机，引发了资本主义各国之间的关税战、货币战。1933年，资本主义世界贸易总额退回到了1919年的水平之下，海外汇兑也完全停顿，资本输出几乎完全中断。这种国际形势客观上也使苏联与其他国家的经济交往更加困难，迫使它独立自主地进行经济建设。第二次世界大战期间，苏联除了从美国租借和受援一些军用物资外，几乎不可能与其他国家有什么正常的经济往来。

二 "两个平行的世界市场"理论

1952 年，斯大林在《苏联社会主义经济问题》中提出："两个对立阵营的存在所造成的经济结果，就是统一的无所不包的世界市场瓦解了，因而现在就有了两个平行的也是互相对立的世界市场。"① 这一论断在随即召开的苏共十九大上得到了肯定并成为苏联对外经济政策的指导。此后这一理论在苏联和其他社会主义国家广泛流行。中国也曾在《苏联社会主义经济问题》一书出版后，发表了大量学习文章，掀起过学习"两个平行的世界市场"理论的高潮。但是长期以来，斯大林的"两个平行的世界市场"理论饱受批评。的确，这一理论违背了世界经济发展的客观趋势，对苏联及国际共产主义运动造成了极大的危害。但是，考察这一理论提出的背景，可以看到它的产生是当时特定的历史形势下的产物，在当时发挥了积极作用。

1. "两个平行的世界市场"的提出

"两个平行的世界市场"的理论主要包括以下几点：（1）战后社会主义阵营的出现使资本主义的统一市场瓦解，出现了两个平行的也是相互对立、彼此隔绝的世界市场；（2）西方发达国家的经济封锁不仅不能窒杀社会主义的世界市场、反而巩固了这个新的市场；（3）社会主义市场的形成主要不在于西方的经济封锁，而是由于战后各社会主义国家在经济上结合起来，建立了合作和互助，特别是由于经济上强大的苏联的存在；（4）由于互相帮助和求得共同经济高涨的真诚愿望，使这些国家不仅不需要从资本主义国家输入商品，而且自己还有大量剩余商品输往他国；（5）由于社会主义市场的存在和不断壮大，资本主义市场日渐弱小，从而西方强国的国内经济危机和资本主义体系的总危机逐步加深；（6）由于战争与日益狭窄的国际市场，资本主义各国间的矛盾会进一步激化，大战是不可避免的，而且完全有可能在资本主义阵营内部首先爆

---

① 《斯大林选集》下卷，人民出版社 1979 年版，第 561 页。

发。这一理论的提出既有客观历史条件的原因也有主观因素的影响。

第一，对资本主义遏制封锁的"反遏制"、"反封锁"。

二战结束后不久，美、英等西方资本主义国家与苏联之间由战时的联盟关系转变为冷战关系，整个世界被分成两大对立的阵营，双方处于尖锐对峙状态。为了遏制苏联、对抗社会主义阵营，美国提出了旨在扶植、复兴西欧，确保和加强其资本主义世界霸主地位的"杜鲁门主义"和"马歇尔计划"，并策动其他国家一起对苏联及东欧、中国等社会主义国家实行经济封锁和禁运政策。"马歇尔计划"明确规定，谁同苏联、东欧国家发生经济往来，谁利用美援来生产商品供应苏联，美国将拒绝提供援助。其实，早在1945年5月，美国政府就下令减少向苏联交货，并且突然宣布停止租借援助，对苏施加压力。后因需要苏联出兵远东，组建联合国中也不能没有苏联的合作，杜鲁门才暂时收回成命。1946年底，美国单方面停止执行双方签署的贸易协定，拒绝提供有关的机器设备。两大阵营间关系的完全破裂是在1947年苏联拒绝参加"马歇尔计划"并对阵营内部的东欧国家提出同样要求后开始的。此后，以美国为首的西方集团对社会主义各国全面实行了遏制封锁政策。1948年，美国对出口到社会主义国家的一切商品实行个别许可制。1949年初，美国国会借口苏联实行柏林封锁，通过了"出口管制法"，授权总统为了确保美国的安全利益，可以禁止任何商品的出口，尤其是向苏联的出口，禁运商品达2800多种。为了限制向苏联、东欧国家贷款，美国修改了《约翰逊债务违约法》，对社会主义国家进行私人信贷的限制。

1949年11月，在美国的提议下由十几个主要西方国家参加的"巴黎统筹委员会"的主要目的也是对社会主义国家进行封锁与禁运，限制其成员国对社会主义国家的出口贸易。巴黎统筹委员会禁运物资一度多达1000多项。另外，美国还对苏联向美国的出口实行种种限制。1951年美国国会通过《贸易协定延长法》，规定对社会主义各国的商品实行进口限制。美国国会还通过了《共同防务援助控制法》，规定禁止向社会主义国家输出的战略物资达313种，还规定美国将对向苏联提供禁运物资的国家停止经济、军事和财政援助。美国还利用其他西方国家对它的依赖，组织对社会主义国家的全面经济封锁。1952年，美国宣布取消苏联的最惠国待遇。苏联向美国出口的货物的关税约比其他国家高出

360%，苏联运输船只还不得在美国港口添加燃料和润滑油，不得更换设备和增添备件。

在西方国家进行全面经济封锁的情况下，苏联采取了一系列措施进行反击。为了对抗"马歇尔计划"，防止东欧国家的离心倾向，进一步巩固东欧阵地，同时也为了反击西方国家对苏联、东欧国家的经济封锁，苏联特别注意在经济上巩固社会主义阵营。1946 年 5 月、1947 年 2 月和 1948 年 1 月，苏联与波兰先后签订了几个贸易协定。1947 年 7—8 月，苏联相继与罗马尼亚、保加利亚、捷克斯洛伐克和匈牙利签订了一系列的双边经济贸易协定，西方把这些协定统称为《莫洛托夫计划》，这些协定把以前苏联与西欧和其他地区的大宗贸易转向了东欧地区，减少了这些国家对西方国家的经济依赖，初步形成了以苏联为首的苏东贸易联合。1949 年 1 月又在此基础上成立了经济互助委员会。因此，应该说，两个平行的世界市场的形成，首先是西方发达国家实行经济封锁的结果。正是在这种条件下，斯大林提出了两个平行的世界市场的理论，把社会主义国家的经济局限在一个市场进行，禁止社会主义国家同西方资本主义国家发生经济贸易往来，从而实现对西方资本主义国家的反封锁。

第二，两大阵营对立的产物。

斯大林认为，第二次世界大战已造成了一种与战前完全不同的国际形势，在这种新的形势下，社会主义从一国走向多国，建立了与资本主义政治体系相对立的社会主义阵营，并由此而能够形成与资本主义世界市场相平行的社会主义市场。面对西方资本主义的挑战，斯大林开始积极主动地扩大社会主义势力范围。斯大林认为，第二次世界大战及其在经济方面的最重要的结果，是统一的无所不包的世界市场瓦解。中国和其他欧洲各人民民主国家脱离了资本主义体系，和苏联一起形成了统一的和强大的社会主义阵营，而与资本主义阵营相对立。此时斯大林考虑更多的已经不仅仅是保卫苏联一国社会主义的安全，而是利用这一大好形势扩展社会主义的范围。因此，建立一个强大而统一的、以苏联为首的社会主义阵营和社会主义市场体系成为斯大林的一个目标。

苏联的这一举措与斯大林对战后资本主义和社会主义发展的判断相关。早在 20 世纪 30 年代斯大林就提出，随着苏联"一国建成社会主义"，"资本主义已经不是唯一的和包罗万象的世界经济体系，除资本主义经济体系外，还存在着社会主义体系，它日益成长"。① 随着苏联的力量在二战后期的不断扩展，西方资本主义遭到极大削弱之后，斯大林认为正在成长着的社会主义在战后有了极大的发展，社会主义将从一国走向多国，并进而形成与世界资本主义体系相对立的世界社会主义体系。

为了建立经常的和稳定的经济联系与合作，使阵营内的合作获得坚实的基础，1949 年 1 月苏联与保加利亚、匈牙利、波兰、罗马尼亚、捷克斯洛伐克共同决定成立经济互助委员会（简称经互会）。会议公报规定经互会的基本宗旨是：交流经济工作方面的经验，制订有关科技合作方面的措施；相互给予技术援助；在原料、食品、机器、设备等方面互相协助。会议公报明确表示，坚决反对侵犯各国主权及其国民经济利益的马歇尔计划。经互会的目标被理解成为力图建立一个与西方资本主义世界市场相抗衡的社会主义世界市场，应该说是有道理的。经互会在成立之初，关注扩大成员国之间的贸易额问题，组织成员国之间开展科学技术合作和交流经验，并对成员国中的经济建设问题提供建议等。但是实际上，苏联与参加经互会的东欧国家主要还是通过双边关系来加强经济和技术的相互合作，经互会成立初期实际上主要发挥了经济协调和统计机构的作用。起初，经互会只向欧洲国家开放，修改章程后，阿尔巴尼亚、民主德国、蒙古、古巴和越南先后加入。经互会成立后，东欧各国的对外经济联系基本局限于各成员国之间，与西方国家的贸易和经济技术交往被压缩到最低限度。

斯大林对社会主义阵营国家之间的关系给予了高度的评价。"这个合作的经验表明，没有一个资本主义国家能象苏联那样给予各人民民主国家以真正的和技术精湛的帮助。问题不仅在于这种帮助是极度便宜的，技术上是头等的。问题首先在于这种合作的基础，是互相帮助和求得共同经济高涨的真诚愿望。结果，在这些国家中便有了高速度的工业发展。可以满怀信心地说，在这样的工业发展速度之下，很快就会使得这些国家不仅不需要从资本主义国家输入商品，而且它们自己还会感到

---

① 《斯大林全集》第 12 卷，人民出版社 1955 年版，第 216 页。

必须把自己生产的多余商品输往他国。"① 斯大林乐观地对两个市场的前途作了判断，提出了以社会主义市场逐步包围、蚕食资本主义市场的思想。他认为在总危机进一步加深的情况下，资本主义市场是不断衰败和缩小的，世界销售市场的条件对于这些国家将会恶化，而这些国家的企业开工不足的现象将会增大。世界市场的瓦解所造成的世界资本主义体系总危机的加深就表现在这里。

2. "两个平行的世界市场"理论的是非得失

"两个平行的世界市场"理论客观地反映了战后初期世界经济与政治关系中资本主义与社会主义两大不同社会制度的基本格局，并充分地肯定了社会主义国家之间开展经济技术和贸易往来的必要性和重要性。这一理论在冷战环境中出现是合乎逻辑的，在当时的历史条件下确实起到了积极的作用。同时，从这一理论造成的历史后果来看，不能不说这一理论存有明显的缺陷。斯大林对社会主义与资本主义两大不同社会制度并存的长期性认识不足，割裂了具有有机联系的统一的世界市场，简单地把两个市场与两大阵营相互对立的政治格局联系起来，没有正确认识世界经济发展的客观规律，从而认为两个市场也是对立的、互不相干的。斯大林的这一理论认识，人为地把社会主义国家间的经济往来限制在社会主义阵营内部，削弱了与资本主义国家在经济技术和贸易等方面的交流与合作，其结果必然会影响社会主义的发展。

（1）"两个平行的世界市场"理论的积极作用

斯大林的"两个平行的世界市场"理论是对当时咄咄逼人的西方资本主义的回应，对社会主义国家间的经贸往来给予了肯定。这一理论的提出和运用对粉碎帝国主义的遏制封锁政策，加强社会主义阵营内部的团结和统一，对各社会主义国家克服困难，集中有限的财力、物力进行战后经济恢复和重建等，确实起到了积极的作用。尽管斯大林的这一理论后来更多的是消极影响，但在当时两大阵营尖锐对立的冷战气氛下，要想实现双方正常的经济交往也是不大可能的。斯大林也认为形成这两个平行而又互相对立的世界市场的主要原因，是主要资本主义国家对社会主义国家实行经济封锁。"美国、英国及法国自己促成了这个新的平行的世界市场的形成和巩固，当然这不是出于它们的本意。它们对于没

---

① 《斯大林文集（1934—1952）》，人民出版社1985年版，第621页。

有加入'马歇尔计划'体系的苏联、中国和欧洲各人民民主国家实行经济封锁，想以此窒杀它们。事实上并没有窒杀得了，反而巩固了这个新的市场。"① 在二战后面临西方经济封锁、禁运的情况下，社会主义国家之间加强经济团结与合作，共同抵制西方国家的封锁是必要和有益的。

（2）"两个平行的世界市场"理论的消极影响

历史已经证明，这一理论作为特殊时期的产物也只能在特殊时期才能发挥积极作用，反之就会造成消极影响。

首先，"两个平行的世界市场"理论并没有正确反映世界经济发展的客观规律，对苏联及世界社会主义的发展造成了消极影响。两个平行的世界市场造成了世界市场的人为分裂。苏联同东欧国家一起同资本主义世界相对立，相抗衡，虽然暂时解决了经济困难，但却违背了世界经济发展的共同趋势，脱离了世界经济发展、科学技术和人类文明发展的总进程。社会主义必然代替资本主义，这是人类社会发展的必然趋势。但是，要彻底战胜资本主义，归根到底还是要发展社会生产力。从历史发展的实际进程来看，西方国家工业化开始得较早，生产力水平，科技水平处于较高层次，两个市场的人为隔绝，必然导致社会主义国家与世界先进科技的隔绝，并且战后资本主义世界在新的科技革命的带动下取得了空前的发展。所以，斯大林的这一理论本质上拒绝了先进生产力，它可以在一定时期、一定程度上解决社会主义国家的生存问题，但不能解决社会主义国家的发展问题。斯大林的认识和行为违背了世界经济国际化的发展趋势，使苏联和其他社会主义国家形成了不同程度的封闭性经济，妨碍了科技进步和国民经济可持续增长，从而影响了苏联和世界社会主义事业的发展。

由于各国生产力和科技发展的不平衡，自然资源和劳动力条件的差异、经济管理水平的不同，必然造成各国科学技术的互相引进、取长补短和经济发展中的相互依赖，而这种互相引进、互相依赖都是通过世界市场来实现的，同时又反过来扩大了世界市场。因此，世界市场的形成及其发展趋向，归根到底是受生产力和分工的国际化程度制约的，而不

---

① 《斯大林选集》下卷，人民出版社1979年版，第561页。

是由其他什么因素决定。世界市场这种客观经济现象并不会因国与国之间、阵营与阵营之间的对立而发生内在的断裂。两大阵营的出现，使世界经济分裂为两个经济性质完全不同的体系——资本主义经济体系和社会主义经济体系。实际上，社会主义国家的出现只是使资本主义统一的世界市场时代结束，出现了资本主义经济体系和社会主义经济体系并存的局面。它们都是世界经济的一个组成部分，并没有因为出现两种社会经济体系而彻底分裂为两个绝对对立、彼此隔绝的世界市场。在现代世界经济整体中，尽管社会主义生产关系和资本主义生产关系的性质有着深刻的本质差别，但在它们的经济关系中一些共同规律仍然起着重要作用。

其次，两个平行的世界市场的形成束缚了东欧社会主义国家发展同西方资本主义国家之间的经济贸易关系，妨碍了这些国家独立自主地探索适合本国实际的经济建设方式。按照斯大林的说法，与资本主义世界市场相平行的社会主义世界市场之所以能形成，是因为苏联经济强大，能对其他社会主义国家提供精湛技术的帮助，各社会主义国家通过高速发展工业，互相协作，互相调剂，完全可以不靠从资本主义国家输入商品就可以满足需要，社会主义国家完全可以靠自己的力量发展经济。这种认识在当时有很大影响，一些人认为社会主义国家与资本主义国家建立经济关系没有多大意义。当时各社会主义国家通过相互援助，在经济恢复和初期建设中确实取得了一定的成就，但后来的实践证明，苏东国家在经互会范围内的经济合作远不能满足本国建设的需要，因为世界上大部分先进科技、资金、先进的经济管理方法，都掌握在发达资本主义国家手中。并且，苏联在发展与其他社会主义国家的经济合作中明显出现了大国主义倾向，在特殊的政治气候下，苏联和东欧社会主义国家的经济合作明显处于一种不平等状态。总体而言，社会主义阵营内部的经济往来还是很有限的。

历史的发展表明，社会主义国家的政治经济发展战略应随着现实条件不断调整，应随着世界形势的变化而调整。如果说在二战后初期，"两个平行的世界市场"理论还有一定的合理性的话，那么，随着东西方关系的缓和，特别是国家之间相互依存的趋势越来越加强，这种理论也就完全失去了存在的基础。

三　关于资本主义总危机

"世界资本主义的总危机是否仅仅是政治危机或仅仅是经济危机呢？二者都不是。它是世界资本主义体系的总危机，是既包括经济、也包括政治的全面危机。同时也就很清楚，这种危机的基础，一方面是世界资本主义经济体系的瓦解日益加剧，另一方面是脱离资本主义的国家——苏联、中国和其他人民民主国家的经济实力日益增长。"[①] 危机导致战争，战争引起革命，革命推翻资本主义世界，这就是斯大林总危机理论的核心。

（一）斯大林对资本主义总危机的基本认识

"资本主义总危机"的概念最早是斯大林于 1927 年提出的。它从一开始就同革命和战争联系在一起。1929—1933 年的资本主义世界经济危机使斯大林相信："目前的经济危机是在资本主义总危机的基础上发展起来的，而资本主义总危机早在帝国主义战争时期就爆发了，它破坏着资本主义的基石，促进了经济危机的到来。"[②] 斯大林全面分析了世界资本主义经济危机的影响："说明资本主义的稳定就要终结。说明群众革命运动的高潮将更加猛烈地增长起来。说明世界经济危机在许多国家里必定会转为政治危机。第一、这就是说，资产阶级在对内政策方面将从进一步法西斯化中寻找摆脱现状的出路，为此就利用包括社会民主党在内的一切反动势力。第二、这就是说，资产阶级在对外政策方面将从新的帝国主义战争中寻找出路。最后，这就是说，无产阶级在反对资本主义剥削、制止战争危险时，将从革命中寻找出路。"[③] 面对日益迫近的战争危险，斯大林在 1937 年党的十七大的报告中断言："没有根据可以推断说，战争能给予真正的出路。恰恰相反，战争必然会使情况更加混乱。而且战争一定会引起革命，并使一些国家的资本主义的存在本身发生问题，就像第一次帝国主义战争进程中所发生的情形那样。"[④]

---

① 《斯大林选集》下卷，人民出版社 1979 年版，第 582 页。
② 《斯大林全集》第 12 卷，人民出版社 1955 年版，第 216 页。
③ 《斯大林全集》第 12 卷，人民出版社 1955 年版，第 222—223 页。
④ 《斯大林全集》第 13 卷，人民出版社 1956 年版，第 261 页。

由资本主义的总危机论，斯大林得出了"帝国主义战争不可避免"。在斯大林看来，帝国主义存在着资本主义国家内部的矛盾即劳动和资本之间的矛盾，各资本主义集团之间以及各资本主义国家之间的矛盾，发达资本主义国家与殖民地国家之间的矛盾。这些矛盾的尖锐化必然引发革命，各资本主义集团以及资本主义国家之间的疯狂斗争不可避免导致帝国主义战争。在战争与革命的形势下，资本主义的基本矛盾会更加尖锐和激化。二战后斯大林将这一理论进一步总结：由于第一次危机，发生了第一次世界大战；由于第二次危机，发生了第二次世界大战。"第一次世界大战时期的第一次危机和第二次世界大战时期的第二次危机，应该看作不是两次单独的、彼此隔离的危机，而是世界资本主义体系总危机发展的两个阶段。"① 并且，资本主义的危机和战争仍会继续和发展。

斯大林认为，十月革命的胜利和苏联脱离世界资本主义体系使资本主义的总的和根本的危机日益加深。第一次世界大战和资本主义经济危机的爆发，加深了资本主义的腐朽，破坏了资本主义的平衡，资本主义已不再是唯一的和包罗万象的世界经济体系，社会主义体系日益增长、日益繁荣，同资本主义体系相对抗。这不仅动摇了资本主义存在的基础，而且还动摇了帝国主义在殖民地和附属国的基石。因此资本主义的灭亡照样是不可避免的。

二战前，斯大林就提出了关于资本主义国家之间的基本矛盾和战争不可避免的理论，认为争夺销售市场的斗争、争夺原料的斗争、争夺资本输出的斗争是资本主义国家之间的基本矛盾。斗争的手段是：关税政策，廉价商品，低息贷款，重新部署力量和建立新的军事政治联盟，扩充军备和准备新的帝国主义战争，最后发动战争。斯大林也曾认为二战后一段时期没有爆发世界大战的可能性，因为和平与安全已成为各民族和各国人民的普遍愿望，没有本国的人民，谁也不能打仗，而人民是不愿意打仗的。人民已经疲于战争。此外，也没有任何合理的目的可以用来为新战争辩解。所以，苏联保持与西方的合作是有基础的。但是，由于资本主义对苏联的遏制与对立，由于两种制度之间的相互敌视以及二战时苏联与美英在诸如第二战场和战后安排问题上的争夺和矛盾，所以，战后初期斯大林在维持与西方有限合作的同时，仍对美英怀有很深

---

① 《斯大林文集（1934—1952）》，人民出版社1985年版，第641页。

的戒意并保持高度的警惕。也正因如此，西方一旦有风吹草动，斯大林就会将其与制度的对立联系起来，稍有激化其对抗便不可避免。

二战后，斯大林依然认为，资本主义国家之间战争的不可避免性是仍然存在的。"马克思主义者不止一次地说过，资本主义的世界经济体系包含着总危机和军事冲突的因素，因此现代世界资本主义并不是平稳地均衡地向前发展，而是经历着危机和战祸的。问题在于，各资本主义国家发展的不平衡，通常经过相当时期就要剧烈破坏世界资本主义体系内部的均势，那些认为自己没有得到足够的原料产地和销售市场的资本主义国家，通常就要用武力来改变这种状况，重新划分'势力范围'，以求有利于自己。因而，资本主义世界就分裂为两个敌对的营垒而进行战争。如果这些国家能根据它们的经济实力用和平协商的办法来定期重分原料产地和销售市场，那也许能避免战祸。但是这在现今资本主义世界经济发展的条件下，是无法实现的。"①

斯大林不赞同有人说的，资本主义和社会主义之间的矛盾比资本主义国家之间的矛盾更为剧烈。斯大林认为，这只是从理论上来讲是对的。但是，两次世界大战都是从资本主义国家之间的战争开始的，当时资本主义国家之间争夺市场的斗争以及它们想把自己的竞争者淹死的愿望，在实践上是比资本主义阵营和社会主义阵营之间的矛盾更为剧烈。"对于资本主义说来，对苏联作战，即对社会主义国家作战，是比资本主义国家之间的战争更加危险，因为资本主义国家之间的战争所提出的问题，只是某些资本主义国家对其他资本主义国家取得优势的问题，而对苏联作战所一定要提出的问题，却是资本主义本身存亡的问题。"②斯大林还认为，现今的和平运动是很好的，但是这种和平运动只能是推迟战争，使和平暂时得以维持，而不能根本上消除资本主义国家之间战争的不可避免性。要消除战争，就必须消灭帝国主义。

（二）简要评论

虽然斯大林对于资本主义总危机、总崩溃之类的提法并未变成现实，但是，回顾当时资本主义世界的经济政治危机状况，世界革命的形

---

① 《斯大林文集（1934—1952）》，人民出版社1985年版，第472—473页。
② 《斯大林文集（1934—1952）》，人民出版社1985年版，第623—624页。

势，东西方尖锐对立的局面，应该承认，斯大林关于资本主义总危机的认识并不是无端的臆想，并不是出于革命的狂热。苏联社会主义建设事业的蓬勃发展、对资本主义世界的影响，以及资本主义的危机状况是斯大林作出判断的根据。斯大林关于资本主义总危机的一些看法，在当时的历史条件下是有一定道理的。在第一次世界大战期间，世界资本主义出现了经济和政治的全面危机，这种危机导致了第二次世界大战。其后果是在统一的资本主义体系上打开了缺口，建立了一批社会主义国家和人民民主国家，形成了与资本主义阵营相对立的社会主义阵营，社会主义阵营的存在加剧了资本主义的内部矛盾。

随着时代的变迁，斯大林的总体判断越来越与二战后世界资本主义的发展不相符，历史的发展表明，资本主义在走向衰亡的历史过程中有危机时期也有相对平稳的发展时期，而斯大林的资本主义总危机理论却把资本主义世界的灭亡看成是迫在眉睫的事情，这不符合二战后资本主义发展的实际。二战结束以来，随着第三次科技革命的兴起和扩展，各主要资本主义国家的生产力获得巨大的发展，经济增长较长时期保持较高速度，这表明，资本主义仍有一定的发展余地。斯大林对资本主义体系内部爆发战争的可能性，资本主义阵营同社会主义阵营发生战争的可能性作出了自己的判断。"对这一问题的认识，直接影响到苏联对战后国际形势的最根本的估计，决定着苏联内外战略的主要态势和取向"[1]。斯大林提出，世界资本主义总危机是既包括经济、也包括政治的全面危机。但是，战后呈现了另一番景象。第三次科技革命的兴起为国际经济结构和经济关系注入了全新的因素，"战后国际政治力量的重新组合给资本主义所带来的严重的生存危机，使资本主义各国在共同利益、共同威胁的驱动下更趋于相互妥协、相互勾结，通过战争手段解决他们之间利益冲突的趋势明显减弱。"[2] "斯大林低估了资本主义的自我调节的能力，对世界资本主义形势及其发展前景的判断是不符合实际的，世界资

---

① 张祥云：《新的世界大战？——评斯大林对战后战争形势的认识》，《当代世界与社会主义》1997 年第 3 期。

② 张祥云：《新的世界大战？——评斯大林对战后战争形势的认识》，《当代世界与社会主义》1997 年第 3 期。

本主义体系总危机并没有到来。"①

四　对两个流行观点的评析

关于斯大林对资本主义的认识，有两个观点值得关注和深入探讨。一是如何认识它与中国的改革开放的关系；一是如何看待它与苏联剧变的关系。

（一）斯大林的"闭关自守"与中国的对外开放

当代中国改革开放伟大事业的成功取得了世界瞩目的成就。社会主义国家要积极利用资本主义，才能使社会主义焕发勃勃生机。一些人由此认为斯大林在社会主义与资本主义关系上过分强调社会主义与资本主义的根本对立，关起门来搞建设，不积极发展与资本主义国家的交往，不利用资本主义对苏联的社会主义事业造成了极大危害，不利用资本主义也是最终导致苏联解体的悲剧的重要原因。

我认为，斯大林的"两大阵营"、"两个平行的世界市场"理论的提出是对当时西方资本主义挑战的一种回应，这一思想虽然违背了世界经济发展趋势，但却是对当时咄咄逼人的西方资本主义挑战的产物，斯大林以遏制回应遏制。斯大林的"闭关自守"并非出自他的主观，中国特色社会主义的改革开放与斯大林的"闭关自守"是完全不同时代的产物。和平与发展成为时代主题是中国特色社会主义理论产生的一个重要条件。科技革命的新形势、经济全球化和世界多极化、当代资本主义的新变化等都对中国特色社会主义理论的形成与深化提供了必要的条件。邓小平领导中国人民进行社会主义现代化建设的时期，面临的是一种完全不同于当时斯大林时期的国际政治经济格局。较过去相比，发达国家发展到一定的程度更加离不开发展中国家的配合和响应。中国是占世界四分之一人口的大国，既是一个广大的原料市场，更是一个令人瞩目的消费市场，中国的发展离不开世界，世界的发展也需要中国。因此，改革开放使当代中国走出了一条适合中国国情，具有中国特色的社

---

① 郑吉伟：《斯大林经济思想研究——兼评西方学者的观点》，北京出版集团公司北京出版社 2010 年版，第 247—248 页。

会主义现代化之路。

事实上，二战结束后，一方面，西方发达资本主义遏制苏联，与苏联相对立、相隔绝，苏联根本没有与资本主义开展经济往来的条件。这在前面关于"两个平行的世界市场"理论的提出背景中已经讲到了；另一方面，战后初期，西方资本主义也远不是今天的资本主义。由法西斯国家发动的第二次世界大战，给人类社会和世界文明造成了空前浩劫，给世界各国带来了极大的损失和伤痕，精神创伤更是难以用数字计算。当时参战的资本主义大国也都是伤痕累累。战争给英国造成了巨大的损失，使其在世界事务中从领导地位一降而为三强中的次要伙伴。6年的战争几乎耗尽了英国的老底，迫使它变卖可以获利的资产。战争夺走了40多万英国人的生命，1/4 的国民财富毁于战火，战时的军费开支多达 250 亿英镑，美元储备和黄金储备消耗殆尽，国内机器设备破烂不堪，为了支付必要的进口和购买武器出卖了 42 亿英镑的海外资产。英国的国债大幅度上升，由 1939 年的 72.5 亿英镑增加到 1945 年的 214.7 亿英镑。海外投资收入较战前减少了一半，而外债在 1945 年 6 月达到 33.35 亿英镑。战争结束时，英国的经济已经走到了全面崩溃的边缘，陷入了极端困难的境地，经济生活异常艰苦。① 英国不能再在英镑经济区中起主导地位了。

法国在战争中损失惨重。昔日繁荣的法国，经过战争的破坏已满目疮痍。法国在战争中有 63 万人无家可归，200 多万座建筑物全部或部分毁于战火，长年战乱使 1500 万公顷土地荒芜。由于战争的破坏和法西斯德国的掠夺，法国在第二次世界大战中共损失了 2 万亿法郎（以 1938 年法郎计）的财富。法国的殖民统治也遭到了致命的打击。各殖民地人民纷纷开展了反殖民统治、争取独立的斗争，法国殖民帝国及其法郎经济区已处在崩溃边缘。

法西斯德国所发动的侵略战争，给欧洲人民带来了巨大的灾难，也给德国人民造成了无穷的苦难。战争消耗了国家的人力、物力和财力。德国在战时的军费开支为 6220 亿马克，高达当时本土国民收入的 15%。战争破坏了整个德国的社会经济，1946 年德国的国民生产总值和国民收入不及 1938 年的 1/3。战败后，德国的东部部分领土被划归波

_____

① 参见刘金质《冷战史》（上），世界知识出版社 2004 年版，第 9 页。

兰，国土被美、苏、英、法分区占领，还要负担巨额的战争赔偿。

日本军国主义的穷兵黩武从根本上破坏了这个国家的社会和经济。经过长期的战争，日本的经济濒临崩溃，财力消耗殆尽。在侵略战争期间，日本的军费开支占政府财政收入的85%，全国80%以上的劳动力从军或从事军工生产。侵略战争严重破坏了日本的生产。作为一个严重依赖国外原料、燃料和市场的国家，日本的进口急剧减少，国内储备少得可怜。1945年日本的粮食产量仅为1937年的一半。由于生产下降，产量减少，造成供应紧张，物价上涨，1944年12月，日本的主要食品价格比1938年同期上涨21倍。①

法西斯德国的侵略使苏联的国民经济遭到严重破坏。战争中，苏联领土上人口的45%，工业总产量的33%，播种面积的47%，铁路长度的55%，都被德国侵略占领。全国有2000多万人死于战争。德国侵略军占领和破坏了1710座城市和居民点，7万多个村庄；毁坏了31853家工矿企业。德军还破坏了9.8万个集体农庄，1876个国营农场，2890个机器拖拉机站。65000公里的铁路和4100个车站被毁。战争期间，苏联国民经济的直接损失估计达25690亿卢布。② 1945年底，苏联煤产量只相当于战前水平的90%，石油60%，铁90%，钢67%，纺织品40%。农村劳动力锐减，1946年初，有劳动能力的农庄庄员人数几乎减少了1/3，农业男劳动力减少近60%。从事农业生产的劳力的减少和农业生产资料的短缺，造成了农村播种面积的减少：从1940年的15060万公顷减少到1946年的11360万公顷；同期，牲畜总数从5450万头减少到4740万头，农业总产值比战前下降了40%。③

在美国，战争虽然夺走了41万美国人的生命，但美国通过战时动员，利用战争的机会促进了国民经济特别是与战争相关的产业部门的飞速发展。战争使美国的资源和人力得以充分使用，国民经济规模扩展了一倍，美国是唯一因战争而大发其财的大国。1940—1945年，美国公司纳税后的利润高达1249.5亿美元，相当于战前6年总和的3.5倍。战后初期的美国集中了全世界资本总额的3/4和工业生产能力的2/3，

---

① 刘金质：《冷战史》（上），世界知识出版社2004年版，第11页。
② 刘金质：《冷战史》（上），世界知识出版社2004年版，第490页。
③ 刘金质：《冷战史》（上），世界知识出版社2004年版，第21页。

对人类生活所需的最重要的要素取得了几乎独占的地位。国民生产总值从 1939 年的 886 亿美元（以 1938 年美元计，下同）增加到 1945 年的 1350 亿美元。在战争期间美国工厂的规模扩大了近 50%，产品增长 35% 以上，占世界各种工业产品的 1/3。战争结束时，美国拥有资本主义世界黄金储备的近 59%，高达 200.8 亿美元。美国保持了较高的生活水平和人均收入。美国的人口出生率由 1940 年的 1.94% 提高到 1946 年的 2.4%。[①]

　　因此，当英法衰败、德日战败、苏联受重创时，只有美国成了战后唯一的经济大国。而美国又奉行与苏联相对抗的立场。国际现实决定了苏联战后经济恢复主要得靠自己。战后初期，苏联一度奉行力争与西方国家合作的路线，争取为本国和平经济建设创造有利的国际环境。然而从 1947 年夏季开始，苏联急速改变为坚决反对西方资本主义国家的强硬对抗路线。这一年，在苏联拒绝了"马歇尔计划"之后，美国立即宣布对包括苏联在内的社会主义国家实行战略物资禁运。美国相继出台了《出口管制法》《共同防务援助控制法》，发起成立了巴黎统筹委员会，从而基本上堵死了东西方的经济往来。苏联则针锋相对，1949 年成立"经互会"，并禁止其成员国向西方国家出口粮食和原料，断绝与西方国家的贸易往来。斯大林还从理论上提出：战后世界已分裂为资本主义与社会主义两个互不相干的世界市场，两个截然对立的经济体系。这样直到 50 年代中期以前，苏联同西方的经贸关系几乎处于停滞状态。

　　当然，这种战略的形成和实行，固然客观上有难以控制的国际客观条件的逼迫，但从长远来看，它违背了世界经济发展的客观规律。斯大林时期的社会主义建设方式，在社会主义国家建立初期和工业化初期因适应了 20 世纪上半叶战争与革命特定的历史条件，曾起到过积极的历史作用。在经济文化基础落后以及遭西方国家封锁、制裁的条件下，这种模式有助于社会主义国家依靠自身的力量，通过高度集中的计划和经常性的社会动员，包括政治思想工作，既保持社会主义的稳定，又得以在特定的时期内推动国民经济的高速增长。这与两次世界大战期间，资本主义世界出现发展性危机，经济一片萧条形成鲜明的对比。但在同时，它又包含了一系列缺陷和弊端。当时代主题由战争与革命转变为和

---

① 刘金质：《冷战史》（上），世界知识出版社 2004 年版，第 14 页。

平与发展，其缺陷和弊端就日趋突显出来，成为经济和社会继续发展的障碍，成为苏联东欧剧变的深层原因。从社会主义与资本主义关系的角度看，苏联的主要问题在于，随着时代主题转向和平与发展，面对科技的迅猛发展和资本主义重新表现某种活力的现实形势，斯大林之后的赫鲁晓夫等人没有能及时有效地加以革除。有学者认为，把斯大林之后数十年的这一大笔账也都算到斯大林头上，是不公允的，无异于为赫鲁晓夫、勃列日涅夫和戈尔巴乔夫等人开脱责任。我认为是有道理的。

（二）对苏联剧变的一点思考

苏联剧变后，有研究者在探索剧变原因时将苏联长期与资本主义对立、抗衡，没有利用资本主义被看作是苏联解体的重要原因。关于斯大林的失误，有研究者指出，斯大林没有看到资本主义发展的新变化和两制之间的共同合作的新生点，也造成了苏联和社会主义阵营的自我封闭，与世界割裂和隔绝。斯大林认为，社会主义与资本主义从根本上水火不容、势不两立，不是你战胜我就是我吃掉你，只有抛弃没有继承，相互学习和借鉴更是无从谈起。在这一理论指导下的社会主义只能是僵化的社会主义，在这一理论指导下的苏联只能是僵化的苏联，在这一理论指导下的两制关系也只能是僵化的两制关系，悲剧自然难以避免。我认为，将苏联长期与资本主义对立、抗衡，没有利用资本主义看作是苏联解体的重要原因，这种认识有合理之处。苏联取得过令人瞩目的成绩，向世界昭示了社会主义制度的优越性，但是，苏联在世界经济快速发展的时期却没有跟上发展大潮，没有及时进行改革，没有正确认识社会主义的本质，导致了经济发展速度下降，经济效益差等问题，与发达资本主义国家间的差距逐步拉大。经济问题累积了日益严重的社会问题和政治问题等，严重影响了广大人民对共产党、对社会主义的信心。因此，不可否认，斯大林及其后的苏联党和国家领导人在处理与资本主义世界的关系上存在失误。但是，更值得深思的是，苏联曾是与资本主义世界相抗衡的强大的社会主义国家，而在戈尔巴乔夫"民主化"、"公开性"、"新思维"的旗帜下，苏联却不复存在。怎样看待这个问题呢？我认为，戈尔巴乔夫对苏联与世界资本主义关系的认识和处理是不可忽视的一个重要原因，戈尔巴乔夫高举加强与世界资本主义往来的旗帜而没有认清社会主义与资本主义是两种根本对立的社会制度，是戈尔巴乔夫"新思维"指导下的改革及对外政策没有始终坚持社会主义的改革方向，断送了社会主义。列宁在提出利用资本主义发展社会主义时，他始终没有忽视社会主义与资本主义之间依然存在着"谁战胜谁"的问题，一再告诫全党和全国人民要提高警惕，要警惕资本主义的滋生和进攻，要警惕社会主义制度被颠覆。多年以后，列宁的担忧变成了现实。

苏联从诞生起就受到国际资本主义的包围、封锁和进攻，国际资本主义企图扼杀社会主义，但始终没有成功。随着戈尔巴乔夫推行基于"新思维"的改革，美国开始调整政策。戈尔巴乔夫的"新思维"涉及对世界发展新趋势的基本估计以及苏联处理国际关系的基本原则，反映了戈尔巴乔夫对时代和资本主义世界的新认识，以及苏联在这种形势下作出的外交政策调整。改革之初，戈尔巴乔夫对社会主义制度，特别是经过改革的苏联社会主义制度充满信心，他说："资本主义国家和社会主义国家之间在经济、政治和意识形态方面的竞赛是必然的。但是，这种竞赛能够并且应当控制在必须以合作为前提的和平竞赛范围内。哪一种制度好，应当由历史作出判断。历史能判断一切。让各国人民自己去判断，哪一种制度更好，哪一种意识形态更好吧。让和平竞赛来决定这一切吧，让各种制度来证明自己有能力满足人的利益和需要吧。地球上的国家和人民是大不一样的。不一样，甚至是一种好现象。这对竞赛是个推动。这种理解是同和平共处的概念相协调的。这也是辩证的对立统一。"① 戈尔巴乔夫希望通过开辟与世界各国的接触和交流为苏联的改革创造有利的国际环境。戈尔巴乔夫提出，要在经济领域和政治领域中实行彻底的改革，就必须在对外政策方面进行相应的改革，创造一个有利的国际环境，否则是不可能的，"作为开头，至少也得把'冷战'的积雪扫除干净"。②

戈尔巴乔夫希望改善苏联在国际舞台上的形象，在稳定的国际环境中进行国内的改革与建设，同西方大国建立稳定关系，确保苏联在国际政治生活中的地位和影响。为了达到上述目的，戈尔巴乔夫提出要注意外交政策的灵活性。戈尔巴乔夫认为，世界已今非昔比，世界上的新问

① ［苏］米·谢·戈尔巴乔夫：《改革与新思维》，新华出版社1987年版，第187页。

② ［俄］米·谢·戈尔巴乔夫：《戈尔巴乔夫回忆录》下册，社会科学文献出版社2003年版，第719页。

题再不能按过去留下来的思维方式来解决了，"世界是一个充满矛盾的，但又相互联系、相互依赖的，实质上是一个整体的世界的构想。我们在这一基础上制定自己的对外政策。诚然，在社会选择、意识形态和宗教信仰、生活方式上，我们各不相同。当然，差异将继续存在。难道我们就因此而决斗吗？为了全人类的利益，为了地球上的生命，我们跨过把我们隔开的障碍岂不是更正确吗？我们作出了自己的选择，用说到就做到的声明和具体的行动确立了新的政治思维。"① "新思维的核心是承认全人类的价值高于一切，更确切地说，是承认人类的生存高于一切。"② 戈尔巴乔夫提出，必须破除几十年来使苏联与外部世界对立，对经济、社会意识、科学和文化，对国家的知识潜力都产生了负面影响的扭曲观念。"我们明白了这样一个道理：在当代相互依存的世界，一个闭关锁国、思想封闭、与全球的发展隔绝的社会，是不可能进步的。今天，任何一个社会，只有在和其他社会互动而又保持本色时，才能够得到充分发展。"③ 戈尔巴乔夫没有料到，在纷乱复杂的世界上保持"本色"有多么难。实际上，对一些资本主义国家而言，追求的是最大限度地满足自己的政治、经济利益，而不是整个世界的普遍繁荣和发展。

戈尔巴乔夫开始在内政外交上推行基于"新思维"的改革，这使美国认为苏联出现了符合美国利益的变化。从 1985 年开始，里根和戈尔巴乔夫先后进行了多次高级会晤，双方在一些问题上取得了共识。里根政府看到戈尔巴乔夫在苏联内外政策上的改变并大加赞扬。1988 年 6 月，里根在莫斯科大学演讲中说戈尔巴乔夫的改革给苏联社会带来了自由的新风，是苏联历史上充满希望的时期，扬言要把美国式的自由传遍整个苏联社会。④ 后来，当有人在莫斯科问里根，他是否还继续认为苏联是"邪恶帝国"时，他回答："不，现在已时过境迁。那个时代已经过去。"而当有人问他，谁改变了形势，他毫不犹豫地回答，这一功绩

---

① ［苏］米·谢·戈尔巴乔夫：《改革与新思维》，新华出版社 1987 年版，第 174—175 页。

② ［苏］米·谢·戈尔巴乔夫：《改革与新思维》，新华出版社 1987 年版，第 184 页。

③ ［俄］米·谢·戈尔巴乔夫：《戈尔巴乔夫回忆录》下册，社会科学文献出版社 2003 年版，第 720—721 页。

④ 刘金质：《冷战史》（下），世界知识出版社 2003 年版，第 1289 页。

属于作为国家领导人的戈尔巴乔夫。①

　　戈尔巴乔夫提出"新思维"，以此为指导制定对外政策，排除意识形态在国际关系中的作用，但西方国家并未忽视意识形态。美国著名外交家杰克·马特洛克（1983—1987 年任里根总统与苏联关系问题主要顾问；1987—1991 年任美国驻苏联大使）讲道：里根总统对意识形态特别感兴趣，"作为驻苏联大使我知道，意识形态是重要的"②。由于意识形态的重要性，1988 年苏联领导层内关于"全人类利益"的争论引起了美国大使馆的注意，虽然这些争论在当时主要是在秘密状态下进行的。马特洛克在给布什总统的三封电报中提出了如下建议："在我们面前出现了历史性机遇，使我们可以检验苏联在多大程度上希望与其余世界建立新的相互关系并加强苏联的那些可以走向'更实用的'经济和更多元的社会的趋势。"马特洛克提出，美国对苏联的政策是应当支持改革，因为苏联政治制度和社会的民主化符合美国的利益。③ 美国开始积极支持戈尔巴乔夫的改革。

　　戈尔巴乔夫主张国际关系非意识形态化，美国则继续奉行意识形态对立，推行对社会主义国家和平演变政策。1989 年 5 月 12 日，布什总统在关于"苏联的变化"的讲话中宣称，战后以来"一些英明人物——杜鲁门和艾森豪威尔，范登堡和雷伯恩、马歇尔、艾奇逊、凯南巧妙地制定了遏制战略"，几十年同苏联的交道中"这种遏制起了作用"。④ 布什提出超越遏制战略，这一战略表明美国将长期的"以压促变"的遏制战略转变为通过与对手的接触使其发生改变的"以接触促变化"的战略，以达到战胜苏联以至整个社会主义世界的目的。美国的目标是不仅要遏制苏联的扩张主义，而是要苏联重新成为国际社会的一员，"鼓励苏联朝着开放社会演变"，建立一个"在民主价值观上的新苏联"。美国的苦心最终没有白费。从 1989 年开始，苏联和东欧的社会主义国家相继陷入剧烈的动乱之中，执政的共产党在所谓的"民主化"

---

　　① ［美］杰克·马特洛克：《从华盛顿看到的改革（1985—1991 年）》，载《奔向自由——戈尔巴乔夫改革二十年后的评说》，中央编译出版社 2007 年版，第 143 页。

　　② ［美］杰克·马特洛克：《从华盛顿看到的改革（1985—1991 年）》，载《奔向自由——戈尔巴乔夫改革二十年后的评说》，中央编译出版社 2007 年版，第 143 页。

　　③ ［美］杰克·马特洛克：《从华盛顿看到的改革（1985—1991 年）》，载《奔向自由——戈尔巴乔夫改革二十年后的评说》，中央编译出版社 2007 年版，第 145 页。

　　④ 刘金质：《冷战史》（下），世界知识出版社 2003 年版，第 1383 页。

浪潮中纷纷垮掉。1991 年，苏联解体，西方终于实现了"不战而胜"。

　　苏联剧变令全世界震惊，也引起了各方面的思考。苏联剧变的发生，既有内因，又有外因，既有历史的原因，也有现实的原因。其中戈尔巴乔夫对苏联与世界资本主义关系的认识和处理是不可忽视的一个重要原因。戈尔巴乔夫的"新思维"对苏联所处时代的重新认识有一定的积极意义，他看到了世界经济全球化趋势，看到了人类面临许多需要共同努力解决的问题，呼吁加强国际合作；提出反对军备竞赛、反对核威胁；提出国际关系非意识形态化，提出用"新的眼光、新的态度和新的办法"来看待处理国际关系等一系列正确主张和建议，这有益于改善苏联的外交环境和推进国际关系的良性发展。但是，"新思维"中更多的是一些似是而非甚至错误的认识，在国际范围内依然存在着阶级对立与斗争的情况下，将抽象的"全人类的共同利益"置于阶级利益之上，混淆了社会主义和资本主义两种不同发展道路的本质区别。现实表明，在世界上仍然存在对立的社会制度的情况下，在充满矛盾和斗争的世界中，一味宣扬"全人类的价值高于一切"、"全人类利益高于阶级利益"的"新思维"，呼喊"民主化、公开性、政治多元化"的"革命性倡议"，对苏联的社会主义制度和无产阶级政权来说只能是国家解体，共产党下台。

结　语

一　斯大林社会主义建设理论与实践的多重性特点

斯大林的社会主义建设理论与实践是理论界关注的热点，也是存在十分激烈的争论的问题。在争论中，各方各执一词，各有论据。我认为，从多个角度才能得到较为全面的认识和理解。时代背景、理论渊源、现实条件和政治因素的共同影响使斯大林的社会主义建设理论与实践具有多重性特点，时代性、现实性、理想性、政治性是斯大林社会主义建设理论与实践的鲜明特点，这些特点的相互交织使得理论和实践既丰富又复杂。仅仅侧重于某一方面难以得到全面的认识。

习近平同志在纪念毛泽东同志诞辰 120 周年座谈会上的讲话中指出："对历史人物的评价，应该放在其所处时代和社会的历史条件下去分析，不能离开对历史条件、历史过程的全面认识和对历史规律的科学把握，不能忽略历史必然性和历史偶然性的关系。不能把历史顺境中的成功简单归功于个人，也不能把历史逆境中的挫折简单归咎于个人。不能用今天的时代条件、发展水平、认识水平去衡量和要求前人，不能苛求前人干出只有后人才能干出的业绩来。"[①] 我认为这也适用于对斯大林的评价。"历史是由后人评说的，但是这种评说不能离开当时的历史条件，如果离开当时的历史条件，人们会无法理解过去发生的那些社会现象，更不要说去进行评价了。"[②]

[①]　习近平：《在纪念毛泽东同志诞辰 120 周年座谈会上的讲话》，新华网，2013 年 2 月 26 日。

[②]　卢之超、王正泉主编：《斯大林与社会主义——世界第一个社会主义模式剖析》，社会科学文献出版社 2002 年版，第 177 页。

（一）时代性

斯大林的社会主义建设理论与实践形成和发展于战争与革命的时代。资本主义的发展性危机，引起了两次世界大战，战争又引起了一系列革命。斯大林领导苏联开展的社会主义建设就是在这样的大的时代条件下进行的。

斯大林执政初期，西方资本主义的态度和行为对他产生了直接影响。西方资本主义对苏联的敌视与对立始终包围着苏联，这使斯大林始终保持危机意识。1925 年被称为是世界承认苏联之年，但是，事实上，英国、法国、美国等国家依然对苏联持敌视对立立场，尤其是美国，在整个 20 世纪 20 年代，美国政府不仅在外交上拒绝承认苏联，而且阻挠其他国家与苏联改善外交关系，要求这些国家在对苏政策上追随美国。1927 年，苏联面临的国际环境趋于紧张，苏联多个驻外使馆和商务机构受到袭击；5 月，英国同苏联政府断绝外交关系；6 月，苏联驻波兰大使在华沙被刺身亡；12 月，中苏关系破裂。斯大林认为这是武装干涉苏联趋势加强的表现。苏联与西方资本主义国家持续的紧张关系，使斯大林始终具有一种迫切的危机感和严重的孤岛意识，这在一定程度上促使斯大林以加紧在国内开展国家工业化和农业集体化，加速重工业的发展，以增强应付不测事件的能力。

战争对于斯大林是挥之不去的阴云。斯大林一方面担心帝国主义者随时会发动对苏联的武装战争；另一方面又担心世界战争的爆发。斯大林认为第一个社会主义国家要生存下来，必须尽快建立自己足够强大的经济和国防！这是关系国家前途命运的重大问题，处于资本主义包围之中的社会主义国家需要自己武装自己。在第一个五年计划开始制订时，斯大林就强调要高速发展重工业，特别是军事工业，加强国防力量，以保障国家的独立。可以说，由于处于资本主义包围和随时可能爆发的反苏战争的威胁之中，联共（布）多数领导人是支持围绕备战而建立的高度集中的经济发展方式的。

1929—1933 年，世界资本主义经济危机爆发之后，资本主义制度的岌岌可危，资本主义政府的新变化以及苏联社会主义建设的成就进一步增强了斯大林的信心。在资本主义世界陷于经济危机之时，苏联显示出的生命力有力地证明了社会主义制度的优越性。资本主义虽然有短暂的发展与繁荣，但经济危机和战争频发，市场经济造成的生产无政府状态所带来的一系列危机，让斯大林、让苏联、让全世界的社会主义者认识到，必须摒弃市场经济，实施计划经济。在这一时期，苏联借助强大的国家政权力量，实行高度集中，以计划作为资源配置的唯一方式，这一新的发展方式在西方资本主义的危机年代中显示了独特的优越性。苏联社会主义建设的巨大成就告诉人们，社会主义的发展模式作为资本主义的替代方案不仅是可行的，而且具有资本主义制度无法比拟的优越性。

第二次世界大战的胜利，苏联在战争中的伟大表现，也对斯大林产生了重大影响。在斯大林看来，战争胜利的结果表明，在最初几个五年计划中，社会主义工业化、农业集体化是正确的和英明的。战争证明，重工业是苏联国防力量和武装部队强大的基础。苏联在前所未有的短促的时期内实现了国家工业化、农业集体化和文化革命，才抵挡住了法西斯德国及其盟国的进攻。斯大林把战争的胜利归结为苏维埃社会制度的优越性，伟大的卫国战争的胜利意味着苏联的社会主义制度和国家制度取得了胜利。

二战后，一度形成了世界社会主义高歌猛进的大好形势，一系列社会主义国家和人民民主国家的建立形成的革命形势鼓舞了斯大林。斯大林认为，社会主义从一国胜利走向多国胜利，显示着资本主义对苏联的包围崩溃了，苏联摆脱了国际孤立状态，世界社会主义力量的发展与联合使斯大林进一步深化和发展了关于世界资本主义体系的总危机理论。冷战的对峙局面，影响了斯大林对苏联及社会主义阵营中各国经济联系途径和经济发展方式的判断。斯大林提出"两个平行的世界市场"理论，反映了第二次世界大战后初期世界经济与政治关系中资本主义与社会主义两大不同社会制度的基本格局。斯大林充分地肯定了社会主义国家之间开展经济技术和贸易往来的必要性和重要性。"两个平行的世界市场"理论在当时的历史条件下，对粉碎西方的遏制封锁和加强社会主义阵营的团结统一以及经济恢复和发展，起到了积极的作用。但这一理论又存在致命的缺陷，"两个平行的世界市场"理论，实际上是把社会主义排除在世界经济和资本主义最新科技进步成就之外，本质上拒绝了先进生产力。这一理论在一定时期发挥了积极的作用，在一定程度上解决了社会主义国家的生存问题，但不能解决社会主义国家的发展问题，这一理论没有正确认识世界经济发展的客观规律，对苏联和其他社会主义国家造成了负面影响。时代造就了斯大林，也留下了累累伤痕。

（二）现实性

在经济文化相对落后的、处于世界资本主义包围之中的一个国家单独建设社会主义的现实条件下，坚定党和人民建设社会主义的信心、迅速增强国家的经济实力和国防实力、保持住社会主义政权是斯大林面临的迫切需要解决的现实问题。"一国建成社会主义"的提出，以重工业为核心的工业化发展战略，农业集体化战略的提出都是为了解决现实社会发展面临的最紧迫的问题，斯大林关于社会主义建设的理论与实践显示了强烈的现实性特征。

"一国建成社会主义"具有强烈的现实意义。这一理论之所以能够为党内外广泛接受，一个重要的原因是适应了当时的国际国内的现实形势，在苏联人民因欧洲革命迟缓而对革命前景感到深深忧虑的时候，能给他们以希望和心理上的慰藉。托洛茨基的"不断革命"论，一开始便被列宁斥之为"空洞的革命词句"，季诺维也夫和加米涅夫固执地坚持把苏联社会主义建成的可能性与显然无望的世界革命连在一起，脱离了现实。斯大林的"一国建成社会主义"迎合了人民高昂的革命和建设的热情。斯大林认为，不能无限期地等待西方革命的胜利而让俄国开空车，也不能把自己的阵地让给俄国资产阶级。斯大林提出，没有其他国家社会主义的胜利，没有胜利了的西方无产阶级在技术和设备方面的直接援助，在资本主义包围下的苏联，一国有没有可能建成社会主义呢？有，不仅有可能，有必要，而且是必须的。这在暂时还看不到欧洲革命胜利的前景的时候，是多么鼓舞人心啊！"一国建成社会主义"从思想上武装了广大人民群众，它鼓舞了广大人民群众建设社会主义的信心和热情。

斯大林的工业化发展战略的提出基于当时国家的现实条件和要求。这一发展战略的提出基于贫困落后的现实的低起点，为了迅速增强国家的经济实力和军事实力，抵御帝国主义的战略包围，苏联选择了集中发展工业、优先发展重工业的方针，实行迅速赶超先进资本主义国家的经济战略。这一发展战略的选择是现实的迫切要求，能否尽快发展强大在当时关系到第一个社会主义国家的生存，这与当时苏联所处的国际环境等非经济因素密切相关。历史表明，把一个国家的经济发展战略的确定及各种发展方案的选择放到纯粹经济学的视野中或单纯的组织技术方面，是绝对不够的，必须把社会政治因素和国际环境等考虑进来，才能全面理解。斯大林多次提出或者灭亡，或者加快速度发展自己，他从国家生死存亡的高度强调发展工业特别是重工业的重要性，强调发展速度的重要性。十月革命胜利后，无产阶级期望中的世界革命没有到来，苏联一国处在资本主义包围中搞建设，时刻有一种落后就要挨打的压力。斯大林认为党不能容忍苏联作为社会主义国家在经济上长期处于落后状态，因为这种落后的危险性在于孤立的苏维埃社会主义随时都有可能在资本主义世界的经济优势和军事进攻面前归于毁灭。保卫国家独立的责任感、使命感，现实问题的紧迫性，使斯大林把高速度发展工业、优先发展重工业的方针视为对国家生死攸关的大事。

（三）理想性

马克思关于未来社会的科学预测是十月革命的理论指南。斯大林高举马克思主义旗帜，在当时影响了党内大多数人，极大地调动了人民的积极性，鼓舞人民为实现社会主义而奋斗，推动了国际共产主义运动的发展。然而，斯大林忽视了社会主义理想与社会主义现实之间的差异。斯大林坚持马克思关于未来社会的科学预测并立即付诸苏联的建设实践。但是，十月革命胜利后在苏联建立的现实社会主义与马克思设想的社会主义显然是不同的，二者之间存在着巨大的差异，而且，此种差异决不是短时间就能消除的，遗憾的是斯大林忽视了这一区别。斯大林教条式地看待马克思关于未来社会的设想，机械地照搬照抄，急于在当时的苏联实现这一理想，没能处理好经济文化相对落后国家在社会主义建设过程中理想与现实、目的与手段之间的关系。如斯大林宣布停止实行新经济政策，过急过快地推进农业集体化，从思想根源上看，就是想尽快实现理想的社会主义。斯大林脱离了苏联的具体国情，忽略了实现社会主义的诸多条件。在领导苏联开展社会主义建设的过程中，斯大林没有像列宁那样去寻找社会主义理想与社会主义现实二者之间的过渡环节，而是为了实现社会主义，一方面，降低了社会主义的标准，人为地缩短实现社会主义的历史进程；另一方面，采用了不恰当的手段，不顾生产力发展水平比较低下的现实，试图用不断变革生产关系的办法来推动社会主义的实现。

　　马克思关于未来社会的科学预测是社会主义革命和建设的理论指南，斯大林的问题不在于以实现马克思关于未来社会的科学预测为目标，问题在于斯大林没有深入思考马克思主义理论和本国现实条件之间的巨大差距。事实上，现实社会主义在经济文化落后国家的首先胜利，带来了一系列的理论难题和现实难题，需要理论的科学阐释，需要实践的合理解决。斯大林不能客观、冷静地探讨经济文化相对落后国家建设社会主义的规律，导致实践中急躁冒进等一系列"左"的做法。超越阶段的发展战略虽然在一定的历史时期内取得了巨大成就，在一定程度上促进了生产力的发展，但积累了相当多的问题。

　　斯大林教条地理解马克思关于未来社会的科学预测，过快过急地追求理想社会主义，显示了在现实社会主义建设中如何看待社会主义理想，如何解决现实社会主义面临的问题关系重大。世界社会主义运动的曲折表明了处理好科学原则与现实情况的合理结合的重要性。由于现实的社会主义并不是在发达的资本主义国家实现的，如果机械教条地秉承马克思对未来社会的论述，仅从原则和理想来建设现实社会主义必然会导致脱离本国的国情和超越社会主义的发展阶段。社会主义建设的历史表明，在经济文化不发达的基础上建立起来的社会主义国家，长期以来未能正确认识它所处发展阶段，脱离客观实际、超越生产力的发展程度地去追逐社会主义理想的实现，是它们没有能够充分发挥社会主义制度的优越性，以致在与资本主义的较量中渐渐败下阵来的一个重要原因。

（四）政治性

　　斯大林的社会主义建设理论与实践还有一个重要特点是具有强烈的政治性。斯大林过分重视政策方针的政治意义，对政治性的强调，重于政策方针的科学性，这就使一些理论政策偏离了社会现实。

　　"一国建成社会主义"理论彰显斯大林社会主义建设理论与实践的政治性特征，这一理论强烈的政治意义使其与苏联的现实状况相脱节。在这个问题上，斯大林反复强调的一个理念是：在世界革命陷入低潮时，如果没有社会主义建设的明确前途，没有建成社会主义的信心，工人群众就不能自觉地参加这种建设，党就不能自觉地领导农民。没有建成社会主义的信心就不能有建设社会主义的意志。在 1923 年后欧洲无

产阶级革命陷入低潮、苏联国内政治经济形势复杂、党内外因欧洲革命
迟缓而对革命前景感到迷惘的时候，"一国建成社会主义"理论具有极
强的现实政治意义，它强调不依赖世界革命，依靠本国人民独立自主地
建设社会主义的必要性和可能性，给人民以希望和心理上的鼓励，增强
了建设社会主义的信心。如果一国不能建成社会主义，在可以预期的将
来又难以指望世界革命高潮的到来，那么投身于建设岂不是无效的吗？
执政的共产党必须给广大人民群众指出明确的目的和前进的方向。事实
上，斯大林也知道在苏联经济文化相对落后的现实状况下一国建成社会
主义的困难，但是，斯大林认为，现今苏联已经走上了社会主义道路，
那么，事实就要求必须建成社会主义，在这个问题上，不可能有其他选
择。因为布尔什维克党是为实现社会主义才夺取并掌握政权的，既然这
个党不知道能否实现社会主义，那么这个党还有什么理由继续掌握政权
呢！"一国建成社会主义"被斯大林赋予的强烈的政治性使其在一定程
度脱离了现实。从这一理论提出和形成的过程看，由于它更多的是一种
发挥政治作用的理论而非经济理论，包含着更多的精神意义而非建立在
现实基础之上，也由于这一理论是在党内激烈的斗争中产生的，导致这
一理论的不足之处也是很明显的，如对于苏联在单独一个国家内建成社
会主义的道路和方法这一重大问题并未作出科学的阐释。

　　当时以斯大林为代表的联共（布）领导人对国内外资本主义复辟
和进攻的危险始终怀有强烈的危机感，这导致在建设工作中出现一种
倾向，即往往更多地从政治角度，而不是从经济发展本身的现实需要
出发来分析和解决当时经济建设中存在的问题。如在 1927—1928 年
国内爆发了粮食危机之时，主持经济工作的斯大林、古比雪夫等联共
（布）领导人对农村中富农经济在一定程度上增长的危险以及富农在
粮食危机中的破坏作用估计得过于严重，从而在国内阶级斗争问题上
也得出了不符合实际的结论。在党内在对农村的让步和农村中资本主
义复辟的可能性以及新经济政策时期建立起来的工农结合形式，以及
作为中介环节的市场的作用等一系列问题上发生较大分歧时，斯大林
考虑和解决问题的角度也往往上升到政治程度，而不是切实地考察经
济的需要。

　　斯大林急于实现社会主义的目标、保证社会主义工业化和稳定国家
政权的政治目的，使农业集体化理论与实践也带有强烈的政治性特征。

斯大林时期的农业集体化，是在农村生产力十分落后的条件下开展起来的，在指导思想和理论认识上都存在局限性和不成熟性，有很多做法不符合农业经济发展规律。一个国家制定农业政策时应当以农业自身的发展要求为基点，这样制定出来的政策才能促进农业的发展和保护农民的利益，而斯大林时期的农业集体化更注重其政治功效，农业集体化存在着不符合生产力现实状况、损害农民利益、伤害农民感情和挫伤农民生产积极性等问题，影响了苏联农业的发展。

"两个平行的世界市场"也更多地带有政治色彩。这一理论的提出与冷战时期特殊的政治气候相关联。斯大林提出世界分裂为两个平行的市场，把经济往来限制在社会主义国家之间，在很大程度上是服从、服务于当时的苏联的政治、军事战略的。斯大林力图通过建立社会主义经济体系，增强与西方资本主义相抗衡的能力，并借助这个体系加强自己的政治军事力量，这一理论的提出主要是出于政治与安全的考虑，而不是经济。

可以看到，时代背景、现实条件、理论渊源和政治因素的综合交织使斯大林的社会主义建设理论与实践具有多重性特点，仅仅侧重于某一方面难以全面认识。当前，在俄罗斯，不仅社会各界在讨论斯大林的功过是非，中国对斯大林也相当关注，对其评价争论多多。应该说，从1956年苏共二十大以来，围绕斯大林的争论就没有停息过。习近平同志指出："革命领袖是人不是神。尽管他们拥有很高的理论水平、丰富的斗争经验、卓越的领导才能，但这并不意味着他们的认识和行动可以不受时代条件限制。不能因为他们伟大就把他们像神那样顶礼膜拜，不容许提出并纠正他们的失误和错误；也不能因为他们有失误和错误就全盘否定，抹杀他们的历史功绩，陷入虚无主义的泥潭。"① 关于斯大林的评价具有历史意义、理论意义、现实意义和政治意义。当今中国正处在深化改革的关键时期，从多个角度全面深入地认识和评价斯大林的社会主义建设理论与实践，将有助于进一步探索、完善和解决中国特色社会主义改革进程中一系列带有根本性的问题。

---

① 习近平：《在纪念毛泽东同志诞辰 120 周年座谈会上的讲话》，新华网，2013 年 2 月 26 日。

二　时代的辉煌与悲歌

斯大林时代有辉煌也有苦涩，斯大林关于时代形势的认识有正确也有失误。我们应当反思和批判他的理论与实践，但是我们不应该忽视时代对他的影响，特殊的时代条件对斯大林的影响是绝对不能低估的。"斯大林体制呈现出非常突出的既有优势又有弊病的两面性，这并非偶然。这种两面性以及它的优势和弊病，都深受时代和国情的影响，都根源于这种体制所处的特定时代和特定的国情，即帝国主义包围的历史时代和经济文化落后的具体国情。"① 理论界关于二战后时代主题何时开始发生改变的判断，最早也是认为开始 20 世纪 50 年代以后，斯大林于 1953 年去世，因此，斯大林所处的时代就是战争与革命的时代，和平与发展的时代的形成与演进都是在他逝世之后的事情。有研究者指出："20 世纪中期以来，世界形势发生了新的变化，在经历了 50 年代两大阵营的形成和对立、60 年代三个世界的鼎立之后，在 70 年代以后越来越明显地出现了世界主题由战争与革命到和平与发展的转换。社会主义与资本主义共处与斗争的形式也发生了变化。西方资本主义国家依仗其经济科技优势向社会主义国家全面推行和平演变的战略。苏联解体后，两极格局结束，世界向多极化方向发展。"② 应该说，这对于时代的把握是正确的。

时代主题的变迁转换不以人的意志为转移。人们只能对时代主题作出判断和适应，但不能随意创造或改变它们。人们把过去的 20 世纪分为两个时代。前半期被称为战争与革命时代。因为在此期间，发生了可以说是人类历史上空前绝后的两次世界大战，并引起了两次世界革命高潮，而且世界经济发展也处于相对停滞状态，西方资本主义世界还爆发了 20 世纪 30 年代的经济大危机。只是到了 20 世纪 50 年代初，作为时代主题的和平与发展才代替了战争与革命。这时世界大战已经停止，交战国先后医好了战争创伤。战争引起的世界性民族民主革命高潮，也随

---

① 卢之超、王正泉主编：《斯大林与社会主义——世界第一个社会主义模式剖析》，社会科学文献出版社 2002 年版，第 179 页。

② 李会滨主编：《社会主义：20 世纪的回顾与前瞻》，华中师范大学出版社 1999 年版，第 263 页。

着殖民主义体系走向崩溃而归于平静。这期间许多发达资本主义国家采用和平改良的方式进行统治，推动了社会的进步。这一切变化使世界在和平的国际环境下实现了人类历史的大发展。

"人们必须从当时的历史实际出发，来分析斯大林体制的历史合理性和历史局限性，并研究两者在一定历史条件下的相互转化。这就是研究分析斯大林体制的科学态度。只有采取这种态度，才能正确总结苏联社会主义建设的历史经验和教训，才能使我们认识社会主义改革的规律。"① 斯大林并未赶上和平与发展的时代。他的理论与实践是战争与革命为主题的时代产物。资本主义的发展性危机，引起了两次世界大战，战争又引起了一系列革命。斯大林领导苏联开展的社会主义建设就是在这样的时代背景下进行的。战争和军备的迫切需要，促使那种不惜一切代价迅速增强国家经济实力和国防实力的意见占了上风，并形成了以重工业为核心的工业化发展战略，形成了所有制单一、排斥市场机制、高度集中的经济政治体制。这种体制尽管存在各种弊端，但它能在较短时间内依靠国家权威进行积累，迅速增强国家的经济实力和国防实力。在斯大林的领导下，苏联曾经取得过轰动世界的成就。俄国这个欧洲最为落后的国家之一，在短短十几年时间里变成国民生产总值占欧洲第一位，世界第二位的国家。第二次世界大战期间，苏联的国民经济遭到极大的破坏，但战后苏联仅用几年时间就恢复到了战前的水平，这应该说与苏联的这种发展模式的优势是分不开的。苏联在社会主义建设和反法西斯卫国战争中建立了不可磨灭的历史功勋。二战后苏联对于新生的社会主义国家恢复经济，初步建立工业基础，也起过积极的历史作用。在二战后世界社会主义的凯歌行进的时期，苏联代表着现实社会主义的形象，在全世界产生了巨大的影响和吸引力。

当然，肯定成绩并不等于认为不存在弊端。实践证明，一个国家发展模式的选择必须符合现实，随着现实的发展变化，应当作出调整和改变。随着 20 世纪 30 年代资本主义世界经济危机的过去和 40 年代第二次世界大战的结束，由危机引起的进行激烈变革的要求逐步让位给了恢复正常生活的愿望。第二次世界大战后，随着第三次科技革命的兴起和

---

① 卢之超、王正泉主编：《斯大林与社会主义——世界第一个社会主义模式剖析》，社会科学文献出版社 2002 年版，第 176 页。

扩展，各主要资本主义国家的生产力获得巨大的发展，经济增长较长时期保持较高速度。西方资本主义进入了新的发展阶段，社会经济政治形势较为稳定。而战后斯大林继续推行高度集中的经济政治体制，尽管与苏联加强国防任务的必要性有关，但是面对国际国内的新形势，应该结合形势作出调整。当战争与革命的形势已经发生改变时，斯大林及其后的党和国家领导人的停滞，最终给苏联社会主义事业的发展造成了危机，这一教训应当深入总结并记取。

参考文献

一　著作

《马克思恩格斯选集》（1—4 卷），人民出版社 1995 年版。

《列宁选集》（1—4 卷），人民出版社 1995 年版。

《列宁全集》（1—60 卷），人民出版社 1984—1990 年版。

《列宁全集补遗》（1），人民出版社 2001 年版。

《斯大林全集》（1—13 卷），人民出版社 1953—1958 年版。

《斯大林选集》（上、下卷），人民出版社 1979 年版。

《斯大林文集（1934—1952）》，人民出版社 1985 年版。

沈志华主编：《苏联历史档案选编》，社会科学文献出版社 2002 年版。

吴恩远：《苏联史论》，人民出版社 2007 年版。

周新城：《苏联演变的原因与教训——一颗灿烂红星的陨落》，社会科学文献出版社 2008 年版。

陆南泉等主编：《苏联兴亡史论》（修订版），人民出版社 2004 年版。

林军：《俄罗斯外交史稿》，世界知识出版社 2002 年版。

陈之骅、吴恩远等：《苏联兴亡史纲》，中国社会科学出版社 2004 年版。

周尚文等：《苏联兴亡史》，上海人民出版社 2002 年版。

张盛发：《斯大林与冷战》，中国社会科学出版社 2000 年版。

卢之超主编：《关于斯大林问题的再认识》，社会科学文献出版社 1994 年版。

李宗禹等：《"斯大林模式"研究》，中央编译出版社 1999 年版。

戴开尧、胡石其：《斯大林的社会主义观》，湖南师范大学出版社 2002 年版。

卢之超、王正泉主编：《斯大林与社会主义：世界第一个社会主义模式剖析》，社会科学文献出版社 2002 年版。

李兴、张建华：《精粹世界史：建设社会主义的第一次尝试》，中国青年出版社 1999 年版。

陆南泉、张文武：《国外对苏联问题的评论简介》，求实出版社 1982 年版。

陆南泉：《苏联经济体制改革史论（从列宁到普京）》，人民出版社 2007 年版。

柳植：《世纪性的实践》，安徽大学出版社 2005 年版。

李慎明主编：《历史的风——中国学者对苏联解体和对苏联历史的评价》，人民出版社 2007 年版。

沈宗武：《"斯大林模式"的现代省思》，云南人民出版社 2004 年版。

吴恩远：《苏联史论》，人民出版社 2007 年版。

邢广程：《苏联高层决策 70 年——列宁到戈尔巴乔夫》，世界知识出版社 1998 年版。

徐天新：《平等、强国的理想与苏联的实践》，安徽大学出版社 2005 年版。

叶书宗：《俄国社会主义实践研究》，安徽大学出版社 2005 年版。

叶卫平：《千秋功过，谁人评说？西方"斯大林学"研究》，中国人民大学出版社 1993 年版。

周新城：《对世纪性悲剧的思考：苏联演变的性质、原因和教训》，上海人民出版社 2000 年版。

郑异凡：《史海探索》，安徽大学出版社 2005 年版。

姜长斌：《斯大林政治评传（1879—1953）》，中共中央党校出版社 1997 年版。

李宗禹主编：《国外学者论"斯大林模式"》，中央编译出版社 1994 年版。

杨家荣主编：《苏联怎样利用西方经济危机》，世界知识出版社 1984 年版。

邢书纲主编：《苏联是怎样引用和利用西方资金和技术的》，上海三联书店 1988 年版。

樊亢主编：《苏联社会主义经济七十年——苏联经济发展史》，北京出版社 1992 年版。

刘克明等主编：《苏联政治经济体制七十年》，中国社会科学出版社1990年版。

宋士昌主编：《科学社会主义通论》，人民出版社2003年版。

陆南泉等主编：《苏联国民经济发展七十年》，北京机械工业出版社1988年版。

张建华：《俄国史》，人民出版社2004年版。

张光明：《社会主义由西方到东方的演进——从马克思到邓小平的社会主义思想史考察》，云南人民出版社2004年版。

曹长盛主编：《苏联演变进程中的意识形态研究》，人民出版社2004年版。

江流、陈之骅主编：《苏联演变的历史思考》，中国社会科学出版社1994年版。

高放、蒲国良主编：《当代世界资本主义新论》，中国人民大学出版社2005年版。

黄宗良、孔寒冰：《社会主义与资本主义关系：历史、理论与评价》，北京大学出版社2002年版。

黄宗良主编：《社会主义与资本主义两制关系史论》，红旗出版社1993年版。

边鹏飞等：《反思与求索——当代资本主义和社会主义发展进程若干问题研究》，中国社会科学出版社2004年版。

刘建飞：《美国与反共主义——论美国对社会主义国家的意识形态外交》，中国社会科学出版社2001年版。

吴江：《社会主义资本主义沟通论》，中国社会科学出版社2003年版。

张泽森、田锡文：《20世纪的资本主义和社会主义》，中国言实出版社2005年版。

上海社会科学院邓小平理论研究中心：《当今国际环境和国际政治斗争带来的影响研究》，上海人民出版社2001年版。

中国人民大学科学社会主义系编：《国际共产主义运动史文献史料选编》（第五卷），中国人民大学出版社1986年版。

叶宗奎等编：《国际共产主义运动简史》，中国人民大学出版社1987年版。

北京师大等《国际共产主义运动史》编写组编：《国际共产主义运动

史》（上、下册），吉林人民出版社 1978 年版。

何宝骥编：《国际共产主义运动史》，辽宁人民出版社 1985 年版。

徐善广编：《国际共产主义运动史》，湖北教育出版社 1985 年版。

《奔向自由——戈尔巴乔夫改革二十年后的评说》，中央编译出版社 2007 年版。

李慎明主编：《2006 年：世界社会主义跟踪研究报告——且听低谷新潮声》，社会科学文献出版社 2007 年版。

张小明：《冷战及其遗产》，上海人民出版社 1998 年版。

资中筠主编：《战后美国外交史——从杜鲁门到里根》，世界知识出版社 1993 年版。

资中筠：《追根溯源——战后美国对华政策的缘起与发展（1945—1950）》，上海人民出版社 2000 年版。

刘金质：《冷战史》（上、中、下），世界知识出版社 2003 年版。

周作翰等主编：《国际共产主义运动史》（上、下卷），湖南大学出版社 1986 年版。

［苏］雅科夫列夫主编：《新经济政策是怎样被断送的》，人民出版社 2007 年版。

［俄］罗·梅德维杰夫：《让历史来审判——斯大林主义的起源》，赵洵、林英译，社会科学文献出版社 1994 年版。

［俄］尤·叶梅利亚诺夫：《斯大林：未经修改的档案——在权力的顶峰》，石国雄、袁玉德等译，译林出版社 2006 年版。

［俄］鲍·米罗诺夫：《俄国社会史》，张广翔等译，山东大学出版社 2006 年版。

［美］安娜·路易斯·斯特朗：《斯大林时代》，石人译，世界知识出版社 1979 年版。

［美］斯蒂芬·科恩：《布哈林与布尔什维克革命——政治传记（1888—1938）》，徐葵等译，人民出版社 1982 年版。

［英］伊恩·格雷：《斯大林——历史人物》，张志明等译，新华出版社 1981 年版。

［苏］安·安·葛罗米柯主编：《和平共处——苏联对外政策的列宁主义方针》，生活·读书·新知三联书店 1965 年版。

［苏］基里林主编：《国际关系和苏联对外政策史（1917—1945）》，中

国社会科学出版社 1990 年版。

［苏］特鲁哈诺夫斯基编：《国际关系和苏联对外政策史》第一卷
（1917—1939），世界知识出版社 1965 年版。

［苏］依·弗·伊瓦辛等：《国际关系与苏联对外政策（1917—1924）》，
中国人民大学出版社 1955 年版。

［苏］波梁斯基等主编：《苏联国民经济史》，生活·读书·新知三联书
店 1964 年版。

［法］夏尔·贝特兰：《苏联国内阶级斗争（第一时期 1917—1923）》，
上海人民出版社 1975 年版。

［俄］罗伊·梅德韦杰夫：《让历史来审判——论斯大林和斯大林主
义》，东方出版社 2005 年版。

［苏］谢瓦尔德纳泽等：《苏联外交反思》，世界知识出版社 1989 年版。

［美］小杰克·马特洛克：《苏联解体亲历记》，世界知识出版社 1996
年版。

［苏］阿赫塔姆江等合编：《苏联对外政策编年史（1917—1978）》，商
务印书馆 1983 年版。

二 论文

曹维安：《苏联集体化前的农村公社》，《陕西师范大学学报》1991 年
第 3 期。

曹英伟：《斯大林农业集体化思想合理性分析》，《马克思主义研究》
2007 年第 6 期。

曹英伟、李萍：《斯大林农业集体化运动是苏联历史的必要选择》，《大
连海事大学学报》2006 年第 4 期。

丁笃本：《20 年代前后苏联的农民问题与社会稳定》，《史学月刊》
1994 年第 4 期。

戴隆斌：《苏联集体化中富农是怎样被消灭的》，《当代世界与社会主
义》2001 年第 5 期。

杜明才：《苏联农业集体化运动指导思想剖析》，《襄樊职业技术学院学
报》2005 年第 1 期。

黄光耀：《关于苏联农业全盘集体化问题》，《江苏教育学院学报》1997
年第 2 期。

黄立茀：《苏联新经济政策时期个体农户与集体农庄劳动生产率再探
　　讨》，《世界历史》1987 年第 5 期。

黄继锋：《国外学者斯大林研究若干观点思想理论》，《教育导刊》2003
　　年第 6 期。

姜长斌：《再谈苏联农业长期落后的根本原因》，《俄罗斯中亚东欧研
　　究》1983 年第 3 期。

姜长斌：《论从新经济政策到全盘集体化的转变》，《史学集刊》1984
　　年第 3 期。

姜长斌：《关于苏联的富农阶级问题》，《俄罗斯中亚东欧研究》1990
　　年第 6 期。

姜汉斌：《苏联的农业集体化并非执行了列宁的合作社计划》，《世界历
　　史》1988 年第 1 期。

金雁：《关于苏联集体化前夕富农经济"自行消灭"的问题》，《陕西师
　　范大学学报》1988 年第 1 期。

金雁：《关于苏联新经济政策时期"富农经济"的若干问题》，《史学集
　　刊》1985 年第 2 期。

金雁：《新经济政策时期苏联农村阶级划分的统计学问题》，《史林》
　　1988 年第 1 期。

金雁：《论苏联 1927—1928 年度的粮食危机》，《陕西师范大学学报》
　　1984 年第 4 期。

梁其林：《试论苏联农业全盘集体化的经验教训》，《厦门大学学报》
　　1986 年第 4 期。

梁其林：《苏联农业集体化时期的农业生产及富农政策初谈》，《厦门大
　　学学报》1989 年第 3 期。

李晔：《关于评价苏联农业集体化的问题》，《东北师范大学学报》1982
　　年第 2 期。

李丙清，马秀红：《评析苏联消灭富农的政策》，《济南职业学院学报》
　　2005 年第 4 期。

刘瑜：《对苏联农业集体化的再认识》，《科学社会主义》1985 年第
　　12 期。

梅文彬：《苏联农业集体化运动中的"左"倾错误》，《俄罗斯中亚东欧
　　研究》1986 年第 3 期。

秦永立:《对苏联农业全盘集体化和消灭富农运动的再探索》,《当代世界与社会主义》1994 年第 2 期。

乔木森:《苏联的集体农庄市场》,《俄罗斯中亚东欧研究》1983 年第 3 期。

石柏林:《试论苏联农业集体化运动的主要教训》,《辽宁师范大学学报》1980 年第 1 期。

沈志华:《20 年代苏联对待富农政策的演变》,《世界历史》1995 年第 1 期。

沈志华:《试论苏联新经济政策时期的富农问题》,《世界历史》1994 年第 4 期。

沈宗武:《斯大林农业集体化理论的是非新论》,《中共云南省委党校学报》2002 年第 5 期。

汤德森:《试评斯大林的农业全盘集体化运动》,《湖北大学学报》2001 年第 5 期。

唐士润:《关于苏联富农的几个问题》,《四川师范大学学报》1986 年第 3 期。

谭继军:《苏联消灭富农的几个问题》,《当代世界社会主义问题》2006 年第 1 期。

吴恩远:《关于苏联农业全盘集体化的两个问题》,《世界历史》1984 年第 6 期。

吴恩远:《"还历史公正"——俄罗斯对全盘否定苏联历史的反思》,《高校理论战线》2004 年第 8 期。

王树桐:《30 年代苏联集体农庄制度的几个问题》,《当代世界与社会主义》1984 年第 2 期。

王春良:《论对苏联农业全盘集体化运动的评价》,《山东师范大学学报》2000 年第 1 期。

叶书宗:《试论苏联农业机械化和集体化的辩证关系》,《上海师范大学学报》1986 年第 2 期。

叶书宗:《关于苏联的国家工业化和全盘集体化问题》,《世界历史》1993 年第 4 期。

叶书宗:《斯大林的集体农庄:农民缴纳"贡税"的劳动营》,《探索与争鸣》2004 年第 1 期。

章前明：《1928 年苏联粮食收购危机的直接原因——兼论斯大林的农业集体化理论》，《浙江大学学报》1995 年第 1 期。

章前明：《斯大林急于推行农业集体化运动的原因》，《新探浙江大学学报》1996 年第 2 期。

郑易平，龚海林：《也谈客观、全面重评"斯大林模式"——与沈宗武先生商榷》，《中国矿业大学学报》2005 年第 4 期。

郑异凡：《"澄清"还是"搅乱"——有关斯大林的几个历史事实》，《探索与争鸣》2004 年第 2 期。

郑异凡：《对新经济政策的不同诠释及其命运》，《当代世界与社会主义》2005 年第 6 期。

郑秉文：《论苏联农业全盘集体化的必要性和特殊性》，《俄罗斯中亚东欧研究》1992 年第 1 期。

张成洁：《斯大林与苏联的富农问题》，《广西社会科学》2005 年第 4 期。

张赤卫：《布哈林之路与农业全盘集体化》，《学术界》1996 年第 4 期。

邓兴普：《20 世纪 30 年代大危机与苏联的工业化》，《历史教学》2002 年第 7 期。

范东升、万蓉：《1929—1933 年经济危机因何未波及苏联》，《历史学习》2004 年第 9 期。

姚海：《1929—1933 年苏联与西方的经济关系》，《世界历史》1985 年第 3 期。

王凤娟：《1929 年经济危机的历史回顾与理论解释》，《理论观察》2006 年第 2 期。

黄力克：《马克思经济危机理论与西方经济周期理论的比较》，《当代经济研究》2004 年第 5 期。

许华：《美国的苏联学研究》，《俄罗斯中亚东欧研究》2004 年第 6 期。

孙力舟：《苏联：大萧条中的大赢家》，《共产党员》2009 年第 1 期。

高玉生：《西方技术与苏联经济》，《世界知识》1983 年第 10 期。

高健生：《正确认识和利用资本主义的基本前提及其实践意义》，《社会科学》1992 年第 8 期。

柳光青：《苏联利用西方经济危机的特点》，《国际展望》1983 年第 22 期。

杨文达、李忠诚：《苏联与西方的经济关系》，《现代国际关系》1984
　　年第 2 期。

关贵海：《科技因素对苏联经济的影响》，《当代世界与社会主义》2003
　　年第 5 期。

徐天新：《论苏联在二战结束前后的对外政策》，《世界历史》1995 年
　　第 5 期。

彭树智：《二战与第三次科技革命》，《西北大学学报》1995 年第 3 期。

非文：《试论斯大林关于社会主义社会的标准》，《俄罗斯中亚东欧研
　　究》1988 年第 4 期。

李宗禹：《斯大林的社会主义概念与改革》，《当代世界与社会主义》
　　1989 年第 1 期。

葛霖生：《试析斯大林对社会主义认识的偏差》，《俄罗斯研究》1996
　　年第 6 期。

王志林：《斯大林在社会主义理论与实践中的失误》，《当代经济》2000
　　年第 8 期。

坚毅：《列宁斯大林的概括与马克思恩格斯的本意——对人类社会历史
　　发展规律的再认识》，《理论月刊》1999 年第 7 期。

马龙闪：《斯大林与列宁晚年的改革思想》，《东欧中亚研究》2001 年
　　第 4 期。

叶平：《邓小平斯大林：对社会主义的两种理解和两种模式》，《求实》
　　2001 年第 1 期。

梅传声：《对斯大林社会主义观的若干反思》，《社会主义研究》2004
　　年第 4 期。

周映华：《马克思恩格斯、列宁、斯大林的社会主义观之比较》，《求
　　实》2004 年第 3 期。

杨玲：《斯大林对社会主义的认识与列宁之差异》，《理论探讨》2005
　　年第 4 期。

俞良早：《论斯大林的东方社会理论及其特点》，《社会科学研究》2006
　　年第 6 期。

赵绪生：《论斯大林的资本主义总危机理论》，《贵州师范大学学报》
　　2007 年第 4 期。

罗元铮：《社会主义国家应充分利用国际经济联系加速本国的经济建

设——重温斯大林二十年代同托洛茨基的一场论战》，《世界经济》1979 年第 12 期。

葛霖生：《论列宁斯大林时期的苏联经济发展战略》，《俄罗斯中亚东欧研究》1982 年第 2 期。

李永禄：《对斯大林的"工业化方法论"的一些看法》，《财经科学》1983 年第 4 期。

《斯大林时期苏联大量引进西方技术的内情——美国胡佛研究所一部有关著作的摘录》，《宏观经济研究》1983 年第 9 期。

冯良勤：《列宁合作制理论与斯大林集体化思想的异同》，《经济研究》1984 年第 7 期。

汪一鹤：《评斯大林关于两个平行的世界市场的理论——统一的无所不包的世界市场并未瓦解，两个平行的也是对立的世界市场并未形成》，《河北学刊》1985 年第 4 期。

王洪德：《斯大林的经济体制浅析》，《东北师范大学学报》（哲学社会科学版）1985 年第 6 期。

杨成竹：《试论斯大林时期苏联农业发展缓慢的原因》，《苏州科技学院学报》（社会科学版）1986 年第 1 期。

陈祥泰：《简评斯大林关于两个平行世界市场理论的是非得失》，《俄罗斯研究》1986 年第 4 期。

谢纯子：《论列宁、斯大林时期苏联引进技术、外资的几个问题》，《当代财经》1986 年第 5 期。

屈里生：《列宁、斯大林关于苏联发展对外经济关系的战略思想》，《俄罗斯中亚东欧研究》1987 年第 2 期。

郭苏建：《历史的选择——布哈林的平衡论与斯大林的优先发展重工业的赶超战略》，《俄罗斯中亚东欧研究》1988 年第 5 期。

沈志恩：《斯大林超高速经济发展战略的成败得失》，《社会科学战线》1989 年第 4 期。

李雅春：《论布哈林与托洛茨基、斯大林在社会主义工业化理论和实践上的分歧》，《理论探讨》1989 年第 6 期。

丁笃本：《斯大林时期苏联商品经济问题的历史考察》，《湖南师范大学教育科学学报》1990 年第 1 期。

李道豫：《列宁的合作制思想与斯大林的农业全盘集体化》，《唐都学刊》1990 年第 1 期。

邱大为：《试论斯大林时期障碍集体农庄经济发展的某些因素》，《南昌大学学报》（人文社会科学版）1990 年第 3 期。

白暴力：《斯大林的"短缺经济"思想》，《人文杂志》1993 年第 1 期。

林祥庚：《列宁斯大林有关利用资本主义的思想》，《社会主义研究》1993 年第 2 期。

张祥云：《重评斯大林"两个平行市场"理论》，《理论学刊》1993 年第 3 期。

章前明：《1928 年苏联粮食收购危机的直接原因——兼论斯大林的农业集体化理论》，《浙江大学学报》（人文社会科学版）1995 年第 1 期。

赵宏图：《斯大林"两个平行的世界市场"理论的再思考》，《俄罗斯研究》1995 年第 1 期。

章前明：《斯大林急于推行农业集体化运动的原因新探》，《浙江大学学报》（人文社会科学版）1996 年第 2 期。

唐朱昌：《略论斯大林对外经济思想的阶段性特征》，《俄罗斯研究》1996 年第 6 期。

汤德森：《试评斯大林的农业全盘集体化运动》，《湖北大学学报》（哲学社会科学版）2001 年第 5 期。

钱茂堂：《苏联列宁斯大林时期与西方的经济联系》，《杭州大学学报》（哲学社会科学版）1987 年第 1 期。

陈榕：《"新经济政策"为什么没有坚持下去——斯大林抛弃列宁晚年社会主义理论的原因探讨》，《中共云南省委党校学报》2002 年第 2 期。

沈宗武、李静：《斯大林农业集体化理论的是非新论》，《中共云南省委党校学报》2002 年第 5 期。

林建华：《斯大林在苏联工业化时期提出的两个口号论析》，《俄罗斯中亚东欧研究》2004 年第 5 期。

邢艳琦：《列宁、斯大林关于农业和农民问题的基本观点述要》，《马克思主义与现实》2005 年第 5 期。

柴碧云：《论斯大林极权政治产生的原因和条件》，《大同职业技术学院学报》2001 年第 4 期。

郑羽：《战后斯大林时期苏联对外战略理论和实践上的失误》，《俄罗斯中亚东欧研究》1989 年第 1 期。

刘耀国：《论斯大林对二战前世界主要矛盾划分的失误》，《齐齐哈尔大学学报》（哲学社会科学版）1985 年第 5 期。

郑羽：《阵营对抗：冷战开始后斯大林的对外战略》，《俄罗斯中亚东欧研究》1992 年第 2 期。

张祥云：《战后斯大林时期苏联对外政策初探》，《聊城师范学院学报》（哲学社会科学版）1994 年第 1 期。

唐朱昌：《战后斯大林的对美政策指导理论及影响》，《东欧中亚研究》1994 年第 6 期。

侯文富：《国家利益与斯大林时代苏联的对外政策》，《日本学论坛》1996 年第 1 期。

沈志华：《从大国合作到集团对抗——论战后斯大林对外政策的转变（根据俄国档案的新材料)》，《东欧中亚研究》1996 年第 6 期。

张祥云：《新的世界大战？——评斯大林对战后战争形势的认识》，《当代世界与社会主义》1997 年第 3 期。

王瑜：《试论战后斯大林时期苏联对东欧的政策》，《当代世界社会主义问题》1999 年第 3 期。

张祥云：《斯大林对外政策理论评析》，《聊城师范学院学报》（哲学社会科学版）1999 年第 3 期。

夏景才：《如何评价斯大林在苏联卫国战争中的地位和作用》，《东北师范大学学报》（哲学社会科学版）1995 年第 4 期。

许征帆：《嘲弄历史者，必定为历史所嘲弄！——斯大林反法西斯战功是不可否定的》，《真理的追求》1995 年第 7 期。

马凤书：《斯大林关于"二战"后国际安全的思想》，《山东大学学报》（哲学社会科学版）2001 年第 5 期。

周作芳：《"一国建成"论与斯大林社会主义观的变迁》，《华北电力大学学报》（社会科学版）2004 年第 2 期。

薛冬霞：《试论 1946 年 2 月 9 日斯大林演说与冷战起源》，《延安大学学报》（社会科学版）2004 年第 2 期。

林建华、谭桂梅：《斯大林在苏联工业化时期提出的"两个口号"论析》，《河南师范大学学报》（哲学社会科学版）2004 年第 3 期。

闻海：《斯大林社会主义模式的形成及历史地位》，《清华大学学报》

（哲学社会科学版）1986 年第 2 期。

卢之超：《世界第一个社会主义模式剖析——斯大林与社会主义》，《科学社会主义》1999 年第 4 期。

王清泉：《斯大林社会主义模式评析》，《楚雄师范学院学报》2002 年第 4 期。

陈素萍：《"斯大林模式"形成的联共（布）党内认识背景》，《青岛大学师范学院学报》2006 年第 2 期。

王冕：《再论"斯大林模式"——从历史和现实的角度》，《湖北民族学院学报》（哲学社会科学版）2006 年第 5 期。

王双金：《斯大林对托洛茨基"不断革命论"的批判——兼论斯大林对列宁一国建成社会主义理论的继承与发展》，《科学社会主义》1985 年第 5 期。

周尚文：《斯大林"一国社会主义"理论评析》，《党政论坛》1986 年第 8 期。

龚文密：《斯大林一国建成社会主义思想发展的三个阶段》，《科学社会主义》1986 年第 11 期。

白坚：《斯大林的一国社会主义对共产国际的影响》，《陕西师范大学学报》（哲学社会科学版）1988 年第 1 期。

金重：《对斯大林宣布"基本实现"社会主义的反思》，《北京大学学报》（哲学社会科学版）1989 年第 3 期。

俞良早：《关于斯大林"一国能够建成社会主义"理论的探讨》，《湖北大学学报》（哲学社会科学版）1990 年第 3 期。

李凯中：《"我们能够建成社会主义"——重温斯大林关于"一国建成社会主义"的理论》，《零陵学院学报》1992 年第 1 期。

许京元：《斯大林的"一国社会主义"和托洛茨基的"不断革命论"》，《宜宾学院学报》1994 年第 1 期。

刘文汇：《斯大林"一国建成"论评析》，《徐州师范大学学报》（哲学社会科学版）1995 年第 2 期。

左凤荣：《也评斯大林"一国建成社会主义"理论——与陈开仁同志商榷》，《当代世界社会主义问题》1996 年第 2 期。

林建华：《历史地、辩证地认识斯大林"一国建成社会主义"理论》，《当代世界社会主义问题》1996 年第 4 期。

左凤荣：《斯大林的"一国社会主义"理论与实践》，《东欧中亚研究》
　　1997 年第 5 期。

李心华：《重评斯大林的"一国建成"论》，《东欧中亚研究》1997 年
　　第 5 期。

李心华：《列宁"一国建成"思想与斯大林"一国建成"论之比较》，
　　《理论学刊》2000 年第 1 期。

林建华、孙国华：《列宁、斯大林与"一国建成社会主义"理论》，《山
　　东社会科学》2002 年第 2 期。

林建华：《列宁、斯大林与"一国建成社会主义"理论》，《山东社会科
　　学》2002 年第 2 期。

陶文昭：《内抗与外拒：社会主义运动对资本主义新变化的解读》，《教
　　学与研究》1999 年第 4 期。

王逸舟：《意识形态与国际关系——概念与表现的粗略检讨》，《欧洲》
　　1994 年第 5 期。

王振华：《后冷战时期国际关系中的意识形态因素》，《世界社会主义研
　　究》2006 年第 3 期。

王振华：《再论国际关系中的意识形态因素》，《社科党建》2006 年第
　　2 期。

［俄］捷利钦 B. Л.、张广翔：《俄罗斯学者眼中的新经济政策——中俄
　　学者关于新经济政策的对话》，《河南师范大学学报》1999 年第 5 期。

外文文献

Kennedy-Pipe, Caroline, " Stalin's Cold War：Soviet Strategies in Europe
　　1943 to 1956", Manchester, Manchester University Press, 1995.

Michael Hogan, The Marshall Plan：America, Britain, and the Reconstruction
　　of Western Europe, 1947 - 1952, Cambridge：Cambridge University,
　　press, 1987.

John L. Gaddis, " Dividing Adversaries：The United States and International
　　Communism, 1945 - 1958," in his The Long Peace：Inquiries into the His-
　　tory of the Cold War , New York：Oxford University, press, 1987.

Quoted in Robert A. Divine, Foreign Policy and U. S. Presidential Election：
　　1940 - 1960, vol. 2 , New York：New Viewpoints, 1974.

Erik Van Ree, "Political Thought of Joseph Stalin: a Study in Twentieth-century Revolutionary Patriotism", London: Routledge Curzon, 2002.

Ral Ph Miliband. Socialism in Question. Monthly Review 42 (March), 1991.

Robert Strayer. Why did the Soviet Union Collapse? Understanding Historical Change, New York: M. E. Sharpe, Inc, 1998.

Zarusky, Jürgen. Politische Justiz unter Stalin im Umbruchjahrzehnt 1928 – 1938: Political justice under Stalin during the decade of turmoil between 1928 and 1938, Totalitarismus und Demokratie, 2011.

Ral Ph Miliband. Socialism in Question. Monthly Review 42 (March), 1991.

后　　记

　　呈现在大家面前的这部书是一本继续了太多年的专著。在当前学术界成果大爆发的时代，这本书的完成显得是那样漫长。临近付梓出版，心中依然有诸多的不舍与遗憾，有时我依然在想：还是不要结束吧，还是不要出版吧，还有话要表达，还想继续修改完善。但总归要结束的。

　　2005年，我在莫斯科访学期间，恰逢世界反法西斯战争胜利60周年，书店中有大量关于第二次世界大战时期的著作，其中关于斯大林的著作最多，让我惊讶，也引起我的思考。当然，对于斯大林的认识依然是充满争议的。我的这本书最初缘起于2008年我的中国社会科学院重点项目：斯大林的社会主义建设理论与实践。如何认识斯大林，如何评价他，依然是一个重要的需要继续深入的问题。在准备写作的过程中，我的困惑、我的不解，使我想以一个较新的视角展开研究，从而才有了本书目前的结构。希望这本书能为关于斯大林的研究提供新的有益的认识、思考及启迪。

　　本书的架构，使其在很大部分上成为一个跨学科的研究，内容涉及国际关系领域和历史领域。在一些问题上，我参考了国内外学者的研究，从中吸取了有价值的材料，在写作中，我尽力将所参考的论著、观点和材料列出，但是，由于写作时间过长等因素，疏漏在所难免。在此，特向有关专家学者致谢。本书涉及的领域广，历史跨度大，由于本人水平的限制，在一些问题上的论证难免不够周密、严谨，恳请专家学者批评指教。

　　在本书的写作过程中，得到很多专家、朋友和亲人们的支持和关注，在此表示深深的感谢！其中特别需要感谢的是我亲爱的儿子璨璨。在本书的最后修改过程中，舍弃了一些陪伴孩子的时间，感谢儿子的理解和支持。在未来的美好时光中，妈妈会和儿子一起快乐成长！

苑秀丽

2015 年 11 月 1 日